"十四五"职业教育国家规划教材

"十四五"职业教育河南省规划教材
河南省"十二五"普通高等教育规划教材

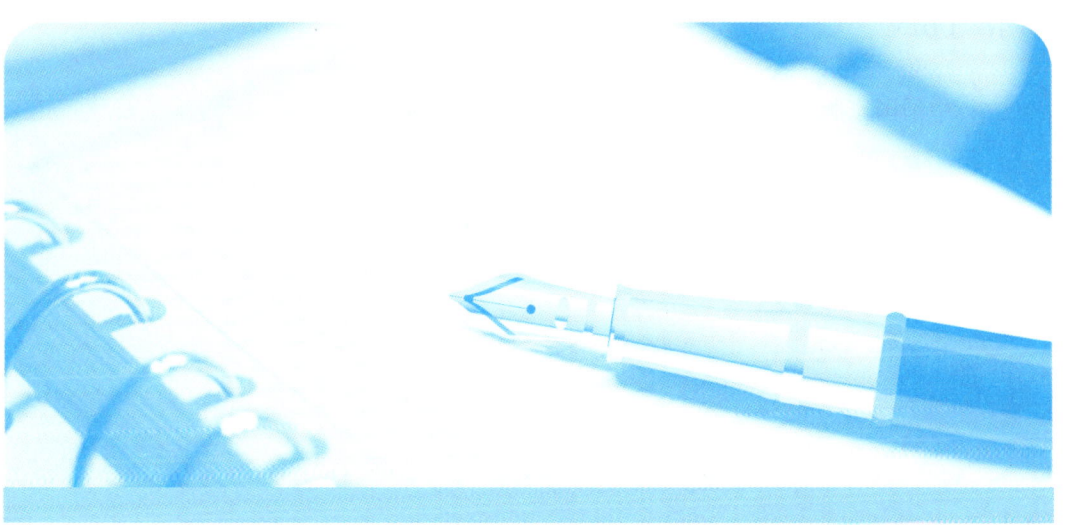

现代基础写作学

第三版

主编 徐 曼 贾开吉

郑州大学出版社

图书在版编目(CIP)数据

现代基础写作学 / 徐曼，贾开吉主编. — 3 版. — 郑州：郑州大学出版社，2023.6(2025.7重印)

ISBN 978-7-5645-9827-3

Ⅰ.①现… Ⅱ.①徐…②贾… Ⅲ.①汉语－写作－高等学校－教材 Ⅳ.①H15

中国国家版本馆 CIP 数据核字(2023)第 144136 号

现代基础写作学

XIANDAI JICHU XIEZUOXUE

策划编辑	祁小冬	封面设计	苏永生
责任编辑	祁小冬　李 果	版式设计	苏永生
责任校对	李 蕊	责任监制	朱亚君
出版发行	郑州大学出版社	地　　址	河南省郑州市高新技术开发区长椿路11号(450001)
经　　销	全国新华书店		
发行电话	0371-66966070	网　　址	http://www.zzup.cn
印　　刷	河南龙华印务有限公司	印　　张	22
开　　本	787 mm×1 092 mm　1 / 16	字　　数	461 千字
版　　次	2014 年 8 月第 1 版 2023 年 6 月第 3 版	印　　次	2025 年 7 月第 7 次印刷
书　　号	ISBN 978-7-5645-9827-3	定　　价	46.00 元

本书如有印装质量问题，请与本社联系调换。

作者名单

主 编 徐 曼 贾开吉

副主编（以姓氏笔画为序）

　　　　王刘杨　孙卫峰　张志成

　　　　林　立　姜　楠　姬春晖

前 言

随着素质教育的开展,写作在培养大学生文化素质方面的重要性越来越受重视。与此相呼应的是,写作教材建设出现了蓬勃发展的局面。教材是教学的依据,一本好的教材,不仅使学生获益甚多,使教学充满生机和趣味,而且对教师也有深远影响。本教材为"十四五"职业教育国家规划教材,"十四五"职业教育河南省规划教材,是在前两版的基础上修订而成。教材在编写中坚持以素质教育、创新教育为指导,并且始终贯穿五条原则:一是以文本为重心,力求准确地阐述文章的构成要素和文体规范;二是以写作行为过程为中心,阐明感知、构思、提炼、组合、行文的过程;三是以写作训练为核心,突出可操作性,使理论学习与实践训练相结合,以促进写作水平的提高;四是以基础写作的基础性作用为基石,为各专业大学生及自学人员下一步的专业写作奠定基础;五是以时代性为特色,做到有现实感和时代感,注意吸收最新研究成果。同时在体例上也进行了富有新意的设计,有任务导航、思政聚焦、案例导引、佳作赏析、技能训练,精心安排了章节内容的视域拓展,既能够扩充读者的知识面,开阔视野,更新观念,也能提高读者的学习兴趣,提高学习能力。本书体系合理新颖,语言流畅,通俗易懂,例文选择新颖,针对性强;技能训练设计从实际出发,注重科学性和人文性,无论是对大学生形成良好的写作意识和写作习惯,还是提高其实际写作能力,都有很大的帮助。

本教材分为上下两编。上编为写作基础,系统介绍写作的基本知识和理论,包括感知、构思、提炼、组合、表达方式、语言、写作技巧等。下编为文体写作,系统介绍文体理论知识,包括记叙文、议论文、说明文、文学体裁、新媒体写作等。技能训练配合知识理论的讲授,有计划分步骤地进行安排。本书在同类教材中具有理论性、实践性和应用性的特点,既可作为综合性大学以及师范、经管、艺术等类院校基础写作课程的教材,又可作为高职高专、成人教育教材及基础写作自学用书。

本教材由焦作大学徐曼、贾开吉担任主编,提出编写思想和全书框架,确定各章提纲,召集编写会议,审定各章稿件,统稿、定稿。各章的编写分工如下:徐曼编写绪论、第四章、第六章,贾开吉编写第七章、第八章,王刘杨编写第十三章、第十四章,孙卫峰编写第九章、第十章,张志成编写第三章、第五章,姜楠编写第十一章、第十二章,姬春晖编写第一章、第二章。焦作市教育电视台参与了本教材的建设工作,林立现任焦作市教育电视台台长,主要负责本教材的音视频录制、编辑和合成等工作。

参加本书编写的教师,在写作时倾注了大量的心血,融合了教学的体会。本书的写作经过了充分的酝酿和讨论,在写作中希望更加贴近大学生,解决大学生在写作中存在的问题。由于水平有限,本书是否达到了预先设想的目标,还有待实践检验。本书既已付梓,所期待的就是读者的欢迎和指正。

编者

2023 年 1 月

上编　写作基础

绪论 ⋯⋯ 3
- 第一节　现代基础写作的意义及结构体系 ⋯⋯ 3
- 第二节　现代基础写作的性质 ⋯⋯ 6
- 第三节　写作的规律 ⋯⋯ 11

第一章　感知 ⋯⋯ 19
- 第一节　写作材料 ⋯⋯ 20
- 第二节　观察体验 ⋯⋯ 28
- 第三节　调查采访 ⋯⋯ 33
- 第四节　阅读积累 ⋯⋯ 35

第二章　构思 ⋯⋯ 43
- 第一节　构思的本质和作用 ⋯⋯ 44
- 第二节　构思的基本方式 ⋯⋯ 45
- 第三节　构思的过程 ⋯⋯ 54

第三章　提炼 ⋯⋯ 65
- 第一节　主题 ⋯⋯ 66
- 第二节　主题与文体 ⋯⋯ 71
- 第三节　主题的提炼 ⋯⋯ 75

第四章　组合 ⋯⋯ 87
- 第一节　组合的含义和功能 ⋯⋯ 88
- 第二节　组合的原则 ⋯⋯ 89
- 第三节　组合的对象 ⋯⋯ 91

第五章　表达方式（上） ……………………………… 107
第一节　叙述 …………………………… 108
第二节　描写 …………………………… 117

第六章　表达方式（下） ……………………………… 131
第一节　抒情 …………………………… 132
第二节　议论 …………………………… 135
第三节　说明 …………………………… 140

第七章　语言 …………………………………………… 149
第一节　写作语言的本质 ………………… 150
第二节　写作语言的审美 ………………… 157
第三节　写作语言的运用 ………………… 164

第八章　写作技巧 ……………………………………… 178
第一节　写作技巧概说 …………………… 179
第二节　写作谋篇技巧 …………………… 180
第三节　写作辩证技巧 …………………… 190

下编　文体写作

第九章　记叙文 ………………………………………… 211
第一节　记叙文概述 ……………………… 212
第二节　记叙文举隅 ……………………… 218

第十章　议论文 ………………………………………… 238
第一节　议论文概述 ……………………… 239
第二节　议论文举隅 ……………………… 244

第十一章　说明文 ……………………………………… 257
第一节　说明文概述 ……………………… 258
第二节　说明文举隅 ……………………… 265

第十二章　文学体裁（上） ····· 283
第一节　文学体裁概述 ····· 284
第二节　诗歌 ····· 285
第三节　散文 ····· 294

第十三章　文学体裁（下） ····· 304
第一节　小说 ····· 305
第二节　戏剧 ····· 311

第十四章　新媒体写作 ····· 320
第一节　新媒体概述 ····· 321
第二节　新媒体写作的要求与技巧 ····· 326

参考文献 ····· 341

写作基础

绪 论

写作是人类一种传统的表达思想、情感和交流意见、经验的精神活动,它既延续着传统的方式在运作着,同时传统的知识体系也正在被突破,研究的视野逐渐开阔,研究的领域正在开拓,有着很强的生命力。现代基础写作是指现代人以应具备的基本写作素质为基础,从事基本写作实践这项精神创造的动态过程。现代基础写作学是对传统写作理论而言,意味着强调其现代化、科学化,它是一门运用现代科学研究方法,去研究当代人的写作行为及其社会效果,从而揭示其内在规律的学问。

第一节 现代基础写作的意义及结构体系

一、现代基础写作的意义

写作是一种复杂的精神劳动,同时又是一种具体的行为活动过程。从社会功能和个人发展的角度来看,现代基础写作主要有以下意义:

(一)弘扬古典文化,倡导严谨文风

我国是一个文化大国,对文章写作的看重,是一种经久不衰的社会传统风尚。从三千多年前的"甲骨卜辞"开始,就已经有了写作。成书于西周末年的《易经》,是我国最早的写作成品。之后经过历代文人学士的努力,产生了许多论述写作的古典理论。从孔子的"修辞立其诚""言之无文,行而不远",孟子的"知言""养气",到曹丕《典论·论文》的"文以气为主",陆机《文赋》的"意"应称"物","言"必逮"意",再到刘勰"体大思精"的鸿篇巨制《文心雕龙》,韩、柳、欧、苏"力挽狂澜"的"古文"写作论著,以及"桐城派"的"义理、考据、辞章",唐彪所著的《读书作文谱》,一直到林纾的《文微》《春觉斋论文》,梁启超的《中学以上作文教学法》。"五四"以后,新文化的伟大旗手鲁迅先生在"呼啸着前进",不断地把锋利的匕首,投向敌人和旧势力的同时,为了奖掖新人、扶植青年,在"写什么"和"应该怎样写"等重大问题上都发表过许多系统而深刻的意见,这些丰富的写作实践和精辟的写作论述将永远地影响着后人。毛泽东同志可谓是写作文章的圣手,他把政论的写作熔炼成了优美的艺术精品。他多次强调,要

倡导"新鲜活泼、生动有力"的文风,要"大兴调查研究之风",要下苦功夫"学习语言",讲究"词章",他的文章和倡导影响了一代的文风。对于我国古代的写作理论,我们应当很好地加以梳理和继承,做到古为今用。我们必须用辩证唯物主义和历史唯物主义的观点,把这些问题研究清楚,使广大高校学生在学习我国古代写作理论的过程中,能够通过分析、归纳、综合与判断,真正做到吸取精华,剔除糟粕,把古代写作理论中的优秀遗产继承下来,并发扬光大,更好地为国家建设服务。

(二)通过写作来参加和拓展社会生活

全社会文化越提高,科学技术越发达,对人们写作能力的要求也就越高,人们对掌握写作规律和技巧的要求也就越来越迫切。科学,包括自然科学、社会科学,它们的语言就是文章。因为,任何"科学"都是对真理的一种揭示,是对客观事物内在规律的一种发现,而要想把这种"真理"和"发现"公之于众,为人们所承认,就需要进行"论证",讲明白"道理",这样就需要通过写作把它表达出来。大学对学生学术论文的写作要求极为严格,如果谁的"学术论文"的写作不合格,那就得照"章"补课,参加补考,否则就不能毕业。学校如此重视写作,整个社会也同样非常重视人的写作水平和能力。你是否会写作不仅成了人们有无学问的标志,而且实际上也已成为人们谋生、竞争的重要手段。

在信息社会里,写作变得更为广泛,更加重要。在未来的社会里,体力劳动大为减轻,相当一部分较简单的脑力劳动也将由电脑取代。人们从事科学研究、文艺创作的条件将大大改善。各种"知识"的信息将更为直接地转变为生产力,在这种情况下,知识信息的匮乏,文字水平的低下,是完全不适应时代的要求的。在我国,随着科学技术的迅速发展和文化的普及,人们对写作学科越来越重视。高校文科将写作列为必修课,而且越来越多的理、工、农、医等院校也陆陆续续地开设了写作课。有些专业还开设突出专业特点的应用写作课,深受学生们的欢迎,也取得了明显的效果。在我国,公务员选用制度也进行了改革、调整,从2003年起国家公务员考试中增加了《申论》,它既有对材料的概述,也有对问题的解决、建议,同时还要对材料进行主题提炼,发表自己的看法。

(三)生命的内在需要,维持良好的心理健康

写作是现代人格建构诸要素中最为活跃的因素。人在很多时候,自己心中有某种强烈的情绪需要由内向外地倾诉、发泄,向世界敞开自己的心灵,与社会建立最广泛的联系,并就各种社会问题和人类普遍关心的问题,发表自己的看法和观点,这时候,写作就成了缓解情绪的最佳途径和发表观点的渠道。很多写作者无论自己当初的情感是如何的激烈,但经过写作过程,在写完文章之后,人往往就平静了,无论是爱与恨,或者是愤怒,一切的一切都有些释然了,情绪变淡了。同时写作者也以积极的姿态,以自己的观点激发他人,影响社会。从这个意义上讲,写作是人们生命的内在需要,能够维

持心理的健康,建构现代人良好的人格。

(四)增加人们对问题的认识

写作能锻炼人的思维能力,促使人们对于问题的认识更深入、更周密、更有条理。凡是写过一点文章的人大都有这样的经验,对于某个问题似乎想清楚了,甚至还向别人讲述过,觉得也大体讲清楚了,但是如果要提笔写下来,就会发现还有些地方没有想清楚,有些地方还没有想得很周密。而且,人们也大都知道存在着这样一种状况:能读书的人不一定能写作,能写作的人却一定能读书,而且在读书时后一种人比前一种人理解得深刻,掌握得更牢固。叔本华说:"读书只是走别人的思想路线,而写作才是走自己的思想路线。"只有经过自己的思想路线,把读书得来的知识消融掉,才会变为自己的东西。

二、现代基础写作的结构体系

现代基础写作的编写原则,是以马克思主义唯物辩证法为指导,坚持用历史的辩证的方法来分析。在编写本教材时,试图在达到一定理论深度的基础上,使学生有一个自觉训练与实践的机会。因此,本教材在每一章后边都安排有"佳作赏析",学生能够借助优秀作品吸收消化知识;加入"视域拓展"帮助学生拓宽视野,增加技巧;设计"技能训练",使学生通过训练与实践,提高其理论研究水平和实际写作能力。

由于人们视野的开阔,知识层次的提高,理论研究方法的革新,新技术的引入和写作教学实践的需要,在本教材的构建中,要增强科学化和现代意识,也就是要运用现代科学研究方法,对写作活动的本体进行研究,找规律,寻特点,进行科学的探索。在写作技巧中既有传统方法,又有现代技巧,在文体写作中,借助现代媒体,增加了新媒体写作。

写作不仅与写作者的生活、经历、智力、素质有关系,而且与读者的心理要求、文化水平、资历有关系。写作,就是与写作者、读者有着密切联系的自我控制系统。写作者从对客观事物的深入认识出发,经过构思,构想出不同的写作方法和技巧,使其更加合乎写作规律;写作者通过对读者反馈信息的分析思索,可以调节下一步的写作行为。写作从感知、构思再到表述,也是一个系统的过程。感知、构思、表述是写作过程中的三个重要的关键的环节,也是以思维活动为主线来制作精神产品的中心环节。为此,本教材的理论框架为:上编为写作基础,下编为文体写作。

(一)写作基础

在教材整体的构建下,写作基础部分有着相对独立性。在内容上,既考虑写作者的特点和写作的运行过程,又要探讨文体写作的共同规律。因此,该部分的内容为:

绪论,主要谈现代写作的意义、结构体系及现代写作的性质,重点阐述写作的四条基本规律:物我转化律、循序渐进律、多元因素综合律、法而无法通变律。这四条规律是写作范围内各种具体规律的母体,它制约着写作活动的各个方面。

第一章到第七章,主要讲述了感知、构思、提炼、组合、表达方式、语言几个内容要素,尤其是感知、构思、表达的交互作用和运动过程,三者构成了写作内容的核心系统。

第八章是文章写作活动的一个重要因素,它与上述写作系统有着密切的横向联系,并与上述系统共同构成一个完整的写作系统。

(二)文体写作

在对文体写作进行构建时,首先遇到的是对文体如何分类的问题。它们有共性,又各有特殊性。为此,在下编安排时,文体理论及其各章就突出了其相对的独立性。它们既受上编基础理论的制约,又可以分门别类地进行单项研究与阐述。在每一个单独的文体中,既注意概括和阐释各类文章写作的基本要求,又力求能出新意,包括记叙文、议论文、说明文。在文学体裁中有诗歌、散文、小说、戏剧文学。同时考虑到适应时代需求,进行了一些新的探索研究,如新媒体写作,力求找出写作规律,并提出规范要求。

第二节 现代基础写作的性质

当今,世界性新技术革命的浪潮,正以高屋建瓴之势冲击着各个领域,日益广泛和深入地影响着人类生活的各个方面,人们的生活节奏在加快,信息的流动和知识的更新在加速,使得写作内容更加丰富,写作手段更加多样化。

一、综合性

写作具有综合性的特点。首先是写作者必须具有很高的综合素养,文章或作品是写作者各方面知识、能力等的反映。写作任何一篇文章,从"素养"上说,它都离不开生活、思想、知识、技巧、语言,以及天赋禀性等;从"能力"上看,它也涉及观察、感受、想象、理解、表现等众多方面;从"学科"上讲,它实际上要接触到哲学、文学、历史学、心理学、科学、语言学、逻辑学,以及写作等多方面的知识。写作是一项综合性很强的高级智能活动,写好一篇文章需要写作者从多方面去培养和锻炼自己,具备思想水平、生活阅历、知识积累、表达能力以至才情禀赋诸方面的修养和储备。在实际写作中,有的人各方面的修养可能较为"浅薄",有的人各方面的功底可能较为"深厚",当各自"写作"的时候,都要进行各自的"综合"。每一篇"文章",都体现着写作者的一种"综合"能力。写作者为了写好文章中的某一"点",总是竭尽努力地用自己所有的"储备能量",来支援这一"点",加强这一"点"。

任何一篇"文章",都是写作者多方面的"素养",多方面的"能力",多方面的"学识"的一种巧妙的、艺术的"综合"。读者读完《红楼梦》后赞叹不已,琴棋书画、医卜星相、天文地理、花草虫鱼……应有尽有,一部《红楼梦》犹如一部百科全书,显示出作者惊人的才华、超人的智慧。作品既是显微镜,又是刻度尺,写作者的一切知识、才华、能力,均在显微镜下暴露无遗;写作者认识的高度也会在刻度尺上留下科学的印记。

  鉴于"综合性"的特点,首先,我们必须重视积累,在科技高度发达的信息时代,应提倡文理渗透。搞文学的要学习一点科技领域的知识,搞科技的要涉及文学领域。徐迟是文学家中最早涉足科技领域的,因此他写下了《哥德巴赫猜想》及《地质之光》等科技题材的闪光作品。社会越向前进步,写作的"综合性"特点表现得越鲜明。

  其次,从写作所反映的对象来看,涉及各个领域。写作者对所反映的事物或生活要能做出综合的分析和判断。比如小说塑造人物形象时,总是杂取种种,综合而成。

  再次,从写作方法上来看,写作者要使用各种艺术手法和技巧。为了追求变化与创新,写作者要综合运用各类艺术手段,来增强作品的艺术表现力。如报告文学的写作,有的写作者就综合借助了戏剧、诗歌、影视剧中的一些手法,增强了作品的艺术效果。

▶▶ 二、实践性

  写作具有很强的实践性。实践性,是指写作由"内"而"外"加以"表现"的活动。它像是唱戏、做"实验",既要懂得"道理",又要进行实践。唱戏有唱戏的"道理",做实验有做实验的"道理"。不懂"道理",不仅干不"好",还会闹出笑话,捅出娄子。但是,懂很多"道理",却又不去练习,不去实践,就如唱戏的不去吊嗓,做实验的不亲自动手,根本不会出现好的结果。

  首先,写作内容来自社会实践和阅读实践。要认识写作"实践性"的特点,就必须深入社会实践,使社会生活成为文章写作取之不尽、用之不竭的源泉。同时也要增强阅读量,开阔自己的视野,丰富写作内容。写作既然是一种能力的体现,就不能违背获得能力的一般规律,所谓"创作无世袭",其道理正在这里。这种写作的能力,是父不能传其子,也不能予其弟,师不能授其徒的。正如中国古语所言:"梓匠轮舆,能予人规矩,不能使人巧。"只有通过自己不断地深入社会实践,加大阅读实践,文章写作才能达到行如流水、熟能生巧的程度。

  其次,写作技能来自勤学苦练。在写作中,经典文章要看,"道理"要听,但关键是要动手去"写",就如同要想学会游泳,必须自己先要下水一样,必须去实践。因此,写作能力不只是靠听、看,主要是靠"写"出来的。"写作",就是多"写"多"作"、常"写"常"作"。

  有写作天赋的人,经过这种艰苦磨炼将如虎添翼。19世纪法国著名作家莫泊桑,20岁开始写小说,从师于福楼拜。导师劝他把以前所写的脱离生活实际的、半人高的书稿全部烧掉。让他留心观察,善于发现别人没有发现的形象和样式,要他笔下所写的人物逼真传神,不与他人笔下人物混同。在平时训练中,要求他只能用一个名词来称呼,只能用一动词来表达,只能用一个形容词来描述,就是说,用别人没用过或没被发现的词。在严师的循循诱导下,莫泊桑的短篇小说像万花筒,映出了法国社会面貌;又犹如一滴滴海水,照出周围世界,终于使其成了享有盛名的"世界短篇小说之王"。

创作天赋不好的人,经过反复练笔,也可涉足文坛,成为作家。布朗出生在爱尔兰一个穷苦家庭里,他一生下来就因大脑患病全身瘫痪。五岁那年,有次忽然伸出左脚夹粉笔,在地上勾画。其母异常高兴,教他识字,用左脚写字。学会了读书之后,布朗产生了对文学的兴趣。从此,他用左脚练习写作,1954年布朗21岁时,终于出版了第一部自传体小说《我的左脚》。16年后,又出版了另一部自传体小说《生不逢时》,被15个国家翻译出版。他在48年短暂的一生中,共创作了5部小说,3本诗集。一个不能走路,不会说话,头部、身体和四肢都不能动弹的人,能够成为作家,这不能不从他顽强拼搏、刻苦磨炼中去找答案。

三、个体性

写作行为通常都是写作者独立的精神劳作,具有明显的个体性。

首先,从写作者来说,大多数情况下,写作者都是独自面对写作环境,承担全部的写作艰辛,体验写作的全部过程。

其次,写作者具有独立的构思。写作者完成一部作品完全是在个体精神支配下完成的,需要自己独立的思考、分析与判断。即使在写作前后,他人对写作者的写作活动给予了某种有益的指导,或提供材料或提供建议,但这些最终都要经过写作者的理解、消化,并且通过个体的写作行为,才能转化为具体的写作文本。尤其是对文学作品,有个性的作品才能有艺术的生命,才能得到读者的认可和欣赏。每个人的社会阅历、知识储备、人生经验、文化素养不同,其作品也有很大的差异。巴金说:"五十年来我在小说里写人,我总是按照我的观察、我的理解,按照我所熟悉的人,按照我亲眼看见的人写出来的。"这里就强调了"我的观察,我的理解",说明了写作具有个体性的特点。

四、适应性

适应性,是指写作者要顺应时代步伐不断调整写作思维方式、手段等。受新技术革命浪潮的影响,人们的思维模式也在发生着变化。

首先,思维方式的变化。由过去的作者→写作→文章→读者的单向传递,逐渐被作者↔文章↔读者的双向沟通所取代。写作的笔锋已经触及更广、更深的人生领域和意识层次。

其次,写作手段的更新。在传统写作手段的基础上,也有新的变化:有人用录音机来进行写作;有人用电子计算机进行写作;有人用手机来写作,发微博,写微信等。

再次,文体的多样化。作品的形式也在发生变化,一些新的文体应运而生。例如,符合现代人的生活节奏和阅读心理的微型小说,有了很大发展;反映当代生活多姿多彩和快速传播时代声音的报告小说问世,受到读者关注;其他文学样式,也都在根据表现现代人异常活跃的内心世界和丰富多彩的社会生活的需要,探索并运用着各种各样的表现手法,新媒体写作的活跃也引起读者的关注。

五、双重转化性

"双重转化性",是指现实生活、客观事物向认识"主体"即写作者"头脑"的转化;然后,写作者观念、感情向文字表现方面转化。前者要依据"反映论"的精神,能动地、本质地、真实地将现实生活、客观事物转化为写作者的认识(观念和情感)。后者要遵循"表现论"的原则,有"理"、有"物"、有"序"、有"文"地将头脑所获得的意识、情感转化为书面语言。由"事物"到"认识",再由"认识"到"表现",这就完成了写作的"双重转化"。

我国古人对这种写作"双重转化性"早就有所察觉和认识。陆机的《文赋》中曾言:"恒患意不称物,文不逮意,盖非知之难,能之难也。"这里已提及了"物"→"意"→"文"的递进关系,这实际揭示了写作活动的一个重要现象。由"物"(客观存在的事物)而生"意"(写作者的认识),最难的是意能"称"物,与之相适合;由"意"而生"文"(最后写成文章),最难的是文能"逮"意,能追得上丰富的思想。"眼中之竹"→"胸中之竹"→"手中之竹",这是郑板桥讲的从看竹、思竹到画竹这一绘画的创作过程,他说:"江馆清秋,晨起看竹,烟光、日影、露气,皆浮动于疏枝密叶之间。胸中勃勃,遂有画意。其实胸中之竹,并不是眼中之竹也。因而磨墨展纸,落笔倏作变相,手中之竹又不是胸中之竹也。"这里郑板桥形象地向人们说明:艺术作品是社会生活在写作者头脑中的反映,但不是对社会生活照相似的复制,而是有所发现、有所加工、有所创造,其中包含着写作者主观精神的折射。实质上也是一个由"眼中之竹"到"胸中之竹",由"胸中之竹"到"手中之竹"的双重转换。苏联学者科瓦廖夫写道:

> 任何创作过程都包括两方面,这就是:第一,个性在反映现实的过程中积累生活印象,因此,任何创作都是不可思议的。第二,对这些印象进行创造性加工和把这项工作的成果用语言表现的形式投射出来。换句话说,创作过程不是别的,而是双重的变换过程,就是:第一,把外部刺激的能量变换成知觉的显示或者现实的形象;第二,把形象变换成作为形象客观化、物质化的体现的文字描写。
>
> 科瓦廖夫《文学创作心理学》

写作之所以是一种较为复杂的精神劳动,其奥秘就在于它的这种"双重转化性",它需要的是多方储备的多种能力的高度综合。

六、创造性

写作的关键是创造有价值的精神产品,因此,创造性是写作最根本的特性。在写作中,既不能模仿、重复他人的作品,也不能模仿、重复自己已有的作品。

首先,表现为写作者对写作客体的"想人之未想,见人之未见"。无论写什么,都应力求有新的材料、新的发现、新的表述,突破和超越前人已有的写作成果。

其次,表现为感知、构思、行文中的写作者心理要素的差异和独特。在写作中写作者不同,对所反映的客体会有不同的感觉和思想,写作总是要设法找到一个独特的角度去体现创造性,哪怕是材料、主题与别人相似,也要在感觉、语言表达方式上,追求别具一格。鲁迅的《两地书》和徐志摩的《爱眉小札》,是两个各具特色的佳作,这些书信都生动展现了二人完全不同的生活、感情、人格、气质和动人的精神风貌,这是由于两个写作者的气质、心理因素的差异。

七、目的性

目的性,指写作者的主观动机或意图。写任何一篇文章,或说明事理,或表情达意,总有一个鲜明的"写作意图""创作动机"。也就是说,通过文章的写作,总是要向社会、向读者交流点什么(思想),宣传点什么(主张),提供点什么(信息)。诗人白居易"文章合为时而著,诗歌合为事而作"是对写作者主观意图的通俗说明。

写作并不是一个人的"私事"。你不"写"则已,一写就是在那里准备去"影响别人的思想和行动"(毛泽东语)了;你不"作"则罢,一作就是在那里向社会"进行宣传"了。写作始终是一项社会性的活动,比如政论性文章,其目的就是明辨是非,兴利除弊;文艺性作品目的是扬善惩恶、熏陶性情;学术性文章就是要探求规律、揭示真理。

我国古代的思想家、文论家在这个问题上有着详细的论述。墨子提出的"言必三表"就有一条是"观其中国家百姓人民之利"。李渔指出:"文章者,天下之公器,非我所能私。"东汉的王充说过:"为世用者,百篇无害;不为用者,一篇无补。"(王充《论衡·自纪》篇),强调的"为世所用"就是明显的积极写作目的。明末清初的学者顾炎武提出"文须有益于天下""有益于将来""有裨于后代"(顾炎武《日知录》),提出了正确的写作主张。他们所强调的正是文章的积极写作目的。一个有社会意识的写作者,应该把自己的思想根植于人民和历史的土壤之中,具有"先天下之忧而忧,后天下之乐而乐"的思想境界,成为群众的社会的代言人。鲁迅的写作是为了"揭出病苦",以"引起疗救的注意"。(鲁迅《我怎么做起小说来》)看到了他"为人生""救中国"的崇高目的。"写作而没有目的,又不求有益于人,这在我是绝对做不到的。"(托尔斯泰《日记》,1853年11月28日)

写作者的主观意图又是受世界观支配的。对待同一事物,由于写作者的立场不同,作品中所反映出来的观点就会不同,甚至截然相反。同样都是以妇女解放为题材的作品,鲁迅的《伤逝》写了涓生与子君冲破封建礼教束缚,恋爱并结婚,几年之后,为生活所逼又分离,子君悲惨死去,表现了单纯追求个人幸福不行,必须置身于洪流,推翻封建制度,才能获得真正的幸福的主题。而胡适的话剧《终身大事》写了田亚梅热恋陈先,因遭父母反对,亚梅出走,表现了追求个人幸福就是为国家争自由的思想。

由上面所论及现代写作的性质,可以对写作进行界定:写作是人类运用语言文字,反映客观生活及主观情意的创造性精神劳动。也就是说,是写作者以语言文字为载体,依据生活实际和社会客观事物,有目的地进行观察、选择、提炼、加工和创造,最后形成作品的行为过程。

第三节 写作的规律

写作的基本规律是写作范围内各种具体规律的母体,它直接影响到写作实践活动的各方面及全部发展过程的整体认识,具有全局性的意义。在本节中主要阐述物我转化律、循序渐进律、多元因素综合律、法而无法通变律。这四条规律,是一个有机的整体,在写作实践活动中,都是有直接影响的。

一、物我转化律

物我转化律,是指通过物我的相互交融之后,转化为文章的过程,是写作基本规律中最重要的一条规律。"物我转化"的"物"就是指作为写作对象的客观事物,"我"就是指有着自觉意识的写作者,它们相互作用、融合,最后形成一个新的"第三者",既不是"物",也不是"我",而是"物"与"我"的二合一。在物我交融转化过程中,客观事物与写作者各自发挥着自己的作用,同时又紧密结合成为一个有机整体,它们相互渗透,相互融合。作为写作对象的客观事物,经过写作者的加工、改造,逐渐被写作者的主观意识所"酿造""熔化",像蜜蜂把花粉酿造成蜜糖一样,已经发生了质的变化。鲁迅以自己的远房伯母为原型,融化其他人物的语言和经历,铸成了祥林嫂。同时写作者也将自己的思想、情感、愿望、理想、情操等内在因素,寄寓在写作对象上,使写作对象在一定意义上成为写作者自我的化身。陆游的《卜算子·咏梅》"驿外断桥边,寂寞开无主。已是黄昏独自愁,更著风和雨。无意苦争春,一任群芳妒。零落成泥碾作尘,只有香如故。"借梅花的品格自明心迹,自抒怀抱,以咏梅表达其坚定不移的爱国立场和政治节操,其中以梅花喻己,可谓是托物寄意,物我相融。欧阳修的《蝶恋花》"泪眼问花花不语,乱红飞过秋千去",秦观的《踏莎行》"可堪孤馆闭春寒,杜鹃声里斜阳暮",可谓是"有我之境";陶潜的《饮酒》第五首"采菊东篱下,悠然见南山",元好问的《颖亭留别》"寒波淡淡起,白鸟悠悠下",却是"无我之境"。福楼拜坦陈自己在从事文学创作时能够完全融入艺术创造的环境之中,进入一种无我境界。他在创作《包法利夫人》时,写到树林里的场面,就把自己完全变成马和骑手,完全变成树和瑟瑟抖动着的树叶。他说:"我能触摸到我所想象的人物,他们一直萦绕在我的心头,或者我就要变成他们了。"以至于福楼拜描述包法利夫人服毒自杀的时候,说他本人觉得嘴里也有一股砒霜的味道,感到了要呕吐。王国维《人间词话》中说:"有我之境,以我观物,故物皆着我之色彩。无我之境,以物观物,故不知何者为我,何者为物。"黑格尔在《美学》中说:"在艺术里,感情的东西是经过心灵化了,而心灵的东西也借感性化而显现出来。"

在这里写作对象融入了写作者,写作者寄寓到了写作对象之中。只有这样才能使写作对象与写作者相互融合,才能进一步转化成为文章。经过转化,写作对象不再是原来的写作对象,写作者也不是原来的写作者,它们有机融合成了新的第三者,即写作的内容。

二、循序渐进律

循序渐进,是指遵循由少及多之序、由浅入深之序、由简到繁之序、由易到难之序。写作能力的养成,总的是一个"慢功夫"。果子不成熟,味道就不会香甜;蚕子不经三眠,也就不能作茧;"冰冻三尺,非一日之寒"。它要靠日积月累,要靠"熏染"、磨砺。写作时,一开始总是写的"少",字数少,内容少。鲁迅先生对初学"木刻"的青年人谈话时曾说:"观察多,手法熟,然后渐作大幅。不可开手即好大喜功,必欲作品中含有深意,于观者发生效力。"(鲁迅《致罗清桢》)他讲的虽是"木刻",但其内涵、精神与写作相同。要循着由少到多的序次稳步前进,基础扎实了再"渐作大幅",不能一开始就"好大喜功"。

欧阳修主张:"凡文字,少小时须令气象峥嵘,彩色绚烂,渐老渐熟,乃造平淡。其实不是平淡,乃绚烂之极也。"(欧阳修《与侄简书》)"少小时"写作,就让它"气象峥嵘,彩色绚烂"就是说写的文章气势磅礴,文采绚丽。慢慢写"熟"了,就自然地达到平淡,但这个"平淡"并不是淡乎寡味,而是一种"绚烂"的"极致"——就归于了"平淡"。同样在表述上也是由易到难。一个人"形象思维"的能力比"逻辑思维"的能力进展得要快一些,成熟得早一些。这个人类认识运动的"秩序"就是要求在表达时要"先记叙后论说"。叶圣陶曾说:"练习写作,最好从记叙入手。"(叶圣陶《中学国文学习法》)这是符合写作行为自身规律的。小学、初中,要抓好记叙性文章的写作;高中应"叙""论"并重,使两种能力平衡发展;大学阶段,大学生可谓是"术业有专攻",有了自己的"专业"方向,这个专业方向的实现,最终要借助一个载体,那就是论文。大学里除了进行适量的"散文"训练(这是"记叙"能力的一种强化和提高)之外,要把写作的重心放到"论文"的训练上。

三、多元因素综合律

多元因素综合律,是指写作者在写作过程中,综合运用自身多方面的素质、修养和能力,去感知、构思、表达,最后形成文章的过程。

刘勰说:"积学以储宝,酌理以富才,研阅以穷照,驯致以绎辞,然后使玄解之宰,寻声律而定墨,独照之匠,窥意象而运斤,此盖驭文之首术,计划谋篇之大端。"(刘勰《文心雕龙·神思》)这一段意思是说,积累学识给写作提供了宝贵材料,明辨事理以丰富自己的才智,探究生活经历以吸取经验,依照事物的情理培养运用语言的技巧,然后心营意造,探求声律,安排文辞,根据想象中的意象来创作。此为驾驭写作文章的首要方法和布局谋篇的先决条件。刘勰在这里虽然对写作者所必需的多方面的素质、修养和能力概括得并不完善,但是他已经认识到了写作者必须发挥自身多方面的素质、修养和能力的重要性。

对于写作者的素质而言,包括多种因素,有写作者的天赋和禀性,以及在社会实践中逐渐形成的心理素质、政治素质和文化素质等,具体指写作者的性格、意志、气质、情感、兴趣、习惯、操守、信仰以及伦理、道德观念等因素。对于修养而言,包括写作者后天的修养,具体有思想修养、生活修养、知识修养、语言修养及艺术修养等。对于能力而言,包括写作者在社会生活中有效地表现出的智能,具体有观察、记忆、感受、思维、想象、理解、表述、决断等。

不同的写作者,不同的写作对象,不同的写作形式,其综合因素的表现可能有些不同。有的人得于"生活",生活养育了作家,生活造就了作家。别林斯基说:"不幸,是一个最好的大学。"巴金也曾说:"养活作家的是读者,培养作家的是生活。"生活的坎坷以及时代的动荡,常常是孕育作家的最好的"苗床"。有一批作家是"得力"于丰厚的生活积累,作家的创作基本都是为自身的生活经历所左右,少有能够脱离自身生活的。这正如同样是20世纪40年代的中国,上海张爱玲的作品和解放区赵树理的作品风格题材完全不一样,他们都只能写出自己最熟悉的人物和生活。张爱玲出身旧式贵族家庭,在繁华的上海长大,在充满殖民地色彩的香港求学,同时受到了来自父亲的中国传统文化与来自母亲的西洋文化的启蒙,这注定了她在写作上的视角、描写的人物都与当时中国一般的受革命影响的作家不同,更注重人性的描写,充满了苍凉与迷惘。传奇的身世与经历,加上她的天赋,造就了传奇的张爱玲。有的写作者得力于学识。广博的知识,专精的研究,深刻的见解,使思想的"表述"变得举重若轻,自然流畅。在写作中都是经过多种体验、实践、积累,才能成就鸿篇巨制。马克思写《资本论》历时40年,阅读、分析了浩如烟海的理论著作、事实资料和统计数字,他研究过的和做过摘要的书籍,就有1500多种。

如果解剖一篇文章的话,文章的主题,主要表现写作者的政治素质、思想修养和思维、理解等方面的能力;文章的材料,主要表现在写作者的生活修养、知识修养和观察、感受、记忆等方面的能力;文章的结构、语言和写作方法,主要表现着写作者的文化素质、艺术和语言修养以及思维、想象、表达、决断等方面的能力;文章的风格特点,主要体现写作者的性格、气质、兴趣、习惯等心理素质。这种解剖把文章肢解开了,而实际上,文章所熔铸的综合因素是浑然一体而不可分割的。

四、法而无法通变律

"法而无法",是指写作既有一定之法,但又并不是一成不变之法。古人云,"法富于无法之中""无定之中有一定焉",都是在说明"法而无法"的内涵。"通变",指写作方法既有继承、借鉴,又有改革、创新。"法而无法通变律",指写作者自觉地吸收、借鉴相对稳定的写作方法,并加以改革、创新、灵活地运用到写作实践的进程。

刘勰对文章的继承与创新就有自己独到的见解,"变则可久,通则不乏",认识到创新才能流传久远,继承才不致贫乏。文章的体裁有常规可循,文章的方法则无一定之规。比如诗歌、辞赋、书札、奏记等体裁,名称与写作原理都是前后继承的,这就说明体裁是有常规可循的。文采、语言、气势和感染力等,只能有所变化创新才能长久流传,这就无一定之规了。文体的名称与写作原理各有常规,但在写作方法上必须参考新的创作,这样才能驰骋在无穷尽的创作道路上,汲取永不枯竭的创作源泉。书画最忌讳急功近利。书不阿俗,画不阿贵;书不阿财,画不阿时。迎合世俗,逢迎权贵,痴迷钱财,追求时尚,最容易失去自我与个性,就不会有艺术创新。迎合世俗者,作品必然圆滑;逢迎权贵者,作品必然无骨;痴迷钱财者,作品必然轻浮;追求时尚者,作品必然花哨。文章也是如此,若想让自己的生命在作品中延续,创作的作品教化后人,就要在文化的积淀、生活的积累、观察的精细、作品的技艺上下苦功。

(一)文之有法

写作之法,渗透在写作实践活动的各个阶段、各个方面和各个组成部分,具体表现在以下几个方面。

1.文章体制

古人曰:"文章以体制为先,精工次之。"(宋·倪正父语,转引自吴纳《文章辨体序说·诸儒总论作文法》)"文章之有体裁,犹宫室之有制度,器皿之有法式也。"(明·徐师曾《文体明辨序说》)可见文章写作之法的重要性。

首先,"体制"指文章的结构框架。古人"作乐府亦有法,曰凤头、猪肚、豹尾"(元·陶宗仪《南村辍耕录》),刘熙载的"笔法之大者有三:曰起,曰行,曰止"(清·刘熙载《艺概·经义概》),这些都是在说文章的结构框架。古代诗词的格律,传统小说的情节结构(序幕、开端、发展、高潮、顶点、结局),论说文的三段论法等,由于文体不同,结构框架也不同。在写作中,虽然在结构上有所变化,但也是"定体则无,大体须有"(金·王若虚《滹南遗老集·文辨》)。

其次,"体制"指各种文体的不同特点。文章的写作是以文体为基本单位,文体不同,其写作特点也不相同。曹丕《典论·论文》中说"奏议宜雅,书论宜理,铭诔尚实,诗歌欲丽",就能体现出文体的不同写作特点及要求。要进行写作,就要把握住不同文章的特点。

再次,"体制"包括文章的内部构造。古代写作论中的首尾、开合、伏应、顺逆、虚实、扬抑,现代写作论中的开头、结尾、段落、层次、过渡、照应、详写、略写等,都是指文章的内部构造,都有一定的法则。

2. 写作准则

写作准则,是在长期的写作实践中总结出来的,它是指导写作的一种标准和尺度。在写作实践的不同阶段和不同范围内,都有各自的准则。古代写作理论家有很多这方面的论述。刘熙载要求:"主意要纯一而贯摄,格局要整齐而变化,字句要刻画而自然。"(清·刘熙载《艺概·经义概》)"文有七戒,曰:旨戒杂,气戒破,局戒乱,语戒习,字戒僻,详略戒失宜,是非戒失实。"(清·刘熙载《艺概·文概》)现代写作理论也提出:主旨要鲜明,内容要充实;材料要详略得当,围绕中心,观点和材料要统一;层次分明,结构完整;文气贯通,语言得体;用词得当,语句流畅。由此看来,写作是有规则和要求的。

3. 写作技法

写作技法,指写作者用来写景状物、叙事明理的方法和技巧。清代学者唐彪在《读书作文谱》一文中就有"文章诸法"的专章论述,概括出了"抑扬、跌宕、顺逆、顿挫"等写作技法。现代写作理论也在总结前人的写作理论基础上进行汲取。同时一些新的写作技法,如悬念、暗示、象征、意识流、蒙太奇等,也在逐步成熟,并得到了认可。

(二) 文之无法

"无法"并不是对"法"的否定,而是对"法"的灵活运用。

1. 文章体制的变化

社会的变革,不仅丰富了文章的内容,而且使文章的体制也从无到有,由简到繁。秦汉以前,无所谓文章的体制,汉魏以后,文体渐多。这样多的文体,一方面是历代作家因事因理的独造,如先秦诸子的散文;另一方面也是在已有文体上的变革,如苏轼的《赤壁赋》,以"赋"为"记",既保留了传统赋体那种诗的特质与情韵,同时又吸取了散文的笔调和手法,打破了赋的句式、声律和对偶等方面的束缚,更多的是散文的成分,使文章既有诗歌的深致情韵,又有散文的透辟理意。散文的笔势笔调,使全篇文情勃郁顿挫,与赋的讲究整齐对偶不同,它的抒写更为自由。欧阳修的《醉翁亭记》,以"记"为"赋",作者通过写景记游所创造的艺术境界是极其优美的。他写静景,写动景,都能那样神情毕肖,使我们像欣赏山水画一样,得到一种艺术上的享受。现代文章的体制,多有合体为文的情况,如散文诗等。文章的内部特点及构造也有所变化,文体特点有的发生了变异,文章的内部构造出现了时序颠倒、某些环节的省略等。

2. 写作准则的发展

文章的写作准则有相对的稳定性,但随着时代的变化,也有一些发展。传统的小说的写作准则,讲究突出的人物、完整的情节、典型的环境。作家们在不满足中探索寻找新的表现方式,突破传统小说由写作者本人从外部描写人物性格的框框,要让书中人物自己直接展示他的思想活动,因而产生了意识流小说。意识流小说的写作者不再老老实实地搬弄实实在在的框式,不再把生活的原来形貌认真地装套在小说文字中,而是更加深刻地探求并表现人物内心变化、精神模式、错综复杂的思绪和深层心理活动,打破了传统小说中写作者控制一切,由他介绍人物的思想感情,编串故事情节,出头露面评论说教,而不是让人物的精神世界,特别是深藏在人物内心的隐微活动如实自发地展现出来的做法。意识流小说的作家们还通过想象创造客体,从而表现主体,这时的客观思维只是起到提供素材的作用。意识流小说家打破传统小说以时间为序的结构,以将过去、现在和未来的一般时间顺序排列彼此颠倒,甚至互相渗透的写作方法进行创作。意识流小说的写作技巧巧妙地在人物的潜意识中反映出人类与社会的种种现象。但随着意识流一类小说的出现,小说的准则中要有所补充与更新。诗歌的创作准则也是如此,随着新体诗的出现,其准则也有新的内容。写作准则本身就是从写作实践中概括出来的,如果一直抱着固有的东西,就会失去生命力。

3. 写作技法的灵活运用

写作技法在写作实践活动中最为灵活,人们在模仿、化用、融合的过程中,使"法"变得"无法"了。

同一写作技法可以表现不同历史时期、不同社会生活内容,如《左传》《史记》中的写作技法,被《水浒传》《三国演义》《西厢记》所汲取,古代诗词中创造意境的写作技法,被《红楼梦》所化用。历代名著中的写作技法,又被现代作家所借鉴。朱光潜在《从我怎样学国文说起》中说:"各种体裁我大半都试作过。那时我的模仿性很强,学欧阳修、归有光,有时居然学得很像。"元代文人郝经说:"现前人之法而自为之,而自立其法。彼为绮,我为锦;彼为榭,我为观;彼为舟,我为本;则其法不死,文自新而法无矣。"(元·郝经《郝文忠公陵川文集·答友人论文法书》)这里是说,对前人的写作方法,不能生搬硬套,而是要把前人之法变成自己的,为己所用,别人用来织罗绮,我就用来织锦缎;别人用来造水榭,我就用来修楼台;别人用来做木船,我就用来做马车,这样,文章就会出新,而写作方法就会千姿百态。在实际运用中,往往又是多种方法的交叉使用,如唐代诗人司空曙的《喜外弟卢纶见宿》中"雨中黄叶树,灯下白头人",既有"反正相生"手法的艺术效果,也有对偶、衬托、比喻。

"法"成了"无法"的基础,"无法"又是对"法"的继承和发展,是"法"的极致。从无法到有法,再到无法,整个写作过程就是一个循环、往复的演化、变革的过程。

技能训练

一、专项训练

1. 结合具体职业谈一下现代基础写作的意义。

2. 联系具体作品分析现代写作有哪些性质。

3. 我国当代著名作家茹志鹃在《漫谈我的创作经历》一文中写道:"我在写每一篇东西的时候,哪怕是一篇短短的散文,我都在调动我一切储备,好像这篇写完了以后,别的东西不准备写了似的。是的,我在写每一篇东西的时候,我都翻箱倒柜,把所有的储藏,只要能用的都使用上来,哪怕并不是用在文字上。"所谓"翻箱倒柜"地调动"一切储备"来写一篇文章,这是写作活动的一种规律性的现象,那么,这体现了写作的什么性质呢?请谈谈你的看法。

4. 我国著名教育家叶圣陶先生在《认真学习语文》中说:"一定要把知识跟实践结合起来,实践越多就等知道得越真切,知道得越真切就越能起指导实践的作用。不断学,不断练,才能养成好习惯,才能真正学到本领。"这也触及到了写作的根本特性——实践性,结合自己的写作实际,深刻领悟实践之于写作的重要意义。

5. 作家茅盾在《创作的准备》一文中说得好:"伟大的作家,不但是一个艺术家,而且同时是思想家——在现代,而且同时一定是不倦的战士。"这句话言简意赅,见解深刻,表明了作家加强思想修养的重要性,对此你怎么看?谈一下自己的看法。

二、综合训练

1. 试写一篇介绍自己的小传,包括个性禀赋、兴趣爱好、家庭情况等。

2. 阅读下文,认真理解和体会,以《写作带给我_____》为题,写一篇感想性的文章。

写作的快乐

王 蒙

有人喜欢讲写作之苦,我则爱说写作的快乐。

写作是我最好的参与方式。通过写作,国家百姓、世道人心、历史文化、地球宇宙都与我联系起来了。同时,这一切毕竟只是文人的一家之言,知无不言在我,闻者足戒随君,何况不断有人对我追踪分析,与我争鸣切磋辩论批评,给读者提供了选择分辨的题目与乐趣,当不致一面倒过去,误人子弟。

写作是我最好的学习方式。新的生活气象,新的语言辞藻,新的思索探求,新的经验体验,新的知识信息,新的形式方式,就像清泉活水,永远奔流,永远被搞写作的人所汲取、所运用、所消化、所生发、所沉淀、所积累。

写作是我最好的交际方式。与一些悲观主义者相反,我总觉得世上好人如此之多,应该交往应该请教应该互通声气互相帮助的人如此之多,没有可能一一与之过从、通信,一一与之"感情深,一口闷"。乃有文章。所有的文章都是我给现在的与未来的朋友们的书信,所有的文章都是我的心。

  写作是我最好的娱乐休息。电脑屏幕,从无到有,如歌如吟,如梦如戏,如花万朵,如云千变。我要编织,我要刺绣,我要抡砍,我要抚摸,我要突发奇想,我要出语惊人,我要插科打诨,我要披挂上阵,我要欲擒故纵,我要大开大合。何等快乐!您上哪儿找这样的乐子去!

  写作是我最好的养生方法。心有用焉,精神集中,不受干扰,神有栖焉,不受外惑。感情得以舒张,想象得以飞扬,郁积得以宣泄,空洞得以充实,遗憾得以补偿。内功导引,身心俱泰,信心增强,颓废全无,正以去邪,文以去病,功莫大焉。

  3. 出门在外,你就是家乡的形象代言人,请从历史文化、地理环境、特色美食、风土人情、经济发展和自然景观等六个维度,写一篇有关介绍自己美丽家乡的发言稿。

第一章 感知

▶ **任务导航**

1. 写作材料的含义及作用。
2. 写作材料的鉴别和使用。
3. 观察体验、调查采访、阅读积累。

▶ **思政聚焦**

1. 认识中国文化成就,增强文化自信。
2. 培养爱国情怀和奉献精神。
3. 培养创新精神,提升创新能力。

▶ **案例导引**

做生活的有心人

俗话说,生活有多广,语文就有多广。多姿多彩的生活是"知识库",是"语言库",是写作材料的丰富源头。但它们是为有心者而准备着的,这就要求我们在日常生活中,不论是学习、工作、休息、文体活动,还是走街串巷、旅游观赏、社会实践、社区活动,都要做一个有心人,时时处处多看、多听、多想、多吸收,养成认真仔细观察生活的好习惯。著名教育家叶圣陶说:"在实际生活中养成精密观察和仔细认真的习惯,如果养成了,对于写文章太有用了。"茅盾在《创作的准备》一文中指导青年写作者说:"我们在开始写作的时候或以前,就应当时时刻刻在身边有一支铅笔和一本草簿,无论到哪里,你要竖起耳朵睁开眼睛,像哨兵似地警觉,把你所见所闻随时记下来……"如此,积累多了,一到写文章,就会成为有用的、可供选择的材料。

第一节 写作材料

一、写作材料的含义及作用

(一)写作材料的含义

写作材料,是写作者为着某一写作目的,从生活中搜集、摄取,以及写入文章之中的一系列事实现象或理论依据。也就是说:写作者写入"文章"之中的那些事实或理论依据固可称之为写作材料,被写作者所搜集、所摄取,但由于种种考虑最后并未实际采用的那些事实现象或理论依据也可称为"写作材料"。

(二)与写作材料相关的几个术语

在文学、艺术的创作活动中,常常使用所谓的"素材"和"题材"等术语。

素材,是进入写作者视野并被其所意识、所采撷的全部生活现象,即创作的"原始"材料。素材也可以间接地从他人手中或书本中获取。如马克思为了撰写《资本论》、姚雪垠为了创作《李自成》,都曾查阅了浩繁的历史、文献资料,这些都是他们从书本中间接获得的写作素材。

题材,一般是指文学作品描绘的对象,也泛指经过写作者筛选、集中、加工提炼,写到作品或文章中,用以表现主题的材料。题材是在丰富的素材基础上形成和确定的。鲁迅的《阿Q正传》写的虽是未庄一个雇农的故事,这个故事(题材)却是作者从长期观察旧中国社会和"国人灵魂"而得到的大量生活素材中提取、概括出来的。题材有广义和狭义之分:广义的题材,指的是社会生活、社会现象的某些方面,如所谓的工业题材、军事题材、改革题材、农村题材等;狭义的题材,指的是构成一篇或一部叙事性文学作品内容的一组完整的生活现象,它一般均由人物、环境、情节这"三要素"组成,并具有不可分性,即一篇作品只能有一个题材,若要再分,就只能以情节、场面、细节等概念来表述了。由此可知,题材这个概念,是文学、艺术创作的一个专用术语,不宜普遍借用到广义的"文章"写作上来,因为,整个"论说"类的文章均无"题材"可言。

资料,是与题材相关的另一个概念,多指撰写学术论文、其他论说文时所需要的书面材料。资料包括原始资料和经过别人亲手整理加工的资料两类。前者主要有档案、原始文献、会议记录、统计报表、调查笔记、文物图片等,后者主要有摘要、目录、索引、分类简报、笔记和读书卡片等。如:为配合应用写作课学习,由中央广播电视大学出版社出版的《应用写作资料汇编》,南京师范大学中文系编辑出版的、供文教工作者研究、教学使用的《文教资料简报》等。

(三)写作材料的作用

写作材料是一篇文章的"血肉"。它的作用表现在:

1. 动笔之前，材料是形成观点的"基础"

写文章总是要反映一种思想或认识的，人的头脑只能作为一个"加工厂"，把现实生活中的原料或半成品，经过加工制作，上升"飞跃"为思想、观念，然后形成语言，把它们表现出来。"巧妇难为无米之炊"，没有现实生活，没有任何原料及半成品，头脑这个"加工厂"就只能是停工待料，无工可加，制作不出任何正确的思想、观念来。

写文章就要从生活实践或科学实验中获得好的"原料或半成品"，积累了详尽充分的材料，再加上写作者的善于"加工"，长于思索，才能从中形成思想、观点，写出好的"文章"来。所以，材料是"实"的，观点是"虚"的，但是"实"能生"虚"，"虚"从"实"来，没有"原料"或"半成品"，就"加工"不出任何思想产品，没有详尽充分的"材料"，就从中"引"不出任何正确的观点、结论。

2. 写作之际，材料是表现观点的"支柱"

获得正确的"认识"是一回事，把这种认识"表达"出来，使它能够为读者所理解、所接受，具有说服力、感召力，又是一回事。前一半是由具体到抽象，即由"实"而"虚"，"虚"从"实"来；这后一半则是由抽象再到具体，"虚""实"结合，以"实"证"虚"。也就是说，你想把你得到的"认识"，发现的"观点"，让读者也能认识并接受下来，使它能够"树"起来，立得稳，站得牢，非有一些典型、生动的"原料"或"半成品"作其"血肉"不可，非有一些结实、有力的"材料"作其"支柱"不可！"言之无物""空空如也"是写文章之大忌。古人云："不使事难于立意。"（陈善《扪虱新话》）不使用材料就难以把写作者的"旨意（即观点）"树立起来。朱熹在《文章辨体·序说》里讲道："作文虚是靠实……不可驾空纤巧。大要七分实，只二三分文。"写文章必须凭借事实，即实实在在的内容、材料，而不能驾空议论，以纤巧取胜。写文章总的指导精神是七分事实，只二三分文采、技巧。朱熹的话讲的是极有见地的！七"实"三"文"之说，怕是揭示了"写文章"的一条规律。任何一篇文章，如果把它"分解"一下的话，就可以看出：构成"记叙"性文章或作品"内容"的主要成分是其"细节链"，即一个个典型、生动的"细节"在某一思想串结下成为一个"链子"；构成"论说"性文章"内容"的主要成分是其"材料链"，即各种事实现象、理论依据的材料在某一观点统率下结成一条"链子"；而构成"新闻""科技""应用"性文章"内容"的主要成分则是其"信息链"，即一系列的大小"信息"在某一意图渗透下组成一条"链子"。没有这种材料的"链状结构"，任何文章都很难写成！所以，在表达"认识"之时，用这种典型、生动、结实、有力的"材料链"去说明观点、陈述观点、支持观点，是十分重要的。

二、写作材料的类别

在文章写作中，材料这个概念的外延是相当宽泛的。根据不同的标准，大体可以分为以下几种类型：

(一)事实性材料和观念性材料

这是从材料的特点来划分的。事实性材料即客观存在的具体事物或书本、文章提供的具体事实,包括人物、事件、数字等。观念性材料既来源于实践,一般说又应是在实践中得到验证的观点,包括科学原理、定义、结论、看法,以及日常生活中流传的警句、格言、俗语等。

(二)个别性材料和综合性材料

这是从材料存在的形态或表述的方法来划分的。个别性材料是指单独存在和使用的材料;把若干同类的个别性材料加以归纳、综合而形成的材料则是综合性材料。

(三)历史材料和现实材料

这是从材料存在的时间背景来划分的。距写文章的时间较远的材料通常称为历史材料;距写文章的时间较近的材料通常称为现实材料。这两种材料具有相对性,今之历史材料,曾经也是现实材料,后人使用时又变成了历史材料。

(四)正面材料和反面材料

这是从材料的性质及其在具体文章中的作用来划分的。有些材料具有明显的正面、反面性质,如岳飞的矢志报国和秦桧的卖国行径等。有些材料的性质一时不好确定,只能根据其在文章中的实际作用来判别:支持作者观点的材料为正面材料,作者质疑、排斥的材料为反面材料。这样,材料的正面、反面性质带有某种相对性或主观性,我作为反面材料使用的,你可作为正面材料使用。

(五)第一手材料和转手材料

这是从材料的来源来划分的。直接材料是写作者在日常生活中直接得到的经验,是从观察、感受、体验、试验、调查研究中得到的。转手材料是写作者从其他方面间接得到的材料,例如:从文件、文献、书籍、报刊以及其他资料中得到的。

材料的分类总有着重叠和交叉现象,一个具体材料常常同时属于上述几个类别。如新闻通讯《百万雄师横渡长江》(《人民日报》1949年4月24日)使用了"二十日夜起,长江北岸人民解放军中路首先突破安庆、芜湖线……二十四小时内即已渡过三十万人"这样一个材料,它既是事实性材料,又是个别性的、现实的、正面的和第一手的材料。

▶▶ 三、写作材料的鉴别及选择

(一)写作材料的鉴别

正确的"选择"是建立在对写作材料严格"鉴别"的基础之上的。没有对写作材料大小、轻重、真伪、主次、表象或实质、典型或一般等性质与作用的恰当"鉴别",正确的"选材"就几乎等于一句空话。那么,怎么对写作材料进行鉴别呢?

1. 鉴别写作材料与主题的远近、主次、有关或无关

根据主题与写作材料的关系,选与"主题"密切的写作材料,就要鉴别写作材料与主题的远近、主次、有关或无关;选"典型"写作材料,就要鉴别写作材料的优劣、高下;选"真实、准确"的写作材料,就要鉴别写作材料的真伪、表象与实质;选"新颖、生动"的写作材料,就要鉴别写作材料的新旧、死活,等等。没有这种精细、严格的"鉴别",你就是把选材的原则背得滚瓜烂熟,也很难恰当地决定材料的取舍剔留。所以,鉴别是对于材料的一种理性认识、一种明智判断,是非常重要的,"没眼力""不识货",就不能做好选材工作。

2. 第一手材料要反复核实,不要偏听偏信,不要凭想象补充,不要把可能当现实

写作者深入生活搜集材料,一定要从多方面了解——当事人、局外人、领导、群众,赞成的、反对的,各种意见都要听,然后对材料进行鉴别,做出比较可靠的结论。切不可只听一方面的意见,也不能只了解大概情况,凭想象扩充细节,更不能把可能发生的事当已经发生的事来写。因为客观情况是瞬息万变的,你以为可能发生的事,有时偏偏没发生,你以为不可能发生的事,有时偏偏发生了,所以切不可以想当然为之。

3. 转手材料要来源可靠,多方参考鉴别

有些材料,写作者不可能亲自去调查了解,只能根据别人的记载。在这种情况下,要尽量用那些来源比较可靠的材料。如果有可能的话,还要尽量用其他材料考察参证,以鉴别其真伪。例如:不少回忆录提供的材料,因年代久远,难免会有误记,使用时就应尽可能加以核实。如鲁迅的夫人许广平对鲁迅应当是十分了解的,但是朱正写的《鲁迅回忆录正误》一书,还是对许广平所写的《鲁迅回忆录》中失实的地方进行了不少的考证,纠正了一些与事实有出入的说法。因对转手材料没有核实、鉴别而轻易引用以致以讹传讹的现象,在不少文章中均可见到,应当引起写作者的注意。

4. 要注意局部真实和全局真实的关系,不犯以偏概全的毛病

材料是否确有其事只是一个方面,另一方面还要看这材料所说明问题的范围,它只能说明局部呢,还是可以说明全局呢?切不可任意扩大范围,把一些非本质、非主流,只能说明局部问题的材料,当作本质、主流和全局。比如,在青年里面,确有很少一部分人盲目崇拜国外、羡慕国外的物质生活,但这绝不是主流,不能代表中国青年总的面貌。如果我们不注意鉴别、不掌握分寸,过分渲染青年中的消极因素,就会歪曲中国青年的形象。列宁曾经指出:"如果从事实的全部总和、从事实的联系去掌握事实,那么,事实不仅仅是'胜于雄辩的东西',而且是证据确凿的东西。如果不是从全部总和、不是从联系中去掌握事实,而是片段地随便挑出来的,那么事实就只能是一种儿戏,或者甚至连儿戏也不如。"(列宁《统计学和社会》)这段话对怎样理解、鉴别材料的局部真实和全局真实的关系,是有指导意义的。

(二) 写作材料的选择

为了写一篇文章常常要搜集许多材料,但是能够写到文章中的,那是有限的。只有从相当丰富的材料中,精选出最恰当的材料用来展开主体,文章才可能写得精彩,古人把这叫作"博收而约取"。那么,怎样进行写作材料的选择呢?

1. 要围绕文章的主题选择材料

主题,是一篇文章的中心思想或基本论点,是一篇文章所有内容的"打击方向"。由于它在文章中居于"灵魂"和"统帅"的重要地位,所有的材料都要由它"统领"和"遣用",所以,依据主题表现的需要来选择材料,就成了一个必须首先遵循的原则。

选择材料,就是以主题的表现为"依据"来决定材料的取舍:和主题有关,并能有力地说明、烘托、突出主题者,选而留之;和主题无关,不能说明、烘托、突出主题者,则扣而舍之。例如,毛泽东同志在《将革命进行到底》这篇文章中,引用了《伊索寓言》中的一个故事——《农夫与蛇》。故事说:

一个农夫在冬天看见一条蛇冻僵着。他很可怜它,便拿来放在自己的胸口上。那蛇受了暖气就苏醒了,等到恢复了它的天性,便把它的恩人咬了一口,使农夫受了致命的伤。农夫临死的时候说:我可怜恶人,应该受这个恶报。

我们可以看得很清楚,这个《农夫与蛇》的寓言是一个"外国"的、"历史"的材料,和中国当时革命的"形势"并没有直接的、必然的关系。一般人即使熟知这个"材料",怕也不会写到这样一篇庄重、严肃的"政论性"文章中。但是,毛泽东同志却"慧眼独具",他不仅深刻理解了这则"寓言"本身所蕴含的讽喻意义,而且看到了它在精神实质上和当时中国革命形势的"相似"或"相通"之处,看到了它和文章主题——"将革命进行到底"——之间的虽属"间接"但又丝丝入扣的内在联系。因而,毛泽东同志选用了这个材料,狠狠嘲讽了那些"外国和中国的毒蛇们"高喊"和平"以求"复辟"的痴心妄想,义正词严地宣布:中国人民"听见了并且记住了这个劳动者的遗嘱","决不怜惜蛇一样的恶人"!有力地说明、烘托和突出了全文的主题。

和主题"直接"有关的材料好选,和主题"间接"有关的材料难寻,而这恰恰表现了写作者"依据"主题需要"妙选"材料的功力!在一篇文章中,所有的材料应具有或隐或显的"向心力"。游离于"主题"之外的多余的材料,决不可有。你看战舰的甲板上,就没有一件多余的"摆设";戏剧的舞台上,也没有一件多余的"道具"。关于这一点,契诃夫曾讲过一个非常形象的比喻,他说:"要是您在头一章里提到墙上挂着枪,那么在第二章或第三章里就一定得开枪,如果不开枪,那管枪就不必挂在那儿。"(谢·舒金《回忆安·巴·契诃夫》)"枪"就好比文章里的一个具体材料,如果它和主题无关,不能开火射击,那么,它就根本不必挂在那里!

2. 材料要真实、确凿

真实而确凿的材料是使文章具有说服力和感染力的保证。如果在文章中使用了虚假的材料,那必然会导致错误的结论,即使在材料的细节上有出入,也可能引起读者对文章中全部材料的可靠性发生怀疑,进而会对主题的正确性发生怀疑,这会大大地损害文章的说服力。

(1)文章中的材料要严格地符合客观事物的原貌或实际情况。如在议论文中,使用个别的或概括性的事实应尊重其原貌,万不可为了说明自己的看法而缩小、夸大甚至捏造事实。即或引用一个数字,也要绝对精确;数字是事实的量的反映,丝毫也含糊不得。

(2)文章中的事实性材料要能从本质上反映生活的真实面貌。为了达到这个目的,可以允许对作为生活素材的事件、细节、环境、人物特征进行某些组合、改造,也就是艺术加工或艺术虚构。这一般是对叙事性文学作品中的材料情况而言。文艺作品题材的真实乃是艺术的真实。艺术真实是经过艺术的提炼、集中、概括,由生活真实转化、上升而来的。作品中所描写的虽说不是某一客观事物的如实记录,却要合乎生活的常理,这正是文学史中一切富有审美价值的艺术形象,都能给读者以一种逼真感的秘密之所在。

所谓材料的确凿,一般指文章中使用的材料既要准确无误,经得住核实,又要用得恰当贴切。引用别人的话不能有丝毫误差,不管引用的是全文或完整的一段话、一句话,还是摘引别人文章中的话,都要做到字、词、句、标点完全与原文一致,绝不可马虎从事或随便篡改、增删。同时,还必须与原意相合,切忌断章取义、削足适履。

3. 材料要典型

典型的材料,是某一类事物中最有代表性的事例或材料。它是具体的、个别的,富有鲜明独特的个性,同时又最能体现同一类事物的本质特征和普遍意义。它是个性与共性的统一,具体性与普遍性的统一。典型化要求写作者像老舍先生所说的那样"宁吃鲜桃一口,不吃烂杏一筐",以百里挑一的严格态度去遴选材料,不用则已,一用最好就能获得以一斑而窥全豹、以一目尽传精神的效果。所以,典型的材料能够以一当十,选用来表现主题,可使文章言简意赅,并且富有说服力和感染力。

例如:同样是描写吝啬鬼的贪财习性。吴敬梓刻画《儒林外史》里的严监生,用的是临死还嫌两根灯草费油而迟迟不肯咽气的细节;巴尔扎克笔下的葛朗台老头(《欧也妮·葛朗台》)则是临死向神父忏悔时,还想抢他手中镀金的十字架。这两个材料的典型性,不仅在于都能具体、生动地显示出被描写对象要钱不要命的性格特征,同时,它们似乎还能进一步区分出这两个贪财者的相同属性中的不同的民族、阶级特征来。严监生的举止,活脱体现出一个封建地主老财的吝啬、刻薄;葛朗台老头的行为,则是更带有西方资产阶级的贪婪、疯狂。如果把他们的上述举动彼此调换一下,就会显得不尽合乎情理。如果改为描写他们如何不舍得吃好东西,不舍得穿好衣服,老是想"把一个钱掰成两半花",就更加缺乏个性,因而也就很难获得典型材料所具有的感染力和概括力了。

典型材料不是轻易就能得到的,需要在许多可用的材料中精选。要精选,就得有眼光,不然,即使碰到典型材料也会失之交臂。有了准确、犀利的眼光,不但能多中取少,而且能平中见奇。可见要获取典型材料,除了广采博收素材,更主要的还是要提高思想水平、理论修养和陶冶高尚情操,从而获得鉴别材料的眼光。这才是见人之所未见,发人之所未发。

4. 要选择新颖、生动的材料

新颖,是说材料要有新鲜感;生动,是说材料以及对于材料的具体表述要有感染力。这是增强读者阅读兴趣,实现写作者写作意图的重要保证。

至于怎样的题材才既新颖而又生动有趣?这没有绝对的标准。一般说来,具体的比抽象的生动有趣,个别的比一般的生动有趣,曲折的比简单的生动有趣,特别鲜明的比缺乏特点的生动有趣,感情强烈的比感情平淡的生动有趣,有比较的比孤立的生动有趣,等等。在选择材料时,不能片面追求生动有趣,应当在主题需要的前提下,在同类材料中选择比较生动有趣的。

新颖生动的材料,要靠写作者自己去调查和积累。如有一篇文章题为"六尺和两米",文中说道:

> 主管农业的县委常委,到乡里去考察推广沼气的情况。他鼓励挖沼气的农民们说:"很好!很好!学科学,用科学,普及科学,是形势的要求,是四化的需要……"然后便问道:"沼气池要挖多深?"回答是:"六尺。"
>
> 县委召开常委会,研究农业方面的问题,农业局的负责人和技术干部汇报推广沼气的进展情况。汇报中间,这位主管农业的常委插话问道:"沼气池一般挖多深?"回答是:"两米。"他惊奇地反问道:"群众说池深六尺,你们技术人员说是两米,到底应该多深?"话音未绝,引起一阵哄堂大笑。县委书记皱了皱眉头说:"我们每个领导干部都迫切需要加紧学文化、学科学、学技术……就让我们从这两米等于六尺开始吧!"

这就是一个相当新颖、生动、有趣的活材料。那位县委常委,身居领导职位,大讲"形势要求",却弄不清"两米"等于"六尺"的简单常识,难怪人们要"哄堂大笑"了。就是从这活生生的现实材料里,写作者自然地引出了"领导干部要加紧学文化、学科学"的重要结论。

毛泽东同志在《中国共产党在民族战争中的地位》一文中也指出:"运动在发展中,又有新的东西在前头。新东西是层出不穷的。研究这个运动的全面及其发展,是我们要时刻注意的大课题。"

时代在前进,生活在发展,事物在变化,改革在深入。我们的写作要想跟上时代前进的脚步,艺术地描绘出新的生活、新的人物,准确地反映出新的事物、新的发现来,那就要敏锐地去捕捉那些"层出不穷"的新材料和新情况,去总结那些"层出不穷"的新经验和新问题。"吃别人嚼过的馍没味道",老一套的"陈谷子、烂芝麻",也很难激起读者的兴趣,也很难从中得出新鲜的结论。

四、材料的使用

材料的使用与材料的选择密切相关,不能截然分开,同时又牵涉到结构和表达。一般说来,材料的使用包括以下几个方面:

(一)取舍

按照选材的一般要求,在大量素材中筛选出来的材料,在写作过程中有时可能全部派上用场;但是,起初打算选用而最后终于淘汰的情况也是很多的。这就是使用材料时的取舍工作。取舍一般应遵循两条原则:一要根据主题的需要,保留能有力地表现主题的材料,舍弃那些与主题无关或不甚贴切的材料;二是各个材料组合在一起的作用大于单个材料简单相加之和,也即所举的每个例子都有其特殊性和代表性,合在一起对于主题的表述和深化能够起到辅轴相成、相得益彰的作用。否则,若是罗列了许多同类材料,只能使人感到啰唆重复,那还不如只留其中一两个最有表现力或代表性的例子为好。

(二)详略

详略,是指表述材料、说明观点使用笔的轻重、繁简。刘勰在《文心雕龙·熔裁》篇中说:"善删者字去而意留,善敷者辞殊而意显。字删而意阙,则短乏而非核;辞敷而言重,则芜秽而非赡。"这段话中所说的"删"和"敷",也可以理解为就是略写、详写的具体做法。写文章要注意详略,不仅有防"芜秽"、避"短乏"的消极修辞意义,更有从总体上使整篇文章更加和谐、完美的积极修辞意义。例如:在记叙性文体中,几十年的事情可能一两笔带过,而一个细节或一个心理活动反要写成许多文字。这样做,既能突出重点,也能显示出疏密相间的结构美。在论说性的问题中,作为主要论据的材料应该写得详细些,辅助性的材料自然要简略些,这样才能收到重点突出、主次分明的效果。

确定材料的详略还要顾及读者的情况。如在议论性文章中,读者有所了解或容易接受的材料,可以略;反之,读者感到生疏或难于把握的材料,则需从详。在抒情性的文章中,易于激发读者感情、引起他们共鸣的材料,从详;一般材料,从略,等等。

(三)组合

材料的组合,是指根据材料的性质及其相互关系,将材料合理归类使用。组合材料要注意两点:一是以用来说明同一问题的材料互相支持、辅助,而不可互相矛盾、排斥。但是，有些表面看来"相反"，实际上体现着对象（人与事）的多面性、复杂性，或者能够在对照中相反相成地揭示对象特征的材料组合，却又是一种很有表现力的艺术手法。如鲁迅先生在《为了忘却的记念》中写柔石走路，和女朋友相距三四尺远，"和我一同走路的时候，可能走得近了，简直是扶住我"。这两种情形从外部看是很不一样，但其内在含义却都是柔石具有"为他"的品质，即文中所说的"无论从旧道德，从新道德，只要是损己利人的，他就跳上，自己背起来"。二是根据材料的性质和分量决定其在结构中的位置和排列顺序。

第二节　观察体验

一、观察

观察，是借助人的感官（其中主要是视觉，据研究，人脑中储存的信息85%以上是通过视觉获得的），全面、深入、细致地认识客观事物的知觉过程。观察的目的主要是了解事物的外部形态和特征，同时还要进一层通过事物的外部形态透视其内在本质。通过考察事物的过程发现其运动规律。因此，观察虽有直观性，却离不开积极的能动的理性思维。观察的复杂性和观察的多变性，决定了观察的多样性。

（一）观察的方法

1. 有意观察和无意观察

有意观察，是按既定意图而进行的周密、系统的观察。无意观察，是在生活中随时随地、不自觉地进行的观察。有意观察和无意观察经常互相渗透、互相补充，不存在泾渭分明的界限。

2. 参与观察和非参与观察

参与观察，是写作者亲自加入被观察的团体中去，直接参与被观察团体的活动，用客观态度对团体进行观察以获取材料。参与观察又有表明自己的身份与不暴露身份两种。表明身份多用于被观察对象对于观察者来说无保密可言的情况，不暴露身份则往往用于了解那些不愿为人所知的秘密。参与观察（尤其是不暴露身份）要求观察者要有较强的观察能力、记忆能力以及应付事变的能力。非参与观察，是观察者尽量使自己处于被观察的群体之外，作为"旁观者"，对观察群体不产生影响所进行的观察。一般来说，最理想的非参与观察是观察者自我隐蔽起来，使被观察者一点也没有意识到有观察者正在观察他们。这种方法容易得到真实可靠的第一手资料。

3. 总体观察和分解观察

总体观察，是从整体上把握对象的观察方法，要求综合了解对象的特征和性质，目的在于获取事物的全部印象。总体观察的好处之一便是能抓住对象最突出的特征，而暂时舍弃细部特征,使人容易产生先入为主的印象和新鲜感。这种感觉,对描写性、选择性文章的写作是很宝贵的,因为它是传神的凭借。然而,对于说明文和议论文等文体的写作,光有这种感觉就靠不住了,写这类文章需要一种经过分解观察再到综合观察之后所取得的总体认识。这是更高层次的总体观察,它获得的结果具有精确可靠、全面深入的品格。

分解观察,是根据对象外部构造或内部构造,按一定序列分别进行观察,目的在于精细地了解事物的局部甚至细节。但最终还是为了综合地把握全体。所以分解观察可以说是总体观察的基础,总体观察是分解观察的深入,又能成为再次分解观察的向导。二者只有密切配合,方能既全面又细致、既鲜活又本质地把握住对象。

4.个别观察和比较观察

相对或暂时把一事物同他事物分离开来进行观察,叫个别观察。这种观察的优点是对象明确单纯,便于集中观察力,能较快地得到结果;不足是缺少特定的参照系,不容易抓住此事物与他事物特别是同类事物有别的特征。因此,为了揭示事物的特征,人们一般总是更加注重比较观察。

比较观察,是一种有意识地树立明确参照物的观察。大体存在三种类型:一是相异比较观察,又称对比观察,即将一事物同异类事物相对比,如把犬作为参照物来观察马;二是相似比较观察,又称类似观察,如把骡作为参照物来观察马;三是相同比较观察,称类同观察,如把一匹马作为参照物来观察另一匹马。个别观察也会在不同程度上带有比较观察的特点,比如参观一个美术展,你会不自觉地同过去看过的某些美术展相比较,只是这种比较的参照物并非有意确定,因而容易带有某种朦胧性或有意性罢了。

5.静的观察和动的观察

静的观察,是在相对静止的状态下把握对象的观察方法。其优越性在于能从固定的位置、距离、角度对对象进行反复、细致的观察。写说明文及自然科学论文多使用这种观察方法。缺点是难以显示对象的运动、发展状貌,故而在获取记叙文、描写性文章的材料时较少使用(不是绝对不使用)此种观察方法。

为了摄取对象生动的形象和活泼的神韵,可采用动的观察方法,即从动的角度把握对象的观察方法。这又有几种情况:其一,对象在运动。如高空盘旋的鹰,忽高忽低,忽远忽近,忽疾忽徐,看起来雄姿飞动,画意十足,极易勾起联想。其二,观察点在移动。如坐在直升机里鸟瞰远近高低各不相同的山川或城市村庄,也会别有一番风味。其三,对象和观察同时以不同的速度或方向运动。如游弋于海洋深处的潜水员,观看各种游动的鱼类,五光十色,飘忽不定,煞是好看。以动的方式摄取材料,虽不能得到毫发俱悉的印象,却可产生神形兼备的总体感受。自然,动的观察与静的观察也是彼此渗透的:动中有静,静中有动;小幅度的动几乎静,而静中又往往蕴含或萌发着动。

对事物进行有效的观察并非一件轻而易举的事情。在同一环境中,面对相同的对象,有人善于观察,摄取许多符合对象原貌的印象,并常有独特的发现、感受和认识,有人却难于获得满意的观察效果,甚至到了熟视无睹的地步。究其原因,主要在于观察的习惯和能力有差别,这也正是能否学好写作的重要原因之一。法国大作家福楼拜在训练和教育自己的学生、后来成名的小说家莫泊桑时,曾提出这样严格的要求:

当你走过一个坐在自己店门前的杂货商面前,走过一个吸着烟斗的守门人面前,走过一个马车站面前时,请你给我描绘一下这个杂货商和这个看门人,他们的姿态,他们整个的身体外貌,要用画家的手腕传达出他们的全部的精神本质,使我不至于把他们和任何别的杂货商人、任何别的守门人混同起来。还请你用一句话就让我知道马车站有一匹马和它前后五十来匹是不一样的。

——《西方古典作家谈文艺创作》,春风文艺出版社,1980年9月

这里虽然说的是培养观察习惯和观察能力的方法,不只适用于文学创作,也适用于为写文章搜集材料而进行的观察。

(二) 观察的要求

总的说来,观察要留心、细心,要有敏锐的眼光。具体点来说,观察的要求包括:

1. 方位观察点

观察事物必须立于一特定位置,而且为了全面地把握对象,必要时还得改换、调节这种位置、距离和角度。这样便发生了观察者与对象的空间关系问题。限定这种空间关系的观察者所占据的位置可以叫作方位观察点。

方位观察点可以是固定的,也可以是移动或变化的。固定的观察点其实质是相对固定,在一定位置上观察时,既能正看又能旁观,既能俯瞰又能仰视,角度一变,收入眼底的物相也就不一样,所谓"横看成岭侧成峰"正是这个道理。另外,当对象运动着的时候,固定的观察点也就相对变成了移动的观察点。观察点不同,观察的结果大不一样。要想全面、准确地把握对象,特别是它的各个侧面和细部,它的内在本质,就需要挑选最适合于了解对象特点的方位观察点。

2. 心理观察点

人们在观察时并非像一架摄像机似的,只能被动和机械地接受,而是持有一定的感情和态度,能动地富有创造性地面对被观察的对象。这种特定的感情和态度,通常被称为"心理观察点"。朱自清先生当年就是以"颇不宁静"的心情来观察那荷塘和月色的,如果换一种心情,他得到的印象也许就很不同了。

但是,有些观察,出自特殊的写作意图,却要竭力排除主观的好恶,而是需要一种较为客观的态度。例如:地质工作者对地质现象的观察,动、植物学家对大自然的观

察,都应树立一种科学的实事求是的态度,决不允许用主观的好恶、偏见去干扰他们的观察行为。撰写某些说明书和科学论著,在以观察方法取材时大抵都需要这样的心理观察点。事实上纯客观的心理观察点是不存在的,至少很罕见。在多数情况下,随着观察的深入,客观的观察点将被对象所左右而转化为带有主观色彩的心理观察点,对社会现象的观察尤其如此。心理观察点是有社会性的,在这里正确的立场和严肃的态度是绝对必要的因素。因而福楼拜又说:

观察的第一个性质,就是要有一双好眼睛。如果一种坏的习惯——一种私人利害迷乱了眼睛,事物就看不清楚了。

——《西方古典作家谈文艺创作》,春风文艺出版社出版,1980年9月

总之,观察点的正确选择对于观察工作能否取得重要成绩有着十分重要的作用。方位观察点与心理观察点要互相结合,而且,确立一种端正的心理观察点,在某种意义上说更具有决定性的作用。观察点允许随机改变,这是求得准确了解对象的一个保证。观察点的确立和改变,在某些文章中可能要留下痕迹,使读者能随着观察者(写作者)的脚步,身临其境般地感受、审视、理解文章描述的内容。这就要求观察者在注意对象的同时,也要注意自身的观察位置、距离、角度以及观察时的心理状况。

(三)观察力的培养

正确的观察力是每个观察者必备的品质,而这种能力只能在观察实践中培养。

1. 专注

观察时要全神贯注,防止精神溜号,进行动的观察时尤其要有这种能力,因为此时对象可能稍纵即逝,不专注便难以捕捉它的特征。

2. 耐心

观察时要坚持到底,不怕挫折、失败,观察科学实验时更要这样。居里夫人就是经过多年耐心观察才确定了镭的原子量的。西方有的学者考察野生大猩猩的生活,也是在非洲热带雨林中艰苦地渡过许多年月才得到极为宝贵的第一手材料的。

3. 细心

小自显微镜下的微观世界,大至望远镜中的宏观宇宙,都绝对要求观察者以细心再细心的态度去观察、探索其中无穷的奥秘。对人类社会的观察亦是如此,人们在各种环境、场合下的言谈举止,复杂微妙、多层次的人际关系,都不是粗心大意者所能领会得了的。

4. 多思

观察不单是感官的接受感知活动,而且是能动的思维活动。感官接收的信息,必定通过神经传递给大脑的相应部位,大脑则以记忆、储存、联想、想象、分析、综合等多

种功能,与接收信息同步地加工映象,从而使观察者得到独特感受和正确认识,使观察本身由表象深入到本质,由局部扩展到全体,由此物旁及彼物,从而更具有周密、系统的特点。事先无计划,事中不动脑,事后不梳理,这样的观察往往收效甚微。但观察中不积极开动脑筋的现象却多有存在,这是观察的大忌。正确的态度应是积极、主动地展开思维活动,既获取直观印象,又超越直观印象,这才能最终实现观察的目的。

二、体验

体验,是作者有意识地突破个人生活的局限,投入新的环境中去了解、感受那里的人物和事物。体验与观察不同,观察是认识与思维的结合,譬如经济学家深入社会搞调查,是不能带有主观爱憎的,正如恩格斯所说:"道义上的愤怒,无论多么入情入理,也不能作为经济科学的依据。"而体验则不同,它是作者设身处地,身在其中,甚至是休戚与共的,所以必然带有很强的主观感情色彩。体验多用于文学作品的创作中,是这类写作常用的一种获取材料的方式。体验有特定的要求。

(1)要全身心地投入。作者要把自己摆在体验对象的位置上,亲身生活在体验对象的环境中,和对象打成一片,全身心投入地去感同身受,这样才能深入地了解那里的情景。著名报告文学作家贾鲁生为了写乞丐的生活,混迹丐帮数月,其中多次历险,亲身体验到了乞丐的生活和心态,才获取了大量的材料,终于写就了报告文学《丐帮漂流记》,对当今社会这个奇形怪状的丐帮整体作了详尽描绘,作品具有震撼人心的力量。没有这段全身心投入的体验,单凭作者的观察与想象,不可能深入细致地了解乞丐生活的实际情景,也就很难写出令人信服的作品。

(2)注重心理情绪、感情体验。作者要与体验对象在心理上契合,感情上共鸣。要深入到体验对象的内心世界里去,爱它们之所爱,憎他们之所憎,达到具有同一心态,真正动情的程度,才能获取到真实可靠的材料,写出真切感人的作品。作家路遥说得好:"既要了解外部生活,又要把它和自己的感情、情绪的体验结合起来。我的《在困难的日子里》,写了一九六一年的饥饿状态,这必须你自己体验过什么叫'饥饿',你处于饥饿状态的时候,从地里刨出来一颗土豆是什么心情?如果你仅仅站在第三者立场上去写旁人在饥饿状态时从地里刨出土豆的心情是不行的。你必须自己有这种亲身体验,或者是在困难的时候获得珍贵东西的心情把它移植过来才能写得真切,写得和别人不一样。我举这个小小的例子来说明:要注重你自己内心的体验。有些人把深入生活理解得非常狭隘,就是去了解、记录一些材料,而不注重自己的体验和感受,这是不行的。实际上作家所表现的生活,从某种程度上来说,就是你自己体验过的生活。好多伟大作家的作品的主人公,从某种程度上来说,就是作家本人或他对生活的认识和体验,也就是这个道理。"路遥的观点充分说明,作者在体验生活时一定要抛开旁观者的姿态,注重心理情绪和感情的体验,这样才能创作出真实感人的作品。

第三节 调查采访

一、调查采访前的准备

调查采访,是从事情发生的现场及知情者(包括被表现的对象本人在内)那里获取写作素材的一种途径。它是通过交谈来掌握未成文的"活材料"的活动。在调查采访的基础上,还需进行分析和研究,以辨别材料的真伪虚实,抓住要点,弄清本质,所以又称为"调查研究"。广义的调查采访,可以指一切搜集材料的活动。因此,调查采访不单是写作者的基本功,也是所有实际工作者的基本功。工作不能靠"想当然",写作同样不能靠"想当然"。调查采访是一项很复杂的工作,会遇到许多料想不到的情况,因而光有热情还不够,还得学会行之有效的调查采访方法。做好调查采访前的准备工作最为重要:

(1)尽可能占有相关的"死"材料,如史料、档案等;千方百计搜寻和扩大有关线索,以便确定调查采访目标;拟好总的调查采访提纲,明确每次调查采访的具体问题。

(2)采访者除必须具备一定的社会科学知识外,还要有严谨的科学态度,有一定的观察能力、判断能力和文字记录能力,要有一定的社会交往能力,要善于和各种人打交道,同时还要深入地掌握采访的基本知识。

(3)调查采访应该举止文明大方,行为自然,态度谦和,平易近人。要注意自己整洁的外貌,服饰穿戴要与被调查采访者的社会地位、环境以及自己将要扮演的角色相吻合。尽可能多地了解被调查采访者的情况。调查采访时不但口问手记,而且要同被调查采访者交谈,必要时还应提供已知情况,以唤起他们的回忆和联想。

(4)调查采访者一定要了解、熟悉采访的程序,必须明确自己的研究工作主要应抓住哪几个方面,达到什么目的,解决什么样的问题,并把各项问题的假设答案考虑周全,否则,会降低调查采访结果的准确性。

(5)调查采访者在向被调查采访对象了解情况前,首先要出示自己的身份证明,讲清来意及本次调查采访的目的、意义,并保证对于被调查采访者所提供的情况绝对保密,以此来取得他们的理解和信任,争得他们的真心支持和合作。

(6)调查采访者在实地调查采访前应接受一定时间的培训。一方面是使调查采访者明确本次调查采访的目的、范围、方法,另一方面也可以集思广益,统一思想,对在调查采访中可能出现的意外情况有所准备。

二、采访的方法

采访的方法可根据调查采访的目的、内容不同而采用多种采访形式。目前,写作者常用的方法有:

(一)个别采访

个别采访,是向个别人了解情况。许多人在一起,由于种种原因谈不出采访者所需要的材料,或者只有个别知情人,这时采用个别采访这种方法较好。

采访前,要了解采访对象的经历、事迹、言行、脾气、喜好、忌讳、处事态度,以及其在单位和家庭与上下、左右、内外的人事关系,他所能提供材料的范围,周围人对他的评价等情况。

对准备提的问题要理清头绪,一一写下,或一一记在心上,做到有的放矢,有条不紊。采访时,要注意谈话艺术,热情地对待采访对象,力求做到"心相近,语相通,善应变,不离宗"。要及时、如实地做好采访笔记,以免事后追记有遗漏,要"口问手写",听谈话,看声色,作记录。

(二)集体采访

集体采访,是由一名或几名采访人员召集的类似开调查会或座谈会的方法。集体采访要用书面形式通知,通知上要明确座谈会的议题,注明座谈会的时间、地点,注意出席者的姓名不要出现差错。座谈会开始前,采访者要有简短的欢迎词,结束时要表示感谢。在座谈会过程中要注意引导、使参加座谈的每一个采访对象均有讲话的机会。

(三)问卷调查

问卷调查,是以书面形式提出若干个固定问题或格式,询问采访对象,让其回答,来搜集材料的一种方法。

问卷调查有利于取得真实的材料。问卷调查,采访者与采访对象不是面对面地谈话,而是背对背地调查,这样可以减少被采访者的顾虑,表达出自己的真实观点和实际情况。问卷调查有利于统计。问卷调查可以设计出若干个问题或格式,让被调查者在卷面上回答,然后进行统计处理。这样,就把一项难以着手进行的调查工作,变得简单了。如果再用计算机进行运算,就更能提高效率。采用这种方式,可以在短时间内搜集到大量材料,花费少,收益大。

▶▶ 三、采访的要求

(一)要尊重客观事实

一般来说,做采访工作不允许凭个人感情上的好恶,不允许带任何偏见。如果事先有个框架,硬要被采访者照此填充材料,既不科学,又不严密,其结果只能得到虚假的或掺假的材料,写出的文章又何以取信于读者?实事求是的采访工作是艰苦的,要肯于付出代价、时间和精力。有些战地记者为了采访现场情况,甚至牺牲了自己的生命。苏联女作家斯维特兰娜在创作纪实小说《战争中没有女性》时,用几年时间走访了苏联二百多个城镇、村庄,听取了五百多位曾经历过战争的妇女的回忆,并作了录音和记录。初学写作者应该学习这位作家尊重事实的精神,利用一切可能条件,做好写作前的采访工作。

(二)要有满腔的热忱和正确的方法

采访对写作者来说是分内的工作,而对被采访者来说却不尽然。他们可能视之为负担,采访也确实会给被采访者增添额外的工作量。这种情况要求采访者必须具备虚心求教的态度和满腔的求知热忱。铁竹伟同志写《霜重色愈浓》时,为了真实而传神地再现陈毅元帅的风采和事迹,调查采访了二百二十四位中央和地方的有关领导同志和普通工作人员。她克服了许多困难,靠的就是对党和人民的满腔热忱和高度负责精神。最终获得了许多精彩、珍贵的资料。事后,铁竹伟总结说:"采访时如抱着单纯的材料观点,缺乏深厚、诚挚的感情,那往往是要失败的。"(《倾情再现元帅风采》,《文学报》1986年7月31日)

(三)及时整理分析采访的材料

每次采访结束后,要及时整理笔记或记录,把新的收获和体会写在纸上,并为下次采访做好准备。整个采访完成后要花时间和功夫对材料进行分析、归纳,从而形成文章的总体构想,包括确定或补允、更改写作意图、主题思想,安排篇章结构等。

第四节 阅读积累

一、阅读的方法

阅读与写作的关系十分密切。要写作,必须积累写作材料,对社会、对人生、对自然等有所了解。但是,由于人们受到时间、空间、经历、条件等方面的限制,不可能也不必事事都去观察、调查。这就要求我们必须大量阅读,用人类的智慧武装自己。阅读,有助于培养思想、陶冶情操;充实生活,增进知识;积累材料,启迪构思;借鉴方法,丰富语言。读书要讲究方法,提高效率。阅读的方法主要有以下几种:

(一)快读法

快读法,也叫作快速阅读法。掌握快读的方法能在较短的时间内处理较多的文献资料,获取较多的信息。有人调查,人们读书时的眼球活动,不是一个字一个字地看,而是按文字群一组一组地看。眼球是在某一点停留下来,看一个文字群,接着再往下移动看另一个文字群,这样由凝视到跳跃再由凝视到跳跃连续反复地运动。据统计,运动的频率为每秒3次至4次。

这样看来,要学会快读,可以从以下几个方面进行训练:每回凝视的时间要短,而字数要多,把注意力集中在关键词上;既不可声读,又不可默读,要快速"扫"读;要养成读一遍就把握住意思,无须再回过头来看看的好习惯。快读法,实质上是在单位时间内力求达到获得最大信息量的阅读方法。为了提高阅读速度,变被动阅读为主动阅读,有人提出以下方法,可供参考:

1. 标题阅读法

反复琢磨文章的全部小标题,思考小标题间的逻辑关系,大体上把握全书或全文的内容,对于可取的部分可以阅读,其他就舍弃。

2. 楔入式阅读法

直接插入书或文章的某个部分阅读,其他部分都略去。

3. 跳读法

在一本书或一篇文章中,尽量跳过一些无关紧要的或自己已经掌握的部分,紧紧抓住可取的部分去阅读。

4. 交叉阅读法

完全不顾全书的章节次序,从多处随意穿插阅读。这完全是一种可取性的主动阅读,从书的每个部分搜集自己需要的材料。

5. 逆读法

这是从全书的末尾向前读,也是一种由果向因的方法。在阅读中不断寻根追源,使存疑之点逐步得到解决。

(二) 查读法

查读法,是查找所需信息的阅读。查读只用很少的时间,大致地了解一本书或一篇论文的主要内容,目的在于查明这个文献(或这个文献的某些、某个部分)与所需的资料有多大的关系,有多少价值,以便决定怎样阅读它。

论文的查读,可分为以下几步。第一步先要琢磨一下标题。论文的标题往往揭示全文的基本论点或表示全文论述的课题。稍加思考就能对论文有初步的了解。第二步读开头段。作者一般在这里提出论题、论点以及研究课题的意义、目的等。理解这些对了解全文是至关紧要的。第三步读论文中间各段,要善于抓住各段头尾的主题句来了解各段论述、说明的主要内容。善于快读的读者,一眼搭上开头一句,了解一下意思,然后全段瞄上一眼,搜寻关键词,再抓住结尾句看看,也就能了解全段的大致内容了。最后一步,读结尾段。结尾段是全尾论述的结束,一般情况下,作者在这里归纳出全文论述的要点,是展开论证的结论,这里要比较稍细一点地读读。经过这番查读,就能了解论文的大概意思和主要内容。如果认为某些部分有价值,可以研读这些部分;如果感到毫无所需之处,也就算是对这份文献处理完毕,不用再处理它了。

书籍的查读,通过思考书名,阅读书的目录(包括章、节的标题)、内容提要、序言或后记、要点(包括章、节的提要)、结束语、全文索引等来了解书的内容。经过这个查读过程,对书的全貌有了初步了解后,一般说来,总可以判断全书或某些部分有无研读的必要了。若仍拿不准,还可以再比较细致地了解一下,有重点地翻阅某些章节,至于每个章节的阅读,仍像查读论文那样来进行。

用查读法筛选可取性资料,是一种非常有效的方法。

(三)研读法

研读法,是钻研文献的阅读。在搜集资料中,对那些与我们选定的问题有关的重要文献必须研读。要充分地理解内容,并从中选取我们可用的资料,还要以它来触发我们的思考,竭力产生新的见解。

研读既然是一种充分的理解,就要求精神高度集中,思想活跃地进行。研读,有时不是看一遍。对一些内容深奥的理论著作,一时没能读懂,没能充分理解的,要反复地读,直到把文献包含的意思完全挖掘出来,透彻理解为止。研读有时是选读,有时是通读。选读是只选取可用的部分研读,其他无关之处或查读带过,或略而不读。这种有重点地选读,能节省时间,提高效率。在研读过程中,要注意对读到的内容随时做出分析、评价,要看见解是否正确,根据是否充分,论证是否妥当等。最好随时与其他有关资料加以对照思考,比较准确地了解文献资料的价值。

二、阅读的要求

(一)提高阅读效率

提高阅读效率,必须注意两个方面的要求。一是每次凝视的时间要尽量缩短;二是在一次凝视的时间里,要尽可能多地读一些字,也就是要扩大视野范围。据调查,一般人阅读的每个字群是三至五个字,如果能经过训练,读到七至八个字,增加眼球凝视时眼睛感知的信息量,是能提高阅读效率的。如果我们阅读时,眼睛不只是左右移动,也就是不只是按行 行 · 行地看,而能沿着书面的中心上下垂直跳动,能够把注意力首先集中到关键词上,即目光的焦点总是集中到作者和读者所认定的概念性最强的词组上,那么将会更加提高阅读效率。

(二)克服读书慢的习惯

要想提高阅读的效率,就要改变读书慢的习惯。人们读书慢,往往是由于两种习惯造成的。一是人们常常是在声音变化中读书。文字本来是有声音的,可是在快读时,应该把文字仅仅作为意义的符号来看,决不可口中念念有词地读。发出声来读不仅速度慢,而且效果差。发出声来读是极少数,更多的是默读。从表面上看,默读时出声器官并没有动。其实不然,人们的所有器官都处于一种潜动状态,仍然是影响阅读速度的。如果文字仅仅作为意义的符号来看,在眼睛扫描中获取一个完整的形象,就可能快速地把握全文的意义。二是人们读书常常回头来看,就是习惯于重复阅读。看了一遍心里没底,怕意思把握不准,再回头看看,这是很花时间的。与这相同的是,在读内容比较复杂的文章时,眼光还常常逆行,就是再往回看,这同样要花费时间的,也是影响阅读速度的不好习惯。

(三)做好资料的记录

阅读,要做好资料的记录。在阅读过程中,要边读、边思考、边记录,把有用的资料和想到的问题,随时记下来,以免日后忘掉。

佳作赏析

[赏析一]

"打不到"的出租车

陈先生是个韩国商人,在亚洲好几个地方开了公司,几乎天天在各处奔波。这次,他到了香港,办完了事,准备第二天去东京。次日早晨7点,香港的出租汽车公司打来了电话,请求陈先生的原谅:"先生,我们非常非常地抱歉,这会儿,公司实在很难派出车来……"

出租车公司派不出车,这不是见鬼吗?接到这电话,陈先生实在无法抑制内心的愤慨了,预约出租车的电话是昨天下午就打的,对方一再说"没问题",可到现在问题却来了!陈先生竭力使自己平静,耐着性子和对方交涉,又详细说明了自己住处的方位,然后不耐烦地看了一眼墙上的挂钟,离飞机起飞不到两小时了,而到机场的路程就要花去近一个小时!

此时的屋外风雨交加,狂风似乎要将这所坐落于山坡上的小房子卷走。这是香港的偏北处,一天只有两趟市内公共汽车经过这里。

没过多久,电话铃声再次响起,调度员熟悉的声音又传了过来:"实在是对不起,先生……"这时,陈先生突然意识到发生了什么情况:要车的电话太多了,公司为了赚取最大的利润就只办理市内短程业务,陈先生以前也曾听说像这样糟糕的天气会发生这种事情,想到这些,陈先生便对着话筒大喊:"我要赶飞机,我必须在正午以前赶到东京,这样吧,我将在几百米外的桥上等你们来接我!"

陈先生很快带了简单的行装,赶到了离居所几百米远的桥上等着,站在风大浪急的河流上方,风夹着雨水打湿了他的外衣,陈先生向公路的两头焦急地张望着,可没有一辆出租汽车出现在视野中,最后,他只好艰难地撑着雨伞,拖着行李,开始拦车。

一辆又一辆的车过去了,司机和乘客无不张大眼睛,看着疯疯癫癫而衣着考究的他在倾盆大雨中拦车……

突然,一辆白色的汽车迎面而来,停在了陈先生的身边,随即,一个年轻人推开车门,打着手势要他上车,他又冷又气,浑身发抖地钻进了车里。

年轻人用十分谦恭的英语,向陈先生说明自己就是早上和他通过两次电话的调度员,为了能让陈先生赶上飞机,便开着自己的私人汽车从公司赶来。年轻人一再道歉:

"我们今天早上实在是非常非常地忙……"但他并未说明为什么没有出租车来接陈先生。他把陈先生直接送到了机场公共汽车的停车站,并谢绝了陈先生递给他的车费,接着他又一再道歉,并请陈先生以后能继续光顾他们公司。

几小时后,那架因暴风雨而推迟的航班起飞了,陈先生舒服地坐在座位上打开了报纸,就在这时,他的眼睛无意中看到了一个标题——"今晨香港出租车司机开始罢工"。

赏析: 这篇文章先叙述陈先生打不到车的尴尬处境,描述陈先生对调度员的误解,最后借助于报纸披露出来真实的原因。文章非常巧妙地使用了香港出租车司机罢工这一素材,作者没有将罢工这一素材作为大的背景在文章开头使用,而是将其作为悬念与包袱在文章的结尾来使用,起到解答疑问、表现人物性格的作用。

[赏析二]

舞台上的主角

彼特带着妻子到"百老汇"看演出,在第一幕时,他就觉得自己不得不去厕所了,于是赶紧去找,找了一圈,都没见厕所,最后发现了一个美丽的花坛,那里长着许多花草,还有喷泉。周围没有人,于是他就在那儿解决了自己的难题。

当彼特回到观众席时,第二幕已经开始了,他在黑暗中找到妻子,问:"第一幕我错过了多少内容?"

"一点儿都没错过,"她答道,"你刚才不就是台上的主角吗?"

赏析: 这是一个笑话!写作者在使用材料时,将人尿急而找错厕所这一日常生活中常见的素材巧妙使用,置换场合,让主人公误将舞台当作撒尿的场所,借助于夫妻对话这一形式加以展现,呈现出戏剧性的效果。

▶ **视域拓展**

[**拓展一**]终南山下,皇甫乡店里,等候买东西的人们排起了长长的队伍。时任县委副书记的现代作家柳青也站在队伍里,他身着便装,手拎一个小竹篮,篮子里放着一个醋瓶,看样子是要打醋的。排队的人有说有笑,柳青听得十分起劲。不知不觉中,该轮到他买东西了,他却只顾听得眉开眼笑。售货员提醒他时,他才恍然大悟,赶忙对身后的人说:"噢,噢,你们忙,你们先买吧!"说着退了出来,重新排在队伍的最后,又开始仔细倾听人们的闲谈了。

赏析: 柳青的故事告诉我们生活就是写作的源头活水。深入生活、体验生活和感受生活不仅可以获得鲜活的素材,而且会让作品拥有浓郁的生活气息和鲜明的时代特征,从而获得巨大的成功。

[拓展二]清代文学家蒲松龄,字留仙,因为家乡有一眼泉水名叫"柳泉",他又给自己取了一个别号叫"柳泉居士"。柳泉边有一棵亭亭如盖的大树,蒲松龄就在下面搭了一个茶棚。难道作家要弃文从商了吗?非也。蒲松龄是分文不收的。一有行人路过,他立即热情地邀对方坐下,然后端上一碗茶,不求铜钱半文,只求对方讲个故事,或者说段路上奇闻。久而久之,人们都知道了柳泉边有个爱听故事的奇人,纷纷前来为他讲述奇闻逸事,不少人还将故事写信寄给蒲松龄。蒲松龄的茶棚,没有收获一文铜钱,却收获了一部不朽的传世名著《聊斋志异》。

赏析:伟大的作家不一定必须有丰富的人生阅历,善于吸取别人的生活经验,可以积累更为广博的间接材料。蒲松龄困顿乡间,却能写出近500篇文言短篇小说,就得力于他善于从别人口中搜集素材。

[拓展三]俄国文学大师列夫·托尔斯泰有一本随身携带的笔记本,不论是散步,还是坐下和客人喝茶,他都不时拿出来,记下一点什么东西。有人好奇地问他:"你老是往本子上记什么啊?"他坦率地回答:"我记的是你。""我有什么可记的?"他笑笑说:"什么都是可记的,因为世界什么都是有趣的。"他说着举起了笔记本,说:"我有一个藏万物的百宝囊,我常带着它到处走。"

赏析:故事告诉我们好记性不如烂笔头,我们应将积累的素材及时记录下来,最好还加以分门别类。长此以往,你也会拥有一个写作的"百宝囊"的。

技能训练

一、专项训练

1.结合具体作品谈一下正面材料和反面材料在文章中的作用。

2.通过查阅书籍、采访他人等不同途径搜集三个关于考试的趣事。

3.参观一所学校,把观察点、观察方法和观察结果简略记下来。

4.采访一位英语专业的同学,向他(她)请教如何学习英语,采访前列好采访提纲,采访中记录下回答要点,采访后同学之间讨论心得体会。

5.下面是三篇文章的题目,假如都要写成千字文,按选择材料的要求为每篇各选三至五个较好的材料。

(1)小议乐观。

(2)难忘的一次经历。

(3)痛苦的回忆。

6.阅读下文,指出它在选择和使用材料方面的优劣、得失,并说明选材的一般要求。

真是急死人

星期天,兄弟俩都不上学,因为上次考试哥哥弟弟都没考好,所以妈妈惩罚两个孩子今天不准出去玩。临走时,妈妈对哥哥大宝说:"可不许再欺负弟弟了!"对弟弟小宝说:"认真学习,不要再调皮了!"然后锁上家里的门,去上班了。

下班回家的地铁上,妈妈的手机突然响起来,是大宝的电话:"妈妈,你先不要惊慌,我要报告你一个不好的消息!"妈妈的心立刻揪了起来,焦急地问:"怎么了,出什么事了?"大宝说:"我和弟弟在厨房烧水,水壶放在煤气上后,我们就去看动画片了。""哎哟!你们一看动画片会什么都忘了的!"妈妈大声提醒大宝。

大宝说:"是的,妈妈,你提醒得很对。壶里的水开了,就溢出来啦。"妈妈叫了起来:"天哪!水把火浇灭,会煤气泄漏的!"地铁上的乘客都同情地看着妈妈。

大宝继续说:"妈妈,你说得不错,不一会儿,房间里就都是煤气味儿了。而且你知道,弟弟最爱玩爸爸的打火机了。"妈妈的脸色都变了:"千万别点打火机!房间会失火的!"周围乘客的心也都跟着提了起来。

大宝说:"妈妈,晚了,弟弟点着了打火机,'轰'的一下房间就全部是火了……"

妈妈双腿一软,险些坐在地上:"完了,完了……"旁边乘客忙让出一个座位让她坐下。大宝还在电话里说:"我和弟弟的头发都被烧焦了,房间里又是火又是烟,可是房间门是反锁的。"妈妈双手颤抖:"哦,那是我的错!"

"我和弟弟只有跳窗户了,我们拿了一根长绳子,一头绑在房间里的大衣柜上,一头垂出窗外。"妈妈听到这里,稍稍松了口气。

"可是,我们下到二楼的时候,绳子忽然断了。一定是房间里的火烧断了绳子……"妈妈的眼泪都快掉下来了:"你们,你们摔坏了没有?"

大宝说:"弟弟摔昏过去了,现在还在医院抢救。我还好,只受了点皮外伤……咦,妈妈,妈妈,你怎么不说话了?"

遇到这一串的祸事,恐怕没有几个妈妈还能说出话来了。

大宝稍停了一会儿,说:"好吧,妈妈,我实话告诉你。我们没有烧水;房间没有着火;我们没跳窗户,当然也没有摔跤;我们根本没出房间。我只是和你开一个玩笑,好了,地铁快到站了吧,我们正健康地在家里等着你呢!"然后,大宝挂上电话,冲着旁边哭丧着脸的弟弟小宝,得意扬扬地说:"妈妈马上就要回来了,你别担心你打碎的花瓶啦!妈妈一定不会责怪你的——现在她庆幸还来不及呢!嘿嘿!"

二、综合训练

1. 实地观察一条美食街,观察过程中要用心、细心,要求通过视觉、味觉、嗅觉、听觉、触觉等来全面、深入、细致地认识美食街的特点和氛围,然后写一篇题目为《漫游美食街》的观察笔记。

2. 每个同学都经历过高考,你有何体验?以此为材料写一篇感想性的文章,标题自拟。

3. 阅读下列材料:

王勃,20多岁写了名噪一时的《滕王阁序》。

普希金,21岁写成长篇叙事诗《鲁斯兰和柳德米拉》。

牛顿,23岁发现了万有引力,创立了天文学,24岁被任命为英国剑桥大学教授。

歌德,25岁发表了《少年维特之烦恼》。

毛泽东,26岁时主编《湘江评论》。

爱因斯坦,26岁发表《狭义相对论》。

瓦特,29岁发明了蒸汽机。

……

把以上材料加以归类整理,集中研究,提纯主题,自拟标题,然后写一篇1000字左右的议论文。

4.游览当地一处风景名胜,综合运用总体观察和分解观察把握被观察对象,然后写一篇800字左右的游记。

5.实地调查采访一位企业家或作家,调查内容包括成长经历、取得成就、社会贡献等,然后写一篇1000字左右的人物专访,标题自拟。

第二章 构思

任务导航

1. 构思的本质和作用。
2. 构思的特性。
3. 发散性思维、收敛性思维、突现性思维。

思政聚焦

1. 培养创新精神和提升创新能力。
2. 感受中国文化的博大精深，增强文化自信。
3. 培养爱国情怀和奉献精神。

案例导引

名家构思趣闻轶事

　　构思，是指作家、艺术家在着手创作孕育作品过程中所进行的一系列思维活动，包括选择题材、提炼主题、安排人物和情节、探索艺术表现形式等。在构思过程中，作家、艺术家有各自不同的习惯和方式，或睡或坐，或动或静，总之，他们用自己独特的方法构思出一篇篇精妙的作品，给后人留下了耐人寻思的佳句。

　　比如"初唐四杰"之一的王勃和宋代江西诗派代表人物陈师道，他们就习惯于"睡中思"。王勃在写作之前先磨好墨，然后卧床引被覆盖。起来后提笔就写，而且不再改动。这种"睡中思"的方式，当时被人们称为"打腹稿"。流传至今的"腹稿"一词就由此而来。陈师道每当外出游览有了诗兴，就急忙回家卧于榻上，以被蒙头，称之为"吟榻"。此时，全家不能有任何响声，甚至连猫狗都得赶出去，直到他诗作完成，家中生活才能恢复正常。

第一节 构思的本质和作用

一、构思的本质

随着写作者感知活动的进行，写作构思的心理活动实际上也已经开始了。构思是紧随感知的第二个写作阶段。写作构思，是写作者对材料进行思维加工的过程。即写作者感知生活素材、文献资料以后，在动笔行文之前，将这些材料转化成文章的谋划设想。写作构思是一种定向的创造性思维活动，是升华认识、疏通思路、理清材料、设计文章蓝图的必由之路。

写作构思主要有以下五个特性：

（一）创新性

写作是创造性的思维活动，创新是写作构思的目标。李渔在《闲情偶寄》中写道："'人惟求旧，物惟求新'。新也者，天下事物之美称也。而文章一道，较之他物，尤加倍焉。"因此，构思追求的是"脱套去陈""见从己出"。创新必须经过心灵的创造。创新，常常是辛苦的、艰难的，甚至需要废寝忘食、呕心沥血。创新性体现在写作的各个环节上，必须在各个环节上进行创造性思维。立意要既新颖又深刻；结构也要有创造性，敢于"标新立异"；语言使用上既要符合"约定俗成"的原则，又要进行艰苦的提炼、加工，灵活地使用词汇、句式和修辞手段。

（二）灵活性

构思中的思维活动应该是十分灵敏和活泼的，常常不是线性的、连贯的，而是跳跃的、变化的。作者沿着某一个思路进行思索，当受到阻塞时，可以继续钻研，冲破障碍；也可以改换方向，从一个新的思路去思索。在构思中，思维的触角时时伸向四面八方，选择最佳的构思角度，保证思维沿着正确的路线前进。许多著名作家都是自觉地把握了构思的灵活性，在写作中不厌其烦地多次构思以寻求最佳的构思。

（三）贯通性

构思的贯通性是指不论写什么文章，都要使思维的脉络连贯、畅通。这就是古人在创作时强调的"文气""文脉"必须贯通，要"首尾一体"。所谓"文气"，有两个因素：其一是思路——内在的逻辑力量，其二是语气——外在的表现形式。文气的贯通，表现在思路上，就是要合理、有序、连贯、周严；表现在语气上，则是要力求自然、连贯、流畅、通达。在构思中，主要强调的是思路的贯通，而对语气上的问题则留到动笔写作过程中解决。

（四）综合性

构思不是以单一的思维方式进行的，它是多种思维方式综合活动的过程。在构思中,直觉、联想、想象、灵感、判断、推理、分析、综合等思维方式都在积极地活动着,对构思的结果产生着效应和影响。

（五）个体性

构思是写作者个人所进行的。任何文章或著作在写作时,其构思都表现出写作者的个人风格,使构思具有个体性的特征。即使是由几个人合作撰写的文章或著作,在全文或全书的体例、语言、文风等方面有统一的要求、规定,然而在执笔人员对其所分工撰写的部分进行构思时,也是会自然而然地表现出他的个性的。这是因为,一个写作者的构思习惯是长期形成的,它在集体合作撰写文章或著作时也无法消除,而是会表现在构思的过程中。所谓"文如其人""风格即人",讲的就是构思的个体性。

二、构思的作用

构思与其他写作环节相比具有潜隐性,它总是在写作者的大脑中进行,不具备过多的显性特征。所以有的人往往忽略它的作用,一味向往那种"文如泉涌""文思滔滔,下笔千言""文不加点,一蹴而就"的写作方式。

事实上,构思对于写作具有极其重要的意义。文章是以书面语言为工具,表达写作者对一定客观事物的认识与感受的精神生产活动的产品;是人们进行思想交流的媒介。因此,一篇文章质量的高低,尽管要受到诸多因素的制约,但最根本的决定性因素则在于写作者思维能力的高低。甚至可以说,写作从本质上就是写思维,即运用语言文字表现写作者的思维活动过程和结果。

而文章写作中的多数问题,比如主题的确定和提炼、材料的选择和布局、文体的确定、主要表达方式的运用等都在构思阶段完成。所以不进行构思,就无法写作;不善于构思,就不善于写作。要提高写作中的思维能力,就必须认识有关写作思维活动的一般规律,也就是说要了解并把握写作过程中不同类型的思维活动形式之间的关系及其作用方式。

古今中外许多作家都认为要写好文章必须做到"意在笔先""凝神结想""惨淡经营""心营意造"。清代著名戏曲理论家李渔说:"袖手于前始能疾书于后。"(《闲情偶寄》)这就是指只有在构思成熟之后才能顺畅地执笔行文。初学写作者只有勤于构思,在多思多想中锻炼思维能力,才能培养良好的思维习惯。

第二节　构思的基本方式

在初学写作时,大家有可能写惯了一人一事的记叙文,并且遵照作文要"不枝不蔓,中心突出"的一般要求来进行写作。结果,容易使人不善于进行多角度的思考,不善于撰写矛盾比较错综复杂的记叙文章。要克服这一思维缺陷,就应该有意识地抛开一般性的思维轨迹而另辟蹊径。我们得进行"越轨思维",让思维从常规中跳出来,开动脑筋,运用各种思维方式,力求有新意。下面是写作中一些常见的思维方式。

一、发散性思维

写作中的构思是一种定向的创造性思维活动,创造性思维是多种思维方法和逻辑模式的综合运用。而发散性思维正是创造性思维的基础,甚至经常被看作创造性思维。著名的心理学家吉尔福特指出:"人的创造力主要依靠发散思维,它是创造思维的主要部分。"虽然发散性思维不等于就是创造性思维,它只是创造性思维的一部分。但是说到构思,首先要提到的就是发散性思维。在写作时,从审题、立意到选材、结构,从一个词的选用到一个句的修饰,几乎无不需要发散性思维。思维发散得好,可供选择的东西就多。欧阳修说"作文之本,初欲奔放",只有让思绪像脱缰的野马,随意驰骋,再插上联想和想象的双翼,任意在太空中遨游,才可能使大量丰富的材料显现在眼前,所写的文章也才会在各个方面给人以新意。

发散性思维,又称辐射性思维、放射思维、扩散思维、求异思维,是从某个思维对象出发,不受传统的观点和方法的束缚,沿着不同的方向、不同的角度,运用假设、推测、联想等形式思考问题,从多方面寻找解决问题的种种方案的思维方式。它可以任意改变思维方向,从多角度去生发和联想;它无所顾忌,无正确与否之分;它不必按部就班,可以任意改变参照系统;它没有固定的范畴,可以任意构造各种新的模式。

苏东坡曾经写过一首颇有哲理的诗:"横看成岭侧成峰,远近高低各不同。不识庐山真面目,只缘身在此山中。"这里苏东坡提到的"横看""侧看""远看""近看""高看""低看",都是"看"的不同的角度。不同的视角,所看到的景物自然也不相同。发散性的思考状态,就如同苏东坡看庐山一般,横、侧、远、近、高、低,从各个不同的角度去思考。

发散性思维体现了思维的开放性和创造性。它力图从给定的信息中产生新信息,其着重点是从同一来源中产生各种各样为数众多的输出,并由此导致思路的转移和思想的跃进。这种思维的过程是:解决某一问题如有很多答案,即以这个问题为中心,思维的方向像辐射一样向外发散,找出的答案越多越好。然后从诸多的答案中,寻找出最佳的一种,以便最有效地解决问题。如果用一个形象的图示来说明的话,这种思维就像自行车的轮子一样,许多辐条以车轴为中心向四周辐射(图2-1)。

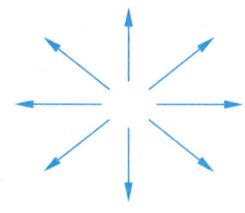

图2-1　发散性思维

发散性思维又是一个流动的开放的不断发展的过程。从信息论的角度来看,它就是将大量分散的信息聚集于一个中心的思维方法,然后再由这个中心点向外扩张的过程。在思维的发散过程中,它广泛动用大脑信息库中的信息,利用这些信息进行排列组合,在这个信息的整合重组过程中,由于信息的流动和刺激加大,从而不断地涌现出新的念头、新的想法,甚至形成一些奇思妙想,迸发出思想的火花,产生灵感或是突如其来的顿悟。这些新的念头、新的想法又可能成为中心点、新的契机,把思维从最初的那个中心点转移或引向新的方向、新的内容等。因此,发散性思维也是多元的思维,是从一个中心点引到更多中心点,再由更多中心点引到无数中心点的过程,而且具有不确定性和游离性,没有固定方向,如同一个人漫无目的地四处游走却期待着不同的奇遇,当奇遇发生时,就是灵感出现、思维闪光的时候(图2-2)。

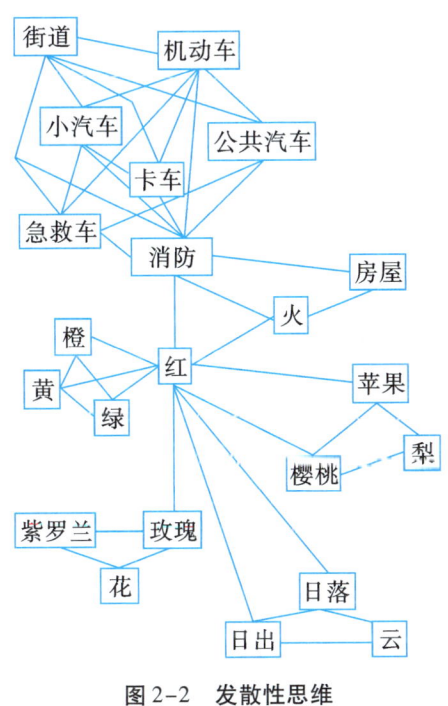

图 2-2 发散性思维

发散性思维主要有多向思维、侧向思维和反向思维三种表现形式。

(一) 多向思维

多向思维,是尽可能从多个方面来思考同一问题,使思维不局限于一种模式或一个方面。在认识和把握一个问题时,不只是考虑其中某几个因素,不只是考虑单方面的后果,不是只看到成功与否的个别条件,也不是只对某一途径作指向性思考,而是要考虑"所有因素",尽可能周全地、具体地从各个方面考察和思考一个问题。这是发散性思维最基本的方法。例如,面对一个很普通的题目——"笑",我们如何生发出新意写出一篇富有创造性的文章呢?这就要把与它相关的主题尽可能广泛地思维、收集,不断写出来。有人在认真研究之后列出了以下各式各样的笑:

衷心感到高兴的大笑,感动而压住声音的笑,喜极而泣的笑,转怒为喜的笑,皮笑肉不笑,甜蜜的笑,放心的笑,会意的笑,善意的笑,恶意的笑,哈哈大笑,苦涩的笑,不出声的笑,有礼貌的笑,暗暗的笑,止不住的笑,抑制悲伤的笑,嗤之以鼻的笑,大方的笑,开朗的笑,夸张的笑,蔑视的笑,下流的笑,冷淡的笑,和解的笑,安慰的笑,开怀大笑,爽朗的笑,冷笑,强笑,嘲笑,讥笑,狂笑,窃笑,耻笑,讪笑,狞笑,嬉笑,苦笑,微笑,傻笑,欢笑,嫣然一笑,等等。

每一种笑后面都包含着一种不同的心理。日本人根据对笑的研究,分析顾客的心理,总结推销的方法,写出了一本《撼动人心的推销法》。

进行多向思维,应注意三个问题:

(1)要尽可能想出更多的方面,越广泛越好,而不仅仅是追究一点,因此,不仅仅要把与问题有关的写出来,与问题关联不大的也要写出来。要尽可能广泛地收集,凡是大脑中受这个题目的触发思考出来、闪现出来的都要写出来,只有这样,才可能想出别人没有注意到的东西,才能产生新意。

(2)在多向思维中,没有什么是微不足道、没有价值、没有用的。什么是重要的,什么是不重要的;什么是有用的,什么是没有用的:这在开始多向思维的时候是定不下来的。最初看来是没有多大价值的,可是到了后来却可能变成是重要的。所以在多向思维时,不要有先入为主的观念,不要边想边评价就决定了取舍。

(3)在多向思维的过程中,为了不使接连不断闪现在头脑中的一刹那的思考稍纵即逝,要立即动笔一条条写下来,而且为了便于下一步进行比照思考,要尽可能地不简写,也不要写得过详,而是要用一个完整的句子,一条条写出来。

(二)侧向思维

侧向思维又叫交叉思维,即把自己所研究的领域与别的领域交叉起来,并从别的领域取得思想上的启发,用来解决本领域的问题。

英国路透社的一篇新闻稿《科威特沙漠:炸弹带来生机》,所选的角度和表现手法,就是侧向思维的效果。海湾战争中科威特留下了大量未爆炸的地雷和炸弹。在战争过去一年的时间里,这一直是有关科威特的新闻报道的中心,媒体上每天都有有关地雷和炸弹伤人和各有关方面排雷行动的新闻。这一题材在当时可以说是非常泛滥,难以写出新意。但是一个路透社记者却把炸弹和生态环境联系起来。他发现,地雷和炸弹在科威特成了生态环境的卫士,"使那些狩猎者、沙漠旅游者和放牧者止步不前",结果"各种植物以惊人的速度恢复生长",现在那儿"更像美洲的草原而不是阿拉伯沙漠"。可以想象,这篇报道如果不是把未爆炸的地雷和炸弹与沙漠中的生态环境联系起来,还是只说炸弹伤人或排雷的事,就很难和其他报道区分开来;或者只写生态环境的改善,而没有联系到地雷和炸弹,对读者的吸引力也要大打折扣。

(三)反向思维

反向思维又叫逆向思维,是指从相反的方向来思考问题。正如一首词里所说,"众里寻他千百度,蓦然回首,那人却在灯火阑珊处"。思

考问题时人们总是习惯性地向前看,但是朝着一个方向看,有时候很难想出有新意的东西,这时候偶尔回头看一下,也许能发现一些不一样的东西。

反向思维是对原有思路的一种背叛,这种背叛,往往会将人的思路带入一种全新的境界,让人眼界大开,豁然开朗。佛教里有一个"哭婆"变"笑婆"的故事:有一个老婆婆常常哭泣,因为太好哭,大家都不称呼她的名字,而改叫她为"哭婆"。有人问:"老婆婆!你为什么喜欢哭呢?"老婆婆说:"你们有所不知,我有两个女儿,大女儿嫁给了雨伞店的人做媳妇,每当太阳出来,就想到大女儿的雨伞卖给谁呢?没有人买雨伞,就没有生意了,她的生活怎么办?我不禁就要为大女儿哭。"老婆婆又说:"我的二女儿嫁给卖米粉的人做媳妇,每当下雨,就想到二女儿的米粉没有太阳晒;没有米粉卖,就没有生意,那生活怎么办?我不禁又为二女儿哭。你们说,出太阳我要为大女儿哭,下雨天则要为二女儿哭,我怎么能不哭呢?"这一天,刚好来了一个法师,听完了老婆婆的话,就对老婆婆说:"老婆婆!你可以把你的观念改变一下嘛!以后当你看到太阳出来,就想二女儿的米粉一定晒干了,生意一定很好,一定赚了很多钱。遇到下雨天,你可以想雨伞店里的大女儿,雨伞生意一定很好,这样你就不用哭了。"老婆婆一听:"嗯!观念可以改变吗?""当然可以!"老婆婆观念一转,从此每当看到太阳出来,就为二女儿欢喜;下雨了,则为大女儿高兴,所以从此变成了一个会笑的老婆婆,大家也因此改称她为"笑婆"了。这里所谓的观念转变也就是一种反向思维。

发散性思维能力主要决定于人们所处的环境和所受的教育,所以我们可以通过积极的练习去培养自己的发散思维能力。如何对自己的发散性思维品质进行培养呢?培养自己的发散思维,一定要在吃透问题,在把握问题实质的前提下,打破思维的定式,改变单一的思维方式,运用联想、想象、猜想、推想等尽可能多地拓展思路,从问题的各个角度、各个方面、各个层次进行或顺向或逆向或纵向或横向的灵活而敏捷的思考,从而获得众多的方案或假设。具体可以经由以下三个层次循序渐进地自我培养:

1. 流畅性

流畅性是指在发散思维的过程中,思维反应灵敏、迅速、畅通无阻,能够在较短的时间内找到较多的解决问题的方案。流畅性是发散思维的第一层次,即培养自己的思维速度,使其在短时间内表达较多的概念,列举较多的方案,探索较多的可能性。

2. 变通性

变通性是指在发散思维的过程中能够随机应变,不受现有知识和常规定式的束缚,敢于提出新奇的构想。变通性是较高层次的发散特征,即培养自己从不同的角度灵活考虑问题的良好品质。

3. 独特性

独特性是指发散思维的种类要新颖独特。能够从前所未有的新角度、新观念去认识事物,思维的结果具有新意、独到的特点。这是发散思维的最高层次,也是发散的本质所在。

例如,一块砖的用途有哪些?它可以当建筑材料、当垫片、当工艺品,磨碎可以当涂料,还可以当武器,等等。流畅性就是指在一定的时间内谁说出的用途越多,谁的思维流畅性就越好。变通性是指砖不仅可以当建筑材料,还可以当武器、容器等,这样思维的灵活性就较好。独特性是指大家说砖的用途往往有许多是雷同的,而说出砖可以当容器,可以传导热,做儿童积木等,就是思维的独特性。

经过发散性思维,写出来的文章会不会出现结构枝蔓离散,情节节外生枝的现象呢?有人说结构的枝蔓离散,指的是中心散乱,毫无目的,想到哪,写到哪,那当然是对发散性思维的误解;而情节的节外生枝,矛盾之外又岔出了新矛盾,有时常常会曲径通幽,达到新的高度。"节外生枝"生出的新矛盾,或是矛盾之中套着的另一个矛盾,不管它节外生多少枝,枝枝节节都归于一棵大树。我们评价一篇文章中"节外生枝"的内容是否可取,归根结底是看它是否与文章的主题有关系。发散性思维强调的是由一个中心往外发散,所以一般都可以做到"形散神不散"。而且发散性思维往往是与收敛性思维联系在一起的,通过收敛性思维,文章的主题会更明确,就更不会出现结构枝蔓离散的现象。

▶▶ 二、收敛性思维

收敛性思维又称集中思维、辐集思维、求同思维,是主体从已有的知识经验出发,围绕既定核心进行全方位地思考,运用比较、排除、综合、概括等方法,最终确定一个解决问题的最佳方案的思维方式。收敛性思维是一种向心思维,它要求思维主体必须总是朝着既定核心做有用的运动;它有相应确定的范畴,它每前进一步都要选择正确与合理,它是在大量创造性设想的基础上,通过分析、综合、比较、判断,选择最有价值的设想的一种思维方法。这就好比凸透镜的聚焦作用,它可以使不同方向的光线集中到一点,从而引起燃烧一样(图2-3)。写作活动中的收敛性思维是在联想和想象的基础上,在取得充分材料的前提下进行的。

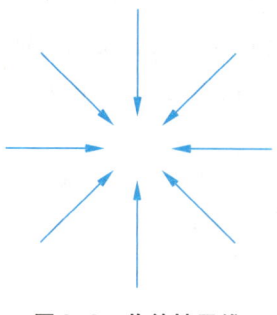

图2-3 收敛性思维

收敛性思维一般具有同一性、程序性、比较性三个特点:

1. 同一性

同一性是指求同性的思维,它总是从过去的知识经验中引出解决问题的办法,希望用老办法寻求解决问题的答案。

2. 程序性

程序性是指同一性在程序上的表现,由于收敛性思维总是从同一性方面考虑问题,所以对这一过程也就赋予了严格的程序,先做什么,再做什么,一步接一步,使问题的解决有章可循。

3. 比较性

比较性是指它以一个目标为其归宿,在现存的几种途径、方案、措施中寻求其最佳答案。

在这三个特点中,比较、排除是它的主要活动形式。

文章写作包括立意、选材、构思、成文、修改、润色等步骤,而收敛性思维则自始至终存在于每一写作步骤中,并对其发生作用,它们起作用的方式,是由它的主要活动形式——比较、排除所体现的。我们以选材这一步骤为例略加说明。

我们知道,材料是写作的基础,它是指写作者为了某一个写作目的所搜集以及在文章中表现主题的一系列事实和根据。写作者多方面搜集的大量丰富的材料是分析提炼主题的基础,也是说明观点、表现主题的支柱。主题一经确立,便需要材料来表现它,这就需要从搜集来的大量材料中精心选取出来再加以利用,这些步骤就是选材。我们通过发散思维在头脑中显现出的材料往往是散乱的、芜杂的,它们与主题或许表面有关,其实无关;或许表面无关,其实有关;或许……它们只是为材料的筛选提供了前提和基础。在此基础上所进行的围绕主题选取材料的工作是由收敛性思维完成的。在选材过程中,写作者运用比较、排除、综合、概括等方法,依据材料与主题联系的紧密程度,以材料新颖与否、典型与否等作为标准,对材料进行分析,不断排除大量与主题关系不大、不够典型新颖的材料,逐步缩小"包围圈",最终将那些令人满意的材料一一筛选出来,作为收敛性思维的结果保留下来,成为文章的主体,表现主题的核心。显然,这些材料选择得是否理想,在很大程度上决定着文章质量的高低。可见,正确运用收敛性思维,对于写好文章是至关重要的。例如,明代科学家徐光启,搜集了自战国以来两千多年有关蝗灾的情况资料,统计了我国历史上记载的111次蝗灾发生的时间,并通过深入实地调查,在纷繁的背景中,利用收敛性思维,找出了苏北蝗灾产生的地理原因和蝗虫的生活规律,撰写了《除蝗疏》,提出了有效治理蝗灾的方法。

收敛性思维是与发散性思维相对的一种思维方式。发散性思维对问题从不同角度进行探索,从不同层面进行分析,从正、反两极进行比较,因而视野开阔,思维活跃,可以产生出大量独特的新思想。收敛性思维则是聚合各种信息以求得正确答案,指人们解决问题的思路朝一个方向聚敛前进,从而形成唯一的、确定的答案。如果说,发散思维是"由一到多"的话,那么,收敛思维则是"由多到一"。

发散性思维与收敛性思维是互补的,不能光强调一种而忽视另一种。发散性思维之所以能够具有很大的创造性,就是因为它可以使人在遇到问题时使思维迅速而灵活地朝着多个角度、多个层次发散开来,从给定的信息中获得多个新颖性的答案。但是,发散性思维的创造性又离不开收敛性思维,只有通过思维的辐合才能从对各种答案的分析、比较中选择出其中一种最佳的答案。也就是说,发散性思维使想象力和联想力自由驰骋,收敛性思维使想象和联想回到现实。没有发散性思维,就很难达到新颖、独特,而没有收敛性思维,任何新颖独特的设想也难以具有现实性的品格。

我们写文章,一定会有一个中心点,即中心思想。围绕着这一中心点展开论证,发散开去。如果我们没有这个中心点,只是一味地发散开去就会失去主题,离题万里,使得整篇文章变得毫无意义,不知所云。

同样,如果只有中心点,而不将其发散开去进行证明,就成了一种消极的收敛性思维或者模式化思维,也就是说,只是从已有的知识经验出发,沿一个方向思考,以重复某种经典或传统的、固定的模式为其特征的思维方式,这就把收敛性思维变成了一种直线式思维。它回避矛盾,追求两点一线的直接联系与统一,它与创造性思维背道而驰,满足于人云亦云,是写作者的一种习惯性的被动的定式思维。反映在文章写作中,主要表现为立意陈旧,缺乏新颖独特的见解;选材流于一般,给人平淡乏味的感觉;构思呆板,缺少变化。整篇文章都变得枯燥无味,毫无说服力。

写作作为创造性思维活动,它要求写作者要有求新、求异的思想意识。如果写妈妈必是照顾病儿,写老师必是蜡烛,写好事必是捡钱包,那么这样的文章读来味同嚼蜡,鲜活的生活也变成了一池死水,这样的文章当然没人愿意看。出现这种现象主要是由思维主体的惰性和惯性造成的。惰性是指写作者在写作活动中的懒惰性,表现为求快、从简,对写作各步骤草率处理,不愿深入思考。惯性是指写作者因长期处于封闭的地理文化环境或因各种传统思想束缚而在内心潜意识中逐渐形成的思维定式在写作活动中的自发作用,具体表现为从众心理。可见,模式化思维虽然本质上属于收敛性思维,但它丧失了思维主体在收敛中的能动作用,因此是完全应该被否定和摒弃的。

在我们进行思考的过程中,只发散不收敛或是只收敛不发散都是不可取的,也是不可能的。只有发散性思维,必然导致思维脱离主题,毫无目的地游走,不知所踪;而只有收敛性思维的话,根本不可能产生创新思想,又谈何创意呢?

由于发散性思维与收敛性思维具有各自不同的特点,因而在写作过程中它们也具有各自不同的作用。发散性思维可以帮助人们从各种封闭或狭窄的思维体系中解放出来,使人们摆脱思想束缚,打开思路,将思维的触角伸向四面八方的各个角落,这可使写出的文章具有思路开阔、内容翔实、想象丰富等优点。收敛性思维以需要解决的问题的实质为中心,按部就班、层层深入地进行综合分析,从多种解决办法中选择、协调出最佳方案,这可使写出的文章具有立意深刻、观点明确、选材合理、结构严谨等优点,使文章成为有机的整体。培养收敛性思维,主要是要培养对发散性思维所提供的众多答案或假设的分析、比较、综合、选择的能力。有了这些能力,就会通过思维的辐合,从中选择出一个最佳的答案,获得创造性的结果。

三、突现性思维

突现最初是指复杂系统演化的内在特性。有学者认为,复杂实质上就是一门关于突现的科学。

在事物发展的每一个阶段,先形成的结构都会形成和产生新的突然出现的行为表现。这是事物从一个发展阶段过渡到另一个新阶段的转折点,是事物发生形态变化的关键点。突现可以使事物产生与前一阶段完全不同的发展状况而进入新的境界。

后来教育界引入"突现"这个概念,最初是指在教育过程中抓住学生发展过程中的突现点,以引导学生进步。比如后进生转化过程中的闪光点就是所谓突现点,抓住闪光点,后进生也许就会产生质变,加入优等生的行列。否则,只能说是又错过了一次转化的机会。后来又引申为在课堂教学过程中,随着教师讲课的思路,学生的思维不断由一个问题跳跃到另一个问题,对每一个问题都可能产生有一定新意的想法,这个有新意的想法就可能成为学生学习中的一个突现点,使他对所学知识有深入的理解。根据课程和学生的特点,主动创造这样的突现点就会提高课堂教育的质量。

在写作中引入"突现"这个概念,则是指一种突破时间和逻辑的线性轨道,随意跳跃生发的思维方式,是一种相互连接、非平面、立体化、无中心、无边缘的网状思维结构。

突现性思维的主要特征是超越常规思维程序、省略某些中间环节。任何思维过程,无论是简单的还是复杂的,通过科学抽象,最终都可以归结为三部分,即出发知识、接通媒介和结论性知识。所谓接通媒介,即通过接通有关的联系,从而导出结论知识的那个(或一系列的)中间环节。突现性思维省略的常常是接通媒介的部分或全部,它可以是横向跳跃,也可以是纵向跳跃,还可以是不同层面的跳跃。在写作活动中,若在构思时合理地使用突现性思维,可以增加文章的容量和跨度,使文章显得生动、活泼、富于表现力。若不能合理使用,则会导致文思不畅,文气不能顺通,写作视角多变化,人物言行不合情理,事物发展不合逻辑。例如,有一篇题目为"我的心里话"的习作,开头一段是这样写的:我家有三口人,一家人和睦相处。在家里爸妈都很疼爱我。要问我和父母关系跟谁最好,那么我会不假思索地回答:"爸爸!"文章接下来写"我"有一次患急病,父母送我去医院并细心看护我的经过。文章结尾是:我的一家就是这样,父母非常疼爱我,我也同他们关系亲密!这篇文章本意是要写父亲,给读者的结论性知识是"我和父亲最要好"。出发知识是我家三口人和睦相处,父母都疼爱我。那么接通媒介是什么呢?为什么父母都尽心照顾我,我却与爸爸关系最好?没有说明。这种跳跃,完全切断了出发知识与结论性知识的内在联系,使结论性知识失去了支持,因此会令人感到文理不通,"我"的思想不合情理。

第三节　构思的过程

一、整体构思

整体构思，是通过反复权衡和整理，删枝节余，理出线索和顺序，依次写出提纲，从内容到形式方面给文章确定一个整体的构架。整体构思内容有立意定体、选材取事、构架谋篇。

（一）立意定体

立意，是确立写作的主要意图和基本精神的过程。这是涉及"为什么"写的问题，即为什么要写本文，写本文要说明什么问题。我们在第二节所讲的构思方式主要就是如何去寻找可写的问题，在第三章"提炼"还要说到如何最后确定一篇文章重要表现的具体问题。这里我们主要谈一下定体。

定体，是确定用哪种文体去表现所确立写作的主要意图和基本精神。不同的文体在反映生活的角度、容量及表现方式上均有不同。比如记叙文体的基本特点是叙述性，即把一个事实、事件的发展过程原原本本地叙述出来，让读者了解它的原委，一般容量较大。议论文体以议事说理为主要表达方式，要求对议论对象发表看法，阐述道理，做到以理服人。抒情文体主要是主体感情的倾吐，表达方法自由灵活。因而要根据写作意图确定文体。

确定具体体裁的原则是内容决定形式，形式为内容服务。我们有了一个好的思想，那么就要考虑：是写成小说，还是写成散文？是写成随笔，还是写成偶感？譬如到苏州旅游之后，你感到要向父母报告一下自己的游踪和观感，你就可以写成书信；你在游玩中遇到一些使你感动的人或事，你就可以写随笔、漫谈；你在游玩虎丘、狮子林、寒山寺、西园、留园等地之后，觉得寒山寺的钟特别吸引人，并引起你的遐思，你就可以写成一篇诗意浓郁的抒情文；你如果是碰到一些很特别的事，甚至可以再加点想象，写成一篇小说……总之，要根据立意内容来确定表现形式——具体的体裁。

（二）选材取事

选材取事，是围绕写作目的和所选文体选择最终写入文章的材料。在确立写作的主要意图和基本精神并确定文体以后，就涉及选材的问题。

不同的立意需要不同的材料来表现。文章的"意"是文章的"灵魂"和"统帅"，而材料则是"血肉"和"士兵"。在立好"意"以后就要选择能充分表现主题的材料写入文中，而舍弃那些和主题无关或关系不大的材料。比如鲁迅曾写过《论雷锋峰塔的倒掉》和《再论雷峰塔的倒掉》两篇文章。同是写雷峰塔，但是由于两篇文章的立意不同，所以选择的材料也不一样。前一篇立意是反对封建势力和封建压迫，所以选用了白蛇娘娘被法海压在雷峰塔下与玉皇大帝惩办法海两个材料。而后一篇文章是要批评损"塔"利己、不事建设的个人主义,因而选的材料是人们挖砖使雷峰塔倒掉这一材料。

由于不同文体在反映生活的角度、容量及表现方式上均有不同,因而不同的文体要求的材料的数量、质量也是不同的,这就需要根据文体的不同来选择材料。长篇小说《红楼梦》选择材料时事无巨细,甚至贾府吃饭上什么菜,每道菜如何做都详尽地写入文中。而一首小诗,只需要几个富有表现力的意象就可以了。例如马致远的《天净沙·秋思》:"枯藤老树昏鸦,小桥流水人家,古道西风瘦马。夕阳西下,断肠人在天涯。"只有短短二十八个字,十个意象,却描绘了一幅绝妙的深秋晚景图,真切地表现了天涯沦落人的孤寂愁苦之情,所以王国维称赞其"寥寥数语,深得唐人绝句妙境"。

(三)构架谋篇

构架谋篇,指初步确定文章的组织方式和内部构造,即根据一定的原则和要求把材料、观点等内容要素有步骤、有主次地组合起来,以使文章成为一个紧密连贯的有机整体。

对文章进行整体的组合是文章写作中一项十分重要而艰巨的工作。古人强调文章要"有物有序"。所谓"有物"就是要求内容充实。有了新颖的立意、典型的材料,文章就能做到"有物"。而要做到"言之有序",还要有条理清楚、逻辑严密的组织结构。

构架谋篇需要注意以下几点:

1. 完整匀称

是指文章像动物那样头、身、尾各部齐全,而且各个组成部分比例适当,协调一致。茅盾先生说:

> 既然是架子,总得前后上下都是匀称的、平衡的,而且是有机性的。匀称是指架子的局部美和整体美。
>
> ——茅盾《茅盾论创作》,上海文艺出版社,第 1 版,1980 年,603 页

2. 严密连贯

指文章各结构单位之间组织严密、脉络贯通、浑然一体。

3. 富于变化

作为人类精神劳动成果的文章,要能够真实准确、生动形象地反映千姿百态的客观事物和千差万别的主观世界,文章结构形式也不能千篇一律,而应该随客观事物和主观世界的变化而变化。正如世界上没有两片完全相同的叶子一样,文章的形式也应该多姿多彩,富于变化。

二、局部构思

局部构思,是对文章的具体段落和细节进行细致的考虑。在整体构思的过程中,虽然我们已经想好了以下问题:文章要写什么主题,用什么材料去表现主题,以及文章的整体构架如何,等等,但那还仅仅是整篇文章所要表达的主要意思或准备使用的材料、采用的结构,还要想想每一段表达的意思和使用的材料,以及如何把这一段的意思充分地表达出来。

文章的主题往往还可以分为一些小的意思,我们要把文章主题蕴含的各层意思划分开来、区别清楚,然后在每一段里表达一个意思。接着再把每一个意思从头到尾想清楚,考虑开头说些什么,接着又说些什么,怎样有层次有条理地一步一步展开,最后怎样结束并过渡到下一段,这些都要在心中盘算好、想清楚。如果考虑不成熟,想起一句写一句,结果不是重复啰唆就是前言不搭后语,段的意思就不会表达清楚,从而导致全篇的失败。

三、思路的走向

思路的走向,就是写作构思的思路轨迹。不同文体有不同的轨迹——有生活轨迹走向,有逻辑推理走向,有情感发展走向,有意识流走向。

(一)生活轨迹走向

叙述类的文章,是叙述生活真实或艺术真实的。在叙述生活真实的文章的构思过程中,最主要的是强调真实,必须按照生活中确实存在的、确实发生过的来进行构思。也就是说必须按照事件的真实发展历程来构思。比如穆青等人合写的《为了周总理的嘱托……》一文,吴吉昌受周总理之托解决棉花落桃一事就是真事,文章只是客观地记叙了这件事。非文学作品写作中,思路真实可靠,就能增强文章的表达效果;而如果凭借自己的主观臆断瞎编乱造,就会使文章失去读者的信任,甚至对社会造成危害。

而在叙述艺术真实的文章中,思路按生活轨迹走向则是指要符合客观事物的规律。也就是说,虽然可以虚构,但是在写人的时候应该是"杂取种种人,合成一个",写事的时候可以"采取一端,加以改造",这样虽然写的不是现实生活中的真人真事,但也是现实生活中可能会有的人和事。

(二)逻辑推理走向

在议论类的文章中,就是要对某一问题或事件直接或间接地进行分析评论,表明自己的立场、态度、观点和主张。为了表明自己的观点和主张,就要使用概念、判断、推理、证明等逻辑思维形式对事物进行科学的分析、论证。这就需要按照逻辑推理走向来进行构思。如梁启超先生的《学问之趣味》一文,为了说明何为趣味,作者一连列举了"赌钱""吃酒"和"做官"三种最终无趣的现象,从而推出了一般的结论:"凡趣味的性质,总是以趣味始以趣味终"。

(三)情感发展走向

有时候写作者主要是想表达自己的感情,这时候就以写作者感情的起伏、变化、深化作为思路的走向。或从情感最炽热处想起,或从情感萌发点想起,只要能够传达出自己的感情,并能够让读者理解引起感情的内容,受到感染就可以了。比如英国著名作家乔叟的《怨歌》,文中写"我"爱上了一位美丽的姑娘,可是"见我悲,你反而笑",因此"我感到生命已达到了尽头",作者反复写道:"我虽然苦恼已极,但你当初的恩遇和我的深情促使我不顾一切,爱你如命。"以怨写爱,用矛盾的心理活动表达炽热如火的感情,是典型的情感发展走向的思路轨迹。

(四)意识流走向

意识流最初是心理学家们使用的一个术语。它是由美国心理学家威廉·詹姆斯创造的,指人的意识活动持续流动的性质。詹姆斯认为,人类的思维活动并不是由一个个分离的、孤立的部分组成,而是一条连续不断的、包含各种复杂的感觉和思想"流"。这一思想为小说家运用意识流手法来展示人的内心世界,并通过展示人物的意识活动来完成小说叙事提出了理论依据。小说中的意识流,是指小说叙事过程对于人物持续流动的意识过程的模仿。具体说来,也就是以人物的意识活动为结构中心,围绕人物表面看来似乎是随机产生且逻辑松散的意识中心,将人物的观察、回忆、联想的全部场景与人物的感觉、思想、情绪、愿望等,交织叠合在一起加以展示,以"原样"准确地描摹人物的意识流动过程。如乔伊斯的小说《尤利西斯》以时间为序,叙述了三个都柏林人一昼夜之内的种种琐碎生活。小说表面上内容晦涩凌乱,实则有规律可循,那就是作者大量运用细节描写和意识流手法构建了一个交错凌乱的时空。我们在写作构思中某些情况下也可以借鉴这种创作方式,使构思的轨迹沿着意识流的走向进行,也就是说,以人物意识活动为结构中心来展示人物持续流动的感觉和思想。

▶ 佳作赏析

[赏析一]

陋室铭

[唐]刘禹锡

山不在高,有仙则名。水不在深,有龙则灵。斯是陋室,惟吾德馨。苔痕上阶绿,草色入帘青。谈笑有鸿儒,往来无白丁。可以调素琴,阅金经。无丝竹之乱耳,无案牍之劳形。南阳诸葛庐,西蜀子云亭。孔子云:"何陋之有?"

赏析:《陋室铭》,通篇只有81个字,不仅文采被千古传诵,就是文中所体现的发散思维也堪称代表作。古往今来,多少文人墨客都在歌颂名山大川,而且名山总是以

"高大雄奇"著称,川江湖海总是以"深邃辽阔"而闻名。但刘禹锡却从反向思维出发,开宗明义地提出"山不在高,有仙则名。水不在深,有龙则灵",强调要重内涵、重实质,而不能只看形式和外表,从而既为引出本文的主题做好铺垫,又为赞颂其陋室奠定坚实的思想基础。接着,作者从陋室的环境、陋室中活动的人、陋室中所做的事等三个方面对陋室做了生动的描绘。《陋室铭》之所以能脍炙人口,千古流传,固然与其绝佳的文采分不开,而作者运用发散性思维为它注入了深刻的思想内涵也是功不可没的。

[赏析二]

爱莲说

[宋]周敦颐

水陆草木之花,可爱者甚蕃。晋陶渊明独爱菊。自李唐来,世人盛爱牡丹。予独爱莲之出淤泥而不染,濯清涟而不妖,中通外直,不蔓不枝,香远益清,亭亭净植,可远观而不可亵玩焉。予谓菊,花之隐逸者也;牡丹,花之富贵者也;莲,花之君子者也。噫!菊之爱,陶后鲜有闻。莲之爱,同予者何人?牡丹之爱,宜乎众矣。

赏析:在宋代之前,歌颂花卉的诗词歌赋不胜枚举,但多是以菊花(颂其"灵隐飘逸")、牡丹(颂其"雍容华贵")或梅花(颂其"严冬傲雪")为对象,以莲为歌颂对象的比较少见。周敦颐以"莲"为主题,这应该是体现了他不随波逐流的逆向思维。更为重要的是,同样是写"莲",他与同时代人的写法、立意也完全不同。与周敦颐差不多同时代的诗人杨万里曾写过两首非常有名的颂"莲(荷)"的诗,一首是《晓出净慈寺送林子方》:"毕竟西湖六月中,风光不与四时同。接天莲叶无穷碧,映日荷花别样红。"另一首是《小池》:"泉眼无声惜细流,树阴照水爱晴柔,小荷才露尖尖角,早有蜻蜓立上头。"前一首是从宏观的角度描写,后一首则是从微观的角度描写。宏观描写要求大视野、大手笔、浓墨重彩,要达到一种壮阔的美,浩瀚的美,撼人心魄的美;微观描写要求很细腻、很准确,见微知著,要达到一种精巧的美,清丽的美,韵味无穷的美。应该说,从对"莲(荷)"的外部形态描写来看,不论是宏观还是微观角度,杨万里这两首诗达到了登峰造极的地步,很难超越。为此周敦颐独辟蹊径,不从外部形态,而是从内涵、气质去写"莲(荷)"。他根据自己数十年的人生体验和对社会众生相的深刻观察,从中感悟出一种最美好、最纯真、最高尚也最难能可贵的品格,然后用拟人化手法,借助生动、形象、准确的语言,通过"莲(荷)"的外部形态表现出来。表面上在写莲的茎"中通外直,不蔓不枝",写荷花的"香远益清,亭亭净植"以及"出淤泥而不染,濯清涟而不妖",实际上是在歌颂一种"胸怀坦荡,没有私心杂念;朴实无华,不哗众取宠;品格优秀,经得起时间的考验;刚正不阿,任凭狂风暴雨宁折不弯"的崇高思想境界。

视域拓展

作文与运思

朱光潜

作文章通常也叫做"写"文章,在西文中作家一向称"写家",作品叫做"写品"。写须用手,故会作文章的人在中文里有时叫做"名手",会读而不会作的人说是"眼高手低"。这种语文的习惯颇值得想一想。到底文章是"作"的还是"写"的呢?创造文学的动作是"用心"还是"用手"呢?

这问题实在不像它现于浮面的那么肤浅,因近代一派最占势力的美学——克罗齐派——所争辩的焦点就在此。依他们看,文艺全是心灵的活动,创造就是表现也就是直觉。这就是说,心里想出一具体的境界,情趣与意象交融,情趣就已表现于那意象,而这时刻作品也就算完全成就了。至于拿笔来把心里所已想好的作品写在纸上,那并非"表现",那只是"传达"或"记录"。表现(即创造)全在心里成就,记录则如把唱出的乐歌灌音到留声机片上去,全是物理的事实,与艺术无关。如我们把克罗齐派学说略加修正一下,承认在创造时,心里不仅想出可以表现情趣的意象,而且也想出了描绘那意象的语言文字,这就是说,全部作品都有了"腹稿",那么"写"并非"作"的一个看法大致是对的。

我提出这问题和连带的一种美学观点,因为它与作文方法有密切的关系。普通语文习惯把"写"看成"作",认为写是"用手",也有一个原因。一般人作文往往不先将全部想好,拈一张稿纸,提笔就写,一直写将下去。他们在写一句之前,自然也得想一番,只是想一句写一句,想一段,写一段;上句未写成时,不知下句是什么,上段未写成时,不知下段是什么;到写得无可再写时,就自然终止。这种习惯养成时,"不假思索"而任笔写下去,写得不知所云,也是难免的事。文章"不通",大半是由这样来的。这种写法很普遍,学生们在国文课堂里作文,不用这个写法的似居少数。不但一般学生如此,就是有名的职业作家替报章杂志写"连载"的稿子,往往也是用这个"急就"的办法。这一期的稿子印出来了,下一期的稿子还在未定之天。有些作家甚至连写都不写,只坐在一个沙发上随想随念,一个书记或打字员在旁边听着,随听随录,录完一个段落了就送出发表。这样做成的作品,就整个轮廓看,总难免前后欠呼应,结构很零乱。近代英美长篇小说有许多是这样做成的,所以大半没有连串的故事,也没有完整的形式。作家们甚至把"无形式"(formlessness)当作一个艺术的信条,以为艺术原来就应该如此。这恐怕是艺术的一个厄运,有生命的东西都有一定完整的形式,首尾躯干不完全或是不匀称,那便成了一种怪物,而不是艺术。

这是一个极端,另一个极端是把全部作品都在心里想好,写只是记录,像克罗齐派美学家所主张的。苏东坡记文与可画竹,说他先有"成竹在胸",然后铺纸濡毫,一挥而就。"成竹在胸"于是成为"腹稿"的佳话。这种办法似乎是理想的,实际上很不易做到。我自己也尝试过,只有在极短的篇幅中,像做一首绝句或律诗,我还可以把全篇完全在心里想好,如篇幅长了那就很难。它有种种不方便。第一,我们的注意力和记忆力所能及的范围有一定的限度,把几千字甚至几万字的文章都一字一句地记在心里,同时注意到每字每句每段的线索关联,并且还要一直向前思索,纵假定是可能,这种繁重的工作对于心力也未免是一种不必要的损耗。其次,这也许是我个人的心理习惯,我想到一点意思,就必须把它写下来,否则那意思在心里只是游离不定。好比打仗,想出一个意思是夺取一块土地,把它写下来就像筑一座堡垒,可以把它守住,并且可以作进一步袭击的基础。第三,写自身是一个集中注意力的助力,既在写,心思就不易旁迁他涉。还不仅此,写成的字句往往可以成为思想的刺激剂,我有时本来已把一段话预先想好,可是把它写下来时,新的意思常源源而来,结果须把预定的一段话完全改过。普遍所谓"由文生情"与"兴会淋漓",大半在这种时机发现。只有在这种时机,我们才容易写出好文章。

　　我个人所采用的是全用腹稿和全不用腹稿两极端的一种折中办法。在定了题目之后,我取一张纸条摆在面前,抱着那题目四方八面地想。想时全凭心理学家所谓"自由联想",不拘大小,不问次序,想得一点意思,就用三五个字的小标题写在纸条上,如此一直想下去,一直记下去,到当时所能想到的意思都记下来了为止。这种寻思的工作做完了我于是把杂乱无章的小标题看一眼,仔细加一番衡量,把无关重要的无须说的各点一齐丢开,把应该说的选择出来,再在其中理出一个线索和次第,另取二张纸条,顺这个线索和次第用小标题写一个纲要。这纲要写好了,文章的轮廓已具。每小标题成为一段的总纲。于是我依次第逐段写下去。写一段之先,把那一段的话大致想好,写一句之先,也把那一句的话大致想好。这样写下去时,像上面所说的,有时有新意思涌现,我马上就修改。一段还没有写妥时,我决不把它暂时摆下,继续写下去。因此,我往往在半途废去了很多稿纸,但是一篇写完了,我无须再誊清,也无须大修改。这种折中的办法颇有好处,一则纲要先想好,文章就有层次,有条理,有轻重安排,总之,就有形式;二则每段不预先决定,任临时触机,写时可以有意到笔随之乐,文章也不至于过分板滞。许多画家作画,似亦采取这种办法。他们先画一个大轮廓,然后逐渐填枝补叶,显出色调线纹阴阳向背。预定轮廓之中,仍可有气韵生动。

　　运思是作文的第一步重要工作,思有思路,思路有畅通时也有蔽塞时。大约要思路畅通,须是精力弥满,脑筋清醒,再加上风日清和,窗明几净,临时没有外扰败兴,杂念萦怀。这时候静坐凝思,新意自会像泉水涌现,一新意酿成另一新意;如果辗转生发,写作便成为人生一件最大的乐事。一般"兴会淋漓"的文章大半都是如此做成。提笔作文时最好能选择这种境界,并且最好能制造这种境界。不过这是理想,有时这种境界不容易得到,有时虽然条件具备,文思仍然蔽塞。在蔽塞时,我们是否就应放下呢？抽象的理论姑且丢开,只就许多著名的作家的经验来看,苦思也有苦思的收获。唐人有"吟成一个字,捻断数茎须"的传说,李白讥诮杜甫说:"借问近来太瘦生,总为从来作诗苦",李长吉的母亲说"呕心肝乃已"。福楼拜有一封信札,写他著书的艰难说:"我今天弄得头昏脑晕,灰心丧气。我做了四个钟头,没有做出一句来。今天整天没有写成一行,虽然涂去了一百行。这工作真难!艺术啊,你是什么恶魔?为什么要这样咀嚼我们的心血?"但是他们的成就未始不从这种艰苦奋斗得来。元遗山与张仲杰论文诗说:"文章出苦心,谁以苦心为?"大作家看重"苦心",于此可见。就我个人所能看得到的来说,苦心从不会白费的,思路太畅时,我们信笔直书,少控制,常易流于浮滑;苦思才能剥茧抽丝,鞭辟入里,处处从深一层着想,才能沉着委婉,此其一。苦思在当时或许无所得,但是在潜意识中它的工作仍在酝酿,到成熟时可以"一旦豁然贯通",普通所谓"灵感"大半都先经苦思的准备,到了适当时机便突然涌现,此其二。难关可以打通,平路便可驰骋自如。苦思是打破难关的努力,经过一番苦思的训练之后,手腕便逐渐娴熟,思路便不易落平凡,纵遇极难驾驭的情境也可以手挥目送,行所无事,此其三。大抵文章的畅适境界有两种,有生来即畅适者,有经过艰苦经营而后畅适者。就已成功的作品看,好像都很平易,其实这中间分别很大,入手即平易者难免肤浅,由困难中获得平易者大半深刻耐人寻味,这是铅锡与百炼精钢的分别,也是袁简斋与陶渊明的分别。王介甫所说的"看似寻常最奇崛,成如容易却艰辛",是文章的胜境。

作文运思有如抽丝,在一团乱丝中拣取一个丝头,要把它从错杂纠纷的关系中抽出,有时一抽即出,有时须绕弯穿孔解结,没有耐心就会使紊乱的更加紊乱。运思又如射箭,目前悬有鹄的,箭朝着鹄的发,有时一发即中,也有因为瞄准不正确,用力不适中,箭落在离鹄的很远的地方,习射者须不惜努力尝试,多发总有一中。

这譬喻不但说明思路有畅通和艰涩的分别,还可说明一个意思的涌现,固然大半凭人力,也有时须碰机会。普通所谓"灵感",虽然源于潜意识的酝酿,多少也含有机会的成分。大约文艺创作的起念不外两种。一种是本来无意要为文,适逢心中偶然有所感触,一种情境或思致,觉得值得写一写,于是就援笔把它写下来。另一种是预定题目,立意要做一篇文章,于是抱着那题目想,想成熟了然后把它写下。从前人写旧诗标题常用"偶成"和"赋得"的字样,"偶成"者触兴而发,随时口占,"赋得"者定题分韵,拈得一字,就用它为韵作诗。我们可以借用这个术语,把文学作品分为"偶成"和"赋得"两类。"偶成"的作品全凭作者自己高兴,逼他写作的只有情思需要表现的一个内心冲动,不假外力。"赋得"的作品大半起于外力的催促,或是要满足一种实用的需要,如宣传、应酬、求名谋利、练习技巧之类。按理说,只有"偶成"作品才符合纯文学的理想;但是在事实上现存的文学作品大半属于"赋得"的一类,细看任何大家的诗文集就可以知道。"赋得"类也自有好文章,不但应酬唱和诗有好的,就是策论、奏疏、墓志铭之类也未可一概抹煞。一般作家在练习写作时期常是做"赋得"的工作。"赋得"

是一种训练，"偶成"是一种收获。一个作家如果没有经过"赋得"的阶段，"偶成"的机会不一定有，纵有也不会多。

"赋得"所训练的不仅是技巧，尤其是思想。一般人误信文学与科学不同，无须逻辑的思考。其实文学只有逻辑的思考固然不够，没有逻辑的思考却也决不行。诗人柯尔律治在他的《文学传记》里眷念一位无名的老师，因为从这老师的教诲，他才深深地了解极放纵的诗还是有它的逻辑。我常觉得，每一个大作家必同时是他自己的严厉的批评者。所谓"批评"就要根据逻辑的思想和文学的修养。一件作品如果有毛病——无论是在命意布局或是在造句用字——仔细穷究，病源都在思想。思想不清楚的人做出来的文章决不会清楚。思想的毛病除了精神失常以外，都起于懒惰，遇着应该分析时不仔细分析，应该斟酌时不仔细斟酌，只图模糊敷衍，囫囵吞枣混将过去。练习写作第一件要事就是克服这种心理的懒怠，随时彻底认真，一字不苟，肯朝深处想，肯向难处做。如果他养成了这种严谨的思想习惯，始终不懈，他决不会做不出好的文章。

技能训练

一、专项训练

1. 根据下列故事，发散思维，尽可能多地列出议论角度。

有一次，苏东坡游山累了，到山中小庙歇息。主事的老道见来了一位衣着简朴的陌生人，就淡淡地说："坐！"并对道童喊："茶！"两人坐定交谈后，老道发现对方句句珠玑，才华横溢，料想此人来历不凡，就请客进厢房，客气地说："请坐！"又叫道童："敬茶！"再一打听，方知来者是赫赫有名的苏东坡，忙作揖打躬，引进客厅，说："请上座！"并吩咐道童："敬香茶！"苏东坡临走时，应请题对联留念。上联是："坐请坐请上座"，下联是："茶敬茶敬香茶"。老道阅后，羞愧满面。

2. 思考题。

(1)不借助字典等工具，请你写出所能想到的带有"大"结构的词，写得越多越好。

(2)请写出包含"三角形"的各种物品，写得越多越好。

(3)请列出曲别针的用途，越多越好。

(4)为某种产品考虑新的开发途径。

(5)影响一个商场社会形象的因素有哪些？

(6)中国的汉字很奇妙，有的字简单，有的字复杂，有时一个字中还会包含其他的字。请问"申"字中藏了多少个字？

(7)一张方桌砍掉一个角，还剩几个角？

3. 读下面的故事，并尝试用发散思维的方法去解决故事中的问题。

伦敦的一位商人很不幸，欠了放债人一笔巨款，而又老又丑的放债人幻想娶这位商人的漂亮女儿为妻。于是放债人向商人提出一桩交易，说如果他能得到商人的女儿做妻子,他愿意将债务一笔勾销。

商人和他的女儿对这个提议惊惶不已。狡猾的放债人建议让上帝决定此事。他告诉他们,他要把一个黑卵石和一个白卵石放进一个空袋子里,然后女孩子得从中挑出一个卵石。如果她拿出的是黑卵石,她就得做他的妻子,她父亲的债务也随之取消;如果她拿出的是白卵石,她就可以继续和父亲待在一起,而债务同样一笔勾销;但是,如果她拒绝拿卵石,她的父亲将被投入监狱,而她就会挨饿。

商人无可奈何地同意了。他们商谈时正站在商人花园里铺满卵石的小径上。放债人弯腰捡起两个卵石放进口袋,而后让女孩从中挑出一个卵石以决定她父女的命运。当放债人捡卵石时,女孩眼快,发现他放进口袋里的两个卵石都是黑色的。

设想你是那个不幸的女孩,你会怎么办?请为她出谋划策。

4. 仔细阅读臧克家短诗《三代》,分析其在构思上的妙处。

三 代

臧克家

孩子

在土里洗澡;

爸爸

在土里流汗;

爷爷

在土里埋葬。

二、综合训练

1. 反向思维常常可以起到出人意料而又绝佳的效果。撇开已有定论,从反面立意,以获取新颖独到的见解,或对一些人们已经习以为常的说法进行质疑,以此来培养创新精神。下面列举的是几个成语典故或固定说法,从中选取一个,要敢于甚至善于质疑和否定,进而确立主题,写一篇有新意的文章,题目自拟,文体不限,800字左右。

(1)水滴石穿。

(2)亡羊补牢。

(3)三天打鱼,两天晒网。

(4)开卷有益。

(5)欲速则不达。

(6)近水楼台先得月。

2. 营销学里有一个经典的案例叫做荒岛卖鞋,读下面的故事,然后写一篇800字左右的议论文,题目自拟。

有一家生产鞋子的企业,老板先后派了两名业务员到一个原始部落居住的荒岛上去推销鞋子。第一个业务员历经千辛万苦到达了这座岛屿,到那儿一看,一句话也没说就回来向老板汇报:"老板,那个岛上的人都光着脚,他们都没有穿鞋的习惯,祖祖辈辈如此,我看咱们还是放弃吧!"第二个业务员后来也到了这座岛上,他到那儿一看,也是一句话没说就赶了回来,兴冲冲地去向老板汇报:"老板,那个岛上的居民目前都没有穿鞋,这是多么大的一块市场啊,我要在三个月之内让这个岛上的每一个人都穿上咱们的鞋子!"同样的问题,不同的思维,结果大相径庭。

  3. 发散性思维和收敛性思维练习。

  (1)全班分成六组,以"愚公移山"这篇寓言为题材,分组进行讨论,每组都拟定出至少三个主题,并且请每组的代表上台分享自己的意见和见解。

  (2)全班投票选举出大家认为最具创新意识的三个主题。

  (3)从三个最具创新意识的主题中选择一个主题,自拟标题,写一篇800字左右的文章,体裁不限。

第三章 提炼

▶ 任务导航

1. 主题的含义及其相关概念。
2. 主题的类别和主题的多义性。
3. 主题的要求。

▶ 思政聚焦

1. 认识大国方略、中国成就。
2. 认识中国文化成就,增强文化自信。
3. 树立正确的世界观、人生观和价值观。

▶ 案例导引

写文章首先要讲求思想

任何一篇文章,都是由思想内容、组织结构、语言表达三方面的因素构成的。一篇好文章,则是三者的完美统一体。思想犹如灵魂,结构有似骨架,语言好比血肉。灵魂纯洁高尚,骨架端正完整,血肉坚实丰满,才能是一个有益于人民健康的人,三者之中,当以灵魂为主导。灵魂污浊卑劣,即使骨架端正完整,血肉坚实丰满,也只能是一个"败类"。为人如此,文章亦然。所以写文章首先要讲求思想。思想正确、深刻,才能有益于读者,有益于社会,有益于革命事业。(选自朱伯石《文章的立意》)

第一节 主　题

一、主题的含义

(一) 主题的概念

主题，是写作者在文章和作品中，通过一系列的材料表现出来的对人、事、物、景的基本思想或感情倾向。

"主题"是一个外来词，源于德语。它原是音乐中的术语，指乐曲的核心主旋律。由于它本身的适应性较强，和写作中的同类概念在精神实质上基本一致，因而这一概念后来被推而广之，用于文学艺术创作及各类文章的写作中，取得了人们普遍承认的"通用"地位。

但是，就主题的实质意义而言，它并不是源于国外。中国古代已经有很多关于"主题"的论述。《尚书》中说"诗言志"，白居易《新乐府序》中也说："首局标其目，卒章显其志"，这里的"志"就是指主题。再如《庄子·天道》中说"语之所贵者，意也"，宋人魏庆之《诗人玉屑》中说"文以意为主，以气为辅，以词为卫"，这里所说的"意"也是指主题。还有清代李渔《闲情偶寄》中说："古人作文一篇，定有一篇之主脑。主脑非他，即作者立言之本意也。"这里的"头脑"更是明确指主题。这些说法虽然含义相同，但是现代在科学规范化的过程中，越来越强调概念使用的统一性和规范性。所以就统一使用这一称谓了。

理解这个概念要把握以下几点：

1. 主题是文章要表达的思想或感情倾向

这是指写作者的见解、观点、主观意图、感情在文中的体现，不能把主题理解为文章所写的主要问题。问题是文章中研究讨论并力图解决的矛盾和疑惑，是写作者从社会生活中集中、归纳出来的引人注意的是非要害，它是构成主题的重要因素，是从属于主题的一个层次和方面。主题往往来自观察中所发现的问题，尤其是在一般文章的写作中，写作者往往是先发现了生活中的某些问题，然后在对问题的分析和评价中，形成主题。可以说，有时问题就是主题的萌芽和发端。但是主题并不是问题，也不是若干问题的总和，它通常包含着对问题的解答、判断、倾向和认识。而且，很多文学作品，如诗歌、抒情散文等，虽然有主题，却没有提出任何问题。所以只有在有"问题"的文章和作品中，主题才能同问题发生关系。

2. 主题是文章表达的核心思想或感情倾向

即使一篇短文章，它的思想感情内容也是很丰富的。甚至可以说文章所写的每一段每一句都包含着思想感情。在文章的全部思想感情内容中，只有那个贯穿全篇的最主要、最基本的核心思想感情才是主题。

3. 主题是通过具体材料表现出来的

主题虽然是一个抽象、理性的东西，但它是蕴含在具体材料内容之中的。在形象类的文章中，主题是通过具体的人物、景象、事件的描写及叙述的材料表现出来的。在逻辑性类型的文章中，主题是通过具体事实、推理论证等的说明及议论的材料表现出来的。

4. 主题具有客观性和主观性的本质特征

任何文章和作品都是客观事物或社会生活的反映。一定的生活现象中，都含有某种特定的思想意义，从事写作活动的写作者，只不过是发现了并通过所写的文章或作品揭示了特定的客观的现实生活本身固有的某种思想意义而已。因此，我们才说"主题来自生活""从生活中提炼主题"，要求写作者忠于生活，严格按照生活的真实面目或事物发展变化的规律去表现基本的思想认识，揭示生活本身所蕴含的思想，而不允许写作者脱离材料的客观含义，强行掺入自己的主观意念。这就是主题的客观性。

另一方面，写作又是人类的一项高级心智活动过程，文章是写作者精神劳动的产物。人在写作中显示出了程度不同的能动性和创造性。这种特征也必然会反映到对主题的提炼过程中。客观社会生活所包含的思想意义，只能通过写作者的大脑去感悟、去认识，然后又在文章中得以解释和表现。从本质上来说，主题虽然不是来自写作者的主观意识，但是它的正确与谬误、深刻与肤浅、全面与偏颇等差异，却又直接取决于写作者的主观，取决于写作者对自己所反映的生活层面和范围的选择，尤其取决于写作者对生活的评价。这就是主题的主观性。比如同时写将军的勋章，一位写作者认为它是将军出生入死、屡建战功的标志；另一位写作者却认为"一将功成万骨枯"，这是战士们血流成河、白骨累累的交换物。

(二) 相关概念

1. 主题思想、中心思想、中心意思、论旨、基本论点

有人觉得叫主题不明确，于是在后边加上了思想，称主题为"主题思想"。也有人为使文章写作与文艺创作有所区别，在文章写作中回避主题这个术语，而使用"中心思想""中心意思"。在议论文中，还有叫"论旨""基本论点"的，等等。这些术语的含义基本是一致的，而主题这个术语通行最广，所以都统一使用它。

2. 课题

课题，是科学研究范畴的专用术语，指社会科学、自然科学和技术领域中研究的重大项目。在写作中，课题是文章的核心内容，它具有较强的科学性，不能任意发挥、引申，或渗入写作者的主观认识。课题以研究成果的高度概括为表现形式，不论哪一种成果，归纳到课题上往往用一两句话就能概括出来。"课"含有内容的意思，"题"则有题目的意思，从字面上来解释，"课题"就是研究内容的题目。

科学类文章的主题一般由课题、研究目的和成果评价等部分组成。课题和研究目

的具有客观性,成果评价显示一定的主观性,他们的结合就成了主客观相统一的主题。

3. 主题句

主题句,是用一个句子把一篇文章的主题准确地概括出来,用文字固定下来。写主题句是限定主题的有效办法,在动笔之前写出主题句,能使写作者在文章中要表达的基本思想或感情十分明确,这不仅容易动笔,而且在写作中不宜离题、违题。因为有个大概的意思和严谨地用文字固定下来,那是有差别的。善于准确地概括出主题句,在写作过程中很有必要。

二、主题的要求

(一) 正确

正确,是指文章的基本思想及写作者的态度、见解、主张与评价等,能够准确地概括事物的本质意义,能够揭示材料本身所蕴含的处于核心层次的思想,而不是歪曲的、主观的或片面的。写作的目的主要在于传达某种思想,思想的正确与否,是衡量文章成功与否的一个最基本的条件。

林三松先生在他的《写作导引》一书里是这样阐述的:

> 怎样的"意"才算"立"好呢?或者说用什么标准来衡量文章的优势呢?对此,古今文章家提出如下四个要求,或叫四个标准:第一要正确,这是最基本的要求。文章是写给别人看的,是去影响他人的,如果主题不正确,那就会给读者带来不好的影响,文笔越好,起的作用就越糟。因此无论作文、考试的评分,首先就看主题正确不正确,思想内容是否有错误。这个道理是很清楚的,但是在实际写作中由于思考问题不周或思想认识不高,也还是会出现偏差错误的。如一个大学生写的《发生在饭堂的事》一文,写的是饭厅买饭菜排长队的事,会加塞儿的很快买到,依次排队的却半天买不着,于是文章做出结论说"真是老实人吃亏啊"。虽然写的事情是真实的,但主题却是消极的、有害的。要做到主题正确,必须要树立正确的立场、观点和思想方法,必须考虑到社会效果。
>
> ——林三松《写作导引》,语文出版社,1987年,116页

这段话实际上讲了三个问题:一是主题正确的重要意义;二是理论与实际的关系问题,道理易懂,做起来难;三是真实性与正确的关系问题,真实的东西未必正确,真实性要服从于社会效果。

那么在写作实践中怎样才能做到主题正确呢?我们认为要做到主题正确,仅仅知道"能够准确地概括事物的本质意义,能够揭示材料本身所蕴含的处于核心层次的思想"这个内涵是不够的,关键要知道怎样才算是"能够准确地概括事物的本质意义,能够揭示材料本身所蕴含的处于核心层次的思想"。

第一,因为正确的主题不仅要是真实的,而且要服从于社会效果。有时符合客观事物本质及其规律的主题,由于社会效果不好,可能就是错误的。而为了社会效果,有时又必须回避一些事实,偏离真实性。如前面林先生所举的加塞儿买饭的事,事情是真实的,结论与事情本身的性质也是相符的,但由于是消极的,因而是有害的、错误的。如果让这个主题流入社会,将会助长投机取巧、违法乱纪之歪风,将会造成不良后果。所以并非真实的、与客观事物本质相一致的主题都是正确的。

这就要求我们尽量选择符合人类社会约定俗成的道德规范和行为准则的主题,尤其要符合我们中华民族的集仁爱礼仪和真善美于一体的传统道德规范。只有符合人类社会约定俗成的道德规范和行为准则的主题才能发挥文章的积极作用,才能有益于社会,有益于人生,而只有认识上有了明确的是非标准,才有可能选择出正确的主题,即要使文章的主题符合正确的原则,写作者首先需要是一位心怀端正的人。古人说:"立身无傲骨者、笔下必无飞才;胸中具素心者,舌端斯有惊语。"(明·沈承)所以要能够选择正确的主题,首先写作者就应该加强思想意识方面的修养。

第二,事物的本质潜藏、寓含在事物的内部,而不是附着在表面之上,让人一眼就能看出来。不经过一番深入的调查研究,很难达到对事物本质的认识。而人的认识又是有限的,往往因为一叶障目而不见泰山。不仅一般人如此,即使是专家学者、领袖精英,也会常常出现主题失误的情况。从阅读理解方面来说,一部好的作品,其主题可能由于具有超前意识和超凡脱俗精神,往往不能被世人接受和认同,有时甚至遭到唾弃、批判和围攻。如哥白尼的太阳中心说理论、马寅初的人口论等均遭此厄运。而一个错误的主题却常常能被读者接受,甚至推崇。所以我们要尽量自己提高认识水平和鉴别能力,使自己能够看得对、看得深刻、看得高明,这就需要我们去学习一些哲学方法论,用科学的方法去观察问题、分析问题、解决问题。

第三,我们还要注意正确是相对的。因为人类的认识有一个发展的过程,它是一个不断由相对真理趋向绝对真理的过程。"正确"这个概念是在同从前的错误认识的比较中产生的。同时根据辩证法来说:一个错误的观点自身也孕育着正确,而正确的观点里面往往也含有错误。对一个有争议的主题,有时在当时很难说清它是正确的还是错误的,只能留给实践和时间去裁决。所以也不能因为事物的本质潜藏得比较深,难以被发现,就把写作当作高不可攀的事而放弃写作,而是要在写作中检验深化自己的思维,而在思维深化后又接着写作,这样就能够使自己的思维趋向正确,而写作所选的主题也能够逐渐趋向绝对正确。

(二)集中

集中,是指一篇文章的目的要单纯,全文只有一个主题,所有的材料都要围绕这个核心,从不同的方面展示出文章的思想,而不要企图在一篇文章中表现繁复的中心或解决若干问题。

文章为什么只能有一个主题呢？从写作者方面来说，主题单一、集中，便于把握和表达，使文章能更好地反映客观事物，更好地发挥其社会功用；从读者方面来说，文章的主题单一、集中，也容易理解和接受。魏巍在《我怎样写〈谁是最可爱的人〉》里说："一篇东西的目的性，要简单明确。一篇短东西，能把一个意思说透，的确不是一件很容易的事。可是，动起笔来，又总爱面面俱到，想告诉人家这个，又想告诉人家那个。结果呢，问题提得不尖锐，不明确，更别说深入地解决问题了。因为哪个意思也没说透，怎么能给人以深刻的印象呢？"不论写何种体裁的文章，都必须经过使主题集中化的构思过程，否则就会出现"意多而文乱"的问题。尤其说理性、应用性的文章，因为这类文章具有很强的针对性和时效性，只有主题单一、集中，才能准确及时地实现写作者的写作意图。反之，文章主题庞杂、内容繁多，让人看不懂，不仅达不到写作者写文章的目的，可能还会贻误工作。

比如北齐颜之推的《颜氏家训·勉学》中讲了这么一个故事：晋朝有个博士，别人托他写张买驴的契约，他提起笔来，洋洋洒洒写了三大张，还没见到一个驴字（"博士买驴，书卷三张，未有驴字"）。还有据说清代学者纪晓岚给一篇文章的批语是唐代大诗人杜甫的"两个黄鹂鸣翠柳，一行白鹭上青天"的诗句。文章的作者看了批语还以为自己的文章写得好，旁人却不以为然，叫他再去请教纪晓岚。纪晓岚说："'两个黄鹂鸣翠柳'是说你的文章不知所云；'一行白鹭上青天'，是说你的文章不知所往。""书卷三张，未有驴字"和"不知所云，不知所往"都是指文章没有明确的主题，文章因此内容散乱不集中，结构混乱，材料芜杂，不知道到底要表达什么。

所以在主题形成的过程中，写作者着力构思的核心问题之一，就是使主题趋向集中化。当写作活动处于最初的起始阶段时，写作者面对纷繁的材料，往往是"辞采苦杂""异端丛至""万涂竞萌"（梁·刘勰《文心雕龙》），各种各样的思想纷至沓来，如行云流水，不一而终。作者首先要对这些众多的思想进行整合处理，使其凝聚成高度概括、目的明确的主题。

要使主题集中，关键在于写作的目的要单纯，即一篇文章只有一个目的、一个意图，这就要求在动笔之前，对准备选用的写作材料进行认真的分析和挖掘，从材料中提取出本质相通、意义接近的思想，并以此作为文章的核心，一贯到底。这样才有可能最大限度地实现写作目的，使文章发挥出较大的社会作用。

（三）鲜明

鲜明指文章的基本思想、写作者的基本态度清楚明确，赞成与反对、肯定与否定、爱与恨、褒与贬等思想倾向直言无隐，让读者看后能够一目了然。

主题的鲜明性在不同文体中有不同的表现形式。议论文要求使用合乎逻辑的判断语句和肯定语气做出明确地表示。记叙文则常常把明确的观点和鲜明的感情渗透到人物和事件的描述中，间或运用抒情和议论的方式来增强主题的鲜明性。实用文体主题的鲜明性则以不同类型的文种呈现出各异的形式。指示性公文用肯定的语气表示某项公告、通告或通报；祈复性公文就具体问题提出某项报告和请示；调研类文书针对某一现象给出明确的意见；法律文书则依据事实推导出裁决或提出诉讼；科技文书往往通过实验或论证总结结论等。

要使主题具有鲜明性的特色，主要是要注意以下两点：

第一，"论此事，必深知此事"。即只有对所表现的事物有明确而全面的认识，才有可能鲜明地把它表现出来。写作者应进行深入细致的思考，进行去粗取精、去伪存真、由此及彼、由表及里的分析，才有可能产生明确的思想认识，然后才能在文章中把它鲜明地表现出来。

第二，针对性强的主题也会显得比较鲜明。即就某种现象、某种思潮或某个认识发表意见、提出主张、表明态度。针对性越强，文章的主题就会越鲜明。

第二节　主题与文体

一、主题的类别与文体

主题按照表现形式可以分为以下三种：

(一) 隐性主题

它的特性是把主题通过暗藏、暗示的形式表现出来。在这类文章中，主题是暗藏在所选的材料之中的，它被写作者暗示给读者。隐性主题的一个显著特征，就是文章中没有概括主题的明显文字。这类文章当然是有主题的，但是它的主题暗藏在对所选材料的客观叙述、描写之中，写作者并不用文字语言明白地表露出来。读者在阅读文章的过程之中，受写作者选取材料的角度、组织材料的方法等写作技巧影响，在了解文章内容的同时，自然而然地接受了写作者观点和意图的暗示，自发地自动地提炼出了写作者想要表达的主题。

(二) 显性主题

它的特性是把主题明确地表示出来。在这类文章中，主题是明朗的，它被写作者用文字语言明确地"标注"出来，传达给读者。写作者在这类文章中总是千方百计地把自己想要传播的主题思想明确地突出出来，让读者在阅读文章时看到一个明白无误的主题。往往是写作者在叙述事实之后或者之前，直接站出来说话，通常用议论甚至抒情这样的感情外露的表现手法剖析和评议事实，得出结论，形成主题。

(三) 寓隐于显(寓暗于明)主题

这种主题是指后面要说到的多层次主题，往往是有一个明朗的显性主题，在这个显性主题后面又暗藏着一个更高层次的隐性主题，或者说是一篇文章的真正主题。

各类主题虽然在各类文体中都会出现,但是在不同文体中,主题的存在形式是不尽相同的,有的侧重显性主题,有的侧重隐性主题。

记叙文体的主题往往同所描写的人物和事件融为一体。写作者把自己的态度和评价渗透在具体的叙述与描写中,通过事实或人物的活动来反映文章的思想内容。所以记叙文体里的主题往往是隐性主题或者寓隐于显的主题。

议论性文体的主题则是以明显的文字段落为表现形式。议论文的目的在于运用不同的论据,经过合乎逻辑的推理得出结论,其核心是使读者认同写作者的主张、见解或判断,因此它不能像记叙文体那样,把思想倾向渗透在叙述和描写之中,而要用确定的显见的文字形式直接表述出来。所以议论性文体的主题一般都是显性主题。

说明性文体的主题的存在形式与记叙文体基本相同,由于说明性文体主要是介绍客观事物或者科技方面的研究成果等,有极强的客观性,所以要求写作者冷静而平静地介绍事物的形态、构造、成因、方法、功能等特征。一般情况下不允许写作者直接地表现强烈的思想认识,而是把某种感情倾向融于说明的过程之中,通过具体的介绍,表现出写作者的情感、态度或目的。

实用性文章由于它的种类繁多,适用范围广泛,加之表达方法的运用较为灵活,篇幅差异极大,所以主题存在的形式也不尽相同。不过在通常情况下实用性文章的主题都具有确定性,在表现形式上多用判断句表示肯定或肯定的意向,以体现写作者明确的态度、主张和意见,往往也是显性主题。

▶▶ 二、主题的多义性与单一性

我们前面讲了主题要集中、鲜明。但对于审美性的文学作品来说,主题集中往往影响了文章的审美效果。主题越集中越鲜明,作品可能就越显得浅露单薄,缺少可读性;越含蓄蕴藉,越深藏不露,就越有挖掘价值,越有艺术魅力。所以主题的模糊性普遍存在于文学作品里。读者在对文学作品主题进行具体概括的时候,很难提炼出一个确定不变、众人都能接受的主题。比如,鲁迅曾经谈到人们对《红楼梦》理解的分歧:"单是命意,就因读者的眼光而有种种,经学家看见《易》,道学家看见淫,才子看见缠绵,革命家看见排满,流言家看见宫闱秘事……"正是因为文学作品主题的这种含蓄性、模糊性,有人提出了主题的多义性,也就是说认为作品存在客观上的主题多元,读者也可以从不同基点、不同角度进行个性化地阐释。

产生主题多义化概念的原因主要由以下几点:

(一)作品反映生活的立体性

文学反映的是立体的生活。立体生活的多侧面、多层次性和多元性,客观上使文学作品成为一个多侧面、多层次的立体构架,读者心灵的棱镜就有可能从不同的角度、层次折射出不同的光彩。

(二)作品传达方式的暗示性、象征性

文学是借助艺术形象来传达作家审美意识、思想观念的,但它又不是观念的传声筒,文学的特点决定了作品中暗示和象征手法的存在。呈现在读者面前的文学艺术形象,是一种能唤起读者生活经验,调动其情绪反应,引起联想和想象,富有象征性和暗示性的审美对象,必然带来某种程度的不确定性或模糊性。

(三)作家思想的复杂性

作家思想感情的复杂性、矛盾性会自觉不自觉地在作品中反映出来,同时作家的创作理念、写作技巧都会导致作品主题的多元存在,作品意义大于或小于作家的创作观念都是客观存在。

(四)接受者的主动创造性

读者所处的时代不同及生活经历、审美经验、思想观念不同,也会导致读者在鉴赏过程中出现"合理的误读"。

但是在写作学里,还是要强调主题的单一性。因为主题的多义性实际上是将不同形态的主题混为一谈了。

> 从形态学的角度来看,主题的形态并不是单一的,它大体可以划分为三种形态,即创作主题、文本主题和鉴赏主题。创作主题是指文本形成之前已存在于作家意识中的一种社会审美观念。所谓"意图""初衷"即指此义。其中不免要以作家的主体意识进行统摄,但本质属于社会审美意识而非个体审美意识;文本主题是读者对文本原意的求索、解译、阐释而得到的主题结论,也指作家对自己前语言阶段的意图所作的回答和检视;鉴赏主题是读者依据自己的生活经验、审美经验、伦理观念对文学作品的意义所作的诠释,它容纳着强烈的主体意识,因此也就有多个理解方式。
>
> ——马廷新《论主题应该先行》,山东理工大学学报(社会科学版)

写作学里主要强调的是写作者的写作过程,所以我们要注意的也就是主题三种形态里的创作主题。就创作过程来说,文学作品在客观上确实存在着主题,如没有一个贯穿全文的主题,文学作品的诸多因素就很难统一为一个浑然一体的整体。而且,创作意图愈自觉愈稳定,文本主题就愈鲜明;文本主题愈明显,就愈易被读者解译,也愈易与创作主题吻合。反之,创作主题愈不自觉愈不稳定,文本主题就愈隐晦;文本主题愈隐晦,就愈难为读者所解译,因而也就易与创作主题发生分歧。由此看来,写作中的主题,既不是人们通常所说的主题,即文本主题,也不是见仁见智的鉴赏主题,而是人们常说的创作意图,也即创作主题。创作主题来自生活,是生活给作家的暗示,也是作家对生活的发现,写作活动,往往是在人的内心需要和欲望的驱使下开始的,心中有"磊块",如鱼刺鲠在喉,不吐不快,于是"情动于中而形于言","意聚于胸而体于文"。

它虽然不能先于生活但却应该先于文学文本。文学创作从根本上说是一种自觉性的活动,作家为什么写、写什么、怎样写,一般在动笔之前会有一个大体的轮廓,而绝对不可能是完全盲目的。创作主题是选材的统帅,是艺术构思的中枢,是谋篇布局的根据。没有这个主题,作家根本无法进入创作状态。

尽管对文学作品的主题做出统一的解释非常困难,但对文学作品的主题做出尽可能符合实际的解释在文学鉴赏的实践中是可行的。因为文学文本大致可以分为启示性结构和决定性结构两种类型。这两种结构都引导读者去尽可能理解写作者的创作主题。有的文学文本是启示性的,比如高尔基的《海燕》,作者对海燕冲破暴风雨的勇敢精神的赞美,实际上就是一种隐喻和启示,它启示读者对作品的主题作这样或那样的理解。有的文本则是决定性结构,比如李白的诗《赠汪伦》,尽管读者可能会对朋友的友情做出差异性的理解,但文本赞美朋友之情的主题,则对读者的接受应当起到决定性的作用。

而相反的,对于主题的多种理解主要是指鉴赏主题,也就是读者依据自己的生活经验、审美经验、伦理观念对文学作品的意义所作的诠释。比如,白居易的《长恨歌》的主题之所以有"爱情说""同情说""讽刺说""惋惜说""感慨说""自伤说""长恨说""双重主题说""矛盾主题说"等不同说法,与其说是作品多义性的客观存在,毋宁说是鉴赏者的阅读创造。

三、审题与标题

审题,是指对主题的限定。这是写作中的重要一步,可以说,审好题,写作就成功了一半。

(一)审题

审题要做的就是删题、删意两个步骤。

1. 删题

删题是删去一般可作可不作的题目,把最需要作、最能作的题目留下来,这样就使课题明确了。就记叙文来说,就是要弄明白文章是要求记人,还是叙事;是写景,还是状物。写人,是写一个人,还是写两个人或是写一群人;叙事,是叙一件事,还是叙两件或叙几件事;写景,是写静景,还是写动景;状物,是状动物还是状植物。要根据课题的价值来选择,确定一个最有价值的课题。

2. 删意

删意是删去一般可表达可不表达的思想内容,把最需要突出的思想留下来,这样就使主题集中了。这也就是确定写作重点。同是叙述一件事,《一件有意义的事》和《一件难忘的趣事》这两个文题的写作重点是不同的:《一件有意义的事》的写作重点是突出这件事的"意义"所在,把这件事"有意义的"地方描绘出来;而《一件难忘的趣事》的写作重点是所叙之事之所以难忘是因为它有趣,要把趣之所在描绘出来,以突出其难忘。因此说,找准了文题所要写的重点,也就把握住了文章所要表达的中心,选材也就有了范围,组材也就有了目标。

(二)标题

在通过删题、删意确定了要写的中心内容以后,就要拟定文章的标题。

标题是标举全文名称的,是写作者给文章起的名字,是文章的代表。文章若是巨龙,标题就是龙头。这就决定了标题和文章的主题有着极密切的关系。主题是文章要表达的基本思想和感情倾向,而标题则往往是核心思想和精华,对主题发挥画龙点睛的作用。好的标题能够传内容之神,能够确切地把文章的精神传达出来。

从标题和主题的关系来说,标题主要有两种类别:

1. 直接揭示主题的标题

很多题目都可以直接揭示主题,明确反映作者的态度。如一些巴黎报纸对拿破仑二次登基前的报道的题目:"叛逆拿破仑阴谋进攻巴黎""拿破仑大军势如破竹""拿破仑元帅督师前线""吾皇陛下定日内登基"。这一系列题目不仅清楚叙述了事件的过程,而且明确地表达了作者对拿破仑的态度的转变。

2. 间接揭示主题的标题

这又可以分为两种,一是揭示问题的,也就是说拟定研究的是什么问题的标题。我们前面说过问题和主题之间关系密切,所以揭示问题的标题也能间接揭示主题。二是揭示材料的标题,在一篇文章里要用到很多的材料,但是往往有一个最重要的材料,即"中心材料",所谓"中心材料",往往是和主题紧密相关的,最能表现主题材料,所以也可以把它用作标题来代表文章,间接揭示主题。如《第二次考试》(中心事件)、《记一辆纺车》(主要物品)、《怀念肖珊》(主要人物)等。

确定标题的重点是要使标题揭示意义、体现中心、点明重点或表明感情色彩。这就是要确定一个关键词,也就是所谓的"题眼"。确定了题眼,就是确定了文章的写作重点。一般规律是:标题是句子的,句中的动词往往是"题眼"。如《我最喜欢的一个人》,题眼是"喜欢"。标题是一个短语的,在短语中起形容修饰作用的词语,往往就是"题眼"。如《暑假里的一天》,题眼是"暑假里",限制了所写事件的大的时间范围。标题是一个词的,这个词本身就是"题眼"。

第三节 主题的提炼

一、把握时代精神

任何生活,总是一定时代的生活;任何写作者总是生活在特定的时代,人的思想意识会不可避免地打上时代的印记；任何一篇文章都是时代的产物。主题作为社会生活在写作者头脑中反映的产物，必然具有时代的特征。所以，虽然文章的主题是没有什么限制的，凡是人类涉足的领域、产生的事件，都可以经过提炼作为文章的主题，但是，从美学价值和社会意义来考虑，我们就必须撷新去陈，尽量选择我们这个时代、这个社会所需要的主题来写。

要提炼出一个好的主题，最根本的就是要扣紧时代精神。也就是说，要将主题放置在富有时代意义与时代特色的大背景下去考虑。脱离时代的源头活水，文章就没有生命力。当然，一篇文章简单地插入几个类似"改革开放""海峡两岸"……的字眼，牵强地联系"当前"怎样怎样，并不能使文章具有时代感。只有根据时代的特点、要求，对材料作深入分析，才能提炼出体现时代主题的立意。即便是陈旧的材料或话题，也要能做到"见人之所未见，发人之所未发"，挖掘材料中人们轻易不能觉察的闪光点，跳出陈旧、俗套，创出新路子。

古今中外作品的主题思想都是能够反映当时的时代精神的。列宁曾称列夫·托尔斯泰的作品为"俄国社会的一面镜子"。鲁迅先生的多数作品被称为投枪匕首般的战斗檄文。只有具有强烈的时代感的主题，才容易引起读者深刻的共鸣，也才能使作品产生一定的影响力。所以富有时代感的主题才是"新"的，也只有这种富有新意的主题才是有意义的主题。

即使是历史题材，写作者也会渗透当代意识，使文章打上时代烙印。写过去的历史是为了今天，为了今后，不是为历史而历史。从根本上说是要通过对以往的历史认识而更好地认识现实，所以我们虽然不能根据主题需要去随便改造历史，但是要结合时代的需要来从历史题材中提炼主题。比如说《资治通鉴》，从题目就可以看出，当时编写这本书的目的就是帮助现实中的社会治理。

▶▶ 二、把握材料本质

把握材料的本质也就是说要提炼出深刻的主题。什么是深刻？深刻就是指主题的深度。主题不能停留在事物表面现象的罗列和叙述上，应该揭示事物的某种本质和事物的内在规律，反映事物所包含的深刻的思想意义。

深刻是对正确的进一层要求，尤其对于一些说理性的文章，对于一些旨在给人以教育和启迪的文章来说，主题越深越好，主题越深越有启发教育意义，也就越有价值。

主体的深刻性是相比较而存在的。写作实践表明，从宏观的角度讲，在特定的某个时期和某一背景中同类主体的文章是很多的；但从微观角度看，同类主题在深刻程度上却是有一定差异的。有的文章或作品反映的生活现象类似，但在主题的深刻性上存在差异。还有的文章写作者表达的目的相近，主题的深浅程度却不尽相同。如：宋代诗人陈师道和陆游都曾给自己的晚辈写过诗，其目的均在于向儿子表达某种感情。陈师道的《示三子》（"去远即相忘，归近不可忍。儿女已在眼，眉目略不省。喜极不得语,泪尽方一哂。了知不是梦,忽忽心未稳。")是写给他的三个儿子的。陈师道当年家境贫寒,养不起家,他的三个儿子及妻子都曾随其岳父赴四川,这是儿子们回来时他写的诗,抒发了真挚、深沉的父子之情,立意健康、积极。陆游的《示儿》("死去原知万事空,但悲不见九州同。王师北定中原日,家祭无忘告乃翁。")是他死前写下的最后一首诗。当时,宋朝淮河以北的大片江山已沦入金人之手,作为伟大爱国诗人的陆游,临死前想到的不是个人的生死,而是祖国的统一。比较两位宋代诗人的示儿诗,虽然写的是同样的题材,主题同样健康,但立意的深浅却不同。即使是同一个作者,反映的是类似的主题,在不同的两篇作品中揭示的主题在深刻性上也是有差别的。比如:鲁迅的《药》与《阿Q正传》都是针对国民性问题,想探索群众麻木的原因,而《阿Q正传》的主题就比《药》深刻一些,揭示出了"精神胜利法"这个主题层次。

　　深刻是对主题深层次的要求,深刻是一个没有界线、没有标准和尺度的要求,掌握起来难度比较大。要能够开掘出深刻的主题,主要是要提高写作者的认识水平。不满足于对事物一般本质的认识,能向生活的最深层开掘,这是获得深刻性主题的前提。就像玉没有打磨的时候,只是一块顽石,也就是所谓的"璞"。"璞"是人们都能够直接地看到的,而"玉"只有凿开"顽璞"才能看到。常人的见解就是"璞",而深刻的主题就是凿开"顽璞"看到的"玉"。由"璞"到"玉"就是文章主题深化的过程。也就是说写作者在提炼主题时,广泛地研究同类文章主题思想所达到的深度,通过比较,权衡高低,尽力使自己的主题在某些方面超出他人。例如:何士光的短篇小说《乡场上》发表之前,反映农村经济形势好转、农民生活大为改善主题的文章已经多如牛毛。何士光的这篇小说也揭示了这一层意思,而重要的是它又突破了这一层。作家通过主人公冯幺爸不畏强权和邪恶、仗义执言、为弱者作证的情节,充分表现了农民的精神也获得了解放这一层次的主题。这就使它的深刻性超过了同类文章。

　　不过对于一些旨在给人以审美享受、给人以娱乐消遣的文章来说,对于一些实用性的文章来说,未必都要求特别深刻,与其在那里说一些所谓深刻的但又空洞的大道理,还不如写一些浅显的趣味横生、令人轻松愉快的文章更有意义,更能让人接受。

▶▶ 三、表现独特的思想

　　独特是指文章所确立的主题具有新鲜的思想、独特的见解,不人云亦云,在一般人的意见之外,有自己的独到之处。

　　主题独特是文章的魅力和价值所在。清代的赵翼有一首诗:"李杜诗篇万口传,而今已觉不新鲜,江山代有人才出,各领风骚数百年。"李杜诗篇有口皆碑,为何"而今已觉不新鲜"了?因为人都有好奇心,如果经常看到同一内容的文章,必然会产生厌烦情绪。

　　所以说主题是否独特是一篇文章能否获得成功的关键。古今作家的创作也都体现了主题的独特性。比如:宋代诗词多写"愁情"而却能写的情致各异。赵嘏写"愁"

其意在"山":"夕阳楼上山重叠,未抵闲愁一倍多"。秦观写"愁"其意在"海":"落红万点愁如海"。贺铸写"愁"其意则在"一连几叠":"试问闲愁都几许?一川烟草,满城风絮,梅子黄时雨"。而李清照写"愁"其意则在"重量感":"只恐双溪舴艋舟,载不动许多愁"。同是写愁,却各不相师,角度各异,都具有新意,所以才能流传百世。

要表现独特的思想,最重要的就是有独特的思维方式,除了前面说到的几种思维方式,还有就是文学理论里面提到的陌生化理论。19世纪末20世纪初,俄国文艺理论家什克洛斯基首次提出"陌生化"(defamiliarization)这一重要概念。他认为人们对艺术的欣赏是靠直觉的感受。太司空见惯、太熟悉、毫无新鲜感的事物,就会"越过感受"直接进入认知,人们对其种种特性往往视而不见,不加思考。正如黑格尔的名言:"一般说来,熟知的东西之所以不是真正知道的东西,正因为它是熟知的。"因此,也谈不上进行艺术品位与欣赏了。什克洛夫斯基认为,需不断地使事物以崭新的面目或非常规的形式出现,才会还给人们对事物的新奇感觉,这就是所谓的"陌生化"。要把熟悉的主题处理得让读者感到陌生,就是要改变主题表现的角度。鲁迅在《狂人日记》中所写的是人们熟知的旧社会,但通过狂人的眼,便使人感到陌生。再比如说"读书破万卷,下笔如有神",这乃是杜甫的千古名言,但有人从一新的角度去看,提出了"读书破一卷好"的观点,这样一句千古名言对读者来说就变得陌生了,读者就能从中得到深刻的感受。

当然,要表现独特的思想,并不是刻意求新求奇。正确、集中、深刻才是提炼文章主题应首要考虑的问题,一些不能揭示事物本质甚至歪曲事物本质的奇谈怪论,虽然"独特",但也不能写到文章中去。

佳作赏析

鱼钓(节选)

高晓声

刘才宝虽然刚满四十三岁,却有二十四年捕捞的经验。他毫不怀疑他选择的这个落网地点要比南岸那个地方好得多。前两夜的捕捞实践也证明他选得正确。为什么今夜兜底起了变化,把全部优势转到南岸去了呢?难道乌龟那个屁真能决定局势吗?也不见得。臭气固然难闻,但刘才宝明明晓得,鱼类中也不乏"逐臭之夫",鲢鱼就爱食人粪,未见得会拒屁于千里之外的。现在为何一反常态,它也专去南网作客呢?

在刘才宝看来,世上得意事,莫过于自己捉到鱼,别人捉不到。而最憋气的,莫过于自己捉不到,眼睁睁看着别人捉。他是个得意惯了的人,现在弄到这步田地,如何忍得住。时间越长心越暴躁,终于动摇了,不想继续守株待兔。他提出网来,向了字河口移近了约一丈,把网落入激流中去。

网还没有沉入河底,突然网杆竹被猛烈地撞击了一下,凭经验知道撞上了一条大鱼。好家伙!刘才宝的手脚真快,几乎在同一秒钟之内,就迅速把网提了起来。

但是来不及了,"轰隆隆"一声,那鱼吃了一惊,腾空跃起,落在网外几尺远的河里。

刘才宝一愣,网还不曾放下,懊悔还不曾结束,南岸却连续响起了"轰隆隆、轰隆隆——"的声音,分明就是刚才那条大鱼,落入南岸网里了。

刘才宝恨得把手一松,任网落下去,眼睛盯着南岸。那边手电筒亮了很长一阵,隐约看见那条鱼有半人来高,被抄到河边养起来了。

"这条鱼本来是我的。"他咬咬牙说。恨得好像是别人从他手里抢走了鱼。他重新去提网,发现网被冲得翻了一个身,歪在旁边。他吃了一惊,打亮电筒仔细察看,这才看到今夜的水流太急了,网都停不住。刘才宝的心一沉,他确实从未碰到过这样的激流,他没有经验,他无能为力。他第一次失去了把握,他猜想在这样的激流中鱼也存不住脚,只能被一直冲到南岸去。这大概就是今夜颠倒错乱的原因。那么,除了鳗鱼、乌龟他将一无所得,他这条大船要翻在阴沟里,落得个笑柄遗留在众人嘴里了。

"嘿嘿。"他忽然冷笑了。心里想:"我的鱼竟被他捉得去!唔,捉得去就算了吗?老子……老子不会让你爬到头顶上去屙屎的!"

他把右脚伸到河里去,猛然划了几下:"轰隆隆,轰隆隆……"真像有条大鱼落在网里。

"娘的,你到底来啦!"他装得快活地说。还亮了片刻电筒。

"什么鱼呀?"南岸人信以为真。

"不识得。"他装得不屑回答。

南岸人不愿再问了,却更相信它是一条大鱼。

过了片刻,刘才宝又如此做了一次。不过把水踢蹬得更响些,似乎又捉着了一条更大的鱼。然后,他安然在湿地上坐下,燃起一支烟,悠悠地抽起来。

他无声地笑着,显得很开心。因为他觉得自己摆脱了无把握的状态,正在干着非常熟悉而有丰富经验的勾当。

这时候风轻了一点,雨也小了一点,周围的一切杂声,似乎都想停下来,默默地注视这位状元、这位贼王的艺术表演。

刘才宝看了看手上的夜光游泳表,已经十点五十七分。照前两夜的规矩,大约不用过半点钟,南岸那位老兄应该回去吃半夜餐了。不过今天他也许兴致很高,会忘记或推迟。必须自己带头引导一番,同时也是避免嫌疑的一着棋。想罢,不再停留,打亮了电筒,爬上了岸头,晃荡晃荡,故意闪动着电光,朝自家村上走去。一路还唱着动情的山歌。

歌声越唱越远,电光越打越暗,刘才宝煞脚停住,"咕咕"一笑,便熄了电光,轻手轻脚摸黑回头往河边走来。

他还没有回到原来的地方,就看见南岸也亮起了电筒,走回去夜餐了。

刘才宝看到一切尽在意料之中,十分适意。加快步子到了河边,迅速把身上脱得赤条条一丝不挂,悄然滑下河去,顺着水势,很快就到了南岸。然后沿滩摸去,寻找囚鱼的所在,目标就是那条大鱼。本来是他的(逃脱了),竟被别人捉去了,当然应该"收"回来。

他先摸到了桩。桩上系着好几条绳头。他把每一条绳都拉一拉,试准了抗力最重的一条,然后顺绳摸下去。他摸着了那条鱼。真精,一接触,就知道是条草鱼;从头到尾一摸,就吃准重量在十二斤到十三斤之间。他随手从桩上解下绳子,把鱼像牛一样牵在手里。

目的物到手了,一切如他干过了的千百次一样,平安无事。

现在,只要把这条鱼拿到北岸,这趟生意就算成功。

但是,运河上没有桥。

对于刘才宝来说,这次整个行动,不过是无数次战役中的一次战役,如何把战利品运回去不过是打扫战场中的一个细关末节。即使是真正指挥百万大军的英明统帅,对这样普通的技术问题,也难免偶或忘之。若评历史功过,又焉能涉及若是之末端!所以,精明如刘才宝,也难免犯千虑之一失。没有桥,是极简单的事实,刘才宝决不想临时造一座。他从北岸下河伊始,从未想过要爬上南岸。他偷的是水营,劫的是水寨,只要得了手,就打算带着俘虏游回北岸去。这里面显然并不存在什么困难,无须认真考虑。应该是轻而易举,可以马到成功的。可是,现在将鱼牵在手上,刘才宝却感觉到了这个俘虏在水中游窜的力量。

"该死的,它还真有点劲道呢!"刘才宝嘲笑地想,觉得那鱼犟得有趣。他兴奋起来,他的自负心是很强的。他是个捉鱼精,是状元,是贼王,二十多年的打鱼生涯,他经历过无数艰难险阻,也练出了一身本领,网、叉、钓、罩,十八般武艺件件皆精;鱼、鳖、虾、蟹,千百种习性无不洞悉。他能把它们玩于股掌之上,玩得轻巧离奇,神出鬼没。甲鱼很凶猛,伸头要咬人,他能一下子揪住它的颈脖;鲹鱼浑身刺,张开便伤人,他能一把握牢它的肚皮;鳗鱼最滑溜,双手都难捉,他能用三个指头夹得它脱不了身;七八斤重的黑鱼,即使上了岸,平常人双手也揪不住,他能用两根手指捏着它的眼窝从水里拎出来……至于青、草、鲢、鳙,不过是些普通角色,一旦被他捏着,便如粘在手上,再也逃不脱的了。他早就把鱼类看作他可以随意处置的驯服臣民。他平生提到的鱼比别人吃过的米粒还多,这给他带来财富,带来出人头地的名声,带来精神上的愉快。他真是"与鱼斗争,其乐无穷",只要有鱼可捉,哪管病在床上,也会奋然跃起,执戟上阵。看着那水里的畜生被自己逼得乱蹦乱窜,慌不择路,拼命挣扎,终至无路可逃,束鳍就擒,他会兴奋得冒出一身大汗,把伤风病治好。他是个嗜腥如命,乐此不倦的人物。如今面对着一条十二三斤重的小小草鱼,若把它看成是一个劲敌,岂不是天大的笑话!

他并没有多想,就决定牵着鱼泅渡。

但是,刚开始浮游,那只牵鱼的手就被鱼拉住了,不得自由。刘才宝不得不重新站在河边水中。他想了一想,就把绳子打了个葫芦结,把左脚穿进去,让绳子勒紧在脚踝上,腾出双手,便于划水。然后毫不犹豫,一蹬脚,向深水中游去。他从未想到有什么危险,因此根本不觉得这行为的勇敢。他只相信自己强有力。他一鼓作气前进着。他确实是个强者,在那样的急流里,脚上绑着巨大的抗拒力,游出三四丈远,方向笔直,一点没有歪斜。

只是,他觉得他的手必须划得快一点,更快一点,才能够压制住那股拉力。于是他开始喘粗气。

那条鱼一忽儿拉着他往斜刺里去,一忽儿拉着他往水底下沉。他游得很吃力,有时偏离了方向。

"它居然还想拼一拼呢!"他在心里骂那鱼。想起去年秋天有一次在内湾里钓鱼,一条八斤七两重的青鱼吞了钩子,拉着钓线往河心里钻。他怕线断,不肯硬拉,就沿河岸任鱼牵着自己跑。纠缠了近两个钟头,把沿岸菜畦上的作物都踏光了,那青鱼才力乏,终于任他钓上岸来。

是的,他同鱼拼过不知多少次,从未失败过。他习惯了胜利。他是有毅力的。

现在的情形很像那次钓鱼,又是鱼在拉着他兜圈子了。

他仍旧没有感觉到危险,他搏斗着,在河心的激流里连连打转。困难已经非常明显,情况显然和钓鱼有所区别,现在是鱼在河里,他也在河里,双脚离开了坚实的土地,他的劲使不足。

草鱼拼命挣扎着,把绳子拉得急腾腾。箍在刘才宝腿肚子上的葫芦结,越抽越紧;勒得他越来越痛。刘才宝忽然想到,自己都痛了,鱼嘴勒在绳子上能不痛吗?

他高兴起来,使劲把脚伸缩,要让鱼嘴痛得不敢再拉他。可是,那鱼也像斗出了性子,竟吃得住痛,一步也不让。

经过这一番搏斗,刘才宝力乏了。他马上后悔不该白花这么大力气。他喘着,为了省力,他把仰出水面的头颅没到水中去,只是在透气时才抬出来。

他被鱼拉得沉下水去的次数越来越多,他真正感到了危险。他动摇了,觉得犯不着同这畜生争胜负,他决心要解开绳子。把鱼放开,饶它一条命。

草鱼却不想求饶。它要斗争,它拼命直窜,把绳子拉得像一根铁棒,没有一点松动,刘才宝解不开那个结。

连续三次,刘才宝憋住气,任鱼拉着走,他一手拉住绳,让脚和手之间的那一段绳子松弛,另一只手去解结。但是时间来不及,一口气憋不得那么长,只得放开手,再拼命挣扎着泅上水面换气。

这个企图,终于彻底宣告失败。他刘才宝和这条鱼,结下了"不解"之缘,不是人死,就是鱼亡。

刘才宝看到了这一点,真正的决战开始了。他很坚强,一点不后悔,他根本看不起这个畜生。别说是鱼,就是人,他也不放在眼里。在无数次偷鱼活动中,他不是没有碰到过危险。人们发现了他,像逐浪似的叫喊着追赶他,他也从未慌张过。他腰里绕着一张丝线结成的大眼撒网,等到别人追近来,他就解下撒网撒出去,把成群的人裹缠在撒网里,使他们跌跌撞撞,滚成一团,自己则从容离开,谁也近不得他的身,谁也没法缚住他。何况现在只是一条鱼!

他咬紧牙关,使出浑身力气,发疯似地挥舞着双臂,把河水拍打得"轰轰"直响。但是,前进不到五尺,他又沉下去了。

他觉得出了汗,又觉得彻骨凉。

他又一次拼命泅上水面。然后又沉下去。又冒出来……

他张嘴喊救命,却吞了一口水。

他的脑袋保持最后清醒的时刻,想到的并不是他竟死在鱼嘴上,而是后悔自己竟不曾抛得开这畜生,以至于人们最终要把他连同赃物一起捉住。

之后就开始昏迷。他似乎觉得身体发胀得难受。这感觉带着他迷迷糊糊记起了流传在渔人中的一个老故事:据说鲶鱼善于装死,它翻转白肚皮,朝天躺在水面上,水蛇看见了,悄悄游近来,迅速把它绕住。这时候鲶鱼活起来了,它轻轻动了动身体,水蛇马上用力箍紧,不让它逃走。于是鲶鱼就鼓足气,让身体发胀,奋力展开利刺,一下子把水蛇划成几段,然后从从容容,把蛇体吃个精光。

于是,刘才宝觉得发胀变得舒服了,箍在脚上的似乎不是绳子,是一条水蛇。他想象着要拼命胀一胀。但是,刺呢?

赏析: 在这篇文章中,刘才宝正因为熟悉水性,确有本领,才过高地估计了自己的力量,敢于做别人不敢做也做不到的事情,最后犯下了普通人绝对不会出现的常识性错误,以致断送了性命。从这里我们很容易总结出作品的主题:作者通过钓鱼者反被钓的故事,讽刺了像刘才宝一样不顾客观规律的人,最终都将受到客观规律惩罚的哲理。

▶ 视域拓展

[拓展一]

我怎样写《谁是最可爱的人》

魏 巍

我能写出《谁是最可爱的人》,最基本的原因,是我们的战士的英雄气魄、英雄事迹,是这样的伟大,这样的感人。而这一切,把我完全感动了。

《谁是最可爱的人》这个主题,是我很久以来就在脑子里翻腾着的一个主题。我在部队里时间比较长,对战士有这样一种感情,觉得我们的战士是最可爱的人。每当我和他们坐在一起,不知道为什么,我就觉得满心眼儿的高兴。

[拓展二]

母 爱

清清河边水

　　我母亲是一位勤劳善良的好母亲,记得有一次星期天我们那来了个杂技团,我和几个同学一起去看杂技演出,像我们那个年龄看杂技感觉特别激动,看完以后就没回家,到学校操场上学着她们的动作,在那里学翻跟斗、劈叉,嘻嘻哈哈,忘记了时间,把自己搞得一身汗水和泥土,觉得累了才想起回家。母亲在家里焦急地等着,看到我回来了,有点不高兴,说下次不许这样,快吃饭吧。我慌忙洗了把脸,真的饿了。我大口大口地吃个饱。母亲让我洗澡睡觉,我哪里还有劲洗澡,上床就睡了。母亲端来一盆水,从脸到脚给我洗了一遍。我感到身上清爽多了,甜甜地睡着了。我的母亲就是这样。在冬天,是她每天晚上把被子给我披好,然后在我的脚头再盖上一个大袄,我们那里冬天没有暖气,说这样就不会蹬开了。现在我已长大,在外地工作,有了自己的家。我一年也就是回去一次两次。每到过年,我就会想起我的母亲。

[拓展三]

雪

余秋雨

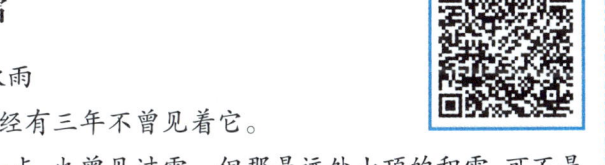

　　美丽的雪花飞舞起来了。我已经有三年不曾见着它。

　　去年在福建,仿佛比现在更迟一点,也曾见过雪。但那是远处山顶的积雪,可不是飞舞的雪花。在平原上,它只是偶然地随着雨点洒下来几颗,没有落到地面的时候,它的颜色是灰的,不是白色;它重的像是雨点,并不会飞舞。一到地面,它立刻融成了水,没有痕迹,也未尝跳跃,也未尝发出唏嘘的声音,像江浙一带下雪时的模样。这样的雪,在四十年来第一次看见它的老年的福建人,诚然能感到特别的意味,谈得津津有味,但在我,却总觉得索然。"福建下过雪",我可没有这样想过。

　　我喜欢眼前飞舞着的上海的雪花。它才是"雪白"的白色,也才是花一样的美丽。它好像比空气还轻,并不从半空里落下来,而是被空气从地面卷起来的。然而它又像是活的生物,像夏天黄昏时候的成群的蚊蚋,像春天酿蜜时期的蜜蜂,它忙碌地飞翔,或上或下,或快或慢,或粘着人身,或拥入窗隙,仿佛自有它自己的意志和目的。它静默无声。但在它飞舞的时候,我们似乎听见了千百万人马的呼号和脚步声,大海汹涌的波涛声,森林的狂吼声,有时又似乎听见了儿女的窃窃私语声,礼堂里平静的晚祷声,花园里欢乐的鸟鸣声……它所带来的是阴沉与严寒。但在它的飞舞的姿态中,我们看见了慈善的母亲,活泼的孩子,微笑的花儿,和暖的太阳,静默的晚霞……它没有气息。但当它扑到我们面上的时候,我们似乎闻到了旷野间鲜洁的空气的气息,山谷中幽雅的兰花的气息,花园里浓郁的玫瑰的气息,清淡的茉莉花的气息……在白天,它做出千百种娇娜的姿态;在夜间,它发出银色的光辉,照耀着我们行路的人,又在我们的玻璃窗上扎扎地绘就出各式各样的花卉和树木,斜的,直的,弯的,倒的。还有那河流,那天上的云……

技能训练

一、专项训练

1. 如果要写你所在学校的一件事,你将选择哪一件?确定什么样的主题?

2. 选定一个问题,运用主题提炼的几种要求,确定你感到最有意义的主题,并以主题句的形式表达出来。

3. 评价下文主题,并写出简要评语。

笑

冰 心

雨声渐渐地住了,窗帘后隐隐地透进清光来,推开窗户一看,呀!凉云散了,树叶上的残滴,映着月儿,好似荧光千点,闪闪烁烁地动着——真没想到苦雨孤灯之后,会有这么一幅清美的图画!

凭窗站了一会儿,微微地觉得凉意侵入。转过身来,忽然眼花缭乱,屋子里的别的东西,都隐在光云里;一片幽辉,只浸着墙上画中的安琪儿——这白衣的安琪儿,抱着花儿,扬着翅儿,向着我微微地笑。

"这笑容仿佛在那儿看见过似的,什么时候,我曾……"我不知不觉地便坐在窗口下想——默默地想。

严闭的心幕,慢慢地拉开了,涌出五年前的一个印象。

一条很长的古道;驴脚下的泥,兀自滑滑的;田沟里的水,漾漾地流着;近村的绿树,都笼在湿烟里;弓儿似的新月,挂在树梢。一边走着,似乎道旁有一个孩子,抱着一堆灿白的东西。驴儿过去了,无意中回头一看——他抱着花儿,赤着脚儿,向着我微微地笑。

"这笑容又仿佛是哪儿看见过似的!"我仍是想——默默地想。

又现出一重心幕来,也慢慢地拉开了,涌出十年前的一个印象。——茅檐下的雨水,一滴一滴地落到衣上来。土阶边的水泡儿,泛来泛去地乱转。门前的麦垄和葡萄架子,都灌得新黄嫩绿的,非常鲜丽。——一会儿,好容易雨晴了,连忙走下坡儿去。

迎头看见月儿从海面上来了,猛然记得有件东西忘下了,站住了,回过头来。这茅屋里的老妇人——她倚着门儿,抱着花儿,向着我微微地笑。

这同样微妙的神情,好似游丝一般,飘飘漾漾地合了拢来,绾在一起。

这时心下光明澄静,如登仙境,如归故里。眼前浮现的三个笑容,一时融化在爱的调和里看不分明了。

二、综合训练

1. 经典的文学作品都是道不尽说不完的,这正是主题多义性的体现。请结合具体文学作品进行具体分析。

2. 仔细阅读下面这个故事,先发散性思维,后收敛性思维,确定你认为比较满意的主题,并用主题句的形式概括出来,然后自拟标题,写一篇600字左右的议论短文。

宋代有一个收藏家有一幅出于唐代大画家戴嵩之手的《斗牛图》,视若珍宝,时常取出炫耀观赏。有一次,一位农民看到了,在一旁窃笑。那人斥道:"你笑什么?你也懂画?!"农民说:"我虽然不懂画,牛可是看得多了。牛在打架时,力气用在角上,它的尾巴都夹进两腿之间。可这画上的牛,正斗得起劲,而它们的尾巴却都翘了起来。显然画错了,所以我觉得好笑!"收藏家听了农民的话觉得有道理,从此不再炫耀《斗牛图》。

3. 阅读下文,回答问题:

火 光

【俄】柯罗连科

很久以前,在一个漆黑的秋天的夜晚,我泛舟在西伯利亚一条阴森森的河上。船到一个转弯处,只见前面黑魆魆的山峰下面,一星火光蓦地一闪。

火光又明又亮,好像就在眼前……

"好啦,谢天谢地!"我高兴地说,"马上就到过夜的地方啦!"

船夫扭头朝身后的火光望了一眼,又不以为然地划起桨来。"远着呢!"

我不相信他的话,因为火光冲破了朦胧的夜色,明明在那儿闪烁。不过船夫是对的:事实上,火光的确还远着呢。

这些黑夜的火光的特点是:驱散黑暗,闪闪发亮,近在眼前,令人神往;乍一看,再划几下就到了……其实却还远着呢!……

我们在漆黑如墨的河上又划了很久。一个个峡谷和悬崖,迎面驶来,又向后移去,仿佛消失在茫茫的远方,而火光却依然停在前头,闪闪发亮,令人神往——依然是这么近,又依然是那么远……

现在,无论是这条被悬崖峭壁的阴影笼罩的漆黑的河流,还是那一星明亮的火光,都经常浮现在我的脑际。在这以前和在这以后,曾有许多火光,似乎近在咫尺,不止使我一人心驰神往,可是生活之河却仍然在那阴森森的两岸之间流着,而火光也依旧非常遥远。因此,必须加劲划桨……

然而,火光啊……毕竟……毕竟就在前头……

(1)从主题的表现形式来看,该文属于什么主题?

(2)文章的主题是什么?请用一句话概括出来。

(3)围绕确立的主题,自拟标题,文体不限,写一篇800字左右文章。

第四章 组 合

任务导航

1. 组合的含义和功能。
2. 组合的原则。
3. 组合的对象。

思政聚焦

1. 人尽其才，各尽其职，发扬螺丝钉精神。
2. 实事求是，优化组合，培养公民凝聚力。

案例导引

组合的妙用

据说曾国藩曾上书，将"屡战屡败"改为"屡败屡战"，仅仅因表意结构的变化，一个常败将军，就成了一个不怕失败、百折不挠的英雄。由此可见组合的妙用。

再如一附庸风雅之徒，缠着一位大书法家题字，书法家被纠缠得不胜其烦，于是写了这么一幅字给他："不可随处小便"。谁知求字者，将题字拿回去经过一番剪接，改变结构，重新排列组合，再把它裱褙出来，竟成为蕴含处世哲学，可登大雅之堂的墨宝："小处不可随便"。组合竟然产生了化腐朽为神奇的效果。

组合，就是文章的结构，古人称之为"谋篇""布局"，是文章思路的外现。文章的内容要通过组织安排才能表达出来，文章的主题也要通过结构加以凸现。好的文章结构要根据表现主题的需要，把材料有步骤、有主次地组织起来，成为一个紧密、有机、统一的整体，使文章前后连贯、浑然一体。在写作前，首先要对自己要写的文章进行整体段落与层次的构思：全文总共要写几段、每段的意蕴是什么、段与段的上下关系怎样；文章中的"起始段、引入段、过渡段、铺叙段、议论段、说明段、抒情段、引用段、重点段、小结段、总阶段、结尾段"如何布局等等,都要在心中事先谋划好。其次也要对句子构思:每段写几句、运用哪种修辞、句子之间的相互衔接与各种关系;重点句、哲理句、抒情句、转折句、特殊句等等,也要反复调整修改。另外,还要构思好过渡与照应、开头与结尾。

第一节 组合的含义和功能

一、组合的含义

文章的组合,在有的基础写作教材里也被称为文章的结构。它有两种含义,首先是指文章部分与部分、部分与整体之间的内在联系和外部形式的统一,这里的组合是一个名词。外部形式是可见的、明显的,如标题、开头、结尾、段落、行文线索等,可称为外部组合;内在联系是深藏的、潜在的,如逻辑条理、意念脉络、情调氛围气韵等,可称为内部组合。其次是指安排组合,即谋篇布局的写作行为或过程,这时的组合相当于一个动词,指根据一定的原则和要求,以各种手段有主次、有步骤地组织文章内容,使之成为严密、有机、统一的整体。

二、组合的功能

组合是写作者按照自己所要表达的主题的要求,组织材料、通盘规划、具体布局的过程。它所要解决的问题是如何使文章"言之有序",即通过对字词句段的排列整合体现写作者对事物的理解、评价以及对事物的认识过程。如鲁迅先生的散文《藤野先生》篇首,作者生动地描绘了清代留学生在东京的生活,展示了两幅寓意深刻的画面:一是他们盘着作为民族耻辱的"辫子",恬不知耻地在风景旖旎的樱花树下徜徉游荡;二是他们在留学生会馆的楼上纵情玩乐。表面看来这只是组织材料的方法,实则表现出作者对清代留学生挥霍人民血汗,不思刻苦攻读,只想留洋镀金,异日升官发财的肮脏灵魂的深刻认识和严厉批判。

组合不仅体现写作者的思想认识,同时也是某种思想认识在写作规律和方法上的反映。"作品的结构不单是一个形式的问题,也是内容的问题。因为一篇作品既是描写一个事件,那事件本身就具备一个进行的规律,一个存在的规模。作者抓住这个规律,写出这个规律,使它鲜明,便是作品的基本结构。"(孙犁《文艺学习·谈结构》)没有无内容的形式,一切形式都是"有意味的形式"。精心探寻、惨淡经营的排列组合,有时会产生奇妙的功能,呈现出令人意想不到的审美效果。J. H. 兰德尔说过,"结构是一切意思和意义的基础","没有结构任何东西都不存在,都不可设想"([美]M. 李普曼编《当代美学》,光明日报出版社,1986年,146页)。这话至少提醒我们要给组合以足够的重视。事实上,组合和语言一样都是给文章以具体形态的东西。组合不仅关系文章的表达质量,而且在一定意义上可以生成或改变思想内容。

第二节　组合的原则

在安排文章组合的时候,我们应遵循以下原则:

一、正确反映客观事物发展规律和内在联系

任何事物都有其内部发展的规律,这种规律是客观存在的。文章是对客观事物的反映,文章的组合就必须合乎事物本身发展的规律,合乎人们认识事物的规律。

记叙性文章以记人、叙事为主,这就要求它的组合要符合一般事物发展的阶段性、秩序性。一件事情,总有一个发生发展的过程,也就是要经历"开端——发展——高潮——结局"这样一个过程,因此这就成为一切记叙性文章安排组合的客观依据。如果前面加以追溯添个"序幕",后面再加以延伸增个"尾声",那就形成了"序幕——开端——发展——高潮——结局——尾声"这样较完整的组合形式。虽然在设置组合时允许打破事物发展演变的原始顺序,譬如采用倒叙或交叉叙述等,但是这种叙事一般说应该以一定形式或手段使倒叙部分与其他部分衔接起来,也使被切断、倒置的时空可以在读者头脑中还原为本来秩序的时空。

在议论性文章的安排组合中,同样有一个能否正确反映对象内在联系的问题。事物是由若干部分和矛盾着的侧面构成的,既有外部表征,又有内在本质。如同认识事物一样,我们认识写作对象(论题)总要从现象深入本质,从部分扩展到全体,从分析上升到综合。据此,议论文的一般组合便是先提出具体问题,然后从各个层面进行剖析,最后得出结论——对论述对象的本质、特点的概括和综合。但是,这种一般组合方式是经常被突破的,只要不违背认识规律,完全可以自己独特的思路创造出新颖的论述组合。譬如从叙述甚至描写开始,譬如边分析边下结论,譬如先下结论等。当然,一切组合的追求必须是有利于深入说理,必须富有逻辑思维力量;片面地在组合形式上标新立异,或者单纯追求外在的秩序、罗列现象,却缺少深入的分析和独到的见解,都是应该避免的。

抒情性文章则是按照感情、心理变化规律和特点来安排组合的。抒情散文是这样,心理氛围小说也不例外。不管表现多么复杂的感情和心理,文章组合也不能成为不着边际的胡思乱想的拼凑,而是为感情和心理活动的规律性、特定的情境等所规定的。

二、适应不同体裁的特点

一般来说,文章组合要受文体制约,相同体裁的文章在组合上总要表现出基本的、共同的特征,因此,适应这些特征也成为安排组合的一项必不可少的原则。如诗歌,其

特点在于抒情,与之相适应的组合形式在于分行分节,这样的组合方式富于变化性和灵活性,有助于写作者感情的表达;戏剧的特长在于以对话展开情节、塑造人物,与之相适应的组合形式为分幕分场,这是因为戏剧演出受时间和空间和限制,而这种组合方式则可以集中紧凑地来表现剧中的矛盾冲突;一般的记叙性文章以记人叙事为主,因此在安排组合时,就应该考虑叙述的顺序、段落的划分、时间、地点、人物、原因结果的交代等;一般议论性文章,以议论说理为主,因此在安排组合时,就应按问题的内部规律、内在联系来考虑论证的方法及次序、层次段落的划分等;而一些应用性文体在组合形式上还有固定的要求,如新闻,其组合形式往往由导语、主体、结语等部分构成,总结的组合又常常表现为概况、做法、经验等几部分。

由此可见,不同的文体有不同的特点,对文章组合也就有不同的要求,因此,一定要从实际出发,选用恰当的组合形式,以适应各种不同文体的特点和要求。虽然这样,并不意味着必须按照死板的模式来构制某种文体的文章,而只是说,写作者在灵活施展和发挥组合文章的创造力的同时,还要不同程度地受到每种文体组合特征的约束和规范。此外,还须认识到,各种文体的组合虽然有其自身的一般特征,但往往又是相互渗透的,特别是许多边缘文体更是你中有我,我中有你,我们既不可无视又不能拘泥于这种情况。

三、服从表现主题的需要

写作是一种创造性的劳动,是写作者对客观事物及写作对象的能动认识的结晶。因此,组合一篇文章不能简单地复制对象固有的组合形态,而是要根据表达主题的需要,富有创造性地重新加以妥帖、巧妙的安排。

贺敬之等人创作的五幕歌剧《白毛女》,其主题是要表现"旧社会把人逼成'鬼',新社会把'鬼'变成人"这一思想。因此作者在情节、人物、环境的安排和布局上都紧紧围绕这一主题。第一、二、三、四幕主要表现了喜儿在黄世仁的逼迫下,如何从一个天真善良的农家少女逐步变成"鬼"的过程,表现了地主阶级的凶残、暴虐和旧社会的暗无天日。第五幕描写八路军解放了杨格庄,大春等人找回了喜儿,喜儿在村民大会上控诉了黄世仁的罪行,申了冤、报了仇,表现了新社会把喜儿从"鬼"的生活中拯救出来,过上了人的生活,反映了只有共产党才是人民的大救星。可见,作品中的五幕戏都是紧扣主题来安排的。

初学写作者在组合布局上的不合理、不圆满,除了表现在违反客观事物和对象的内在联系及发展规律外,很突出的一点就是不能始终从表现主题的需要出发来确定表达文章内容的先后、主次、浓淡、开合等,往往是平均使用笔墨,或平铺直叙,或简单罗列,甚至旁生枝节,这样的组合必然平板松散,缺乏表现主题的力度。

四、考虑读者的接受心理

写文章总是有针对性的,这就要求写作者有清醒自觉的读者意识,不仅在选材、立意、运用语言诸方面考虑读者的要求,而且要了解各种读者在接受心理上对各种组合方式的适应性问题。

读者从不同角度(例如年龄、性别、职业、文化素养等)可划分为若干层面或群体。不同读者群,对文章组合的适应性,当然有许多共同点,譬如都要求组合完整、严密、连贯、灵活,但是有时也会有所不同。比如儿童读物,组合宜单纯,而且力求开头就唤起他们的阅读兴趣,可多用描写或对话等;写给成人看的文章,组合就可以根据表达内容的深浅多寡采取相应的组合形式。科普文章,因为是面向一般读者,组合应该平易近人;发表在专业刊物上的科学论文,读者一般多是专家或者具有相当的专业知识基础,不用担心他们不愿意看或看不懂,相对来说文章组合就可以复杂些。面对大众读者的通俗作品的组合应该适当照顾他们的传统接受习惯;而实验性的纯文学创作,就可以大胆地突破传统组合模式,因为暂时还只有少数"圈内"人有兴趣读这样的东西。写面向一般读者的文章,组合要活泼一些;而写供教学之用的教材或讲稿,组合应做到逻辑清晰,具有条理性。

第三节 组合的对象

文章组合包括三组对象,有的是组合分体的存在形式——段落和层次,有的是组合衔接的手段或形式——过渡和照应,有的是组合整体的重要组成部分——开头和结尾,这里分别加以说明。

一、段落和层次

(一)段落

段落,简称段,是按照表达层次划分出来的一个个与上下文相关联的,而又具有完整意义的组合单位。在一般情况下,它是同属于一个中心意思的一些句子的连接;它是小于篇、大于句子的一个完整的意义单位。在少数情况下,也有一句是一个完整的意义单位的,因为它在全篇中是一层意思,所以这一句也是一段。

刘勰在《文心雕龙·章句》中说"积句成章,积章成篇",这是说段是由句子构成的,篇又是由段构成的。段,无论从它的机能或分量上看,都正好是处于句子和篇之间的中间位置。句子是用来表达一个小的意思的手段,篇则是展开全篇文章主题的手段。位于句子和篇中间的段,从句子方面来看,是它把一些句子连接到一起,表达一个更大一点单位的完整意思;从篇的方面来看,它是构成文章全体的一个局部,是表现文章主题的一个环节。有人把文章比喻成锁链,段则是这个链条中的每一个环。所以,段在文章中代表文章表达的步骤,表示思路发展中的一个层次。分段的目的是使文章层次清楚,易于理解。此外,分段还可以起到强调、转折、过渡以及表达某种感情色彩的作用。段,在文章中是展开主题的基本单位,它是构成文章的基础。

文章的分段,不但在内容上分,而且在形式上也要有所表示。一段要另起一行,开头缩两格写起。这种形式上的变化和标志,在视觉上给读者以明确地表示,这是一段,这会使读者容易了解和把握这是一层意思。同时,这种有节奏的、短暂的停顿,也能使读者在阅读过程中,得到瞬间的休息,不致疲劳。

1. 自然段、意义段

自然段,是行文中按照表达层次,自然划分出的一个个在形式上独立的段。自然段要表示一个相对完整的意义,要有换行缩格的标志。这里要加以说明的是,每个自然段都要有换行缩格的标志,但不能说有换行缩格标志的都是一个自然段。在文章写作中有一些分行是属于特殊分行,而不能看作是分段。如,强调分行、口号分行、称呼分行、提问分行、总冒分行、总收分行、对话分行、诗歌分行、戏剧分行等,这些在形式上是分行的,但是从内容来看,不是分段。这种特殊分行是出于表达上的某种需要,提出分行来在视觉上加以强调,在内容上它并不是独立的一层意思,所以不能看成是一段。

意义段,一般来说是把两个以上意义相同的段合并到一起形成的大段。实际上它是段的"群化"。有人也把它叫作文章大的层次。这种意义段,一般在形式上没有特殊的标志。所以,划分这样的段落,主要是从意义上分,它要比自然段表达更为完整的意义。这样的意义段,我们就能给它归纳出完整的段意。

2. 兼意段、单意段

兼意段,是在一个自然段中,包含两个以上中心意思的段。兼意段通常出现在下述两种情况下:一是承上启下的过渡段。这样的段落往往其上半部分是前文的总结,下半部分是后文的领起,由于观点的变化,而使两个意思集中在一个自然段里。二是为了避免分段过于零碎,于是把几个相关的意思归并到一起,就形成了兼意段。单意段,是在一个自然段中,只包含一个中心意思的段。它是内容上单一和形式上改行的段。这是一种规范的段,在写作中是大量存在的。

3. 段落设置的要求

一个段落怎样设置才算好呢?它要求注意以下几点:

(1)要注意段落的"单一性"和"完整性"。

所谓"单一性",是说一个段落只能集中表达一个完整的意思,不能把与此段关系不大的内容写进去。这个意思一般叫段旨,或段的中心意思。一段少则几句,多则几十句,不论多少句,只要在一个段里,这些句子所表达的意思必须是统一的,必须是为表达这一段的段旨服务。那么,可不可以把几个中心意思放到一个段里来表达呢?一般来说是不可以的。因为这样必然会造成内容的芜杂,使读者抓不住中心,不知道作者到底想表达什么意思。《文心雕龙·章句》中说的"章总一义",就是这个道理。

所谓"完整性",是说在一个段落中要把一个完整的意思说全说清,不能把它的内容再分散到其他的段落中去说。段落必须是个整体。段,有长有短,但它的内容必须是完整的。不管段有多长、多短,都必须把这段的意思表达完,因为它在文章的整体中是一个相对独立的部分。不能在一段里,这个意思没有说完,又去说另外一个意思。也不能把上段没有说完的意思,分开来又放在下段里说上几句。如果这样,就会使文章的层次错乱,作为段的一个部分,就会模糊不清。《文心雕龙·章句》中说的"章总一义,须意穷而成体"讲的就是这个道理。"意穷"是把意思说透,说完整了,"成体"是指合乎规格了。

(2)要注意各段落间的内在联系。

段落是构成文章的基本单位,是文章的有机组成部分。因此划分段落时不仅要注意"单一性"和"完整性",同时还应注意使段落间的意思有内在联系,做到"分之为一段,合则为一篇"。各段不是孤立的,而是有一个明显的文脉连着,就像段和段之间有个"桥"一样,很自然地使文脉从这一段走到下一段里去。古人称这种连贯之文为"天衣无缝"。方东树在《昭昧詹言》中就说过:"天衣无缝者,以其针线密,不见段落裁缝之迹也。"这是很要功夫的。

(3)要注意段落的匀称、适度。

在一篇文章中,段落的划分要注意整体的匀称,做到轻重适度,长短相当,这样可以增强文章组合的形式美,显得协调、自然。段,究竟应该有多长,是没有固定标准的。有些文章,为了强调重点,表达感情,常常有"极短"的段落,或者为了论证问题的严密、全面,安排"极长"的段落。这些"极短"或"极长"的段落都称为特殊段落。如鲁迅的《论雷峰塔的倒掉》一文的结尾,只用"活该"两个字结束全文,自成一个段落。段的长短,不能从形式上规定,而应该由每个段所表现的内容来决定。所谓段的内容,就是段旨和展开段旨的材料。如果它需要十几句来表达,那么这十几句就构成一段。如果只要两三句就能说清楚,那这两三句就算是一段了。

段既不可过长,也不可过短,长短要适度。

那么,怎么样算适度呢?这要考虑下述一些因素:

①读者对象。写给孩子看的儿童读物,写给一般群众看的通俗读物,写给专家看的学术文章,段的长短是很不相同的。为儿童写的文章,段稍长一点就会给孩子们增加负担。写给一般群众看的,段的密度也不可过大。而写给专家看的学术文章,分段过短,是难于对某一论点展开周密、细致论述的。

②文体。不同文体的文章,在构段上是不相同的。如上所述,学术论文的段,由它的内容的充实性所决定,一般比较长一些。而记叙性的文章,内容富于变化,在段的表达形式上就比较活泼,常常是长短段交错,而长段又较少。消息、通讯等新闻文体,要

更多地考虑使广大群众容易理解,而它的内容又是浓缩的,所以一般比较短。

③篇幅。这也是构段时要考虑的因素。一篇千字文,一般是不可以写成一两段的。但是,在长篇的论文中,我们时常可以看到有上千字的段。篇幅短的文章,段的划分要短一些;篇幅长的文章,相对来说,段的划分就要长一些。

④段的性质。不同性质的段,在文章中有不同的任务,这也是构段时要考虑的一个因素。如文章中的主要段,是与展开主题直接相关的重要部分,一般说来是比较长的。开头段是提出问题,引入主要原因,一般是不宜长的。强调段,是为了强调某一点作用于视觉所形成的段,所以不能长。过渡段,仅仅是为了把前一个论点过渡到下一个论点,起一个渡桥的作用,应该极力缩短它的长度。至于结尾段,为了有力地收束全文,给读者以深刻的印象,当然是不宜冗长、拖沓的。

所谓段的长短要适度,虽然没有固定的标准作为准绳,但上述这些方面若能在构段时有所考虑,写出的段总不致失当。

(二) 层次

层次是根据客观事物发展的阶段性,客观矛盾的各个侧面,人们认识和表达事理的思维过程,所划分的文章的各个组成部分,它体现着写作者思路发展的步骤。层次与段落,在形式上,有时具有一致性,即文章段落的划分正好反映内容的层次。但大多数情况下,层次大于段落,即由文章的某几个自然段组成段落群,表达一层意思。这相当于意义段,也有称作大段、逻辑段的。有时,层次又小于段落,即把一个自然段划分为若干个层次。可见,层次既可以用于大的划分,也可以用于小的划分。它与段的不同,在于只着眼于内容的划分,而段则同时必须考虑到文字表达的需要。

二、过渡和照应

(一) 过渡

过渡,是指体现段落与段落、层次与层次各种衔接关系的形式或手段。必要的过渡可强化文章的逻辑性和层次感,使组合更严谨。常见的过渡形式有关联词语、过渡句、过渡段、小标题过渡和序数过渡等。

1. 关联词语

如"因此""然而""此外""由此可见""特别是""总而言之""综上所述""值得注意的是"等等。它们分别表现上下文之间的不同关系,紧密地连接了上下文,甚至一步步将文势推向高潮。

2. 过渡句

即承前启后,起过渡作用的句子,一般置于前段之末或后段之首。它可以用在前后文差异更大的地方,因为它的连接能力要大于关联词。如刘白羽的散文《日出》,写作者看日出的三个自然段用了这样的过渡句:"一次是在印度","还有一次是登黄山","但是,我却看到一次最雄伟、最瑰丽的日出景象"。前两个自然段写在看日出的圣地而看日出不成,后一个自然段写作者在飞机上突然看到日出的景象。上面的三个过渡句都置于句首,既有过渡作用,又有领起的作用。文章段落衔接紧密,层次清晰。

3. 过渡段

比过渡句更长,因此连接上下文的能力也就更强,它可以用在两个大部分之间的连接上。比如郑振铎的《海燕》,前边是写"故乡的小燕子,可爱的活泼的小燕子",属于回忆的成分;后边则是写眼前的燕子,是现实描写。两部分之间,作者用了一段话来过渡:

这小燕子,便是我们故乡的那一对,两对么？便是我们今春在故乡所见的那一对,两对么？

4. 小标题过渡

这种技巧一般用在篇幅较长,内容较丰富复杂的文章中,在转入另外一个大部分的时候,标上一个小标题,以使上下文衔接得上。这里的小标题和一般文章中用来划分内容层次的小标题略有不同,后者主要起标明层次的作用,而这里的小标题最主要的作用是衔接。我们可以做一下比较,如碧野的《天山景物记》,它有四个小标题,分别是"雪峰·溪流·森林·野花""迷人的夏季牧场""野马·蘑菇圈·旱獭·雪莲""天然湖与果子沟",我们看到,这些小标题只起到划分层次的作用,它可以"启下",但并不"承上",因此它是一般的小标题。而通讯《为了六十一个阶级弟兄》中的小标题就不一样,它既启下同时又承上:"二月二日""就在同一个时间内""现在,已经是下午五点多了",很明显,这里的小标题主要的作用是连接上下文,是过渡。

5. 序数过渡

这种方式比较简单,而且一目了然,就是用序数词或与序数词作用相近的词语,如"一方面……又一方面……","首先……其次……再次……"等接续上下文。它更多的是在议论文体中使用。

在什么情形下需要过渡呢？

第一,文章内容转换的时候。大体有如下几种情况：

时空转移、事件改变时需要过渡。在记叙文和叙事性文学作品中,常常使用过渡来完成和体现这种转变。如《藤野先生》先写东京见闻,又写仙台求学,中间就用一个独立成段的句子表示空间的转换——"到别的地方看看,如何呢？"。时空转换常常意味着事件改变,这时自然也需要过渡。《谁是最可爱的人》记叙松古峰战斗后时写道："我们的战士,对敌人这样狠,而对朝鲜人民却是那样地爱,充满国际主义的深厚热情。"于是转到写马玉祥从烈火中抢救朝鲜儿童的事件。

论述的方面改变时需要过渡。这种过渡能体现上下文之间各种关系——承接、因果、转折、补充、深入、主次等。譬如在长篇论文或演讲稿的写作中,有时可使用"首先""另一方面""正因为如此""不仅这样"等过渡方法。

第二,表达方式或方法改变的时候。也有几种情况:

抒情议论与记叙描写的连接处有时需要过渡。《谁是最可爱的人》,开始是抒情和议论,在转入叙述前使用了"让我还是来说一段故事吧"这样一个过渡段(句);结束三个故事的叙述并再次进行抒情议论时,又用"朋友们,用不着多举例……"来表示过渡。

运用插叙、补叙、倒叙等表现方法时往往需要过渡。插叙的过渡,如《百合花》写总攻前乡干部送来慰问月饼,这时"我"恍然记起"原来今天是中秋节了",下段开头又写道"啊!中秋节,在我们故乡……",于是便插入描写了"我"儿时中秋节晚上合家吃瓜果月饼的欢快场景。补叙的过渡,如《祝福》叙述"我"年关时节回到故乡鲁镇,第二天和第三天去看望本家和朋友,但作者故意略去第二天的情形,先写第三天看见各家一律忙着准备福礼,感觉十分厌烦,决计要走,下段开头则写道"况且,一想到昨天遇见祥林嫂的事,也就使我不能安住",这样便顺理成章地转到补叙第二天"我"和祥林嫂相遇的场景。倒叙的过渡,还以《祝福》为例。小说先描写"我"对祥林嫂之死的心理反应,最后说"然而先前所见所闻的她的半生事迹的断片,至此也联成一片了",接着就展开回忆。回忆将结束时又写道"然而她是从四叔家出去就成了乞丐呢,还是等到卫老婆子家然后再成了乞丐的呢?那我可不知道",于是又和回忆前"我"灯下深思的心理描写接上,形成倒叙式的整体组合,叙事线索非常清晰、缜密。

由概括说明到具体叙述时也可能需要过渡。方志敏的散文《清贫》,开头概说自己在长期奋斗中一向过着朴素的生活,在具体叙述前使用了提示性过渡句——"所以,如果有人问我身边有没有一些积蓄,那我可以告诉你一桩趣事……"。趣事叙毕,用设问法概括说明家中财产状况——"是不是还要问问我家里有没有一些财产?……有是有的,但不算多",又自然而然地过渡到关于"我"的几样"财产"的具体叙述上去了。

议论文由总论到分论、由分论到总论,也可能需要过渡。

(二)照应

照应,是一种衔接手段,是讲文章的前后响应关系问题,它是属于文章的整体组合问题。通常是交代在前,呼应在后;暗示在前,挑明在后;伏笔在前,应笔在后。照应可以使文章的各段勾连得更紧密,浑然成为一个整体,且富于变化,并能增强文章内容的连续性,组合的整体性和表达的说服、感染效果。

常见的照应形式有如下几种:

1. 开头和结尾照应

首尾照应可使组合完整、主旨突出。如毛泽东的《改造我们的学习》,开篇就提出宗旨："我们主张将我们全党的学习方法和学习制度改造一下。"具体论述后，在结尾处又照应开头说："在如此生动丰富的革命环境和世界的革命环境中，我们学习问题上的这一改造，我相信一定会有好的结果。"整篇文章组合严谨，中心思想鲜明突出。

首尾照应还可以抒发感情和渲染氛围。如《为了忘却的记念》的开头和结尾都以抒情笔调强调作文动机是"为了忘却"死者，其实作者何尝忘却且又怎能忘却？他是特地用这种重复的笔墨来宣泄内心积郁的巨大悲愤，同时也是要制造和加强全篇悲愤的感情基调。茅盾的《白杨礼赞》、朱自清的《背影》等都是首尾照应的名篇佳作。

2. 正文和标题照应

写作中有时要点题，点题常常就是找出"文眼"，作用是把文章思想精华醒目地提示给读者。标题含蓄难懂时还需要解题。

（1）点题的照应。

如《草地晚餐》一文，先由朱德同志报告大家三个好消息，表明时代背景，引出晚餐；随后朱德同志和大家一起挖野菜准备晚餐；接下来是煮野菜吃晚餐，在共进晚餐的过程中出现了让粥的感人场面。文章从头至尾多次与标题照应，突出表现了主题。

（2）解题的照应。

解题的照应是在正文中用恰当的文字解释标题的含义和用意。它常常出现在标题比较抽象，比较特殊，理解时有一定难度的情况下。如鲁迅的《祝福》，因为"祝福"是带有一定地方色彩的年终风俗，外地人不一定了解，所以作者在文中解释道：

第二天我起得很迟，午饭之后，出去看了几个本家和朋友；第三天也照样。他们也都没有什么大改变，单是老了些；家中却一律忙，都在准备着"祝福"。这是鲁镇年终的大典，致敬尽礼，迎接福神，拜求来年一年中的好运气的。杀鸡，宰鹅，买猪肉，用心细细的洗，女人的臂膊都在水里浸得通红，有的还带着绞丝银镯子。煮熟之后，横七竖八的插些筷子在这类东西上，可就称为"福礼"了，五更天陈列起来，并且点上香烛，恭请福神们来享用；拜的却只限于男人，拜完自然仍然是放爆竹。年年如此，家家如此，——只要买得起福礼和爆竹之类的——今年自然也如此。

（3）行文中前后照应。

最常见的手法还是前有伏笔，后有应笔的照应。伏笔的作用是形成悬念和暗示，能调动读者的兴趣和注意力，应笔则使真相大白，读者有长出一口气的感觉。它们共同制造了一种阅读的愉悦感。有时候，写作者在设置伏笔时，并不刻意强调，而是以看似闲笔的手法，漫不经心地带过。这样，当应笔将暗示挑明的时候，就会产生出人意料的效果，读者们恍然大悟，发出"原来如此"的感叹，这种做法的艺术魅力是相当强烈的。如欧·亨利的小说《麦琪的礼物》，它写一对相亲相爱的小夫妇，生活贫困，唯一还能炫耀的是丈夫祖传的金表和妻子的一头金发。圣诞节前夕，妻子卖掉了金发为丈

夫买了一条表链,正当她为自己的容貌是否还讨丈夫喜欢而忐忑不安时,丈夫回来了:

一进门杰姆就站住了,像一条猎犬嗅到鹌鹑似的纹风不动。他两眼盯着德拉,有一种她捉摸不透的表情,这使她大为惊慌。那既不是愤怒,也不是惊讶,又不是不满,更不是厌恶,不是她所预料的任何一种神情。他只是带着那种奇怪的神情死死地盯着她。

作者在这里埋下了伏笔,杰姆的神情是一个谜。但作者又很快地把读者的视线转移了,他先是让德拉向杰姆道歉,让大家以为杰姆是因为德拉失去了金发而懊恼,接着又让杰姆掏出了给德拉的圣诞节礼物——一套发梳,使读者更坚信自己理解的正确。正当大家认为故事已经结束的时候,谜底揭开了:

杰姆并没有照她的话去做,却倒在小榻上,双手枕着头,微笑着。"德儿",他说,"让我们把圣诞节的礼物搁在一边,暂时保存起来。它们实在太好了,现在用了未免可惜。我是卖了金表换了钱给你买的发梳。现在请你煎肉排吧!"

我们看到,作者在前边埋下伏笔后,有意对读者进行"误导",这样在最后真相大白时,才会产生引人入胜的艺术效果。照应在这里已经演化成超出组合技巧之上的艺术技巧了。

照应是使文章严谨而又活泼的重要手段。粗略使用它不算很难,但要熟练、得心应手地掌握它,以使文章组合成为审美的艺术,却必须花大力气在实践中细心揣摩。只呼不应、照应不周和人工痕迹明显等常见的毛病都是应该避免的。

三、开头和结尾

(一)开头

文章的开头,是写作者立言之始,即通常所说的文章的开端部分(与小说、戏剧情节的开端不是一个概念)。这可能是头几句话,也可能是第一个自然段,须视具体情况而定。

"好的开头是成功的一半",人生如此,写文章也如此,如果能为文章找到一个好的开头,文思就会如茧之抽丝绵绵不断,比较顺利地写下去,并且能使读者一看文章的开头,就能领会文章将要表达的主题,把握文章的意脉,比较顺畅地读下去。所以历来有经验的写作者都特别注重设计文章的开头,特别是第一句话。

开头的作用首先是有利于表现主题和围绕主题拓展作者的思路。白居易赞美《诗经》的特点是"首句标其目"(《新乐府序》)。这个"目"不单指题目,也指诗的内容核心,即诗的主旨。梁启超也说:"文章最要令人一望而知其宗旨之所在。"开头应该成为文章的最佳起点,为表现主题、拓展写作者思路、完成整体构思创造有利的条件。万万不可犯"下笔千言、离题万里"的毛病。其次,开头还能够吸引和引导读者阅读。好的开头往往新颖生动、别开生面,给读者以强烈的印象,吸引他迫切地读下去,并引导他更好地把握文章传达的基本信息。

以一般议论文而言,常见的开头方式有:

1. 开门见山,提出基本观点

如刘少奇的《个人和集体》,开头就直截了当地说:"在某些党员中存在着比较浓厚的个人主义和自私自利的思想意识。"这样的开头,一开始就接触本题,能够紧紧地抓住读者,使读者按着作者的思路看完全文。

2. 提示内容,对全文作扼要的介绍

如《关于正确处理人民内部矛盾的问题》第一段:"关于正确处理人民内部矛盾的问题,这是一个总题目。为了叙述的方便,分为十二个小题目。在这里,也要说到敌我矛盾的问题,但是重点是讨论人民内部矛盾问题。"

3. 交代写作背景或动机

如"检验真理的标准是什么?这是早经无产阶级的革命导师解决了的问题。但是这些年来,由于'四人帮'的破坏和他们控制下的舆论工具大量的歪曲宣传,这个问题被搞得混乱不堪。为了深入批判'四人帮',肃清其流毒和影响,在这个问题上拨乱反正,十分必要。"(《实践是检验真理的唯一标准》)

4. 故事导入,引人思考

文章的开头先叙述一个故事,然后由这件事引起议论。因为文章是就事说理,针对性强,所以文章富有说服力。如《护短、避短、补短》讲述了这样一个故事,一位大师向他的三位弟子提出一个问题:如果衣服上有个窟窿,该怎么办呢? 第一个弟子回答:"置之不理。"第二个弟子答道:"把它遮掩起来"。只有第三个弟子不慌不忙地取出了一枚针,回答道:"将它补好。"听了他的回答,大师微微颔首,目光中流露出了赞许的神情。接着分析了三者的利弊,然后提出了护短、避短、补短的论题。

常见的记叙文开头方式有:

1. 交代背景和事由

如《赤壁之战》的开头:"东汉末年,曹操率领大军南下,想夺取江南东吴的地方。东吴的周瑜调兵遣将,驻在赤壁,同曹操隔江相对。曹操的兵在北岸,周瑜的兵在南岸。"文章开始就把时间、地点和主要人物的主要事件交代清楚,简明自然,开门见山。

2. 描绘场面

以记事为主的文章常以场面描写开端。先给读者摄下一个或一组形象的镜头,为正文的记叙创造具体的衬景和条件。如一篇名为《背篓》的文章开关:"黄昏,蜿蜒的山路上,打柴的孩子归来了。他背着满满一背篓柴火,他背着五彩的晚霞归来了。"

文章一开始就用生动形象、富有诗意的画面吸引了读者,把读者带进美的境界。

3. 介绍人物

侧重写人的文章常常这样开头。如《九个炊事员》一文的开头:"长征的时候,我在三军团的一个连队里当司务长。我们连有九个炊事员,炊事班长姓钱,小矮个子,面皮黝黑,不大说话,是江西吉安人。副班长姓刘,中等身材,好说个笑话,是江西兴国人。挑水的老王,也是我们老乡。其余几个人,可惜我把姓名都忘记了。"

4. 抒发感情或发表见解

即以抒情笔调引出全文,让写作者的思想感情在文章一开头便汩汩流泻出来,奠定全文的基调。这类开头多运用于讴歌、缅怀类主题的文章,好处是因情深意浓、感情真挚,很能引起读者在思想感情上产生共鸣。如魏巍的《谁是最可爱的人》一文开头一段,作者以迫切的心情,用热情洋溢的语言抒发在朝鲜战场的深切感受,为全文讴歌志愿军战士崇高的思想境界、伟大的牺牲精神而营造了浓郁的情感氛围,使得全文情感凸现,令人动情,催人泪下。这样写往往有暗示主题或为文章奠定基调的意味。大家熟悉的《为了忘却的记念》和《忆韦素园君》等都是这样开头的。

(二)结尾

结尾是文章的收束部分,可能单独一两段,也可能由文章最后几句话构成。和开头一样,结尾也是使整体组合完美化的重要因素。俗话说:"编筐编篓,全在收口。"精心制作一个生动有力、深刻隽永的结尾,可使文章首尾圆合,通篇灵动,完美达意;而粗制滥造的结尾,因为松懈乏力或平淡无味,难免被讥为"虎头蛇尾"、草率收兵,而令人觉得遗憾。

结尾在文章中应当起到两种作用:

一种作用是收束全文。古人说,文章结尾应当"如截奔马",就是要把洋洋洒洒的文章在适当的地方收住,既不能虎头蛇尾,草草收兵,也不能画蛇添足,尾大不掉。要掌握好分寸,做到既完整地表现文章的意思,又能给读者留下深刻的印象。

另一个作用是应当能够令人回味。古人曾说文章结尾应当"余音绕梁,三日不绝",令人深思不已,回味无穷,这样的结尾是高妙的。比如叶圣陶的小说《多收了三五斗》,其结尾是:

第二天又有一批敞口船来到这里停泊。镇上便表演着同样的故事。这种故事也正在各处市镇上表演着,真是平常而又平常的。

小说写的是"谷贱伤农"的故事。丰收了,农民反而遭受损失,这本来是极不合理的,但是作者却用平静的语调说,这种"同样的故事","真是平常而又平常的"。这就激发起人们的深沉思索,为什么这种显然不合理的事实是"平常而又平常的呢"?于是作品的主题就出来了,它是对不合理的剥削制度,对吃人的旧社会的控诉。小说结尾看似平淡,实则意味绵长。

结尾的技巧有许多种,常见的结尾方法有以下几种:

1. 自然结束法

在把内容表达完了之后,自然而然地收束全文,而不去设计蕴意深刻的哲理语句,这样的结尾就是自然结束法。它完全避免了文章画蛇添足、无病呻吟的结尾毛病,显得单纯明快、朴素无华。这在小说、戏剧等叙事性文学作品和一般记叙文中很常见。例如,都德的《最后一课》从"我"上学写起,到韩麦尔先生宣布下课结束;茅盾的《纪念鲁迅先生》重点记叙鲁迅晚年身体不好,曾打算出国疗养而终未成行的经过,最后则以"不幸那年二月尾,鲁迅先生就卧病,这病迁延到了秋季,终于不救"一句收束。但讲究"自然"并不意味着随心所欲,马虎草率,而是顺着文思发展的自然趋势结束全局。

2. 画龙点睛法

这种结尾方式,是在文章结束时,以全文的内容为依托,运用简洁的语言,把主题思想明确地表达出来,或者在全文即将煞尾时,把写作意旨交代清楚,所以这种结尾方法又称"卒章显志法"。如《枣核》结尾写道:"改了国籍,不等于就改了民族感情,而且没有一个民族像我们这么依恋故土的。"《记一辆纺车》结尾写道:"跟困难做斗争,其乐无穷。"有时,用来总结全文的还可以是名言、警句或诗句,这样的结尾更是言简意赅,起到画龙点睛的作用。如《驿路梨花》的末段:"我望着这群充满朝气的哈尼小姑娘和那洁白的梨花,不由得想起了一句话'驿路梨花处处开'。"

3. 抒情议论法

用抒情议论的方式收束文章,能够表达写作者心中的情绪,激起读者情感的波澜,引起读者的共鸣,有着强烈的艺术感染力。抒情议论式结尾的形式是多种多样的,所以采取这种方式结尾比较自由,好的"抒情议论"式结尾必然油然而生真情,给读者以真实感、充足感。如《回忆我的母亲》结尾的两个自然段就是很典型的抒情议论式的结尾。鲁迅先生的《故乡》的结尾是最典型的例子:"我想:希望是本无所谓有,无所谓无的。这正如地上的路;其实地上本没有路,走的人多了,也便成了路。"这段议论含蓄、深刻,一语双关,启发人们为创造新生活勇敢地开辟道路,从而使全文的思想感情得到升华。

4. 首尾呼应法

结尾与开头遥相呼应,写出既呼应开头又不简单重复的语句,这种结尾方式是各类文章极常见的收束方法。这种收束方法能唤起读者心理上的美感,产生一种首尾呼应、浑然一体的感觉。如《一件珍贵的衬衫》,开头写道:"在我的家里,珍藏着一件白色的确良衬衫。"结尾写道:"四年来,这件珍贵的衬衫,我精心地收藏着,没有舍得穿它一次。"前文提到的《谁是最可爱的人》的结尾,也是与文章的开头遥相呼应的。不仅又一次回答了文首提出的"谁是我们最可爱的人呢?"这个问题,而且抒发了强烈的感情,增添了文章的感染力。

5. 委婉含蓄,点化主题

有些记叙文的结尾,同时要提示读者注意了解文章的主题,但是作者不是用逻辑思维的方式和直截了当的语言告诉读者,而是用比喻、象征等形象化的方式暗示给读者。例如,杨朔的《荔枝蜜》就是如此:"这黑夜,我做了奇怪的梦,梦见自己变成一只小蜜蜂。"这里所说的"梦",就是一个有象征意义的形象。常言道:"日有所思,夜有所梦。"人们可以通过某人的"所梦",推断他的"所思"。因此,读者从这个梦里,可以了解到作者十分赞赏、推崇蜜蜂那种"对人无所求,给人的却是极好的东西""渺小""却又多么高尚"的品质,并且愿意身体力行,向蜜蜂学习的愿望。而这正是作者所要表现的主题。不过,它不是由作者直截了当地说出来的,而是经过作者的"点化",从而使读者领悟到的。

6. 以人物描写或景物描写结尾

如《花市》结尾写道:"她笑微微地站在百花丛中,也像一枝花,像一枝挺秀淡雅的兰花吧。"作者用"一枝挺秀淡雅的兰花"比喻姑娘美好的心灵。这样的结尾就能突出人物的形象,言有尽而意无穷。

佳作赏析

阳翰笙同志二三事

于志恭

阳翰老6月7日在北京逝世。我得识阳翰老,是1938年春上。那是他在周恩来同志驻节战时首都——武汉,继续与国民党谈判合作抗日时期。2月,恩来同志和冯玉祥会晤后,决定成立"中华全国文艺界抗敌协会"(简称"文协"),阳翰老当即在周恩来同志直接领导下和冯玉祥、老舍于当年3月成立了"文协",以老舍为"文协"总务部主任(即文协主席),冯玉祥先生为总理事。

阳翰老在这一时期,担任过国民政府军事委员会政治部设计委员和第三厅秘书长。人们还清楚地记得:三厅在阳翰笙同志领导下搞了一次"火炬大游行"以宣传"抗战到底,决不妥协投降"。一时武汉三镇特别是汉口长达40多里的中山大道上,武昌蛇山上,汉阳龟山上,举行了百万大军的游行。当时游行大军手执手竹绳制作的火把,照耀得三镇通天火红。

时经半个多世纪,1985年春节期间,我到阳翰老寓所向他拜年,那也是为了征集有关冯玉祥先生的一些轶事,作为参考,向阳翰老请教的。当时他老人家已是耄耋之年,但记性相当好。我说明来意,他很高兴,他先谈老舍,后谈冯先生,谈话中,我拿出纸请他评评"丘八诗"。他欣然命笔:"冯先生的'丘八诗',别具风格。它是一种真正大众化了的诗歌,很值得我们研究和学习。"

题词上,手稿漏掉"大众"二字,阳翰老要重写,我执意不肯,说:"这才是阳翰老真正的手迹。"我拿着题词就告辞了阳翰老。想不到,这题词成了阳翰老和我永别的珍贵文物。

赏析: 文章虽然短小,但段落划分很合理。文章作者的本意是想通过对阳翰笙同志二三事的回忆,缅怀、赞美阳翰笙同志光辉的革命品格和战斗的一生。因此作者挑选了几件有代表意义的事来写阳翰笙:一是1938年他就参加并主持成立了抗战的"文协";二是他担任过国民政府军事委员会政治部设计委员和第三厅秘书长,其所领导的声势浩大的"火炬大游行"永远长存在人们的心中;三是1985年,时间跨越了半个多世纪,阳翰笙对曾共过事的冯玉祥先生的诗歌予以高度赞扬。

文章的第一、二自然段合而为第一个层次,回忆阳翰笙的职务和工作。第三、四自然段通过写阳翰笙对"丘八诗"的评价,表达出他对同志的友好感情和文化观点。从这里可以看出,文章的分段,不仅在内容上分,而且要着眼于形式上的表现。这里的层次大于段,它符合人们认识和表达事理的思维过程。

以第三、四段为例,均符合统一、完整、有序、融为一体和长短适度的原则。第三自然段集中地表达了阳翰笙对冯玉祥先生的诗歌评价和友好感情。第四自然段是说题词手稿上漏掉了"大众"二字,作者认为这才是阳翰笙真正的手迹,不需要写,不想这成了珍贵的文物。如果是在一篇长文章里,第四段的内容完全可以合进第三段来写,但现在是短文,从对读者亲切、通俗、真诚的表达需要看,从作者对阳翰笙的敬意看,把这一层次分成两个段落是需要的,这增加了表达效果。而且段的长短很适度。文章是写给一般群众看的,从内容上看又只回忆"二三事",所以段都很短小。由于是记叙性文体,内容富于变化,时间跨度大,在表达上比较灵活,所以长短交错,这里的长段也只是相对而言,读者因此易于理解。又由于构段时考虑了段的性质,第一自然段是文中的主要段,与展开主题直接相关,相对长点;结尾强调手稿竟成珍贵文物,能有力作用于读者视觉,所以安排得短小、有力。

视域拓展

[拓展一]起头要起得好,中间要好,结尾要好;凤头猪肚豹尾,有血有肉,落地有声。

——张爱玲

[拓展二]结构指全篇的架子。既然是架子,总得前、后、上、下都是匀称的、平衡的,而且是有机性的。匀称指架子的局部和整体美,换言之,即架子的整体和局部应当动静交错、疏密相间,看上去既浑然一气,而又有曲折。平衡指架子的各部分各有其独立性而不相妨碍,非但不相妨碍而且互相呼应,相得益彰。有机性指整个架子中的任

何部分,不论大小,都是不可缺少的,少了任何一个,便损伤了整体美,好比自然界中的有机体,去掉它的任何小部分,便使这有机体成为畸形的怪物。

——茅盾

[拓展三]何谓附会?谓总文理,统首尾,定与夺,合涯际,弥纶一篇,使杂而不越者也。若筑室之须基构,裁衣之待缝缉矣。

——刘勰

技能训练

一、专项训练

1. 举例说明安排文章组合应该遵循哪些原则?

2. 阅读下面鲁迅《记念刘和珍君》中的一个片段,思考该片段的过渡形式是什么?请举出其他过渡形式的一些文章范例。

我向来是不惮以最坏的恶意,来推测中国人的,然而我还不料,也不信竟会下劣凶残到这地步。况且始终微笑着的和蔼的刘和珍君,更何至于无端在府门前喋血呢?然而即日证明是事实了,作证的便是她自己的尸骸。还有一具,是杨德群君的。而且又证明着这不但是杀害,简直是虐杀,因为身体上还有棍棒的伤痕。

但段政府就下令,说她们是"暴徒"!

但接着就有流言,说她们是受人利用的。

惨象,已使我目不忍视了;流言,尤使我耳不忍闻。我还有什么话可说呢?我懂得衰亡民族之所以默无声息的缘由了。沉默呵,沉默呵!不在沉默中爆发,就在沉默中灭亡。

3. 请选择生活中的一个细节或事件,运用行文中前后照应的方法写一个200字左右的片段。

4. 以《做人与作文》为题,尝试写三种不同的开头和结尾,要求开头和结尾有内在联系,对文章主题的生成有帮助。

二、综合训练

1. 阅读下文,结合本章学习的理论知识,说说这篇文章在组合上有哪些可取之处。

书香·酒香

陈克环

我国从前有个习俗,在婴儿满周岁的那天,大人在他(她)四周摆上许多样代表不同行业的东西,如笔、尺、秤等物,以婴儿抓的东西来预测他的将来,叫做"抓周"。这一有趣的旧俗说明:个人的喜爱对他的将来或许具有潜在的影响。

爱书人和爱酒人,在性格、生活方式,或是在职业的选择方面,常有显著的分歧。

虽然如此,书和酒也不能说是完全对立,有时候它们似乎还互通香气。

古代文士诗人大都与酒结了不解之缘(至少那些有作品流传下来的人十之八九都是醉仙一类的人物),苏东坡和陶潜日日不离酒,李白和阮籍可以说是死于酒。唐代王绩有诗曰:"阮籍醒时少,陶潜醉日多。百年何足度,乘兴且长歌。"酒虽然可以当作灵感的催化剂,但是,人必须先饱读诗书,后喝老酒,才能写出佳作来。古代文士诗人多半是在中年以后,仕途失意,以酒消愁,排遣情怀,灵感涌至而留下佳作。李白若是年轻的时候未曾苦读,常喝酒也绝成不了"诗仙"。

玻璃酒柜是西方格调。西方人招待访客以酒,所以在客厅里设酒柜或甚至于小酒吧,酒商也挖空心思把酒瓶做得新奇美观之至。西方人虽然以酒为客厅的装饰,但他们也同样看重书柜或书房。我国人对书和酒本来有相当微妙的安排。往日中等以上人家多半有书斋和地窖。书放在幽静的雅室,酒则藏之于地窖,可饮但不常见。这虽然与书不能受潮,酒不宜曝光有关,但书香熏人明,酒香熏人醉,也属事实。酒香可偶闻之而不可常熏。因此,书可列而酒宜藏。我国人以茶待客,讲洋派的人用咖啡。但是主客见面,坐下来就喝酒的纯西方式却极少见,把酒藏起来并没有什么不方便。

如今,公寓人家地狭屋窄,最好是置一两用架柜,上层明架摆书,下层暗柜放酒。由于书明酒暗,书高酒低,人翻书的机会可望较喝酒的时候多,实在想喝酒亦不至感到不方便。人固然应积极上进,但家居生活亦当轻松适意。读书饮酒各有其乐,端在持度有方。

2.经典开头与结尾分享赏析练习

(1)全班同学分成若干小组,每组5-6人,奇数小组搜集3个经典的文章开头范例,偶数小组搜集3个经典的文章结尾范例。

(2)每个小组派代表登台分享,教师点评。

(3)最后投票选出分享表现最好的小组。

3.阅读下文,回答问题:

握紧你的右手

毕淑敏

常常见女孩郑重地平伸着自己的双手,仿佛托举着一条透明的哈达。看手相的人便说,男左女右。女孩把左手背在身后,把右手手掌对准湛蓝的天。常常想世上可真有命运这种东西? 它是物质还是精神? 难道说我们的一生都早早地被一种符咒规定,谁都无力更改? 我们的手难道真是激光唱盘,所有的祸福都像音符微缩其中?

当我沮丧的时候,当我彷徨的时候,当我孤独寂寞悲凉的时候,我曾格外地相信命运,相信命运的不公平。当我快乐的时候,当我幸福的时候,当我成功优越欣喜的时候,我格外地相信自己,相信只有耕耘才有收成。

渐渐地,我终于发现命运是我怯懦时的盾牌,当我叫嚷命运不公最响的时候,正是我预备逃遁的前奏。命运像一只筐,我把对自己的姑息、原谅以及所有的延宕都一股脑儿地塞进去。然后蒙一块宿命的轻纱。我背着它慢慢地向前走,心中有一份心安理得的坦然。

有时候也诧异自己的手。手心叶脉般的纹路还是那样琐细,但这只手做过的事情,却已有了几番变迁。在喜马拉雅山、冈底斯山、喀喇昆仑山三山交汇的高原上我当过卫生员,在机器轰鸣铜水飞溅的重工业厂里我做过主治医师。今天,当我用我的笔杆写我对这个世界的想法时,我觉得是用我的手把我的心制成薄薄的切片,置于真和善的天平之上⋯⋯

高原呼啸的风雪,卷走了我一生中最好的年华,并以浓重的阴影,倾泻于行程中的每一处驿站。岁月送给我苦难,也馈赠我清醒与冷静。我如今对命运的看法,恰恰与少年时相反。当我快乐、当我幸福、当我成功、当我优越、当我欣喜的时候,当一切美好辉煌的时刻,我要提醒我自己——这是命运的光环笼罩了我。在这个环境里,居住着机遇,居住着偶然性,居住着所有帮助过我的人。

而当我挫折和悲哀的时候,我便镇静地走出那个怨天尤人的我,像孙悟空的分身术一样,跳起来,站在云头上,注视着那个不幸的人,于是我清楚地看到了她的软弱,她的怯懦,她的虚荣以及她的愚昧⋯⋯年近不惑,我对命运已心平气和。

小时候是个女孩儿,大起来成为女人,总觉得做个女人要比男人难,大约以后成了老婆婆,也要比老爷爷累。生活中就像没有无缘无故的爱一样,也没有无缘无故的幸运。对于女人,无端的幸运往往更像是一场阴谋、一个陷阱的开始。

我不相信命运,我只相信我的手。因为它不属于冥冥之中任何未知的力量,而只属于我的心。我可以支配它,去干我想干的任何一件事情。我不相信手掌的纹路,但我相信手掌加上手指的力量。蓝天下的女孩儿,在你纤细的右手里,有一粒金苹果的种子。所有的人都看不见它,惟有你清楚地知道它将你的手心炙得发痛。

那是你的梦想,你的期望!女孩,握紧你的右手,千万别让它飞走!相信自己的手,相信它会在你的手里,长成一棵会唱歌的金苹果树。

(1)文章采用了哪一种照应方法?它对文章主题的生成有何作用?

(2)谈谈你在以往的写作中用过哪些照应的方法?

(3)请运用此照应方法写一篇800字左右的文章,题目自拟,文体不限。

4.搜集一些古今中外关于组合或者结构的经典理论文章进行研读;结合本章知识要点,写一篇500字左右的学习心得。

第五章 表达方式（上）

 任务导航

1. 叙述的含义、基本要素、人称及类别。
2. 描写的含义、对象及类别。

 思政聚焦

1. 掌握叙事的艺术，讲好祖国的感人故事。
2. 掌握描写的技巧，描画祖国的壮丽山河。

▶ 案例导引

福克纳的写作故事

《喧哗与骚动》是福克纳最著名的小说之一，起先他只是想写一个短篇小说，以班吉为叙述人写一个南方家族如何堕落而失去活力的故事。写完之后，他觉得还没有把他要讲的东西完全从故事中体现出来，于是试着修改这部小说。但是改到一半他就放弃了，因为他想，与其修改得面目全非，倒不如换个角度再把这个故事重新讲一遍。于是，他这次重写改用班吉的哥哥昆丁作为叙述视角，来写这个家族的故事。视角转换后，小说的新境界马上就出来了。一些新的情感、认知和思想主题，在这个新的角度关照下如火花一样噼啪作响地进入福克纳的创作中。

新的视角给福克纳新的感受和新的见解，尽管讲述的还是那个故事，但是小说的气质和格调完全变了。福克纳又试着分别用昆丁的兄弟杰生和家中的仆人迪尔西的角度重写一遍故事。也就是说，同一个故事，福克纳分别用班吉、昆丁、杰生和迪尔西四个人的视角站在各自的立场和感情讲述一遍。就这样，一个故事变成了四个故事。起初，福克纳想从中挑选其中一个最优秀的故事发表，却难以取舍。忽然，他突发奇想：把这四个故事按照写作的先后顺序叠加在一起，组成一个长篇，取名叫《喧哗与骚动》,结果一部伟大的不朽之作诞生了。

福克纳的写作故事告诉我们:在一部小说中,叙述视角可以选取多种方式,但一定要符合逻辑关系。《喧哗与骚动》的逻辑关系是:一个家族的没落,并不是一个人造成的,是时代和众人合力而为。用四个人讲述一个故事,变化呈现多姿多彩的生活原生状态。于是,福克纳成功了,他选取多种叙事角度,无意中造成了一种众声喧哗的效果,隐喻了美国社会复杂多义的文化景观和资本主义社会的没落本质。

第一节 叙 述

一、叙述的含义与类别

(一)叙述的含义

叙述,是写作中最重要、最常见的表达方式,它是作者对人物的经历和事件的发展变化过程以及场景、空间的转换所做的叙说和交代。在写人记事的各类叙述文里,都以叙述为主要表达手段,一般的抒情文、议论文和说明文,也把它当作不可缺少的手段。叙述手法运用得好,就能使文章的内容表达得清楚、具体。叙述的内容包括人、事、物。

(二)叙述的基本要素

叙述的基本要素包括时间、地点、人物、事件、原因和结果六点。这六点又以人物为核心,一般构成这样的关系:什么人物,在什么时间,什么地点,干什么事,是什么原因,有什么结果。

在叙述中,这六个基本要素颇为重要,很好地掌握和使用,对记人、记物,以穷尽事理,都会收到良好的效果。那么,如何掌握和使用这些基本要素呢?

1. 时间

时间,是事件进程的一个重要标志,又是人物活动的计程表。因此,应随时间的演变和人物的活动交代时间及其推移。纪实性的叙述,要求具体地、准确地交代日期;一般性的叙述,可利用时空的依存关系,叙述季节景物的变化使读者自然明白,亦可以从略。时间在叙述中内涵丰富,以景代时可以渲染气氛。

2. 地点

地点,是事件发生的场所,人物活动的舞台,并与时间相互依托。地点,就是环境,在叙述中应富有特色。文艺创作中有"典型环境中的典型性格"之说,可见,环境对表现人物的性格尤其重要。地点的转移、环境的变化,往往影响事件因果、人物性格、命运的变化。

3. 事件

事件，包含有发生的原因、发展、结果等几个环节。事件，是人物活动的轨迹，人物的性格发展、人物的命运线索、人物与人物之间的关系，都与事件发生的全过程有着密切的关系。事件的环节体现其阶段性的特色，而事件的阶段性，构成叙述性文章的情节。事件总是在一定的时空中发生的，与时空相互制约。

4. 人物

人物可以说是叙述基本要素的核心。时间、地点、时间、原因、结果，无不以人物为转移。记人、记事、记物，虽然各有侧重点，但记事、记物，往往以人物为依托，或为写人物服务。叙述尤应注意人物的特色。

5. 原因

事由人做，凡事必有原因：有内因，也有外因。这是问题的症结，也是解决问题的依据，千万不可忽略。古人云："夫将叙其事，必预张其本。"（唐·刘知几《史通·模拟》）"预张"，即预先表明，"本"，即本原、原因。欲要叙其事，必须表明其原因。强调了原因对叙事的重要性。有时省略原因，那是给人提供思索的余地，并非不重要，它渗透在叙述的整个过程之中。

6. 结果

结果，是人物活动和事件发生的终结，结果和原因互相呼应。结果是在一定的时间和空间中形成的。结果可能有一种，也可以有几种，切忌落套。

叙述的六个基本要素，使用时没有固定的顺序，可按时、地、人、因、果进行，也可穿插安置。视需要而定，不必拘于一格。

（三）叙述的人称

叙述的人称，是写作者的视点和叙述的角度。视点，是写作者用什么眼光去观察和理解生活；角度，是写作者选择从什么方向去叙述，以更好地揭示生活的蕴涵，它是原委陈述的意向。根据写作者与所叙述对象的关系，叙述的人称通常可分为第一人称和第三人称。

1. 第一人称

以当事人的口吻来叙述的，叫作第一人称。写作者在这里是以"我"或"我们"直接出现的，所叙述的都是我的所见、所闻、所做、所感。例如：

> 我原是个有着二十多年烟龄的"瘾君子"，去年六月戒烟了。初步尝到了戒烟的"甜头"，精神、身体都受益匪浅。常年的咳嗽减少了，饭量增加了，办公室和家庭都少了一个"污染源"，亲友同事结束了被动吸烟之苦，可谓一人戒烟，众人受益。

第一人称叙述中的"我"，虽然一定会在文章中出现，但在不同的文章中，其地位和作用有所不同。有的文章,"我"就是写作者自己,如鲁迅先生的《为了忘却的记忆》。有的文章,"我"不是写作者,而是作品中的一个人物。这个"我",有时是作品的主人公,如鲁迅先生的《狂人日记》;有时是故事发展的见证人,如鲁迅先生的《孔乙己》;有时是贯穿全篇结构的线索人物,如鲁迅先生的《祝福》。

第一人称的叙述,便于写作者直接充分地表达自己的思想感情,谈起来使人感到真实、亲切、自然。但美中不足的是,这种叙事角度单一,只能写"我"所见、所闻、所思、所感,而对于"我"以外的他人的世界,特别是内心世界,就很难写出来。因此,要全视角地反映社会生活,仅靠第一人称是不行的。

2. 第三人称

以局外人的身份来叙述的,通常叫作第三人称。这种叙述,写作者站在旁观的立场,用"第三者"的口吻,将"他(她)"或"他(她)们"的经历和事情的变化过程告诉读者。第三人称叙事的范围不受任何限制,写作者的视野不受时空的约束,因此,可以称之为"全向视角"。第三人称在叙述中应用较广泛,几乎俯拾皆是,例如:

王秀芹是清原县仓石乡小西堡村人。她脑勤、手勤、脚勤,一天到晚闲不住,人们都打趣地叫她"王辛勤"。过去,她年年月月在生产队里做干豆腐,到头还是欠外债七百多元。"大包干"后,王秀芹勇敢地走上了勤劳致富的路,她跟丈夫商量要重操旧业。干豆腐做出来了,她又推着车走村串户地叫卖。头一年,收入两千多元。

这是用第三人称写的。由于写作者用的是全视角的叙述,所以人物的表现及活动都表达得淋漓尽致。

第三人称的叙述,叙述者的地位可以灵活变动,一会充当此人,一会充当彼人;叙述者的视点也可以无所不在,甚至可以做到全知全觉;叙述者还可以不考虑时间和空间的限制,叙述起来异常方便。第三人称叙述既全面、灵活,又方便并富于变化,但掌握起来却有一定的难度。只有全面地把握文章中的每一个人物的性格特点,把握住人物之间的特定关系,才可以使用。因此,第三人称的灵活运用主要在于写作者思维的灵活和笔墨的灵活,同时这种灵活运用,既可以弥补第一人称叙述地位的固定、叙述角度的单一,也可以避免直接性差的不足,并使读者感到真实、亲切和自然。

3. 人称的交替使用

在文章中,无论是采用第一人称的叙述,还是采用第三人称的叙述,要特别注意人称的统一。一般来说,一篇文章最好采用一种叙述人称,否则会因不断变换的观察点、立足点而使叙述的头绪不清,脉络混乱。当然,提倡叙述人称的统一,并不是绝对地排斥同一篇文章中人称的转换,有些文章,为了避免第一人称的局限,有时将叙述的第一人称和第三人称交替起来使用,不过这种交替不能过于频繁,在人称的交换处,必须交代清楚,要有适当的过渡,以提醒读者。例如,鲁迅先生的《祝福》就使用了两种人称。

开头和结尾部分用的是第一人称,中间叙述祥林嫂的悲惨遭遇,用的是第三人称。开头部分用第一人称叙述以后,作者用了一个过渡句:"然而先前所见所闻的她半生事迹的片段,至此也连成一片了。"这就提示读者,下面要讲祥林嫂的半生事迹了。接着便是"她不是鲁镇人,有一年的冬初……",由此改用了第三人称的叙述。叙述结束以后,又做了这样的交代:

然而她从此,全不见有伶俐起来的希望,他们于是想打发她走了,叫她回到卫老婆子那里去。但当我还在鲁镇的时候,不过单是这样说;看现在的情状,可见后来终于实现了。然而她是从四叔家出去就成了乞丐的呢,还是先到卫老婆子家然后再成乞丐的呢?那我可不知道。

这一段承上启下,从过去讲到现在,很自然地又从第三人称回到了第一人称的叙述,假如没有这些适当的过渡和交代,就会打乱叙述的头绪。

人称的交替使用,使叙述的视角发生变化,无异于用不同的眼光注视生活,用不同的口吻陈述原委,不仅有利于写作者揭示生活的意蕴,有利于刻画人物性格,即透过人物的眼光更好地展现人物的心理和行为,而且叙述口吻的变化,会使行文摇曳多姿、错落有致。同时,由于写作者在人称交替的地方做了明确的交代、段落划分乃至标点符号上的处理,写作者的思路清晰,使读者阅读时也十分明白。

(四)叙述的类别

叙述的类别很多,这里介绍常用的几种。

1. 按整体与局部分,有总叙和分叙

(1)总叙,是在记人、记事、记物时,先从整体进行概括性地叙述,给人以完整的印象。总叙要求简明扼要,既能统率全篇,又能起到开启下文的作用。因此,总叙常冠之以文章之首。例如,路易·艾黎遗作《刘鼎,杰出的中国人》。开头就采用总叙:

我在中国生活六十年,接触过很多非凡的中国革命者和建设者,其中,刘鼎是我最熟悉的、最敬佩的老同志之一,他是在革命和建设两方面都卓有贡献的中国人。

——选自《人民日报》1987年12月31日

这里概括地、全面地介绍了刘鼎,以总叙带动全篇。

(2)分叙,是依据不同的人、事、物分开叙述。分叙与总叙相对应,总叙要求概括叙述全篇,而分叙则要求具体地分开记述局部。全局统率局部,以局部照应全局。例如,路易·艾黎遗作《刘鼎,杰出的中国人》,总叙肯定刘鼎"在革命和建设两方面都有卓越贡献"后,分别叙述刘鼎在抗日战争与解放战争中不平凡的经历,特别侧重叙述他从江西逃离敌营后与外国朋友结交寻找党中央为革命出生入死的过程,还叙述他在西安事变中的作用、漫长的革命岁月中的贡献、"文化大革命"中的蒙冤入狱及后来的病逝,并给予高度的评价。事件头绪较多,分开叙述有详有略,但都扣住刘鼎"在革命和建设两方面都卓有贡献"这条总线。

2. 按叙述者的感情态度分,有客观性叙述和主观性叙述

(1)客观性叙述,是按照人、事、物的原样所做的叙述。这种叙述的客观性主要表现在没有或很少有叙述者的主观色彩。客观性的叙述,除人物和人物的活动以外,更多地运用在对事和物的陈述上。

(2)主观性叙述,是指在叙述和描写人、事、物的过程中,融进写作者思想、情感的叙述。主观性的叙述,往往在描写人物、陈述事物的过程中,或寓含哲理,或寓托情感,富有写作者强烈的主观意识和个性色彩,这种叙述在文学写作中几乎是不可避免的。

3. 按叙述的详略分,有详叙和略叙

(1)详叙,又称细叙,就是详尽细致地叙述。在叙述人、事、物过程中,为了突出重点,在关键的地方要浓彩泼墨,具体、详细地叙述。刘熙载说:"大书特书,牵连得书,叙事本次两法,便可推广不穷。"(刘熙载《艺概·文概》)"书"即记写、叙述,"大书特书,牵连得书"都是指详叙。可见,详叙是叙述中重要的笔法之一。

(2)略叙,是简略地叙述。与详叙相对应,通常是对较次要的材料进行粗略的叙述,与详叙搭配、照应全面。清人林纾说:"学者为文欲求略,当先求精。……全局在握,省于此详于彼,伏于前必待应于后。要之,详处非难,省处难也。"(林纾《春觉斋论文·用笔八则·用省笔》)这里说略叙要写得精,要有全局观点,略是为了详,往往为后面埋下伏笔。略要略到好处,有凝缩性,因此比较难写。不要以为略叙省事,又多叙次要材料,便掉以轻心。

如:

歪脖儿叔原来脖子并不歪。

歪脖儿叔一岁那年,脖子上患了病——从此歪了。

歪脖儿叔五岁那年,说他脖子歪,他也不在乎。

歪脖儿叔十五六岁那阵子,从不出远门,也很少出家门。

歪脖儿叔二十郎当岁的光景,最忌讳别人说他脖子歪。

到四十岁那年,歪脖儿叔收下了换节而来的第七个男孩,就此打住。

歪脖儿叔过了一辈子安稳的日子。

歪脖儿叔没过过一天舒心的日子。

——熊茂德《歪脖儿叔》

这就是略叙,时间跨度大,凝缩性强,扣住人物的特点进行跳跃式、凝缩性的叙述,

而驾驭全局,并埋下伏笔。略要略到好处,既要写得"精",又要畅达明白。

4. 按照叙述的基本要素交代的是否完整来分,有完整叙述和不完整叙述

(1)完整叙述,是一种复杂的叙述结构,它包括叙述的基本要素时间、地点、人物、事件、原因、结果六个部分。在完整的叙述中,这六个部分是缺一不可的。

完整叙述之所以需要这六个部分,是因为:没有时间和空间,也就无所谓存在,任何事情都是在一定的时间和空间中发生的,时间和空间是所有要素中最基本的要素;除了纯自然的现象而外,人类社会中所发生的一切事情,无论是大事还是小事,都与具体的人物相关联,而每一件事情都有一个过程,一个动态的过程,因此,也就必然有原因和结果。我们要具体、完整地叙述一件事情,就必须按照事情的客观存在去叙述,否则就会残缺不全。

(2)不完整叙述,是一种简单的叙述结构,它不必包括完整叙述中的六个部分,只要一两个部分即可。这种片段式的简单叙述,在叙述中往往是不可或缺的,它大大丰富了文章的内容,使文章充实而饱满,也弥补了完整叙述之不足。

5. 按叙述的头绪分,有平叙和间叙

(1)平叙,是多头平行叙述,即同时叙述几个人或几件事、物,采用先后叙述、齐头并进的方式,似不关联,但有一条线贯穿起来。如《劲松三刘》(《文学报》1987年11月19日),开头是这样写的:

刘再复是我的学长。二十年前,在厦门大学中文系读书时,他是文艺刊物《鼓浪》的主编,我是编委,此后廿载春秋,任凭人世风风雨雨,美好的友情一直是斩不断的长流。

拜识刘湛秋,那是我从事报纸副刊编辑之后,为了发"散文诗专页",驰书恳请他赐稿支持下结下的友谊。

…………

隔一天,有客来访再复。开门一问,是刘心武。这是继一九八三年春天在厦门大学作演讲之后的第二回见面,但毕竟不熟悉。

文章采用这种叙述的方式,开头就布下了三条线,平行发展,交替叙述,这便是平叙。

(2)间叙,是间插叙述,即多头叙述到一定程度就要交错进行叙述,互相联系,向前发展。《劲松三刘》开始平叙之后,三条线头就逐渐搭在一起。文中是这么交叉叙述的:

三刘的年纪,都在不惑和天命之间。湛秋居大,再复居中,心武最小。

三刘的家,特点都是书多房小。走进湛秋写作的小房,书柜装满不说,桌上、床上、床下净是书,不像卧室倒像书摊。再复家里,顶天立地的书橱,密密麻麻的书籍,原来

就拥挤逼仄的住房,便完全成了书的世界。心武的客厅兼书房只有六平方米,三具雄视宇宙的大书架、三张小沙发加上一只写字台,可容人插足的空间还不到二平方米。

引人注目的是,三家都有钢琴……

这种叙述,三线归一,时分时合,交叉进行,多头不乱,错落有致。这就是间叙。

二、叙述的方法与作用

(一)叙述的方法

叙述的方法是多种多样的,常见的有以下几种。

1. 顺叙

按人物的经历或事件发生、发展的先后顺序进行的叙述,叫顺叙。这是一种最常见、最基本的叙述方式。这样写,容易做到线索清楚,层次分明,合乎读者认识事物的习惯,便于掌握事情发展变化的来龙去脉。运用顺叙的手法进行叙述应符合以下要求:叙述事件要有头有尾,文章条理清楚;必须做到详略得当,不要不分主次,平均使用笔墨,否则,就容易流于现象罗列,平铺直叙,使读者感到平淡乏味。

2. 倒叙

把事件的结局或事件中最突出的片段提到前面,然后再按时间顺序叙述事件的发展过程,这样的叙述叫倒叙。倒叙不是简单地从后往前写,而是先把事情的"结局"提到文章的前面,待写完了"结局"后再从事情的开始写,写事情发展的过程。倒叙手法运用得好,能突出结果,造成悬念,使文章产生引人入胜的艺术魅力。如肖复兴的报告文学《海河边的一间小屋》就是这样开头的:

现在,我成了新闻人物。登了报纸,上了广播,采访的记者糖葫芦串般,一个挨一个接踵而至。街头巷尾,点头微笑,大家称我是模范。为什么呢? 不过是为了一间小房子,小小的房子,仅仅十三平方米的房子……

我的故事,就从这间房子说起。

读者读到这里,不禁要提出这样的问题:"我"为什么会成为众所瞩目的"新闻人物"呢? 围绕一间小小的房子,"我"究竟要讲述一个什么样的故事呢? 这样,读者一开始就能被一个强烈的悬念所抓住,激发出更大的阅读积极性来。

运用倒叙的手法进行叙述应符合以下要求:倒叙手法应运用于结局有特殊意义,需要先写出来加以突出、强调的文章中,不可随意乱用;运用倒叙应注意交代清楚倒叙部分的起止点;倒叙转入顺序要自然,要有节奏感,不可太突兀、生硬。

3. 插叙

在叙述主要事件的过程中，出于某种需要，暂时中断叙述线索，插入另一件事情的叙述，然后再回到原来对主要事件的叙述上来，这种叙述叫插叙。插叙是出于叙述主要事件的某种需要，有的是为了帮助事件的展开，有的是为了帮助读者了解与主要事件相关的内容，有的则是为了交代、介绍某个人物或解释、说明某个环节。总之，所插叙的部分应是服务于对主要事件的叙述的。如雷达的散文《还乡——生活随笔之五》中有这样一段：

汽车下到谷底，沿着渭河跑起来，路边是刚放学的娃娃，赶集的村民。奇怪，他们自管自走路，对汽车和车中的"乡贤"并无兴趣，不复多年前对汽车的好奇。记得有年我从城里来，一个跪在场院用柳打麦的小脚老婆婆问我："都说汽车汽车的，到底是驴拉哩还是人掀（推）哩？"我说："驴也不拉人也不掀，它自己跑哩。"老婆婆惊诧道："噢，这么说它是个活的？那它吃啥哩？"我说："吃汽油哩。"老婆婆于是拉长声喷叹了许久。唉，我们故乡曾经是多么贫穷和蒙昧啊。而现在，还有谁稀罕汽车呢。

作者在这篇散文里主要叙述的是还乡的见闻，抒发了还乡的种种感受。这里所插叙的是多年前作者从城里来与一老婆婆的短暂的对话，由此反映了故乡的巨大变迁。

运用插叙的方法叙述应符合以下要求：插叙既然是插进去的叙述，就不是可有可无的，因此插叙的内容应是主要叙述内容的有机组成部分，不可与主题游离；插叙终究不是主要事件的叙述，它只能是片段式的，因此篇幅不可太长；插叙的内容应与上下文连接得自然且紧密。

4. 补叙

在叙述到一定阶段上，对前后事件做某些补充叙述，一般叫作补叙，也叫作追叙。补叙一般不发展原来的情节，只起丰富补充的作用。如章永顺的《烟柳依依》，其中先写了吕凯和他的老伴于静玉与从沂蒙山区来的小保姆刘霞话别。叙述了刘霞如何聪慧、勤劳，吕凯夫妇如何舍不得刘霞离开，由此引出了吕凯对1944年沂蒙山战斗的追忆。那场战斗很激烈，20多人壮烈牺牲。吕凯被子弹射穿右肺边缘昏死过去，是一家姓刘的老乡搭救了他。当时留下了一条用鲜血写着一个"盼"字的白毛巾给刘家作纪念……现在猛然得知刘霞就是他苦苦寻觅40年的刘家的亲孙女，而那块毛巾就珍藏在刘霞的居室里。文章后面写道：

春风吹拂着室内的棉絮。刘霞说："我爷爷、奶奶在东北临终前，把珍藏的这块毛巾交给我爹，嘱咐他：一定要回山东老家去。将来要找到这位为拯救沂蒙山人民而几乎献出生命、献出鲜血的亲人。"吕凯激动得接过昔日用手指蘸着胸前鲜血写上"盼"字的白毛巾，喃喃地说："盼到了，盼到了！"他推开双窗深深地呼吸新鲜的空气，出神地望着那纷纷扬扬的柳絮。当即决定：明天亲送刘霞归家，重返沂蒙山。

补叙，有时是至关重要的，前面的"伏笔"由此得以回应，前面的"伏线"，由此得以展开，不仅使情节起伏照应，而且文本的结构也因此严谨、完整。

运用补叙的手法应符合以下要求：补叙是对前文"伏笔"和全文"伏线"的补充性叙述，因此补充的内容既不应蔓生枝节，也不要画蛇添足；补叙的内容应尽量写得紧凑些，不可拖沓。

（二）叙述的要求

1. 交代明白

客观事物的发展变化过程总是离不开人物、事件、时间、地点、原因和结果等要素的，人们把这六个方面的因素称为叙述的要素。要想把一件事叙述明白，在一般情况下，必须把什么人、什么事、什么时间、什么地点、什么原因和什么结果等问题交代清楚，这样才能使读者对叙述事件的全貌有个清楚、全面的了解。当然，叙述六要素的交代，不要形成一个固定的模式，非要在开头用写作者叙述性语言和盘托出不可，而应根据表达的需要灵活掌握。有的可以直接交代，有的则可以侧面间接说明，有的题材的某些要素甚至也可省略。

2. 线索清楚

线索，是贯穿于文章中写作者组织材料的思路的反映，叙述的线索则是写作者在叙述人物经历或事件发展过程中的贯穿思想和脉络。由于题材的差别和写作者思想的各异，叙述的线索也是多种多样的。有的以时间发展为线索，有的以空间转换为线索，有的以问题的划分排列为线索，有的以某一具体的"物"为线索，有的以写作者的思想感情的变化为线索，有的线索不止一条，等等。要想把纷繁复杂的客观事件很好地叙述出来，必须注重叙述线索的清楚明晰。

3. 详略得当

叙述切忌泛泛地平摊，记"流水账"，一定要主次分明，详略得当。这就要做好对材料的剪裁。凡与表达主题密切相关的材料要泼墨如雨，详写细写；凡与表达主题关系不太密切的次要材料，要惜墨如金，粗写略写。如果不分主次巨细，平均使用笔墨，次要的材料写得太详，烦琐见长，读者便抓不住中心；如果主要的材料写得太略，粗粗几笔，主题便得不到充分具体的表达。为此，叙述必须详略得当。

4. 波澜起伏

现实生活中的许多人物的经历和事件的经过都不是单一平淡、直线发展的，都是错综复杂、充满着矛盾和斗争的。运用叙述手法表现生活时，就应根据实际情况，迂回曲折、富于变化，才能更好地反映客观事物的规律，使文章内容更丰实，产生引人入胜的艺术魅力。古人讲"文似看山不喜平"，说的就是这个道理。

(三)叙述的作用

叙述,作为一种表达方式,作用也比较大。不过,它在各种文体中,作用亦不尽相同。

1. 小说中的叙述

小说几乎都以叙述为主,通过叙述推进故事情节、交代背景,并在叙述过程中介绍人物,与描写结合塑造人物性格,或表现情致、意念等。

2. 影视文学中的叙述

影视文学运用叙述表达方式,与小说有类似的地方,但亦有其叙述语言的特色,常以视觉、听觉为转移,以镜头组接为线索,推进情节或构成意念的轨迹。叙述,在影视文学中也得到广泛的应用。

3. 散文中的叙述

散文中有侧重叙述的,亦多以叙述来写人、写事、写物,以寓情、寓理。

4. 其他叙述性文体中的叙述

包括通讯、消息、游记、回忆录、传记、日记、访问记等,还有报告文学,无不以叙述为主,而且寓于变化,各具特色。

5. 说明文和议论文中的叙述

这两种文体,通常不用叙述,但说明文中的举例说明和议论文中的举例论证,涉及人与事,亦需要叙述,不过叙述要求概括些罢了。科学实验、科学研究有的要说明过程,也需要采用叙述方式。

第二节 描 写

一、描写的含义与对象

(一)描写的含义

描写,是用生动的语言,把人物或景物的状态具体地描绘出来。它和叙述一样,也是一种常用的表达方式。二者经常结合运用,甚至很难截然分开。但是,从某一段或某几段的主要倾向上看,仍然可以看出二者的区别。那就是:叙述着重在对人物、事件的介绍和交代,使之清楚明白;描写着重在对人物、事件、环境的描写和刻画,使之生动传神,历历在目。在文体中,写作者只有通过具体生动的描写,才能使自己的作品相当强烈地打动读者。

(二)描写的对象

客观事物是广泛的,客观事物中形形色色的具体状貌、状态都是描写的对象。描写根据对象不同,一般可分为人物描写、环境描写、细节描写。

1. 人物描写

一篇叙述文章或文学作品是否具有感人的艺术魅力,人物描写是很重要的一环。人物描写,主要有肖像描写、语言描写、行为描写、心理描写。

(1)肖像描写,是对富于特征的人物外貌——容貌、神情、姿态、服饰等的描写,它是刻画人物形象的有效手段。果戈理说:"外形是理解人物的钥匙。"成功的肖像描写,不仅能惟妙惟肖地描绘出人物的外部特征,而且能"以形传神",通过人物的外形描写,极为鲜明地揭示出人物的身份、性格和内心世界。例如,刘白羽的《朱德将军传·草地风雷》中写了这样一段话:

不知为什么大家都饿得那样精瘦,唯独张国焘却养得那样肥胖。但这样一个大块头却装得软绵绵的,他的声音、笑貌、动作都使你感到虚伪。他讲话时,微微弯一点腰,装腔作势,把两手放在胸前,皮笑肉不笑,而每句话拖得长长的尾音,露出他的傲慢。他的躯体虽说庞大,心胸却很狭窄,有一次,我见他和一个人下围棋,当他输了一着棋时,他的脸突然挣得通红起来!

在这里,作者用在艰苦年代里,大家都饿得精瘦,张国焘却养得肥胖的对比,又用他的外貌特点和虚伪、傲慢、狭窄的实质做对比,活画出张国焘的丑态。

(2)语言描写,是对人物的对话、独白及其语气事态的描写。它是刻画人物形象重要的艺术手段之一。马克思说"语言是思考的直接现实",人物的心理、感情主要靠语言来表达。恰切的语言描写,不仅能透露人物丰富微妙的内心秘密,而且能生动地刻画出人物独特的性格特征。正如鲁迅先生所说:"使读者看了对话,便好像目睹了说话的那些人。"(鲁迅《花边文学·看书琐记》)

我们仅以曹禺《雷雨》中的周朴园和《北京人》中的曾思懿这两个封建家长式的艺术典型为例,就可清楚地说明这个问题。

周朴园早年留学德国,回国后又当煤矿董事长,这种独特的生活经历,形成了他冷酷、自恃、专横的独特性格。他第一次出场见到一别几年的妻子繁漪时说:"你应当再到楼上去休息。""应当替孩子做个榜样。"当周冲想替罢工工人说几句公道话时,他严厉地说:"我认为你这次话说得太多了。"这些充满着"应当""我认为"等字样的台词,句式短促,语气专横,几乎说一句就是一道命令。就在他一面施展着封建家长淫威的同时,又一面看着表对家人说:"十分钟后我还有一个客来,你们关于自己有什么话说吗?"可见他的思想性格,不仅打上了封建主义的印记,而且还具有西欧资产阶级的特征。

曾思懿和周朴园一样,是总揽家务实权的封建家长,由于两人的时代、经历、地位、性格和教养不同,她比周朴园多了一层贤淑其表而泼悍其里的特色。她的语言基调是阴险刻毒、笑里藏刀,就连一句玩笑话也充满杀机:"我呀,我一直就想着也有愫妹妹这双巧手,针线好,字画好。说句笑话,(不自然笑起来)有时想着想着,我真恨不得拿起一把菜刀,(微笑的眼光里突然闪出可怕的恶毒)把你这两只巧手(狠毒)斫下来给我接上。"这样的笑话,只有这位王熙凤式的管家奶奶曾思懿才能说得出,如果没有这样的笑话也写不出曾思懿。

(3)行为描写,是指对人物的行为动作的描写。黑格尔指出:"能把个人的性格、思想和目的最清楚地表现出来的是动作,人的最深刻方面只有通过动作才能见诸现实。"(黑格尔《美学》,第一卷,270页)从这个意义上说,文章中刻画人物和心理的最有力的手段是行动描写。典型的行动描写,不仅要描写出人物在特定的情势下做出什么样的行动来,而且还要描写出他以什么样的独特方式去怎样完成这个行动。只有充分写好后者,才能使人物的一举一动、一笑一颦都独具特色,充满鲜明的个性,展示其独特的内心世界。比如《红楼梦》第四十回,写刘姥姥在大观园的一次家宴上,因受凤姐的撮弄而故意逗乐,引起众人大笑的一段:

贾母这边说声"请",刘姥姥便站起身来,高声说道:"老刘,老刘,食量大如牛;吃个老母猪,不抬头!"说完,却鼓着腮帮子,两眼直视,一声不语。众人先还发怔,后来一想,上上下下都一齐哈哈大笑起来。湘云撑不住,一口茶都喷出来。黛玉笑岔了气,伏着桌子只叫"嗳哟!"。宝玉滚到贾母怀里,贾母笑的搂着叫"心肝"。王夫人笑得用手指着凤姐儿,却说不出话来。薛姨妈也撑不住,口里的茶喷了探春一裙子。探春的茶碗都合在迎春身上。惜春离了座位,拉着她奶母,叫"揉揉肠子"。地下无一个不弯腰屈背,也有躲出去蹲着笑去的,也有忍着笑上来替他姐妹换衣裳的。独自凤姐鸳鸯二人撑着,还只管让刘姥姥。

这里,湘云的笑来得快而爽,显示了她聪敏豪爽的性格;黛玉的笑柔弱不支,表现了她弱不禁风的体态和温柔文静的性格;宝玉竟笑得滚到贾母的怀里,活画出这位怡红公子童心未泯的娇纵性格及其在祖母心中的地位;贾母的笑则显示了这位贾府的老祖宗借穷人寻开心的乐不可支的心态以及对宝玉的娇宠;王夫人笑的神情动作,体现了她对导演这场喜剧的凤姐既嗔怪又赞赏的复杂情绪;探春的笑无顾忌,透露出"才自清明"的三小姐固有的豪气;惜春的笑又显然和四小姐尚幼的年龄和稚嫩的性格有关。至于地上下人们的"弯腰屈背""躲出去蹲着笑""忍着笑",等等,皆由他们所处的奴仆地位所决定。总之,同是对刘姥姥故意逗乐所引起的笑,由于人物的性格、地位的差异,笑的方式也千姿百态,各自异彩,人物形象也由此而千人千面,呼之欲出。

(4)心理描写,是对人物在一定情境中所产生的内心的思想、感触、情绪和意识等的心理活动的描写。恩格斯在给斐·拉萨尔的信中指出:"我觉得一个人物的性格不仅表现在做什么,而且表现在他怎样去做。"(《马克思恩格斯全集》,人民出版社,第29卷,581页)这就是说,刻画人物,只写出人物"做什么"的行动是不够的,还必须通过细致生动的心理描写,展示人物在行动时心理上的具体特点和具体过程。这是透视人物的内心世界,刻画人物性格不可缺少的艺术手段之一。

心理描写的方法是多种多样的,一般可分为直接心理描写和间接心理描写两种。直接心理描写,有时可以用写作者的语言,把比较复杂的心理活动客观地加以描写和剖析;有时也可以用"内心独白"的方式,将内心的隐秘直接倾诉出来;有时还可以借幻境的描写曲折地披沥人物的内心世界。如巴金的《望着总理的遗像》一文中,有这样一段话:

那天听到北方朋友的话以后,静下来时我望着总理的遗像出神,心里有着多少话要对总理讲啊。晚上我梦见自己也跟随瞻仰遗容的群众,向总理的遗体告别,我也看见总理瘦多了。我醒在床上,紧紧咬着自己的嘴唇,用手搔自己的胸膛,有一团火在我的心里在燃烧,有多少小虫在咬我的心。我痛苦地问:为什么现代医学的巨大成就还不能减轻这个伟大人物的病痛?……

这一段话,非常真实具体地描绘了作者自己的心理状态,表达了对周总理的深厚感情,具有感人至深的力量。这种描写,不仅能展现作者(或作品中的"我")的内心活动,而且抒情性强,感染力大。

直接心理描写以外,文章还时常借助人物的肖像、表情动作、语言或者对外界景物的描写,来间接烘托人物的心理,这就是所说的间接心理描写。如长篇通讯《为了周总理的嘱托》中,当植棉模范吴吉昌听到周总理逝世的消息时,作者通过"他跟跟跄跄地从外地赶回家乡""失魂落魄地推开自家的院门""倒在炕上失声痛哭"等一系列动作的刻画;通过"再也见不到总理啦"的语言描写;通过"沿途的村庄、道路、田野在他泪眼中都像蒙上了一层薄纱,模糊着、颤动着"的景物勾勒,极为真切生动地间接烘托了吴吉昌悲痛欲绝的心理。

在写作中,我们不管采用哪一种心理描写方式,都必须能反映出人物或写作者的真实的思想感情。如果是描写人物的心理活动,那就不能以写作者的心理活动来代替,不能把人物当成写作者思想活动的表演者。否则,就会使人物成为只有外形而没有灵魂的躯壳。同时,一般来讲,静止的心理剖析不要写得过多过长,以免影响文章的感染力,使读者感到厌倦。

2. 环境描写

环境描写,是指与写作者或人物发生直接联系的那些外界条件的描写,它包括自然景物描写、社会环境描写、场面描写。

(1)自然景物描写,是对时序节令、自然气候、山川湖海、动物植物等自然景物的描写。一般在文章里,自然景物有时成为主要描写对象,起主体作用,借助它抒发写作者的思想感情,比如游记、动静物小品和抒情散文等。而在一般写人叙事的文章里,自然景物并非主要描写对象,只起辅助作用,通过它来交代作品的典型环境、表现人物的内心世界和性格,推动故事情节的发展。如鲁迅先生的《故乡》开头的景物描写:

时候既然是深冬;渐进故乡时,天气又阴晦了,冷风吹进船舱中,呜呜的响,从缝隙向外一望,苍黄的天底下,远近横着几个萧索的荒村,没有一丝活气。我的心禁不住悲凉起来了。

这里作者从严冬的时令、阴晦的天气、呜呜的冷风、苍黄的天气、萧索的荒野等自然景物的描绘,生动地勾画出当时半封建半殖民地旧中国农村荒凉破败的景象,为下文写"我"与闰土相见的故事情节提供了典型环境,也衬托出"我"寂寞、沉重、悲凉的心情。

(2)社会环境描写,是对一定历史时期的社会生活、阶级关系的本质特点及其发展趋势的描写;而在具体作品里,它主要体现在对人物活动的具体背景、处所、氛围和人与人之间关系的描写上。环境是形成人物思想性格的客观条件和依据。例如,赵树理在《李有才板话》中,对李有才的住处和用具摆设作了这样的描写:

李有才住的一孔土窑,说也好笑,三面看来有三变。门向南开,靠西墙正中有个炕,炕的两头还都留着五尺长短的地面。前边靠门这一头,盘了个小灶,还摆着些水缸、茶瓮、锅、匙、碗、碟;靠后墙摆着些筐子、箩头,里面装的是村里人送给他的核桃、柿子(因为他是看庄稼的,大家才给他送这些);正炕后墙上,就炕那么高打了个半截套窑,可以铺半条席子。因此,你要一进门看正面,好像个小山果店;扭转头看西边,好像石菩萨的神龛;回头来看窗下,又好像小村子里的小饭铺。

这里写的土窑是李有才的唯一财产,作者对窑内的用具摆设,从不同的角度作了详尽的描述,表现了一个旧社会的贫苦农民的身份和处境。

(3)场面描写,是描写在一个特定的时间与地点内许多人物进行的活动的总面貌。它往往是叙述、描写、抒情等表达方法的综合运用,是自然景物、社会环境、人物活动等描写手段的集中表现。常见的有劳动场面、战斗场面、运动场面以及各种会议场面等。如吴伯箫的《记一辆纺车》中描写的纺线竞赛场面:

举行竞赛,有的时候在礼堂,有的时候在窑洞前边,有的时候在山根河边的坪坝上。在坪坝上竞赛的场面最壮观,"沙场秋点兵"。或者所有那种气派,不,阵容相似,热闹不够。那么盛大的节日赛会的场面,只要想想,天地是厂房,深谷是车间,幕天席地,群山环拱,世界上哪个地方哪个纺织厂有那样的规模呢?你看,整齐的纺车行列,精神饱满的竞赛队伍,一声号令,百车齐鸣,别的不说,只那嗡嗡的响声就有飞机场的机群起飞的气势。那哪里是竞赛,那是万马奔腾,在共同完成一项战斗任务。

这一段的描写很有气势,富有想象力,又具有无限的深情。抒情、写景、记事三者自然融合,既叙写了竞赛的地点、规模、气氛,又表现了人们的技艺和精神状态。这些具体的描写,使读者如身临其境,同享着激动人心的欢乐。

3. 细节描写

细节描写,是对生活中具有典型意义的细枝末节的描写,它是叙述性文章的最小描写单位。任何一篇文学作品或叙述文,无论是人物个性的刻画,还是故事情节的展开、典型环境的描绘,都需要通过真实生动的细节描写,把它的最细微、最本质的情状特点,鲜明而又逼真地呈现在读者面前。可以说,没有精湛的细节描写,就没有真切生动的艺术形象,更谈不上作品的真实性和艺术感染力。

读过高晓生的《陈奂生进城》的人,大概都不会忘记作者对陈奂生在高级招待所里一系列的动作的细节描写。陈焕生上城卖油绳,不料病倒在车站候车室里,被吴楚书记送进高级招待所住了一宿。醒来后,屋内豪华的摆设使他不知所措,躺在床上生怕弄脏被子,"不由自主地立刻在被窝里缩成一团";下了床怕弄脏地板,"把鞋子拎在手里,光着脚跑出去";沙发"不敢坐,怕压瘪了弹不饱"。但当他付了五元钱的住宿费后,就忿忿然"大摇大摆"穿着鞋进了房间,再也不怕弄脏地板;"故意立直身子"三番五次地"扑通"往弹簧太师椅上一坐,再也不怕坐瘪沙发;用提花枕巾擦脸,"衣服也不脱,就盖上被头困了",再也不怕弄脏被褥。这一系列人物行动细节的对照描写,生动地刻画了陈奂生这位勤俭朴实的农民,对城市高级招待所一夜就花掉一个社员七天才能挣来的五元钱的昂贵住宿费乃至豪华的设备的极度愤慨、不满和抗议,当然这种不满和抗议是用农民那种务实而又有些狭隘,带点可笑的报复心理表现出来的。

细节描写必须入情入理,符合生活的真实。恩格斯把细节的真实视为现实主义文学创作的一个重要特点。古今中外的许多作家都非常重视细节的真实。列夫·托尔斯泰曾经指出高尔基作品中关于火炉摆法的细节错误;巴尔扎克也曾批评雨果把活在干地方的壁虎放在大粪池里养的细节失真。初学写作者,往往存在脱离生活实际而生编硬造细节的倾向。比如有一篇作品,为了赞扬海防战士,描写了"蘸着海水磨刺刀"的细节,发表后受到海防战士的批评,因为海水是咸的,刺刀溅上了它会生锈的。可见不尊重客观生活的实际,不深入生活进行细致地观察和了解,是造成细节描写失真的重要原因之一。

二、描写的方法与作用

(一)描写的方法

客观事物是错综复杂的,作为再现客观事物状貌情态的描写方法也是多种多样的,从不同的角度,可以划分不同的描写方法。

1. 从描写的疏密程度或风格上划分,可分为白描和细描

(1)白描,是指用朴素洗练的笔法,寥寥几笔将描写对象的主要特征勾勒出来,这是一种比较接近于叙述的描写方法。它本来是国画的一种技法,特点是单纯用线条勾勒物像,不加任何渲染和色彩。后来人们把它用在文章描写上,则是指简练精约、不尚修饰、不加烘托、重在传神的一种风格。如鲁迅先生在散文《五猖会》里说:

现在看看《陶庵梦忆》,觉得那时的赛会,真是豪奢极了……他记扮《水浒传》中人物云:"……于是分头四出,寻黑矮汉,寻梢长大汉,寻头陀,寻胖大和尚,寻茁壮妇人,寻娇长妇人,寻青面,寻歪头,寻赤须,寻美髯,寻黑大汉,寻赤脸长须。大索城中,无,则之郭,之村,之山僻,之邻府州县。用重价聘之,得三十六人,梁山泊好汉,个个呵活,臻臻至至,人马称娖而行。……"这样白描的活古人,谁能不动一看的雅兴呢?

这段文字,整体是"叙述"分头去"寻"扮演《水浒传》中人物而"大索"城中的情况,但是,它确实又有鲜明的"描写"色彩:"胖大和尚""娇长妇人""青面""赤须"等,这都是一种人物的"描写";"个个呵活,臻臻至至,人马称娖而行,"这更是一种场面的"描写"。所以,"少修饰"不是没有修饰,只是"精炼"而已;以"叙"代"描","叙"不是纯然的"叙述",而是具有一定的"描写"性。

(2)细描,也叫工笔,这是用细腻的笔法,对描写对象的某些方面作精雕细刻的描写。这种描写,文字细密,色彩浓郁,往往借助于对比、比喻、比拟、夸张等修辞手法,把客观事物复杂斑斓的状貌,具体而细微地表现出来。如朱自清的《荷塘月色》中有这样一段描写:

曲曲折折的荷塘上面,弥望的是田田的叶子,叶子出水很高,像亭亭的舞女的裙。层层的叶子中间,零星地点缀着些白花,有袅娜地开着的,有羞涩地打着朵儿的;正如一粒粒的明珠,又如碧天里的星星。微风过处送来缕缕清香,仿佛远处高楼上渺茫的歌声似的。这时候叶子与花也有一丝颤动,像闪电般,霎时传过荷塘那边去了。叶子本是肩并肩密密地挨着,这便宛然有了一道凝碧的波痕。叶子底下是脉脉的流水,遮住了,不能见一些颜色;而叶子却更见风致了。

这段话作者用丰富、传情而又有着浓郁色彩的词语,借助比喻、拟人等修辞手法,从荷叶写到荷花,从花香写到流水,写出了荷花的丰姿、荷塘的雅景,描写十分细腻动人。

2. 从描写的角度上分,可分为直接描写和间接描写

(1)直接描写,也叫正面描写,是指对描写对象进行直接的、具体的描绘。这是文章描写中最常见、最基本的描写方法,一般的人物描写、景物描写、场面描写、细节描

写,均采取这种描写方法。我们上面所举的描写例子即多为此类,这里不再举例赘述。

(2)间接描写,也叫侧面描写,是指对描写的对象不进行直接描写,而是通过与之相联系的周围事物的描写,来映衬、烘托被描写的对象。如俄国作家果戈理的《彼得堡故事·罗马》中有这样一段:

> 人们一遇见她,就都呆若木鸡地站住了:帽子上插一朵金花的平民出身的纨绔子弟情不自禁地发出惊叹之声;穿豌豆绿雨衣的英国人在他漠然无情的脸上画出一个疑问号;长着范达克式的胡子的画家比谁都要更长久地老站在一个地方,想道:"这才是狄亚娜、骄傲的朱诺、迷人的美神和画布上所画出的一切女性的最好的模特儿哪!"

这里从纨绔子弟、英国人以及画家等人"呆若木鸡"异乎寻常的神情和心理的描写,侧面烘托出阿尔邦诺女子安农齐亚达惊人的美貌,文字不多,却非常巧妙与生动。间接描写主要靠氛围的渲染,对于一些难以描绘或不宜实写的描写对象来说,这种以虚托实的描写可以受到费力少而功效好的效果;但它毕竟只是直接描写的一个必要补充,不能用得太多。太多,都是"虚"的,文章就会显得"飘",读者就会觉得"空"了。

3. 从描写者和描写对象的关系来分,可分为主观描写和客观描写

(1)主观描写,是指写作者带着主观感情去描写客观事物,在再现被描写对象的客观状貌中,渗透着写作者主观上喜怒哀乐的思想情绪。这种描写多用于形象性的文章,特别是文学作品中。例如,在鲁迅先生的笔下,同是旧中国下层劳动者的肖像,由于作者对人物所寄予的主观感情色彩不同,其肖像描写的色调也不同:《故乡》中的杨二嫂"正像一个画图仪器里细脚伶仃的圆规";而《一件小事》中的车夫却"满身灰尘的后影,霎时高大了,而且愈走愈大,须仰视才见。"再如同是写秋景,欧阳修在《秋声赋》中,怀着凄凉落寞的悲秋心绪,把秋天描写的那么肃杀惨淡、萧条零落;而峻青在《秋色赋》中却以无限欢欣赞赏的情趣,把秋天描写得何等欣欣向荣、灿烂绚丽!

(2)客观描写,是不带写作者的主观情绪,客观地、具体准确地描绘描写对象的本来状貌。这种描写,一般都应用于科学技术性较强的文章中。如白居易的《荔枝图序》中有这样一段:

> 荔枝生巴峡间,树形团团如帷盖。叶如桂,冬青;华如桔,春荣;实如丹,夏熟;朵如葡萄,核如枇杷,壳如红缯,膜如紫绡,瓤肉莹白如冰雪,浆液甘酸如醴酪。大略如彼;其实过之。若离本枝,一日而色变,二日而香变,三日而味变,四五日外,色香味尽去矣。

这里对荔枝作了生动的描写,准确、全面地记述了荔枝的特性,使人如见其形,如嗅其香,如品其味。

(二)描写的要求

1. 目的明确

文章的一切表达形式都要为表达思想内容服务,作为表达手段之一的描写当然也不能例外,它在文章中何处该写,何处不该写,用什么样的描写方法,有明确的目的,都要从表达主题、刻画人物、渲染环境气氛出发,而不能随心所欲,为描写而描写。

2. 特点突出

鲁迅先生说:"……要极省俭地画出一个人的特点,最好是画他的眼睛。我认为这话是极对的,倘若画了全副的头发,即使细微逼真,也毫无意思。"(《我怎样做起小说来》)这就是说,要想把人物或景物写活,不能毫无选择地把可供描写的地方全都细腻逼真地描绘出来,而必须抓住最能反映描写对象本质特征的地方,倾注全力加以刻画,去掉一切多余的东西而保留"特征",突出"特征",这样才能使被描写的人物或景物个性鲜明、栩栩如生。如朱自清笔下的景物之所以使人读后有特别真切的感受,好像亲临其境一样,关键在于他能准确抓住描写对象的特点,从中辨出"新异的滋味",获取"独特的秘密"。

3. 形神兼备

英国作家菲尔丁说:"我们说某画家画的人物'真像是在呼吸似的',大家都认为这对他是无上的推崇,殊不知若说画人物'真像是有思想似的',这却是更大更崇高的赞许呢。"这段话启示我们,对客观事物的描写,不仅要求形似,而且要求神似。所谓形似,就是把描写对象的形状外貌和情态形象逼真地表现出来;所谓神似,就是把这种描写延伸到描写对象的内部深层,揭示其内在的底蕴和神采。对于任何一个客体对象的描写,没有外部形态的"似","神"便无以附丽,失去了存在的基础;但仅仅停留在外部形态的"似"上,而放弃了对内在神"似"的追求,其结果被描写的对象只能是没有生命和光彩的躯壳。只有把形和神的描写辩证和谐地统一起来,才能使被描写的对象生动逼真,成为一个呼之欲出的活生生的统一体。

4. 不落俗套

不落俗套,就是不要落入陈旧的格调,也就是要力求新鲜、生动。新鲜、生动的描写,应该采撷于生活,固然我们可以从古今中外的文学名著里,从他人的文章中,学习描写的手法,但那只是为了借鉴,而不能机械模仿。如果一味模仿,一味跟在别人后面亦步亦趋,人云亦云,忽略自己的独创,就不可能有新鲜、生动的描写。因此,我们必须在浩瀚的生活海洋中,不断提高自己捕捉形象的能力,为描写的创新创造条件。

(三)描写的作用

描写的作用,主要体现在文学领域和科学领域两个方面。

1. 在文学领域的作用

描写,在文学领域中的作用颇为广泛。在文学领域中,凡塑造形象的作品都不离描写。文学作品大都有人物描写和环境描写。人物描写又包括肖像描写、行为描写、语言描写、心理描写等;环境描写有自然环境描写和生活环境描写等。而众多描写,又离不开细节描写,细节描写可以视为文学作品的生命的细胞。描写,在文学的不同文体中功用也不尽相同。例如:散文中景物描写为了创造意境,小说中人物描写着重刻画人物性格,而在戏剧中尤能突出语言描写的功用。

2. 在科学领域中的功用

描写与科学领域并非绝缘,在许多场合中有其独特的功用。科学亦需要运用描写造型。科学观察需要描写,比如观察动物的生活习性及其活动的规律,没有描写就很难说明问题;科学实验需要描写,比如物理实验场里核子的裂变发射的光谱,可以用描写展示出来;科学成果常常需要描写,科学产品的状貌和一些属性,有时只靠数据是说不清楚的;一些预想性的科学说明也常借助于描写;科学的刑侦案件,就喜欢描写,从蛛丝马迹中推测罪犯的形貌和作案的情景,以利于破案;探索科学奥秘需要描写,号称世界"六大悬案"的科学之谜,往往通过一些迹象的描写,引人入胜,令人向往和追求。

科学的描写务求平实、准确,常与数据相结合,夸大和渲染于事无益,反而有害,这是与文学中的描写的不同之处。科学描写并不排除生动、有趣,但必须以准确的描写为前提。

▶ 佳作赏析

[赏析一]

海伦的镜子——会见尼姆·威尔士女士

丁 玲

……但这些纷至沓来的画片,总是一页一页地淡了下去,而四十几年前的一个身材窈窕、穿灰色军装、系红色皮带的年轻白人女记者的倩影却一步一步由淡转浓地显现出来。回想那是1937年,抗战前夕,她活跃在延安古城,有时是在大会场上拿着照相机跑来跑去,有时是在煤油灯下喁喁私语。那时她是何等令许多新到延安不久的知识分子以及一些老红军干部注意呵!那时候,在延安的友好的外国记者除了史沫特莱就是她了。后来她出版了《续西行漫记》,是对斯诺的《西行漫行》的补充,引起了许多人在图书馆里争相阅读。她对中国革命的友谊,是我们许多人都不会忘记的。她是谁呢?她就是尼姆·威尔士女士,虽然早已与斯诺先生离婚,但她仍常常署名"海伦·斯诺夫人"。昨天,她给在耶鲁大学的友人打电话,约我到她家去。……

赏析:作者通过插叙,勾勒了海伦四十几年前在延安采写《续西行漫记》时的飒爽英姿,展示了当年她对中国革命的友谊及功绩,为进一步叙写四十几年后这位革命女作家所处的贫病交加的悲惨境遇,做了有力的对比和铺垫。

[赏析二]

县委书记的榜样——焦裕禄

穆 青

展现在焦裕禄面前的兰考大地,是一幅多么严重的灾荒的景象啊!横贯全境的两条黄河故道,是一眼看不到边的黄沙;片片内涝的洼窝里,结着青色的冰凌;白茫茫的盐碱地上,枯草在寒风中抖动。

……………

当时,兰考车站上,北风怒号,大雪纷飞。车站的屋檐下,挂着尺把长的冰柱。国家运送兰考灾民前往丰收地区的专车,正从这里飞驰而过。也还有一些灾民,穿着国家救济的棉衣,蜷曲在货车上,拥挤在候车室里……

赏析: 这两段社会环境描写,通过写那黄沙覆盖的黄河故道、结满冰凌的片片洼窝、白茫茫的盐碱地;风雪交加的兰考车站,飞驰而过的救灾专列,以及蜷曲在货车上、拥挤在候车室里的逃荒的灾民等景象,突出渲染了20世纪60年代初期,兰考县所遭受的严重的自然灾害及其给全县人民造成的深重的灾难。就是在这个特定的社会环境中,焦裕禄带领兰考人民进行了一场惊天动地的抗灾自救的伟大斗争。

视域拓展

[拓展一] 学者为文欲求略,当先求精。……全局在握,省于此则详于彼,伏于前必得应于后。要之,详处非难,省处难也。

——清·林纾《春觉斋论文·用笔八则·用省笔》

[拓展二] 山之精神写不出,以烟霞写之;春之精神写不出,以草树写之。故诗无气象,则精神亦无所寓矣。

——刘熙载《艺概·诗概》

技能训练

一、专项训练

1.阅读下文,指出这篇文章中叙述的六大基本要素。

一件小事

鲁 迅

我从乡下跑进京城里,一转眼已经六年了。其间耳闻目睹的所谓国家大事,算起来也很不少;但在我心里,都不留什么痕迹,倘要我寻出这些事的影响来说,便只是增长了我的坏脾气——老实说，便是教我一天比一天的看不起人。

但有一件小事，却于我有意义，将我从坏脾气里拖开，使我至今忘记不得。

这是民国六年的冬天，大北风刮得正猛，我因为生计关系，不得不一早在路上走。一路几乎遇不见人，好不容易才雇定了一辆人力车，叫他拉到S门去。不一会，北风小了，路上浮尘早已刮净，剩下一条洁白的大道来，车夫也跑得更快。刚近S门，忽而车把上带着一个人，慢慢地倒了。

跌倒的是一个女人，花白头发，衣服都很破烂。伊从马路边上突然向车前横截过来；车夫已经让开道，但伊的破棉背心没有上扣，微风吹着，向外展开，所以终于兜着车把。幸而车夫早有点停步，否则一定要栽一个大斤斗，跌到头破血出了。

伊伏在地上；车夫便也立住脚。我料定这老女人并没有伤，又没有别人看见，便很怪他多事，要是自己惹出是非，也误了我的路。

我便对他说，"没有什么的。走你的罢！"

车夫毫不理会，——或者并没有听到，——却放下车子，扶那老女人慢慢起来，搀着臂膊立定，问伊说：

"您怎么啦？"

"我摔坏了。"

我想，我眼见你慢慢倒地，怎么会摔坏呢，装腔作势罢了，这真可憎恶。车夫多事，也正是自讨苦吃，现在你自己想法去。

车夫听了这老女人的话，却毫不踌躇，搀着伊的臂膊，便一步一步的向前走。我有些诧异，忙看前面，是一所巡警分驻所，大风之后，外面也不见人。这车夫扶着那老女人，便正是向那大门走去。

我这时突然感到一种异样的感觉，觉得他满身灰尘的后影，刹时高大了，而且愈走愈大，须仰视才见。而且他对于我，渐渐的又几乎变成一种威压，甚而至于要榨出皮袍下面藏着的"小"来。

我的活力这时大约有些凝滞了，坐着没有动，也没有想，直到看见分驻所里走出一个巡警，才下了车。

巡警走近我说："你自己雇车罢，他不能拉你了。"

我没有思索的从外套袋里抓出一大把铜元，交给巡警，说，"请你给他……"

风全住了，路上还很静。我一路走着，几乎怕敢想到我自己。以前的事姑且搁起，这一大把铜元又是什么意思，奖他么？我还能裁判车夫么？我不能回答自己。

这事到了现在，还是时时记起。我因此也时时煞了苦痛，努力的要想到我自己。几年来的文治武力，在我早如幼小时候所读过的"子曰诗云"一般，背不上半句了。独有这一件小事，却总是浮在我眼前，有时反更分明，教我惭愧，催我自新，并增长我的勇气和希望。

一九二〇年七月

2. 根据你最喜欢的一个季节,写一个 150 字左右的自然景物描写片段。

3. 根据自己的亲身经历,描写某一个你刻骨铭心的场面,并上台分享,最后通过学习通投票,选出"最动人的场面描写"。

二、综合训练

1. 阅读下文,欣赏体味其中引用的经典语段,搜集你读过的著名叙述或者描写片段,说明出自哪位作家哪本作品的哪一章节,像综艺节目《朗读者》一样,在班里表演朗读。

鲁迅在《秋夜》开头写"在我的后园,可以看见墙外有两株树,一株是枣树,还有一株也是枣树",刻意用重复句式制造孤寂氛围,暗示当时社会环境下知识分子的孤独。这种打破常规的叙述方式后来被许多学者称为"鲁迅式冷幽默"。

张爱玲《金锁记》里对月亮的描写堪称经典:"年轻的人想着三十年前的月亮该是铜钱大的一个红黄的湿晕,像朵云轩信笺上落了一滴泪珠,陈旧而迷糊。"将月光比作泪痕,既符合旧式家族衰败的主题,又用具体物件"朵云轩信笺"唤醒时代记忆,这种通感手法让画面瞬间立体。

老舍《骆驼祥子》暴雨场景的描写充满动感:"风带着雨星,像在地上寻找什么似的,东一头西一头地乱撞。"拟人化手法让天气具有侵略性,暗示主人公生存环境的残酷。作家用"乱撞"这种口语化词汇,既符合车夫视角,又强化了文字的节奏感。

沈从文《边城》对湘西风物的白描极见功力:"溪流如弓背,山路如弓弦,故远近有了小小差异。"用几何图形比喻山水走势,既保留乡土气息又暗含命运张力。这种将自然景观与人文思考融合的写法,后来成为地域文学书写的范本。

钱钟书《围城》里讽刺知识分子的笔触辛辣:"那女人平日就有一种孤芳自赏、落落难合的神情,像大宴会上没人理睬的寡妇。"用宴会场景作比,既刻画人物性格又暴露社交虚伪,双重隐喻手法让讽刺效果倍增。

汪曾祺在《受戒》中写芦苇荡:"芦花才吐新穗,紫灰色,软软的,像一串串未熟的葡萄。"将视觉、触觉、味觉打通,用日常事物构建诗意画面。这种举重若轻的描写方式,源自作家对民间生活的长期观察。

莫言《红高粱》开篇的感官轰炸成为经典范例:"八月深秋,无边无际的高粱红成汪洋的血海。高粱高密辉煌,高粱凄婉可人,高粱爱情激荡。"三个排比句从不同维度解构意象,将植物赋予人性,这种魔幻现实主义手法打破传统景物描写定式。

余华《活着》里对月光的处理别有深意:"月光照在路上,像是撒满了盐。"把丧子之痛转化为具象的咸涩触感,用生活化比喻承载巨大悲恸。这种举重若轻的描写方式,后来成为创伤文学书写的典型手法。

曹禺《雷雨》舞台说明中写闷热天气:"空气低压着,房内更显得热,青蛙在塘边咯咯地叫。"用动物声响反衬环境死寂,这种以声写静的手法,为即将爆发的矛盾冲突做好铺垫,展现戏剧文本特有的张力构建技巧。

朱自清《荷塘月色》开创性地运用叠字技法："曲曲折折的荷塘上面，弥望的是田田的叶子。叶子出水很高，像亭亭的舞女的裙。"十二个叠词连用形成独特韵律，既保留白话文的流畅，又兼具古典诗词的韵味，这种文体实验影响了一代散文创作。

这些经典语段展现作家们独特的观察视角：鲁迅善用重复制造荒诞，张爱玲钟情物质细节隐喻，老舍擅长市井语言活化场景。他们在描写时都注重调动多重感官，将抽象情绪转化为可触可感的具象符号。值得注意的是，优秀的环境描写从不孤立存在，总是或推动情节发展，或暗示人物命运，或承载主题隐喻，这正是文学性区别于普通写景文字的关键。

现代创作者可以从中获得启示：描写需找到独特切入点，如钱钟书用宴会场景讽喻人性，莫言用植物特性隐喻民族性格；要善用通感打破感官界限，像汪曾祺将芦苇比作葡萄；更要学会节制情感，如余华用"撒盐"的日常意象替代痛哭流涕的直白表述。这些技巧的共通点在于，都实现了形式创新与内容深度的有机统一。

2.运用本章学习的叙述相关理论，每人登台讲一个两分钟左右的故事，最后通过投票评选出"最会讲故事的人"。

3.综合运用肖像描写、语言描写、行为描写、心理描写等手段，描写一位你熟悉的老师或者同学，200字左右，在班里公开朗读，请同学们猜一猜你描写的人物是谁。

第六章 表达方式（下）

任务导航

1. 抒情的含义与要求。
2. 议论的含义与要素。
3. 说明的含义与要求。

思政聚焦

1. 真挚抒情，表白对祖国的热爱。
2. 理性探讨，关心国事理性爱国。
3. 科学说明，客观冷静明晰准确。

案例导引

直抒胸臆与借景抒情

直抒胸臆，是直接对有关人物、事件、场景和环境表明爱憎喜怒态度的抒情方式。如唐代女诗人陈玉兰的《寄夫》一诗，写得率意真诚，叫人怦然心动："夫戍边关妾在关，西风吹妾妾忧夫。一行书信千行泪，寒到君边衣到无？"全诗以第一人称（妾）内心独白的形式来表现妻子对丈夫的思念和牵挂，首句念夫远隔天涯，次句忧夫边关苦寒，复次寄衣和泪修书，最后悬想寄衣到否。四句细腻逼真、层次井然的心理描写直截了当地揭示出夫妻之间刻骨铭心、体贴入微的恩爱深情。

借景抒情，即诗人把自己所要抒发的感情、表达的思想寄寓在景物当中，通过描写景物（声光色态、动静虚实）来抒发。李白的《黄鹤楼送孟浩然之广陵》："故人西辞黄鹤楼，烟花三月下扬州。孤帆远影碧空尽，惟见长江天际流。"全诗无一字说惜别，无一字说伤心，但伤怀惜别之情悠悠不尽，随水长流。

第一节 抒　　情

一、抒情的含义与方法

（一）抒情的含义

抒情,是抒发和表现写作者的感情,它是抒情文体中的主要表达方式。在一般的文学作品和记叙文中,也常常把它作为重要的辅助表达手段。在议论文和说明文中,有时也运用它来增强文章的鼓动性和感情色彩。刘勰在《文心雕龙·情采》中说:"情者文之经",把"情"视为文章构成的因素之一。这种看法是很有道理的,因为写文章的目的在于让读者接受其中的思想内容,而思想内容的表达,又往往和感情的抒发分不开。只有从感情上打动读者,其思想内容才能更好地为读者所理解与接受。

（二）抒情的方法

抒情的方法大体上有两种:直接抒情和间接抒情。

1.直接抒情

直接抒情,是人们所说的"直抒胸臆",即写作者直接抒发思想感情。这种抒情,往往借助判断、呼告等手段,直接表达写作者的感情体验。其特点是直接袒露、气势奔放、感情炽烈,具有强烈的艺术感染力。如郭沫若的《银杏》中有这样几段:

你是真应该称为中国的国树的呀,我是喜欢你,我特别的喜欢你。
但也并不是因为你是中国的特产,我才特别的喜欢你,是因为你美,你真,你善。
…………
我是怎样的思念你呀,银杏! 我希望你不要把中国忘记吧。
…………
银杏,我真希望呀,希望中国人单为能更多吃你的白果,总有能更加爱慕你的一天。

作者这是运用拟人和呼告的修辞手法,以一咏三叹的方式直抒胸臆,借歌颂银杏而赞颂了人民刚直不阿、坚强不屈的民族精神,痛斥了国民党反动派压制民族精华、崇洋媚外的可耻行径。读起来使人感到炽烈的情感扑面而来,从中受到强烈的感染。直接抒情的运用一定要经过充分的准备,要在层层铺垫的基础上,写作者的感情达到情不可遏时,再一泻而出。必须避免无所为而发得过多过滥的倾向。

2.间接抒情

间接抒情,是通过叙述、议论或描写的方式进行的抒情。这种抒情比较委婉含蓄,一般说来,色彩较淡。它往往通过即事缘情、融情于景、寓情于理等三个方面,来抒发写作者浓烈的感情。

(1)即事缘情,是写作者因事动情后,把情融化在叙事之中,使其流荡着较浓感情色彩的一种抒情方式。如魏巍的《依依惜别的深情》中的一段抒情:

这一夜,有多少朝鲜人家没有合眼,有多少人家午夜三点就亮起了灯,他们再一次整理好花束,把礼物放进竹篮,坐等着集合号就要响起的拂晓。拂晓,这是深秋的拂晓呵,可是人民已经走出来了,穿着单薄的衣裳走出来了。老人们戴着高高的乌纱帽。妇女们顶着竹篮,背着孩子。人们都拿着枫叶。就是背上的孩子,小手里也拿着枫叶。他们站在大路边,站在寒气袭人的晓风中。

这段叙事,没有一句孤立的"抒情"语句,但是,整个"叙述"却具有浓郁的抒情色彩。你只要读一读像"拂晓,这是深秋的拂晓呵","人们已经走出来了,穿着单薄的衣裳走出来了","他们站在大路边,站在寒气袭人的晓风中"等语句,就立即会感到它那洋溢着的"抒情"氛围。这把"叙事""抒情"结为一体,使之水乳交融。

(2)融情于景,是写作者因景动情后寄情于景,从而使情景交融的一种抒情方式。文章中的景物描写,正如马克思所说,是"人化的自然",是大自然"在意识形态上的反射和回声",无不涂上写作者或人物浓烈的感情色彩。古今中外许多优秀作家都是绘景抒情的能手,他们借景抒情,使情和景互相感应,互相交融,达到物境与我情融为一体的艺术境界。如作家冰心在《寄小读者(通讯七)》中,采用融情于景的写作,以委婉细腻的艺术笔触,描绘了一幅清新瑰丽的海上生活图,抒发了作者对大自然的热爱和对生育"我"的祖国母亲的思念之情。开篇写离情,"约克逊号邮船无数的窗前里,飞出五色飘扬的纸带,远远的抛到岸上",将远行的游子与送别的亲人紧紧维系在一起,但带短情长,游子终于在船开带断的情景中飘然离去。这别致凄恻的告别之景,流露出作者对故国亲人们何等深厚的离情别意! 接下去作者以多姿多彩的笔,描绘了在秋阳的斜照下,颜色"自浅红至于深翠,幻成几十色,一层层,一片片的漾开了来"的雄浑瑰丽的大海,和"双星渡河""繁星闪烁"的灿烂奇妙的夜空。然而旅途的景色再美,终于减轻不了游子的离愁,面对海天的壮美景色,作者"凝立悄然,只有惆怅"。末尾描绘作者隔岸遥望异国璀璨的灯光,更加勾起对祖国母亲的无限思念。这样,几幅风景画面,倾泻出作者几多离愁。

(3)寓情于理,是写作者在议论中注入感情,从而使抒情寄寓在议论之中的一种间接抒情方式。如李存葆的《高山下的花环》,在叙述到赵蒙生向雷军长汇报"九连"的战斗情况,讲到梁三喜、靳开来的牺牲,讲到许多烈士留下"欠账单"时,雷军长说:

这真是位卑未敢忘忧国! 像梁三喜他们,尽管十年动乱给他们留下了难言的苦楚,但当祖国需要他们的时候,他们一个个都以身许国!我们的民族是伟大的,这就是伟大之所在!我们的事业是有希望的,这就是希望之所在!鲁迅说"惟有民魂是值得宝贵的",梁三喜他们,真正称得上是我们的民族之魂!

这既是议论,也是抒情,这是作品中人物借议论抒情。

二、抒情的要求与作用

(一)抒情的要求

1. 要真挚

写作贵有真情。所谓"真情",是写作者发自肺腑的真情实感,是写作者在生活中对所借以抒情的事物确实产生了深刻的认识和强烈的感受,以至情动于中,不吐不快,这时他所抒发出来的真挚感情才能引起读者的共鸣,从而达到感染和教育读者的目的。

古今感人至深的抒情传世之作,都凝聚着作者深挚强烈的真情。如唐代诗人孟郊写的《游子吟》,抒发了"慈母手中线,游子身上衣,临行密密缝,意恐迟迟归。谁言寸草心,报得三春晖"的慈母对赤子的至深之情,就是因为诗人自幼家贫,在几十年艰难困苦的生活中,备受慈母无微不至的关怀爱怜,当他四十六岁离家考取进士时,半生凝聚在胸臆之中的拳拳之情,促使他写下这首千载感人的好诗。感情的真挚是抒情的生命。无病呻吟、矫揉造作的文章不但不能感染读者,反而使人觉得虚假难耐。究其原因,就是不善于到火热的生活中去认真地观察和深刻地体验,对事物缺乏独特的感受和强烈的爱憎。

2. 要健康

在阶级社会里,人的爱与憎总是表现为一定的阶级认识,为一定阶级的立场、观点所制约。从这个意义上说,我们所抒发的感情不仅仅要注意抒发个人真挚自然的感情,还要自觉地把这种真情实感和无产阶级的政治倾向性结合起来。也就是说,我们应该抒发革命的、积极的、健康的人民大众之情、中华民族之情和社会主义之情,用健康向上的革命激情去感染读者,从而对民族、国家和社会起到积极的促进作用。

3. 要服从内容的需要

刘勰在《文心雕龙·情采》中主张"为情造文",反对"为文而造情"。抒情作为一种表达手段,它总是为表达文章的内容服务,并受内容的规范和制约。如果抒情失去了内容的限定和控制,那么它就会处于游移朦胧、空泛矫情的状态。从这个意义上说,我国古典美学所提倡的"理以导情"是值得重视的。

4. 要具体生动

感情是比较抽象的东西,如果抒发得不生动、不具体,读者就很难领会,当然,也就很难打动读者、教育读者。因此,抒发情感一定要在适当的叙述、描写的基础上进行,一定要考虑采用比喻、形容、象征等多种手法,把抽象的感情表达得生动具体一些,切忌呆板、干瘪和空洞。

(二)抒情的作用

抒情是抒情诗和抒情散文的主要表达方式,其他文章也往往运用抒情。但在不同的文体中抒情的作用是很不一样的。所以,我们在写作时,要根据文章体裁的不同,选择恰当的方法来抒发感情。具体表现是:

在抒情性的诗文中,感情的抒发比较直接、鲜明、强烈。

在叙述性的文章中,更多的情况是与叙述、描写、议论等方法结合进行。

在议论说理的文章中,写作者很少直接抒写自己的感情,而是通过某些观点的论证,体现写作者爱憎的感情。

文章是要表情达意的,其中包含着写作者的主观爱憎。而文章的教育意义固然取决于生活本身所固有的意义,但还要取决于写作者在反映事物的过程中所抒发的感情和对事物所作的评价。写作者首先得通过叙述描写以情感人,然后才能引起读者的深思,在理智上发生作用,从而受到思想教育。白居易说:"感人心者,莫乎先情。"(《白氏长安集·与元九书》)抒情具有强烈的感人力量,它能够引起读者的共鸣,起到陶冶性情、激发斗志的作用。

第二节 议 论

一、议论的含义与要素

(一)议论的含义

议论,是写作者对客观事物进行评论,以表明自己的观点和态度。议论文中,议论则是文章的主要表达方式。由于议论文是以说理为主的,它不仅要提出写作者的观点,而且要充分论证自己观点的正确性。因此,议论文中的议论,是通过概念、判断、推理等逻辑形式进行的,包含着论点、论据和论证诸要素。

(二)议论的要素

1. 论点

论点,又叫观点,是写作者对所论述的问题提出的见解、主张和表示的态度。它在整个论证过程中占主导地位,对论据和论证起着限定和制约的作用。

论点又分为中心论点和分论点两种。中心论点,也叫基本论点或总论点,是写作者对所论述的问题的最主要、最基本的看法和主张,它在文章全部观点中居总领、统率地位。分论点则是从中心论点衍生出来的若干小的思想观点,它从属于中心论点,并为阐明中心论点服务。从这个意义上说，它是中心论点的论据，它和中心论点的关系是局部与整体的关系、目与纲的关系。毛泽东同志的《纪念白求恩》一文，中心论点是赞扬白求恩崇高的国际主义精神和共产主义精神，号召全党学习这种精神。在这个中心论点统领下，又分为三个分论点：一是赞扬白求恩的国际主义精神，号召全党学习这种精神，实践列宁的国际主义路线；二是赞扬白求恩毫不利己、专门利人的精神，表现他对工作的极端的负责，对同志对人民的极端的热忱，号召每个共产党员都要学习这种精神；三是赞扬白求恩对医疗技术精益求精的精神，批评一些人的鄙薄技术。这里，三个分论点分别作为阐述中心论点的论据，有力地支持了中心论点。

2. 论据

论据，是用来证实论点的根据。一段完整的议论，如果只有论点而没有论据的强有力的证明与支持，那么论点就会变成毫无说服力的空话。可以说，论据是议论的基础。

论据有许多类型，其中以事实性论据和理论性论据为主。事实性论据，就是用现实或历史存在的具体事例或数据作为论据，来证明论点。这种论据具有不可辩驳的说服力，通常说的"事实胜于雄辩"，就是这个道理。理论论据，就是以理论观点作为论据。它包括马列主义、毛泽东思想的基本原理，名人名著中的言论，党在不同时期的路线、方针、政策，科学界公认的定义、定理或规律，以及生活中形成的一般公理、成语、谚语等。俗话说"有理走遍天下"，这种以"讲道理"取胜的论据，可以增强论辩的理论深度。

还以《纪念白求恩》为例，文章第一段提出全文的中心论点之后，接着写道："列宁主义认为：资本主义国家的无产阶级要拥护殖民地半殖民地人民的解放斗争，殖民地半殖民地的无产阶级要拥护资本主义国家的无产阶级解放斗争，世界革命才能胜利。白求恩同志是实践了这一条列宁主义路线的。"这里以革命导师列宁的经典言论为论据，从马列主义理论高度，阐明了国际主义的具体内容，有力地论证了白求恩具有国际主义精神这个分论点。文章第二段在摆出分论点之后，接着便以"不少的人对工作不负责任"的种种表现，以及抗战前线和边区军民谈起白求恩"没有一个不佩服，没有一个不为他的精神所感动"的两个确凿的事实为论据，一反一正对比地进行论证，使得白求恩具有共产主义精神这个分论点，牢固而有感染力地树立起来。

3. 论证

论证，是运用论据证实论点的过程，它的作用主要在于揭示论点和论据之间的逻辑联系，使论据很好地为证明论点服务。在一段完整的议论中，论点是统帅，回答"证明什么"的问题；论据是基础，回答"用什么证明"的问题；论证则是沟通此二者之间内在联系的桥梁，回答"怎样证明"的问题。只有把议论的桥梁铺设得科学、严密，才能赋予议论强大的逻辑力量。《纪念白求恩》的论证充分说明了这个问题。文章先以白求恩生前的革命经历为论据，推导出全文的中心论点，接着分别以列宁关于国际主义的论断作为理论性依据，以边区军民对白求恩伟大精神的反映，以及白求恩对技术精益求精的事迹为事实性论据,层层深入地论证了全文的中心论点。最后再次号召全党学习白求恩毫无自私自利之心的精神,紧扣中心论点,总结全文。选择的论证,显然是缜密而有说服力的。

二、议论的方法与作用

(一)常见的议论方法

1. 归纳论证

归纳论证,是根据一些典型的个别事物的分析与研究,推导出一般结论的方法。它是典型事例归纳推理在议论文中的运用。它反映着客观事物的个别与一般的关系,是由个别到一般的。因为个别中含有一般,一般要靠个别来表现,所以,正确地运用这种方法是很有说服力的。如司马迁在《报任安书》中说过这样一段极为著名的话:

盖文王拘而演《周易》;仲尼厄而作《春秋》;屈原放逐,乃赋《离骚》;左丘失明,厥有《国语》;孙子膑脚,兵法修列;不韦迁蜀,世传《吕览》;韩非囚秦,《说难》《孤愤》,诗三百篇,大抵贤圣发愤之所为作也。此人皆意有所郁结,不得通其道,故述往事,思来者。

这段话就用了所谓归纳论证。司马迁一连列举了数个事例,从而得出了一个普遍性结论:凡垂名后世之人,都是身处逆境、情意郁结、发愤著述之人。

2. 演绎论证

演绎论证,是以一般的事理为前提去论证个别的事物,从而推导出新的结论,即对个别事物的认识的方法。也就是从一个总的原则出发,再引申到某些具体事物的论述。它同样反映着客观事物的个别与一般的关系,是由一般到个别的。如毛泽东同志在《为人民服务》一文中有这样一段论述:

人总是要死的,但死的意义有不同。中国古时候有个文学家叫做司马迁的说过:"人固有一死,或重于泰山,或轻于鸿毛。"为人民的利益而死,就比泰山还重;替法西斯卖力,替剥削人民和压迫人民的人去死,就比鸿毛还轻。张思德同志是为人民利益而死的,他的死是比泰山还要重的。

这段话的后一部分就是一个完整的演绎论证。"为人民利益而死,就比泰山还重"是大前提,"张思德同志是为人民利益而死的"是小前提,这都是已知判断,"他的死是比泰山还要重的"则是结论,是演绎出的一个新的判断。这是一个完整的"三段论"推理形式。演绎论证有时可以省略"大前提"或"小前提"。要正确地运用演绎推理,写作者所依据的一般道理必须是正确的,而且要和结论有必然的联系。

3. 类比论证

类比论证,是用同类事物进行比较,做出论断的方法。也就是用与甲事物性质相同或相近的乙事物来比照着论证说明甲事物,从而证明它们具有某种共同的特点。它是类比推理在议论文中的运用。如毛泽东同志在《我们党的一些历史经验》中指出:

一个国家,农村人口多,存在封建势力,有不好的一面,但是,对于无产阶级领导的革命来说,又是好事,使我们有农民这个广泛的同盟军。"十月革命"前的俄国,有严重的封建主义,布尔什维克党因为有广大农民的支持,革命取得了胜利。我国更是如此。

我国是农业国,有五亿多的人口住在农村。过去打仗主要是靠农民。

这里,毛泽东同志把我国和"十月革命"前的俄国作了比较:"十月革命"前的俄国,农村人口多,有严重的封建主义,布尔什维克党有广大农民的支持,革命取得了胜利;我国是农业国,有五亿多的人口住在农村,有严重的封建主义,但是,中国共产党得到了广大农民的支持,中国革命也取得了胜利。这就是类比论证。

要正确运用类比论证,必须用同类事物进行比较,而且要根据类比对象共有的本质属性来进行推理。这同样需要以无产阶级的立场观点,分析研究客观事物,透过现象抓住本质。否则,仍然不可能得出正确的结论。

4. 对比论证

对比论证,是把两种事物或同一事物的两个方面加以对照、比较,从而推导出它们的差异点,并用来讲清道理的论证方法。意大利的索菲亚·罗兰曾说过这样一段话:

当美的青春期已过时,我们应当对美采取一种看法,因为成熟美与青春美完全是两码事,它要求我们取一种不同的美的途径。所谓青春美是天然的,成熟美则是有意培育的,而且是较为高级的。只要你努力,你必定会把它争取到。它比青春美有着更加丰实而复杂的内容。

——《外国人生妙语大全》

这里把青春美与成熟美加以对照、比较,突出了成熟美的本质特点,"有着更加丰富而复杂的内容"。从而要求人们——青春期已过的人们去培育,去努力争取。对比有性质相同事物的对照、比较,也有不同性质事物的对照、比较;有纵向的前后对照、比较,也有横向对立的对照、比较。尽管以上分类角度有所不同,但方法是一样的。对比可以使事物的特点更鲜明突出,使问题的论证更丰富、深刻。

5. 反证

反证,是一种间接的证明方法。这是为了证明一个论题是真的,先论证论题的矛盾判断是假的,进而证明原论题是真的。也就是说,这种反证,是先证明与原论题相矛盾的论题(反论题)的虚伪性,根据排除律,也就间接证明了原论题的真实性。苏联的斯坦尼斯拉夫斯基曾这样说:

> 如果一个小舢板在遇到第一个浪头时就被撞碎了,不能破浪前进,这条小舢板就不适于航行。如果你们的集体不够坚固,被冲向你们的第一个浪头所压倒,那么你们事业的前途将注定是可悲的。所以,但愿你们在艺术上的相互关系和同志关系能日趋巩固,日益亲密。
>
> ——《外国人生妙语大全》

这段论述作者首先证明了"集体不够坚固"的害处,从而间接证明了"艺术上的相互关系和同志关系能日趋巩固,日益亲密"的重要。

6.因果互证法

因果互证,是根据同样的原因必然产生同样的结果的假定,从原因证明结果或以结果推断原因的论证方法。

(1)以原因证明结果。如鲍昌的《梦的杂感》中有这样的文字:

> 现在,有些年轻人不爱谈理想,爱给自己编织许多梦想。一旦梦想不能实现,就怨嗟起来,"唉,我的梦想破灭了"。这种情绪,在少数文学作品(它们大多也是年轻人写的)中间,也有所表露。惆怅于晚霞的"消失"啦,感慨于心灵的"污染"啦;还有一篇题为《醉人花丛》的小说,竟弹出这样的调子:"没有理想,没有志向,没有生活的乐趣,没有广泛的爱好,一切都空了。"
>
> ——《十年散文》

文中"不爱谈理想,爱给自己编织许多梦想"是原因,后面的种种表现是结果。

(2)由结果推论原因。如接着前面的例文:

> 情绪是这样低沉,简直是让人不寒而栗。
>
> 我认为,仅仅从不谈理想只谈梦幻这一点上看,梦想者的碰壁就是难免的。因为他们的梦想一是不切实际,二是完全从个人目的出发,有如甩开群众,想要悬空独舞,这怎能不跌跤子呢?
>
> ——《十年散文》

由现实中的种种表现,作者又深入挖掘了原因。因果关系往往是概括性的,因此,在使用因果互证方法的时候,不要绝对化,态度也不宜太武断,要留有一定余地。

7. 归谬法

归谬法，是从对方的论题出发，引出荒谬的结论，从而证明对方的论点是假的，是不能够成立的。林语堂《脸与法治》中写道：

中国人的脸，不但可以洗，可以刮，并且可以丢，可以赏，可以争，可以留，有时好像争脸是人生的第一要义。甚至倾家荡产而为之，也不为过。

——《中国现代万家千字文》

真理和谬误向来是有鲜明区别的，荒谬的结果暴露得越充分，反驳也就会越发有力。这段文字活画出某些人要脸不要命的丑态，有力地证明了"中国若要真正平等法治，不如大家丢脸"的观点。归谬法也是一种间接反驳，因为归谬法进行反驳犀利而生动，常常给人们以胜利的快意。

(二) 议论的作用

议论在叙述性的文章和议论性的文章中所起的作用不同。

1. 议论在叙述性的文章中的作用

议论在叙述性的文章中，篇幅一般都较短，有的乃是片言只语，但却具有独特的功用。

（1）叙事的深化。这里通常出现三种形式：一是先叙后议，二是夹叙夹议，三是先议后叙。无论是哪一种形式，均以叙事为基础，在叙事的基础上进行议论，议论是事理的进一步阐述，是进层式的深化，能起"画龙点睛"的作用。

（2）情感的升华。在叙述性的文章中，往往是激越的抒情之后，便是深刻的议论，乃至将抒情和议论揉为一体，赋予议论以形象化情感，成为文章闪光的焦点。

2. 议论在论说性文章中的作用

议论在论说性文章中作用最大。它是论说性文章的基本表达方式。可以说，没有议论，就没有论说性的文章。具体说来，却又不尽相同，在说明文中，有必要的阐述、诠释，就需要运用议论表达方式；论说性的杂文，常常需要鞭辟入里的辩证的分析；一般论文需要运用概念、判断、推理；自然科学论文也要有严密的逻辑推理，才能导出科学的正确的结论，这些都离不开议论。

第三节　说　　明

一、说明的含义与方法

(一) 说明的含义

说明，是用简明扼要的文字，把事物的形状、性质、特征、成因、关系、功用等解说清楚的表达方式。这种被解说的对象,有的是实体的事物,如山川、江河、树木、建筑、器物等;有的则是抽象的事物,如思想、意识、修养、观点、概念、原理、技术等。

(二)说明的方法

1. 定义说明

定义说明,即以下定义的方式来说明事物,就是用简洁准确的语言揭示事物的特有属性。每个定义必须包含两个内容:一是事物的"属",也就是被定义对象所属的更高一个层次的概念;另一项是"种差",也就是被定义对象与它同类事物之间的差异。如钱学森的《现代自然科学中的基础学科》,分别为物理和数学两门学科下了科学的定义:

> ……从严密的综合科学体系讲,最基础的是两门学问。一门是物理,是研究物质运动基本规律的学问。一门是数学,是指导我们推理、计算的学问。

其中,"学问"是"属",说明"物理""数学"这两个概念都能被它所包涵;"研究物质运动基本规律"和"指导推理、计算"则是"种差",反映了上述两门学问的特有用途。两者合成一个定义,才能准确地揭示概念的内涵和事物的本质属性。

2. 诠释说明

诠释说明,是对事物的概念、性质、特征、成因等作简要的注释并加以说明,有助于读者更具体、更深入地理解说明对象。诠释说明与下定义有相同点,也有相异点。下定义也是一种解释,两者都是说明"什么是什么"。但下定义要求较严密,被定义的概念(前一个"什么")与定义的概念(后一个"什么")在内涵与外延上都要求相等,乃至可以相互置换。诠释说明,是对概念的含义作广泛的解释,前后是不可置换的。如"细菌是一类微小的生物,它的大小是以微米计算的,一般要用放大几百倍的显微镜才能看到。"(刘以贤《细菌检测项目》)这是对"细菌"的解释。它近似下定义,但不甚准确,因为微生物的种类很多,"一类微小的生物"特指不明确,因此前后不能置换。细菌的定义是:"细菌是一群单细胞核微生物"。倒转过来意思也一样:"一群单细胞核微生物就是细菌"。

3. 比较说明

比较说明,是将两个以上的彼此有一定联系和相同点的事物作比较,说明事物的性质、特征。这种方法运用得好,可以把本来较抽象或读者感到陌生的事物,解释得比较鲜明、突出。比较说明的方法,主要有两种,一种是相同事物之间的比较,如孙世恺《雄伟的人民大会堂》中的一段:

> 这座坐落在天安门右前方的大会堂,目前是首都最宏伟的建筑,建筑面积超过了

故宫全部建筑有效使用面积的总和。

在这里,作者用与人民大会堂同类的事物故宫作比较,十分明显地说明了人民大会堂的宏伟宽阔,突出了它在面积方面的特征。

另一种是不同事物之间的比较。如李信茂的《神奇的激光》中的一段:

激光是一种最亮的光。它比太阳光亮一百亿倍以上。这个数有多大呢?咱们来算一算:太阳的表面温度大约是六千度(摄氏度),比它大一百亿倍,就要在六千的后面再加上十个"0",也就是六十亿度。太阳与激光相比,好比是一盏小电灯,激光好比是正午的太阳。

这是以人们熟悉的太阳作比较,从而把激光所具有的神奇的特性,解释得浅显易懂。

4. 数字说明

数字说明,是运用确凿的数字来对事物进行说明的一种方法。它可以把某些用数量来显示特征和本质的事物,说明得更精约、简明。如《一次大型的泥石流》一文,作者在文中写道:

这样的一支山沟,平时山泉汇成的沟水流量不过1立方米每秒,却年年爆发泥石流,少的年头十多次,多的达三十次。爆发规模大的时候,泥石流总量可达37万立方米;延续的时间可达12小时;最大瞬间"龙头"流量高达2400立方米每秒;在坡度6.5%的谷地中,最大流速竟达15米每秒。这样爆发频繁、规模巨大的泥石流,在我国其他地方是罕见的,在世界上也是少有的。

这段文字,用"年年爆发,少的年头十多次,多的达三十次"等三个估计数字,具体地说明了泥石流"爆发频繁"的特点。又用一次泥石流的总量、持续的时间,最大瞬时"龙头"流量和坡度6.5%的谷地中最大流速这四个确定的数字,准确具体地说明了"规模巨大"的特点。

5. 分类说明

分类说明,就是根据事物的性质、形状、成因、关系、功用等来进行分类,并加以说明,这种方法可以把某些较复杂事物的各个方面的特征,在按照种属关系的分类说明中,揭示得条理清晰、明白、易懂。如刘正成先生主编的《中国书法鉴赏大辞典》"凡例"中就这样写道:

本书共收条目4245条,及于甲骨文、金文、简牍帛书、碑刻墓、造像、题铭、砖瓦石、刻帖、篆刻各大类,上自商周,下迄现代。按条目性质,可分为两大类:一为书法作品类;一为书法家类。书法作品类的条目,一般包括图、简介、集评、赏析四个部分。书法家类的条目,列其小传,概述其年代、生平事迹、著述等;著名书法家,亦附有后人的评语,以资鉴赏的背景。……

这篇文字先说中国书法总的分类,后又按条目性质分为两大类,最后是对这两类分别加以说明。眉目清晰,次第井然。如若不分类,逐一解说,那必然繁复杂乱,使读者不得要领。

6. 举例说明

举例说明,是列举典型事物的一般特征。这种方法,可以把事物的本质及特征解说得更具体、更有说服力。如袁可嘉的《"意识流"是什么》中的一段:

……意识流小说家据此打破传统小说以时间为序的结构,而采用过去、现在和未来有时彼此颠倒,有时互相渗透的写法。这在美国小说家威廉·福克纳(1897—1962)和著名作品《声音和愤怒》(1931)描写班吉的混乱意识的第一章里有很明显的表现。

这段文字,以美国小说家威廉·福克纳的一部著名作品为典型事例,清晰地解说了"意识流"的特点及其对小说创作的影响。这样,使读者对抽象的事理有了具体的了解。

说明的方法除了上述主要的六种外,还有概括、引用、对比、图表、分析等说明方法。所谓概括说明,是对事物作简明扼要的说明,也就是概括介绍事物的特征。所谓引用说明,是引用有关资料、故事、名言、诗词等作为说明的依据,使所要说明的内容更充实、更令人信服。所谓对比说明,是指把同类事物中完全对立的事物放在一起比较,这种方法,可以使读者对被说明的对象获得深刻的认识和鲜明的印象。所谓图表说明,是以图或表格的形式来说明事物的一种方法,它可以把比较复杂的事物的特点及规律,简洁明了地解说出来。所谓分析说明,是指对内容复杂的对象进行解说时所作的适当的分析说明,以便深刻地揭示事物的本质及其特征。

二、说明的要求与作用

(一)说明的要求

1. 内容必须科学

说明方式,是用来表述知识性较强的事物或事理。其中,无论是总结自然科学研究成果的学术论文,还是介绍生产技术知识或日常生活知识的科普读物;无论是教科书、辞书,还是工农业产品介绍的说明书,其内容均具有强烈的科学性。所谓科学性,就是要把客观事物的特征、本质的规律极为准确地揭示出来,做到概念准确、判断正确、顺序清楚、解说确切,给读者以准确、科学的认识。

2. 表述必须明晰、准确

说明的目的,在于把事物、现象或道理清楚准确地告诉读者,这就要求表述必须明晰而准确。

表述明晰,主要表现在明晰的顺序上。就是在解说事物或事理时,必须把握住所要说明的问题要点,按照被说明对象本身所固有的规律和特征,有次序地进行说明。这样的解说才能做到程序恰当、条理明晰。由于事物的特征不同,组织材料的顺序也不同;有的以时间发展为顺序来组织安排材料;有的以空间方位的转换为顺序来组织安排材料;有的按人们认识事物的规律,由浅入深、由简到繁、由具体到抽象等,以循序渐进的逻辑顺序来组织材料;有的以工农业生产工艺的程序为顺序来组织材料。有些比较复杂的事物或事理,写作者往往把时间、空间、逻辑顺序综合起来说明。当然,说明的顺序不限于以上几种,在实际运用中,只要有利于揭示事物的本质和规律,有益于读者接受组织材料的顺序,都是可取的。

表述准确,主要表现在语言的简明上。就是说明时语言要简洁、明确,不冗繁,不含混,用极精炼的语句,明确而恰当地说明事物本来的面貌。

3. 态度必须客观

说明这种表达手段,一般是用来解说具有较强科学性的事物或事理的,而科学本身又是不以人的主观意志为转移的。因此,要准确地反映它,写作者必须站在冷静的客观立场上,对事物进行实事求是的解释说明,而不能以主观的兴趣爱好与感情的好恶作为解说、评价事物的标准。这一点,是与主观感情色彩较浓的叙述、描写、议论等表达方式不同的。

(二)说明的作用

说明,作为写文章的一种基本表达方式,其作用亦很广泛。它不仅在科学领域里得到广泛应用,就是在文学领域里也有其作用。

1. 在科学领域中的作用

说明在科学领域中有很大的作用。不仅仅教科书,所有的科学论著、科学论文,几乎都少不了说明。下定义、名词解说,科学技术的阐明,抽象事理的诠释,没有不采用说明的方法的。有的议论与说明珠联璧合,浑然一体。科学实验报告需要说明,科学成果需要说明,推销产品的广告仍然需要说明。工具书、各种知识性的书籍、刊物、生活、娱乐等用品,亦离不开说明,这些与科学都有密切的关系。

2. 在文学领域中的作用

说明,在文学领域中虽不常见,但也有一定的作用,如在散文中,有的游记介绍地理知识,亦需要说明;小说、影视文学等文体,有时亦需要穿插解说,使用说明会使行文摇曳多姿,错落有致。

佳作赏析

[赏析一]

我的心不禁一颤:多可爱的小生灵啊。对人无所求,给人的却是极好的东西。蜜蜂是在酿蜜,又是在酿造生活;不是为自己,而是为人类酿造最甜的生活。蜜蜂是渺小的,蜜蜂却又多么高尚啊!

——杨朔《荔枝蜜》

赏析:这段文字,通过对小蜜蜂的议论,抒发了作者强烈的崇敬、感佩之情。这不仅是对小蜜蜂的赞颂,而且是对勤劳的亿万农民的赞颂。由于这种感情以说理的方式表达出来,富有生活的哲理,因此,极为真挚、深沉,具有感人的力量。

[赏析二]

……我想:世间人与人的对待,小的是个人对个人,大的是团体对团体。个人对待中最小的是小孩对小孩,团体对待中最大的是国家对国家。

在文明的世间,除了最小的和最大的两极端而外,人对人的交涉,总是用口的说话来讲理,而不用身体的武力来相打的。例如要掠夺,也必用巧妙的手段;要侵占,也必立巧妙的名义;所谓"攻击"也只是辩论,所谓"打倒"也只是叫喊。故人对人虽怀怨害之心,相见还是点头握手,敷衍应酬。

虽然也有用武力的人,但"君子开口,小人动手",开化的世界是不通行用武力的。其中唯有最小的和最大的两极端不然,小孩对小孩的交涉,可以不讲理,而通行用武力来相打;国家对国家的交涉,也可以不讲理,而通行用武力来战争。战争就是大规模的相打。可知凡物相反对的两极端相通似,或相等。国际的事如儿戏,或等于儿戏。

——《中国现代百家千字文》

赏析:这里用的就是类比推理,由"个人对个人"说到"团体对团体";由"小孩对小孩"说到"国家对国家";由"口的说话来讲理"说到"掠夺""侵占""攻击""打倒";由小孩对小孩的"武力来相打"说到国家与国家的"用武力来战争",最后又喻之为"儿戏"。由于作者抓住了事物之间的相似点、同类点,所以这段推理十分精彩。

视域拓展

[拓展一] 感不至,则情不深,情不深则无惊心而动魄,垂世而远行。

——明·焦竑《雅娱阁集序》

[拓展二]我们先到梅雨亭。梅雨亭正对着那条瀑布,坐在亭边,不必仰头,便可见它的全体了。亭下深深的便是梅雨潭。这个亭踞在突出的一角的岩石上,上下却是空空的;仿佛一只苍鹰展着翼翅浮在天空中一般。三面都是山,像半个环儿拥着;人如在井底了。这是一个秋季的薄阴的天气。微微的云在我们头顶上流着;岩面与草丛都从润湿中透出几分油油的绿意。而瀑布也似乎分外地响了。那瀑布从上面冲下,仿佛已被扯成大小的几绺儿,不复是一幅整齐而平滑的布。

——朱自清《绿》

技能训练

一、专项训练

1. 学号尾数为奇数的同学搜集直接抒情的经典片段,学号尾数为偶数的同学搜集间接抒情的精彩片段,每位同学登台朗诵表演,并说明出处。

2. 阅读下文,指出这篇文章的论点、论据和论证方法。

说"勤"

林家箴

俗话说:"一勤天下无难事。"唐代文学家韩愈说:"业精于勤。"学业的精深造诣来源于勤。勤,就是要珍惜时间,勤于学习,勤于思考,勤于探索,勤于实践。古今凡有建树者,无不成功于勤。

勤出成果。马克思写《资本论》,辛勤劳动40年,阅读了数量惊人的书籍,其中作过笔记的就有1500种以上。司马迁著《史记》,从20岁起就开始周游,足迹遍及黄河、长江流域,汇集了大量的社会素材和历史素材,为《史记》的创作奠定了基础。歌德花了58年时间,搜集了大量材料,写出了对世界文学界和思想界产生很大影响的诗剧《浮士德》。我国当代数学家陈景润,在攀登数学高峰的道路上,翻阅了国内外的上千本有关资料,通宵达旦地看书学习,取得了震惊世界的成就。上海一个女青年坚持自学,十年如一日,终于考上了高能物理研究生。可见,任何一项成就的取得都是与勤分不开的。古今中外概莫能外。

勤出智慧。传说古希腊有一个叫德摩斯梯尼的演说家,因小时口吃,登台演讲时,声音含混,发音不准,常常被雄辩的对手所压倒。可是他气不馁,心不灰,为克服这个弱点,战胜雄辩的对手,便每天口含石子,面对大海朗诵,不管春夏秋冬,坚持五十年如一日,连爬山、跑步也坚持练习演说,终于成为希腊一个最有名气的演说家。宋代学者朱熹讲过一个故事:福州有一个叫陈正之的人,反应相当迟钝,读书每次只能读50个字,一篇小文章也要读一二百遍才能熟。但他不懒不怠,勤学苦练,别人读一遍,他就读三遍四遍,天长日久,知识与日俱增,后来读书很多,成了博学之士。这表明,即使天资比较差,反应比较迟钝,只要勤,同样也是可以变拙为巧的。

实践证明,一个人知识的多寡,关键在于勤的程度如何。懒惰者,永远不会在事业上有所建树,永远不会使自己聪明。唯有勤奋者,才能在无限的知识海洋里猎取到真智实才,开拓知识领域,使自己聪明。高尔基说:"天才出于勤奋。"只要勤,就一定能在艰苦的劳动中赢得事业上的巨大成就。我想每一个渴望得到真知的人,是一定能够体会到"勤"的深刻含义的。

3. 在日常生活中,说明这种表达方式有什么作用?举一些实际例子跟同学们讨论交流一下。

二、综合训练

1. 阅读下文,体会其抒情妙在何处?然后写一篇1000字左右的抒情散文。

翡冷翠山居闲话

徐志摩

在这里出门散步去,上山或是下山,在一个晴好的五月的向晚,正像是去赴一个美的宴会;比如去一果子园,那边每株树上都是满挂着诗情最秀逸的果实,假如你单站着看还不满意时,只要你一伸手就可以采取,可以恣尝鲜味,足够你性灵的迷醉。阳光正好暖和,决不过暖;风息是温驯的,而且往往因为他是从繁花的山林里吹度过来,他带来一股幽远的澹香,连着一息滋润的水气,摩挲着你的颜面,轻绕着你的肩腰,就这单纯的呼吸已是无穷的愉快;空气总是明净的,近谷内不生烟,远山上不起霭,那美秀风景的全部正像画片似的展露在你的眼前供你闲暇的鉴赏。

作客山中的妙处,尤在你永不须踌躇你的服色与体态;你不妨摇曳着一头的蓬草,不妨纵容你满腮的苔藓;你爱穿什么就穿什么;扮一个牧童,扮一个渔翁,装一个农夫,装一个走江湖的桀卜闪,装一个猎户;你再不必提心整理你的领结,你尽可以不用领结,给你的颈根与胸膛一半日的自由,你可以拿一条这边颜色的长巾包在你的头上,学一个太平军的头目,或是拜伦那埃及装的姿态;但最要紧的是穿上你最旧的旧鞋,别管他模样不佳,他们是顶可爱的好友,他们承着你的体重却不叫你记起你还有一双脚在你的底下。

这样的玩顶好是不要约伴,我竟想严格的取缔,只许你独身;因为有了伴多少总得叫你分心,尤其是年轻的女伴,那是最危险最专制不过的旅伴,你应得躲避她像你躲避青草里一条美丽的花蛇!平常我们从自己家里走到朋友的家里,或是我们执事的地方,那无非是在同一个大牢里从一间狱室移到另一间狱室去,拘束永远跟着我们,自由永远寻不到我们;但在这春夏间美秀的山中或乡间你要是有机会独身闲逛时,那才是你福星高照的时候,那才是你实际领受,亲口尝味,自由与自在的时候,那才是你肉体与灵魂行动一致的时候;朋友们,我们多长一岁年纪往往只是加重我们头上的枷,加紧我们脚胫上的链。我们见小孩子在草里在沙堆里在浅水里打滚作乐,或是看见小猫追他自己的尾巴,何尝没有羡慕的时候,但我们的枷,我们的链永远是制定我们行动的上司!所以只有你单身奔赴大自然的怀抱时,像一个裸体的小孩扑入他母亲的怀抱时,你才知道灵魂的愉快是怎样的,单是活着的快乐是怎样的,单就呼吸单就走道单就张眼看耸耳听的幸福是怎样的。因此你得严格的为己,极端的自私,只许你,体魄与性灵,与自然同在一个脉搏里跳动,同在一个音波里起伏,同在一个神奇的宇宙里自得。我们浑朴的天真是像含羞草似的娇柔,一经同伴的抵触,他就卷了起来,但在澄静的日光下,和风中,他的恣态是自然的,他的生活是无阻碍的。

你一个人漫游的时候,你就会在青草里坐地仰卧,甚至有时打滚,因为草的和暖的颜色自然的唤起你童稚的活泼;在静僻的道上你就会不自主的狂舞,看着你自己的身影幻出种种诡异的变相,因为道旁树木的阴影在他们纡徐的婆娑里暗示你舞蹈的快乐;你也会得信口的歌唱,偶尔记起断片的音调,与你自己随口的小曲,因为树林中的莺燕告诉你春光是应得赞美的;更不必说你的胸襟自然会跟着曼长的山径开拓,你的心地会看着澄蓝的天空静定,你的思想和着山壑间的水声,山罅里的泉响,有时一澄到底的清澈,有时激起成章的波动,流,流,流入凉爽的橄榄林中,流入妩媚的阿诺河去……

并且你不但不须应伴,每逢这样的游行,你也不必带书。书是理想的伴侣,但你应得带书,是在火车上,在你住处的客室里,不是在你独身漫步的时候。什么伟大的深沉的鼓舞的清明的优美的思想的根源不是可以在风籁中,云彩里,山势与地形的起伏里,花草的颜色与香息里寻得?自然是最伟大的一部书,葛德说,在他每一页的字句里我们读得最深奥的消息。并且这书上的文字是人人懂得的;阿尔帕斯与五老峰,雪西里与普陀山,来因河与扬子江,梨梦湖与西子湖,建兰与琼花,杭州西溪的芦雪与威尼市夕照的红潮,百灵与夜莺。更不提一般黄的黄麦,一般紫的紫藤,一般青的青草同在大地上生长,同在和风中波动——他们应用的符号是永远一致的,他们的意义是永远明显的。只要你自己心灵上不长疮瘢,眼不盲,耳不塞,这无形迹的最高等教育便永远是你的名分,这不取费的最珍贵的补剂便永远供你的受用;只要你认识了这一部书,你在这世界上寂寞时便不寂寞,穷困时不穷困,苦恼时有安慰,挫折时有鼓励,软弱时有督责,迷失时有南针。

一九二五年七月

2.以"读书是幸福的"为题,结合本章所学议论方法的相关理论,写一篇1000字左右的议论文。

3.利用周末,到学校所在城市一处著名的旅游景点游览,然后写一篇1000字左右的解说词。

第七章 语言

任务导航

1. 写作语言的本质。
2. 写作语言的审美。
3. 写作语言的运用。

思政聚焦

1. 认识中国文化成就，增强文化自信。
2. 认识大国方略、中国成就。
3. 培养爱国情怀和诚信品质。

案例导引

不达目的不罢休

语言艺术大师侯宝林虽然只上过三年小学，但由于勤奋好学，他的艺术水平达到了炉火纯青的地步，最终成为著名的语言专家。有一次，他为了买到自己想买的一部明代笑话书《谑浪》，跑遍北京所有的旧书摊也未能如愿。后来，他得知北京图书馆有这本书。时值冬日，他顶着狂风，冒着大雪，一连18天都跑到图书馆去抄书。一部10万字的书，终于被他抄录到手。侯宝林正是凭着"不达目的不罢休"的坚强毅力，才成为一代相声艺术宗师的。

侯宝林先生以他的行动告诉我们这样一个道理：要想成就一番事业，一要勤奋好学，二要持之以恒。同理，写作语言的娴熟运用也不是一朝一夕的事情，需要我们在平时多写多练多实践，假以时日，语言运用的水平才会与日俱增。

人类的任何精神创造活动,如果停留于自己精神构思的阶段,就永远不能传达给别人,只有通过表达才能付诸现实,从而传播给读者。表达和传播活动是人类一切精神创造活动的共同行为,然而,人类各种创造活动的表达手段和传播媒介又是不同的。拿整个艺术创造活动来说,画家表达的物质手段是用线条、颜色;音乐家表达的物质手段是用声音、节奏;而文学家表达的物质手段当然是语言了。

语言是写作者表达自己的物质手段,写作归根到底是语言的问题。一个人写作能力的高低,或者说语言表达能力的高低,也就是他驾驭语言能力的高低。从写作过程看,文章的形成要经历一个由内到外的过程。所谓内指的是写作者的内在心理活动,包括感知聚材、运思命意等一系列问题。作为存在于写作者内心的一种精神状态,它们还无法被广大读者理解和接受。语言作为文章写作的物质手段,写文章的过程也就是写作者由内心的精神状态用语言表述出来的一个符号化的过程。

第一节　写作语言的本质

 一、写作者心理的语符化

在写作活动中,写作者无论写哪类文章,都必须通过语言表达来体现,这是一个写作者的内在心理不断外化、不断语符化的过程。人们必须要用语言来写作,用词语来写诗,而不是用思想来写作。

在写作活动中,用于写作者思维过程的语言和用文字符号固定下来的语言是不同的,两者的区别不仅在于内外形式上的不同,还在于两者各自特殊的本质。用于写作者思维过程和储藏旧有思维成果的所谓"内部语言"是长短不拘的,尽管写作者的思维成果要由它来固化,但是这种"语言"具有朦胧性、抽象性,作为写作受体的读者是无法感知的。相反,写作者的内在心理状态只有通过清晰可感的"外部语言",用书面语言符号把写作者的内在心理状态表达出来,从而实现写作者思维成果的真正固化,这样才能为广大读者所理解和接受,写作者才能达到自己的写作目的。

在语言产生以前,人们可以通过表情、手势等手段来交流感情和传播思想。在语言产生后,由于它的方便灵活、经济等特点,便很快成为人们情感交流和思想传播的主导媒介,成为人类最重要的思想文化传播工具。在写作活动中,写作者不仅在感知聚材和运思命意阶段要运用语言,更重要的是人们要把自己的思维成果物质化、表达出来,还必须使用语言这一媒介。

刘勰在他的《文心雕龙·物色篇》中说:"春秋代序,阴阳惨舒,物色之动,心亦摇焉。"这段话说的就是各种事物和现象引起写作者强烈的情感波动,并产生一种强烈的表达欲望,这种欲望到了非要表达不可的地步了,这时候写作者就要借助语言符号来进行表达活动。然而,语言符号只是为写作者提供了最大的可能性,并非能够表达写作者的所有内心感受，特别是写作者内心微妙的变化，有时需要费些工夫来寻找恰切的语词。刘勰在《神思篇》中又说道："方其搦翰，气倍辞前；暨乎篇成，半折心始。何则？意翻空而易奇，言征实而难巧也。"这段话的意思是说作者碰到了语言障碍，一时很难找到恰切的语词表达自己。作者要想破除这一障碍和阻力，必须加强写作语言表达的训练，这也是件很痛苦的事情，需要写作者不断积累和丰富自己的语词储存，熟练写作技法，不断推敲炼语，进行写作语言的创造。

二、写作语言的层次性

在词语的意义构成中，位于底层的也是最基础的，是语词的概念意义，这是经过对客观事物的高度抽象概括才形成的。它们按照时间线性顺序组合起来，从而为人们表达思想感情服务，单一使用某个语词是很难表达好人们丰富的思想情感的。在不同语言形式的组合中，写作语言就出现了自己的层次性，读者在阅读时就会发现语言的层次感。

在写作活动中，人们表达同一个语义，可以采用不同的语言形式。如小甲来到小乙家，小乙问小甲是否吃了早饭，小甲在回答自己没吃早饭时，就可以直接说"我还没吃早饭"，也可以说"我早晨起床起晚了，起来就急急忙忙坐车过来找你了"。这两个语言形式表达的意思是一样的，都是小甲没吃早饭的意思。写作活动中，有时候由于具体语言使用环境不同，人们使用同样的语言形式可能表达不同的意思。如"打得好！"的意义到底是怎样的，根据不同的语言使用场合和环境不同，人们所表达的意思也会不同。它可以指八路军打日本鬼子，也可以指体育比赛，还可以指打架。在不同的语言使用环境和场合，人们理解语词的意思要和具体的环境相结合，透过语言的字面意思去探索写作者的言外之意和弦外之音。如鲁迅的小说《祝福》中有这样的话："你放着吧，祥林嫂！"我们结合具体的语言使用环境和场合，就会体味到四婶忌讳祥林嫂是个不吉利的人的弦外音，同时也可以看到鲁迅先生高超的语言驾驭能力。

三、写作修辞和写作语体

书面语言是人们表达思想情感、传播信息的基本媒介，在写作活动中，写作者在使用书面语言符号时要讲究书面语的修辞，注意书面语的语体特点。

在写作活动中，人们为了更好地表达自己的思想情感，根据写作意图和具体的读者对象，运用各种语言材料和表达手法，恰切地表现文章内容的一种精神活动，就是修辞。在写作中，修辞手法很多，表现在不同方面，如语音的配合、词语的选择、句式的变化、辞格的运用等，都属于修辞范围。文章修辞可分为消极修辞和积极修辞两大类。

（一）消极修辞

消极修辞，又称科学修辞和规范修辞，要求语言表达明白、平实、准确、缜密，表述客观、冷静、合乎语法规范,词语具有单义性,句与句之间具有严密的逻辑性,排斥虚构、夸张、空想,力避个人的主观感情色彩,力求符合客观实际,不许"意在言外",不搞"弦外之音"的一种修辞方式。如下一段对泰山的介绍文字:

泰山,中国五岳之一,山东省名山,为游览胜地。泰山山脉西起东平湖东岸,向东北延伸至淄博市南,与鲁山相接,长约180公里。由片麻岩及石灰构成。泰山为泰山山脉主峰,海拔1524米,位于泰安正北。古称岱山,又名岱宗,春秋时改称泰山,被尊为东岳。古人以东方为初春万物发生之地,故有五岳之长、五岳独尊之义。古代帝王登基后多在泰山行封禅大典,祭告天地。有南天门、日观峰、经石峪、黑龙潭等名胜。峰顶称玉皇顶。

——《简明不列颠百科全书》

这段文字通篇未用任何修辞格,只是客观冷静地介绍泰山的位置、高度、主要名胜等情况,语言简明扼要,文从字顺,衔接自然。消极修辞多用于实用文章。

(二) 积极修辞

积极修辞又称艺术修辞,或变异修辞,要求语言表述新鲜、生动、形象,词语往往具有多义性,主观情感色彩浓郁,充分利用情境因素,驰骋想象,灵活运用各种修辞方式,竭尽语言文字的一切可能性,从而增强文章感染力的一种修辞方式。例如下面余光中的散文《听听那冷雨》片段:

雨天的屋瓦,浮漾湿湿的流光,灰而温柔,迎光则微明,背光则幽暗,对于视觉,是一种低沉的安慰。雨敲在鳞鳞千瓣的瓦上,由远而近,轻轻重重轻轻,夹着一股股的细流沿瓦槽与屋檐潺潺泻下,各种敲击音与滑音密织成网,谁的千指百指在按摩耳轮?"下雨了。"温柔的灰美人来了,她冰冰的纤手在屋顶拂弄着无数的黑键啊灰键,把晌午一下子奏成了黄昏。

这段文字非常熟练地运用比喻、拟人、排比、夸张等修辞格,把冷雨比作"灰美人",新鲜、生动、形象。积极修辞多用于文学艺术类作品。

(三) 写作语体

语体是为了适应不同类别文章的表达需要而形成的语言体系,是修辞规律的间接体现者。在写作活动中,我们必须按照不同写作文体的要求,把握不同文体的语言特点,熟悉由于这些特点所形成的不同语言风格和语言体系,从而为我们的文章写作服务。下面我们来谈谈文章语体的分类情况。

1. 科学语体

科学语体，是通过系统地论述自然现象、社会现象和人类思维的规律，使读者获得理性认识的语言体系。科学语体运用于自然科学和社会科学方面的学术著作、论文、科研报告、工具书、教材等，具有精确性、规范性、客观性和简明性的修辞特点，大量运用结构比较复杂的长句、复句，重视词语使用的单义性、规定性、严谨性，讲究事实的可靠性和论证的逻辑性。

科学语体又大致可分为科技语体和学术语体两个类别，前者多用于自然科学技术方面的文章，后者多用于人文社会科学方面的文章。科技语体常用图形、表格、公式、符号等人工语言来代替自然语言的表述，大量使用专门术语，一般不运用积极修辞手段。例如下面选自《新知识词典》中的一个条目：

山谷风是由于地表作用而造成的山地区域风向昼夜发生反向转变的风。白天日出后山坡受热，成为伸入到大气中的一个热源，加速了附近空气的增温，使同一时刻山坡上的气温高于谷地上同高度上的气温，暖空气不断上升，并从上面流向谷地上空。谷底的空气则沿山坡向山顶补充，形成谷地向山上吹的谷风。相反，夜间山地上辐射冷却较快，形成一个冷源，它加速了山坡气温的下降，使其气温比谷地上同高度的气温低，冷空气便顺着山坡注入谷地形成从山上向谷地吹的山风。山谷风是山地区域在晴朗而稳定的天气条件下常可观测到的现象。

——车济炎、林得宏主编《新知识词典》，南京大学出版社，1988年，673页

这段文字中大量使用地理学和物理学方面的专业术语，如"地表""热源""增温"等，主要使用复句，表述准确、严谨、周密，行文简洁、言之有序、条理清楚。

学术语体在坚持语言的精确性、客观性和严整性的同时，写作形式比较灵活，有论文式、问答式、对话式、漫谈式等。特别是面向一般读者或具有普及、推广性质的文章，往往呈现出写作笔调多样化和个性色彩的特点，语言活泼生动，并借助设问、引用、排比、对偶、对比、衬托等修辞格式，增强文章的说服力和感染力。以下是朱光潜谈论写作经验的《选择与安排》一文的片段：

在战争中我常注意用兵，觉得它和作文的诀窍完全相同。善将兵的人都知道兵在精不在多。精兵一人，可以抵得许多人用，疲癃残疾的和没有训练没有纪律的兵愈多愈不易调动，反而成为累赘或障碍。一篇文章中的每一个意思或字句就是一个兵，你在调用之前，须加一番检阅，不能作战的，须一律淘汰，只留下精锐，让他们各站各的岗，各发挥各的效能。排定岗位就是摆阵势，在文章上叫作"布局"。在调兵布阵时，步、骑、炮、工、辎须有联络照顾，将、校、尉、士、卒须按部就班，全战线的中坚与侧翼，纪律不严明，那也就成为乌合之众，打不来胜仗。文章的布局也就是一种阵势，每一段就

是一个队伍,摆在最得力的地位才可以发生最大的效用。

运用类比论证的方法,以用兵布阵的道理来说明文章的谋篇布局的重要性,比喻贴切生动,论证透辟通达,富有指导意义。

2. 法律语体

法律语体,是适应法律这一具有普遍约束力的特殊的社会规范,适应处理法律事务而形成的语言体系。由于法律语体具有法律约束力,使用这种语体的人必须经过严格训练,拥有相关的法律知识,并获得有关政府部门的认可、批准,才可以操作,所以法律语体是最典型的专业语体。法律语体具有精确性、论证性、简明性的表述特点,大量使用专业术语,力避个人主观色彩,不用比拟、夸张、借代等积极修辞手段,要求高度的逻辑性,从而形成庄重、严密、规范的语言风格。如下面某市中级人民法院刑事裁定书的正文:

×××贪污一案,上诉不服××市××区人民法院(××)×字第×号判决,向本院提出上诉。

本院依法组成合议庭,由××市人民检察院分院检查员××出庭执行公务,对本案进行公开审理。现查明:上诉人×××犯贪污罪,事实清楚,证据确凿,本应从严惩处,原审考虑到上诉人尚能坦白交代罪行,及时退回赃物等情节,已予以从轻判处。上诉人以"案发后能坦白交代、及时退回贪污钱款"为由,要求再行从轻判处是没有理由的。本庭认为原判定罪课刑并无不当,应予以维持。据此,裁定如下:

驳回上诉,维持原判。

本裁定为终审裁定。

3. 事务语体

事务语体是适应各种事务交往、事务处理和事务管理的目的而形成的语言体系。它主要用于公文、条据、契约、专用书信、电报等应用性文体中,具有务实性、简要性、逻辑性、规范性等特点。多使用专业词语、文言词语,多用陈述句和祈使句,多用单句和并列复句,多用叙述、说明和议论,力避方言俚语,力避个人用语风格,不用冷僻词字,较少使用外来词汇,一般不用积极修辞,句法完整、严谨,讲求格式。如下面这份放假通知:

<u>××大学关于2021年清明节放假安排的通知</u>

各部门:

根据《国务院办公厅关于2021年部分节假日安排的通知》和市政府相关通知精神,经学校研究,4月3日至5日放假调休,共3天。

××大学办公室

二〇二一年三月三十日

该通知语言简洁、平实、明了,每句话都有实实在在的信息。公文和日常应用文,主要就是运用这样的语言。

4. 政论语体

政论语体,是用于社会政治活动领域的宣传、鼓动、交际、教育等方面的语言体系,包括政治性文章、宣传、讲话、社论、思想评论、宣传纲领等。政论语体具有议论性、情感性、形象性的特点,一方面使用大量的规范的政治术语、科学术语和专业术语,进行推理论证,另一方面又大量使用表情性和描绘性的词语,适当使用比喻、设问、反问、排比、借代、夸张等积极的修辞方式,把严密的逻辑和生动的形象结合起来。光明网的时评《"两个奥运"的时代价值与世界意义》有这样两段文字:

"两个奥运"极大增强了中华民族实现伟大复兴的必胜信心。习近平总书记指出,举办北京冬奥会、冬残奥会来之不易、意义重大,同实现"两个一百年"奋斗目标高度契合,给新时代北京发展注入了新的动力。回顾历史,从"奥运三问"到"双奥之城",中国的奥运事业呈现了中华民族的苦难与辉煌,折射出百年奋斗的复兴巨变,见证了中华民族伟大复兴的铿锵步伐。体育承载着国家强盛、民族振兴的梦想。体育强则中国强,国运兴则体育兴。中国圆满践行"冰雪之约"的体育盛会,让世界看到持续创新发展、面貌日新月异的活力中国;坚持合作共赢、坚定拥抱世界的开放中国;致力于民族复兴、追求天下大同的自信中国。

体育是提高人民健康水平的重要手段,也是实现中国梦的重要内容,能为中华民族伟大复兴提供凝心聚气的强大精神力量。冬奥梦激荡中国梦。站在"两个一百年"奋斗目标的历史交汇点上,这股精神力量必将化为强大的凝聚力和向心力,把民族复兴伟业不断推向前进。

——光明网,2022 年 3 月 17 日

5. 文艺语体

文艺语体,是通过艺术形象反映客观世界,表达作者观点和思想感情的语言体系,大致分为散文体、诗歌体、戏剧体和曲艺体四种类型。文艺语体的主要特征是语言的形象性,以及大量运用各种积极的修辞手段以加强文章的艺术感染力。文艺语体词汇丰富、语言生动形象,句法多变、不拘一格,以叙述、描写为主要表达方式。我们平时阅读的文学作品,大量运用的就是文艺语体。下面我们就散文语体、诗歌语体和戏剧语体来谈谈文艺语体的模式。

散文语体是以语言符号的语义横向组合为本质特征的一种语言体系。比如,写作者想要表达"小张在写字"这个意思时,他必须在横向组合的线条上的每一个具体位置上选择符合语义组合要求的语言符号,即"小张""写""字"。这句话的意义是随着

小张、写、字依次出现的,因此这样的语言体系必须在遵守散文语言组合要求的前提下来进行文艺语体的形象生动性展现。特别是在运用修辞手段时要注意散文语言的组合规则。诗歌语体是以语言符号的纵向错位为本质特征的语言体系。在散文语体中,语言序列上的每一个位置上的符号选择要受它周围语言环境的影响,也就是要符合语义搭配要求。而诗歌语体恰恰是突破这种语言搭配,造成语言搭配的错位,产生"陌生化"的审美效果。如宋祁的《木兰花》中"红杏枝头春意闹"其"闹"字就是对语义搭配的突破,王安石《泊船瓜舟》中"春风又绿江南岸"其"绿"字也是对语义搭配的突破。似乎在"春意"和"春风"后面出现"浓"和"到"更合理些,但是"闹"和"绿"却体现了作者本人的能动性,通过这一突破,让人在感到语言"陌生化"的同时,有种不一样的审美效果在不拘一格的句法中得到表现。戏剧文学采用的是一种对话语体,这和属于散文语体的小说虽同为叙事文学,却在语体上不一样。小说的阅读是一行一行往下进行,小说所叙述的物、事件、情景通过读者对作品语言的解码而产生形象体系。而观看剧本排演的戏是靠人们的感觉器官直接感知,戏剧中的人物的情感处理、时代环境等都要由人物自身形象及其行动来表现在舞台上,从而诉诸观众视听器官。这些特点便使剧作家主要依靠人物对话来叙述故事,塑造人物,表现思想情感。这也造就了戏剧体写作语言动作化、性格化、口语化等特点。

6. 新闻语体

新闻语体,是用于新闻报道的语言体系,包括消息(动态新闻、综合新闻)、深度报道(解释性新闻、述评新闻)、通讯、新闻特写等。新闻语体具有准确性、清晰性、通俗性和生动性的特点,以叙述为主要表达方式,并交替使用一些描写、说明和议论;以消极修辞为主,并适当使用一些积极修辞的辞格。一般情况下,政治、经济、外交、社会等方面的新闻报道行文严谨,用词准确规范,形成周密、平实、严肃的风格;而民主、文化、娱乐、体育等方面的报道则语言通俗、生动、形象,有时使用方言词语、时尚语词和形象语词。如:腾讯体育的一则新闻《36分大胜!北京3连胜送宁波6连败 林书豪重回先发24+8布朗19分》:

北京时间2022年3月16日,CBA常规赛北京对决宁波。比赛第二节宁波只得8分,半场只得24分。北京早早拉开了分差,最终,106-70轻取宁波。北京迎来3连胜,送给对手6连败。

林书豪重回首发阵容,吉布森轮休。一上来,林书豪就三分命中,宁波8-5反超,李慕豪空切上篮,随后他领到第二次犯规被换下,雷蒙三分命中,朱彦西三分也有,北京反超。林书豪被换下,布朗上篮2加1,随后他上篮再进,朱彦西三分再中,布朗上篮得手,第一节结束,北京25-16领先。

第二节王骁辉三分命中,宁波暂停。暂停回来,王骁辉再中三分,宁波三分还击,打破得分荒。范子铭跳投命中,林书豪重新上场,田宇翔跳投命中,北京39-19领先。

林书豪跳投也有,田宇翔助攻雷蒙上篮得手,林书豪反击上篮命中,随后他一条龙上篮又有,范子铭跳投再中,林书豪造犯规两罚两中,半场结束,北京55-24领先。

中场休息回来,范子铭跳投命中,雷蒙上篮得手,范子铭对张彪违体犯规,张彪上篮命中,北京暂停。暂停回来,范子铭跳投再中,张彪跳投也有,林书豪上篮命中,随后他跳投命中,北京65-38领先。林书豪跳投再中,此后他被换下。布朗上篮命中,赵俊峰三分命中,特罗特补篮得手,布朗三分还击,三节结束,北京78-51领先。

第四节塔瑞克补篮得手,随后空切暴扣。李柏润三分命中,斯蒂马克2加1,朱彦西三分命中,方硕上篮得手,斯蒂马克造2加1,塔瑞克5犯,马振翔补篮得手,林书豪重新上场,他送出抢断,李慕豪反击空切暴扣。李慕豪上篮得手,林书豪反击上篮得手,张才仁跳投命中,北京104-68领先。此后,比赛提前进入垃圾时间,北京轻松获胜。

——腾讯体育,2022年3月16日

这段文字口语化色彩明显,讲求表述的生动性、形象性,具备较强的可读性。

7.网络语体

网络语体,是利用电脑在网络交际领域中使用的语言体系。网络语体具有四个明显特点:一是群体性。网络语言是网民在网上彼此交流的最基本、最常用的符号,所以它是一种特殊的群体语言。二是简略性。网络语言的出现就是为了使语言变得更加简单,以方便和适应网上的交流。三是多变性。网络语言是语言中最活跃的部分,网络群体总是在不断地创造或衍生新鲜的词语,并且非常迅速地在网络圈子里传播流行开来,一些词语也逐渐被生活所接受。四是杂呈性。网民为了提高输入速度,往往对文字、符号、图片等随意链接和镶嵌,由此出现大量的错字、别字,各色语言符号杂呈,加之一些格调不高、粗俗放纵的词语在网上也时有出现,这就难免导致目前网络语言的良莠不一,泥沙俱下。

总之,写作要根据不同的体裁选择合适的语体,才能写出合乎要求的文章来。假如用文艺语体形式写通告,或者用科学语体来写小说,只能破坏法定公文的庄重性、严肃性,破坏文学作品的生动性与形象性。正如明代吴讷在《文章辨体序说》中所说,"文辞以体制为先",语体受文章体制制约。

第二节 写作语言的审美

写作语言审美问题也就是写作语言美的问题,文章的语言经过修饰,能恰当地、艺术地表达作者的情感思想,文章富有美感,产生审美效应,使读者产生审美快感和审美领悟。文章的俊语美辞,需要作者以口语为基础,经过选择、加工、润色,进行必要的修饰和锤炼。不过这种锤炼和加工,绝不是玩弄辞藻,而是为了更好地表达情感。

写作,作为语言的艺术,在使用物质媒介方面要依靠语言来进行信息传播,语言是作者和读者交流思想情感的媒介。要很好地发挥语言这一媒介的作用,同语言本身美不美、能否让读者产生美感关系很大。如果语言没有美感,死板枯燥,没有味道,便会让读者感到"面目可憎,像个瘪三"。如果语言文采斐然,那么写景,则描山摹水如在眼前;状物,则雕形镂貌,栩栩如生;叙事,则绘声绘色,娓娓动听;说明,则鲜明清楚,使人警醒。这样的文章语言是美的,定会给人留下深刻的印象,甚至使作者与读者产生心灵的共鸣。

　　在写作活动中,我们要重视语言美的问题,古今中外大作家都很重视语言美,认为美的文辞对写作作用很大。唐人独孤及说:"志非言不形,言非文不彰。"宋人周敦颐说:"美则爱,爱则传焉。"阿·托尔斯泰认为优美的文辞是"金刚石般的语言"。法朗士称它是"漂亮的乐器"。因此我们在写作中一定要重视语言美的问题。语言美类型很多,根据人们感受语言美的审美感官的不同,可分为视觉美和听觉美;根据写作语言美学风格的不同,分为浓妆美、淡妆美;根据写作语言文辞精简程度的差异,可分为简洁美和丰赡美。

一、视觉美和听觉美

　　语言美必须有人的感官才能产生相应的审美效应,人的审美感官主要有视觉和听觉,它们是人们获得美感信息的主要通道。语言美作用于人的视听感官便有了视觉美和听觉美。

(一)视觉美

　　视觉美,是指人们通过视觉获取美感信息,特别是色彩词的细致描摹产生的画面造型美,使读者通过视觉想象产生审美快感。在写作活动中,它具有以下特点:

1. 描绘物象的真实性

　　马克思说:"色彩的感觉是一般美感中最大众化的形式。"写作语言具有了色彩的造型美,就能更加逼真地表现事物的形貌,生动形象地再现周围环境,并且付诸读者的视觉感官,产生审美效应。如刘白羽《日出》中就有这样一段精彩描绘:

> 突然间从墨蓝色云霞里蟊一道细细的抛物线,这线红得透亮,闪着金光,如同沸腾的溶液一下抛溅上去,然后像一支火箭一直向上冲,这时我才恍然大悟,原来这就是光明的白昼由夜空中迸射出来的一刹那。然后这几条墨蓝色云霞的缝隙里闪出几个更红更亮的小片。开始我很惊奇,不知这是什么?再一看,几个小片冲破云霞,密接起来,溶合起来,飞跃而出,原来是太阳出来了。它晶光耀眼,火一般鲜红,火一般强烈。不知不觉,所有暗影立刻都被它照亮了。

好美的图画啊！作者把日出景象描摹得如此逼真形象，让人有种身临其境的感觉，仿佛就在自己眼前。

2. 表现情绪的生动性

在生活中，我们对颜色可能有不同的喜好，人们有不同的喜好原因在于不同的颜色带给人们不同的心理感觉和视觉体验。通常情况下，我们看到红色，有温暖之感；看到黄色，有高贵之感；看到蓝色，有沉静之感；看到绿色，有生命之感；看到紫色，有庄重之感；看到白色，有纯洁之感。同时，由于时代、民族、地域的不同，颜色给人的视觉和心理体验也会不同。在写作活动中，写作者要抓住读者视觉体验的特点，发挥自己的视觉表达能力，恰切地选择颜色语词，表现自己的审美情感，从而收到较好的审美效果。如艾青的《绿》：

到哪去找这么多的绿：/墨绿、浅绿、嫩绿，/翠绿、淡绿、粉绿……/绿得发黑，绿得出奇；

刮的风是绿的，/下的雨是绿的，流的水是绿的，/阳光也是绿的；

……

诗中句句有绿，诗人以绿色为基调，不仅生动描绘了岭南早春的景色，而且把抽象的情感化作形象的颜色，让读者可以通过视觉想象去体味作者的情感，让人们深深体味到诗人在经历风雨后重新歌唱的生命激情。

(二) 听觉美

听觉美，是指语言的音节、声调、音韵、节奏作用于人们的听觉感官所产生的美感。好的语言表达往往具有音韵和谐、悦耳动听的美感，不仅能较好地表达写作者本人的情感，而且便于传播。听觉美的特点如下：

1. 音节匀称

在写作活动中，适当运用对仗整齐、结构相同或相似的对偶、排比等句式，便可使音节匀称，加强节奏感。

鲁迅先生无心作诗人，偶有所作，每每妙绝。比如"横眉冷对千夫指，俯首甘为孺子牛"，虽然只有十几个字，但爱憎分明，情感褒贬十分有力。其中"横眉"和"俯首"是对偶，"冷对千夫指"和"甘为孺子牛"又相对，对得十分工整，音节匀称。这种对音节的考究在中国古代诗词中更是比比皆是，特别是词的写作更要讲究音节匀称，因为词在当时是要配乐歌唱的。除了对偶以外，运用排比也有增强音节的听觉美的效果，如徐开垒的散文《山城雾》中：

在灯海里，有无数的往事可以回溯，有无穷的想象可以驰骋，有无限的情理可以探索,有无尽的力量可以汲取。

这段文字一连用了四个排比句,音节匀称,节奏鲜明,使作者欣赏山城夜景的炽热情思得到表达。

2. 声调铿锵

声调美指语音的高低、升降、长短变化所形成的音乐美。中国的汉语在声调方面特点很突出:平声悠长,较为响亮;仄声短促,较为低沉。平仄有规律地交替出现,音节长短不拘,抑扬顿挫,声调铿锵,极富美感。

中国古典诗词以声调之美取胜,是人人皆知的,就连古典散文也十分重视声音美。清人唐彪在《读书作文谱》中说:"使意尽而意韵悠然,更得平仄谐和、句调协适,文采灿然,可观矣。"现代人写文章对声韵要求已经不像古人那样严格要求,就连现代诗歌也用韵自由,不过好的优秀文章还是很重视音乐美,如老舍的《养花》中:

有喜有忧,有笑有泪,有花有实,有香有色,既须劳动,又长知识,这就是养花的乐趣。

这段文字中,"忧""泪""实""色",是平仄平仄,"动""识""趣"是仄平仄,每句话尾字声调平仄交错,前后呼应,便形成了声音高低起伏的变化,产生较强的节奏感,有声调铿锵之美。

3. 音韵和谐

音韵和谐美是指写作语言中运用叠字和押韵所产生的听觉美,是字音的重叠。叠字用得好可以增强文章描写的生动性和声韵的和谐美。如唐人王维《积雨辋川庄作》中的诗句:"漠漠水田飞白鹭,阴阴夏木啭黄鹂"。"漠漠"叠字用来表现水田之空旷浩茫,"阴阴"叠字用来显示夏木之幽深茂密。若是剔除两对叠字,定使诗韵大减。有时叠字也可以连用,如宋人李清照《声声慢》开头,"寻寻觅觅,冷冷清清,凄凄惨惨戚戚",连用7对叠字,"寻寻觅觅"写词人找寻之状;"冷冷清清"摹词人处境之幽;"凄凄惨惨戚戚"又状词人心情之态,而且词人使用啮齿音,读起来更有不适之感,同时也把词人的心理状态听觉化了,从而生动形象地把作者抽象之情化为可感可知的听觉美感。

押韵是指前后句子的尾字用相同的韵。押韵可以使语言极富节奏,朗朗上口,悦耳动听。在诗歌中用韵是必需的,在一些散文作品中也用韵,恰当用韵可以增强文章散中见整的语言美。

二、浓妆美和淡妆美

(一)浓妆美

浓妆美又叫修饰美,是指语言修饰雕琢而产生的艺术美。语言有了修饰雕琢可以绘声绘色、姿态毕现地描写事物,产生一种立体感,使物象描绘更加形象生动。下面谈

谈浓妆美的特点:

1. 比喻巧用

比喻作为一种常用的形象化修辞手段,对增强语言美作用显著。唐人岑参《白雪歌送武判官归京》中"忽如一夜春风来,千树万树梨花开",以春季梨花怒放来比喻胡天八月飞雪盛况,抓住了白雪和梨花颜色、形态的相似点巧用比喻,使人留下深刻印象,韵味无限。再看下面这个例子:

童年,像一杯纯纯的牛奶,浓郁的奶香和醇厚的甘甜弥散在无忧无虑的日子里……

少年,像一罐可乐,虽有辣辣的冲劲,却只是一会儿……

青年,像一瓶啤酒,渐渐有了些内涵,却还是口味淡薄……

中年会是一杯咖啡吧,有苦得入心的愁情,有回味隽永的喜悦……

老年该是一壶清茶了,百味尝尽,无须再承受过多,也难以承受……

由比喻构成博喻,再加上感受领悟,作者巧妙地用"饮料"作比,写出了人生各个阶段的独特滋味。这几个比喻句准确地把握住了人生各个阶段的主要特征,加之作者细致的述说,使得我们对整个人生有了一个全面而较为深刻的认识。

2. 移情巧妙

移情即移人情于物。人在观察和感受事物时,把适合于表现人的动作、感情、思想、品质的词语,用来描绘人之外的物象,并使之具备人性人情。这种方法寄情于景,托物言志,化静为动,可避免情感的直露和描写的简单化,增强语言的浓妆美。

移情在抒情作品中使用很多:"我见青山多妩媚,料青山见我应如是",山在这里有了人性感知;"遥怜故乡水,万里送行舟",水在这里有了深情厚谊;"刚露头的嫩草,在向我招手,晨曦中第一朵开放的小花,在向我微笑",花草在这里也会向人招手微笑。热恋中的大卫·科波菲尔,见到他的情人朵拉后,便觉得大自然一切景物都令人愉快——"太阳照的是朵拉,鸟儿叫唱的是朵拉,南风吹的是朵拉,篱笆的野花都是朵拉……"。正如王国维《人间词话》中所说:"以我观物,故物皆着我之色彩。"以上例子中我们看到原来用在人身上的词语用在了物上,显得十分动人,生动形象,使读者产生了强烈的审美快感。

3. 通感共鸣

人的五官的感觉,正如钱钟书在《通感》中所说,"有无相通,彼此相生"。德国美学家费歇尔也说,"各感官不是相互孤立的,它们是一个感官的分歧,多少能够相互代替,一个感官响了,另一个感官作为回忆,作为和声,作为看不见的象征,也就起了共鸣……"这是说人的不同感官的感觉相互沟通,感觉借联想转移,从而使人产生审美愉快的一种艺术手法。比如韩少功写哑巴汉子的唢呐声:"音符一个个像花开了,星星亮了,像满山野杨梅红了,又甜,又酸,又涩。"这写法与《老残游记》中写说书人的声音有异曲同工之妙。本来语言文字不是音阶,要表现唢呐的音乐旋律是无能为力的。但是,作者以形写声,使"耳中见色",那些仅能听见的声音,变成了看得见光彩颜色的"花""星星"和"杨梅",而且感官相近,视觉通于味觉("甜""酸""涩"),"眼中见味"。这便突破了语言局限,增添了审美情趣,产生语言浓妆美的效果。

(二)淡妆美

淡妆美又叫朴素美,是语言不重雕琢,不加装饰,以平淡见长,以本色为胜的自然美。

1. 清雕琢,贵自然

"清雕琢"不是不要雕琢,"贵自然"也并非完全同雕琢绝缘。严格来说,写文章都要雕琢,只是程度不同而已。"清雕琢"是说雕琢不可废,要用而不浓,须求淡化,信笔写出,贵乎自然,体现语言朴素美。如:

我听父亲说过的,中国有一种墨猴,只有拇指一般大,全身的毛是漆黑而且发亮的。它睡在笔筒里,一听到磨墨,便跳出来了,等着,等到人写完字,套上笔,就舔尽了砚上的余墨,仍旧跳进笔筒里去了。

这段文字很少用形容词和修饰语,写得极其朴实,而墨猴那机灵可爱的神态却活灵活现。这是一种不露痕迹的雕琢,淡化的雕琢,有如老树生花,尽显素淡之美。

2. 口语化,显质朴

语言要自然质朴,于平淡中显示优美,就需要口语化。"我手写我口"(清人黄遵宪语)。在写作语言中,口语化体现平易近人与质朴纯净。赵树理的《李有才板话》中这样的语言很多:

小宝向小元道:"你说得对,这一回真是该扭扭劲了!要是再选上个广聚还不是仍出不了恒元老家伙的手吗?依我说咱们老槐树底下的人这回就出出头,就是办不好也比搓在他们脚底板强得多!"

——《赵树理作品新编》,人民文学出版社,2011年

这段文字中"扭扭劲""出出头""搓在他们脚底板"等等,句句是大白话,口头语,但十分形象生动。赵树理的其他小说作品中类似的现象也很多。此外像孙犁的《荷花淀》,许地山的《落花生》,朱自清的《背影》,都可谓语言淡妆美的典型。

语言的淡妆美,具有强大的艺术生命力,写得朴素自然的文章往往流转广泛,百代不衰。

三、简洁美和丰赡美

（一）简洁美

这是语言美的重要方面,唐人刘知几说:"叙事之工者,以简要为生","文约而意丰,此述作之尤美者也。"看来写作语言之简洁美是很重要的。中国的汉语向来以简约著称。《春秋经》曾记载了宋国落下五块陨石的事:"陨石于宋五"。仅用了五个字。唐人刘知几《史通》在《叙事篇》中对此这样评价:"闻之陨,视之石,数之五,加以一字太详,减其一字太略"。五字之中有声,有形,有数,没有多余的字。宋代欧阳修名篇《醉翁亭记》,"原稿初说滁州四面有山,凡数十字,末后改定,只曰'环滁皆山也',五字而已"(宋·朱熹《朱子语类》卷一百三十九)。契诃夫说,简洁是才力的姐妹,他自己写作就是特别重视省字约文。在他的剧本《三姐妹》中他曾用"妻子就是妻子嘛!"一句话代替了原来两大页的安德烈向人对自己妻子的描述,以求简约之美。

大凡简洁的文章,总是"意则期多,字则惟求少"。语言精练省俭而且内涵丰富,往往给人深刻印象。不过,要注意的是,不能把简洁美和文字长短多少画等号,不是说文字少了就必定简洁,短文也可能有冗杂累赘的现象,长文不一定就不简洁。

（二）丰赡美

丰赡美并非烦冗,不是文字多,而是通过语言文字的渲染,多层面地传达作者的情感和思想,使人获得一种繁复之美。

中国古代文论中有"赋"的艺术手法,即把要表现和描写的艺术对象,详尽地用语言文字展开描述,极尽繁复透彻之功。笔者在这里即取此意以论写作语言的丰赡之美。中国古典小说《红楼梦》第三十二回,写史湘云与宝玉谈仕途经济的话,引起贾宝玉反感,从而转向对黛玉的评价:

"林妹妹不说这样混账话,若说这话,我也和他生分了。"林黛玉碰巧听见了,不觉又惊又喜,又悲又叹。所喜者:果然自己眼力不错,素日认他是个知己,果然是个知己。所惊者:他在人前一片私心称扬于我,其亲热厚密,竟不避嫌疑;所叹者:你既为我的知己,自然我亦为你的知己,既你我为知己,又何必有"金玉"之论呢?既有"金玉"论,亦该你我有之,又何必来一宝钗呢?所悲者:父母早逝,虽有铭心刻骨之言,无人为我主张,况近日每觉神思恍惚,病已渐成,医者更云"气弱血方,恐致劳怯之症",我虽为你的知己,但恐不能久待;你纵为我知己,奈我命薄何!——想到此间,不禁泪又下来。

这段文字中,作者描绘林黛玉的喜、惊、叹、悲的复杂心理,极为详细透彻,用丰赡的文字,极富层次感地把黛玉所喜者、所惊者、所叹者、所悲者一一铺陈展开,鲜明详尽地写出了黛玉灵心之善感:对爱情之执着和对身世之悲叹。除了铺陈展开以显丰赡美

感外,还可以有意重复语词,在重复中以加强语言美感,表现写作者丰富的感情。如鲁迅的《秋夜》的开头:

在我的后园,可以看见墙外有两株树,一株是枣树,还有一株也是枣树。

作者在这里有意重复文辞,一方面增强了感情色彩,抒发作者对枣树的赞美之情,一方面又拓宽了作品内涵,暗示顽强地抗击黑暗的枣树并不孤立,也不寂寞。

第三节 写作语言的运用

前面我们对写作语言的符号本质和语言体式以及写作语言的审美特点进行了论述,下面我们着重对写作语言的运用问题进行论述。不过,在此之前,我们先谈谈语言材料的采集与锤炼问题。

▶ 一、写作语言的采集

唐代文豪韩愈在《答尉迟生书》中说"辞不足不可以成文",词汇不够丰富,语言匮乏,是写不好文章的,即便硬着头皮写下去也会文不逮意,更谈不上语言美了。语言材料的采集和积累对写作活动十分重要,写作语言材料丰赡,写文章才可以左右逢源,挥洒自如。中外写作大家往往语言文辞储备丰厚。据统计,诗人拜伦、雪莱掌握词语8000个左右,莎士比亚掌握词语达16000个之多。朱自清在散文《绿》中,用了10多个词来描写"绿"的颜色,比如"油油的绿意""闪闪的绿色""汪汪的一碧""醉人的绿""奇异的绿""平铺着,厚积着的绿""温润的碧玉""女儿绿",等等。

写作者要把文章写得生动活泼,文采斐然,就应当广泛采集语言材料,不断积累词汇,扩大词汇量,丰富自己的语言仓库。下面我们介绍一下语言采集的途径。

(一)从现实生活里采集语言材料

采集语言的第一途径是人民群众的现实生活,人民群众的生活是一切写作语言的源泉。人民群众的语言极为丰富,广大人民群众表达同一个意思,往往可以采用不同的语言形式,而且十分精彩。如说"很快"叫"飞快""风一样的快";"很圆"叫"溜圆""圆滚滚";说做事要脚踏实地,就说"要摸着石头过河";为了建立信任感,说"一家人不说两家话"。这些群众口头语言,生动活泼,表现力也强。如果写作者采集这样的语言材料进行加工,写成文章,广大群众一定喜欢看。因此我们要积极深入群众生活,吸取群众语言里的精华为我所用。

(二)从优秀作品中采集语言材料

优秀作品无论是中国的、外国的,还是古代的、现代的,它们的语言都有较强的规范性。特别是那些优秀的文学作品,往往是写作语言的典范,是我们学习的榜样,也是我们采集语言材料的重要途径。

我们通过各种途径采集语言材料,丰富自己的语言储存,在自己的脑子里建个语言仓库,只要自己想使用,好的语言材料就会喷涌而出。可见,只有积累了丰富的语言材料,我们的写作活动才落到实处,写作者才算吃了定心丸。

二、写作语言的锤炼

我们采集了丰富的语言材料后,还要对其进行锤炼,找出那些最适合进入我们的文章系统的语言,同时我们还要在这个基础上去创造新的语词以满足我们的写作需要。下面我们谈谈写作活动中锤炼语言的要求和方法。

(一)求准

法国作家莫泊桑说:"不论一个作家所要描写的东西是什么,只有一个词可供他使用,用一个动词使对象生动,一个形容词使对象的性质鲜明,因此就得去寻找,直到找到了这个词,这个动词和形容词,而决不要满足于'差不多'……"莫泊桑所说的也就是语言材料锤炼的求准的问题,要锤炼出一个准确的语词来表现我们要表达的事物,必须精心辨析词语,辨别同义词的细微差别,这样才能找到莫泊桑所说的"一个"来。中国现代文学家郭沫若的剧作《屈原》中婵娟的一句台词,原先是"宋玉,你是没有骨气的文人",用陈述句,后来改为"宋玉,你这没有骨气的文人",改"是"为"这",一字之差,便成了"感叹句",有了强烈的鄙视感,艺术效果就变了。又如孙中山的一句名言:"夫事顺乎天理,应乎人情,合乎世界潮流,适乎人群之需要。"这里的"顺乎""应乎""合乎""适乎",用词准确,若满足于"差不多",都用成顺乎,当然也可以,但就不够准确,忽视同义词的差异了。

中国文学史上著名的"推敲"故事说的就是写作中用词要准的问题,宋代诗人王安石的著名诗句"春风又绿江南岸"中的"绿"字,也是经过多次锤炼才找到的。因此我们在写作中一定要注意语词使用的准确性。

(二)求新

从审美心理学的视角来说,读者在接受写作产品时,都有一个审美期待,读者想看到自己既有的信息储备中没有的新的信息。如果写作者没有满足读者的审美期待,提供的信息都是旧的,读者就会对你的写作产品不感兴趣。因此,在写作活动中,写作者要积极满足读者的需要,进行写作创新,给读者传播新的信息。新的信息有内容方面的,也有语言形式方面的,可见,我们要创造一个成功的作品,必须在语言形式上锤炼创新一番。

1. 去陈言

唐代文豪韩愈主张写文章:"惟陈言之务去。"在写作活动中,人云亦云,用得过多,缺乏新鲜感,都是些陈词滥调,是很难表达清楚作者的思想感情的。美学家科林伍德也说:"艺术不能容忍陈词滥调。任何真正的表现必然是一个独创性的表现。"(《艺术原理》,中国社会科学出版社,1985年,282页)我们可以看出中外写作大家都是很主张语言创新的,我们在写作活动中也要去陈言,不用那些陈词滥调。

2. 创新词

大凡杰出的作家,都善于"自铸伟词",以表达独特的感受。《三国演义》第五十回,罗贯中写到赤壁大战,曹军遭火攻时"与张辽引百余骑,在火林内走",用"火林"二字状火攻情景,极为新颖。《水浒传》第三回写鲁提辖将两斤肉臊子打向郑屠时,"却似下了一阵的肉雨",用"肉雨"二字写郑屠被打的情状,形象异常。《祝福》中,鲁迅写除夕之夜,用"钝响"二字写爆竹声骤然打破沉闷的气氛也极为恰当。

3. 善选词

创新词毕竟是有限的,语言符号是约定俗成的符号系统,具有稳定性。语言创新,还要善于选择独特之词表达独特的感受。词语选择要考虑具体语境,适应了语境的需要,上下文配合恰当,词语选择得才好。肖洛霍夫写阿克西尼娅死后,她的情人葛利高里"看到自己头顶上是一片黑色的天空和一轮耀眼的黑色的太阳",如果不与特定的语境联系起来,我们会觉得这些词语无法理解,若和一定的语境联系起来,结合人物关系、处境来理解,"黑色的天空""黑色的太阳"这种用词可以充分表现出葛利高里的悲伤情感。

(三) 善改

清人李沂在《秋星阁诗话》中说:"能改则瑕可为瑜,瓦砾可为珠玉。"只有不断修改,对语言认真锤炼,精益求精,才能写出好文章。下面谈一下语言的修改方法。

1. 改不当为恰当

语言达不到准确、贴切、恰当的程度,不是一种好的写作语言。锤炼语言时要善于改不当为恰当。杨朔的散文《雪浪花》全文3000多字,改动之处多达200多处。其中一处,原来这样写:"几个年轻的姑娘,赤着脚,提着裙子,叽叽喳喳追着浪花儿玩。""叽叽喳喳",有贬斥之意,后来作者改成"嘻嘻哈哈",表达了作者对姑娘们的赞美之情。

2. 改枯燥为生动

枯燥的语言,决不会动人,锤炼语言的一个重要目标就是要改枯燥为生动。如浙江民歌《小篷船》原稿:"小篷船,装粪来,橹摇歌响悠悠然,来自柳树云,进入桃花山。""来自""进入",只单纯交代了船的方位和走向,用语枯燥。改为"穿过柳树云","融进桃花山",就生动地描绘出小篷船由近而远的画面,流淌着浓郁的诗意,给人以丰富和美的感受。

3. 改冗赘为简洁

锤炼语言要删繁就简,司马迁在《史记·李将军列传》中有这样一段文字:

广出猎,见草中石,以为虎而射之,中石没镞,视之石也。因复更射之,终不能复入石矣。

金人王若虚认为这段话不够精练,"凡多三'石'字"。后人参考他的意见,改为:

广出猎,尝见草中有虎,射之,没镞,视之,石也。因更复射,终不能入矣。

司马迁原文33个字,缩减为26个字,删除冗辞,语言简洁,表达效果也更好了。一代文学家尚且有疏漏之处,我们学习写作的人更要精益求精,不断锤炼语言。

4. 改喑哑为铿锵

喑哑,就是不响亮,不和谐。古人曰:"一字不稳,一字不圆,便唱歪歌者之口。"这种锤炼在诗歌作品中要求较高。但是在散文作品中,也要注意汉语言的声音美,只要使用恰当也会使文章增色。陈毅《梅岭三章》初发表时,其中两句诗原为:"此去泉台集旧部,旌旗十万斩阎罗。"后来精益求精,将"集"换成"招"。"集"和"招"两字都是平声,词义相近,但"集"字喑哑,"招"字响亮,用一"招"字,音调铿锵有力多了。

综上所述,我们只有广泛采集语言,积累语言材料,善于锤炼语言,才能把文章写好,写出读者爱看的文章。

三、写作语言运用的要求

写作语言的运用,以表意恰当为基础,然后才求巧妙。写作语言运用的审美效果,必须在文章的整体效果中衡量,即在词与词的配合中,在上下文的语境中,在语言体式的不同选择中来把握。我们下面就写作活动中的语言运用来谈些基本要求。

(一)纯粹

纯粹,是不杂芜,写作语言纯粹就是合乎语言使用基本规范,否则,你的文章是无法与别人沟通交流的。因此,要求写作语言纯粹是十分必要的。

1. 要符合汉语使用规则

在写作实践中,无论是新造词还是对现成汉语词的使用都要符合汉语使用习惯和规范,不能随意硬性改造词语结构形式。

(1)不滥造、生造词语。

前面我们在锤炼语言中谈到要语言创新,但是创新不是故意求新求奇,既要合乎语境需要,又要符合自己表达需求,也不是只有新造词才能表达自己新奇的感受和独特的认识。如果现有词汇够用,就不必去造新词了。如:

老人年近八旬,却不衰迈,一双睿慧的眼睛,矍矍有神。

这段文字中,"衰迈"——"衰弱"与"老迈"杂糅;"睿慧"——"睿智"与"智慧"各半;"矍矍",疑应是"炯炯",现在多用"矍铄"来形容老人的精神气。"衰迈""睿慧""矍矍"属于滥造词。像表达这样意思的词,在我们汉语言中已经够多了,不必再翻造了。即使读者明白作者的意思,但也会感到别扭做作,反而削弱了语言的表现力。可见造新词必须有写作需要,同时还要为广大读者所理解和认可,才是有生命力的创新。

(2)不随意更改词语的结构形式。

语言的形成是约定俗成的,我们在前面的本质论部分也谈到过,词语搭配和运用也要合乎人们语言运用的习惯。在写作活动中,我们要遵守汉语言使用规则,不要随意更改。如"洗澡"——"洗了个澡"是可以的,但是"休息"——"休两天息"就不符合汉语言使用习惯了,所以我们不要硬拆词语,不能随意更改语言搭配关系。

2. 规范使用文言词、方言词和外来词

在写作活动中,适当使用一些有生命力的文言语词,可以发挥我国文言词简洁凝练的表意特点,使文章语言简洁有力。比如我们在公文写作中,常用的"兹有""鉴于""当否""务须""切切""以资""特此"等惯用语,就是文言词,使文章语言表达简洁有力。但是不要滥用文言词,为文言而文言地生硬搬用,只会倒读者胃口。如:

野牛牡者强壮健美,牝者稍逊。

"牡""牝"现在已经不通俗了,不如以"雄""雌"或"公""母"来代替。

在写作实践中,有些方言词往往有着很强的表现力,用了使文章增色不少,使文章获得一种独特的审美效果,但是不同情况下,我们要慎重选用,公文、科技著作中要尽量少用甚至不用,有些文艺作品为了表现地方色彩和风土人情适当使用口语化的方言词也是允许的。不过,应尽量不使用那些适用面较小的又缺乏艺术表现力的方言词,以免给读者带来阅读困难。对于外来词,我们要吸收其中有益于汉语发展的语词,要注意翻译之恰切,符合汉语规范。

(二)恰当

恰当,是写作语言运用的最根本要求。它也是写作中最基本的语言表达要求。"纯粹"说的是语言自身的素质,"恰当"则要着眼于"词"跟"意"的关系。陆机《文赋》中有句名言,"恒患意不称物,文不逮意",可见语言使用要恰当,要"文逮意"需先"意称物",在正确认识事物之后,再寻找最合适的语词进行表达。

1. "意称物"

"意称物"是使用语言的前提,先做到了"意称物",才可以做到"词意相符"。

(1)要正确认识表达对象。

在写作活动中,要真实地反映事物的本来面貌和情形。近年来一些媒体刊登了我

国政府对贪污腐败分子和一些犯错误同志的处理决定,从中我们可以见到这样的文字:

撤销其原任党内的一切职务,并建议撤销他党外原任各种职务。

所谓"原任职务",就是从前担任过的职务而现在不担任了;既然不担任了,撤销什么呢?撤销总是撤销现任职务。不过,实际情况可能是,发现某人有重大错误,在审查时已经停止了他职权的使用。但是,在做出撤职决定前,并未"正式"撤销其职务,所以说"原任职务"是不对的。这类错误是和作者未能正确认识事物、细致分辨词义分不开的。

(2)要正确理解词义。

在写作活动中,如果不能正确理解词义或者理解有偏差,也会出现"意不称物"的情况。如:

去屑止痒洗发露是其他洗发露无与伦比的。
此人对比他强的同伴嫉恶如仇。

前句中把无与伦比——没有能比得上的,当成"无法相比"。后句把"疾恶如仇"理解成妒忌到了仇恨的程度,这些词语使用都出现了错误,由于理解词义不正确造成与自己所要反映的客观事物相背离,从而出现"意不称物"的现象。

2."文逮意"

人们感受大自然,感受社会,"外感于物",而"意生于心"后,往往希望表达出来,想找个恰当的语词来表达。

(1)选词要切合表现的内容。

在运用语言时,要慎重,仔细揣摩。通常情况下,找到一个可以基本反映自己思想情感的词并不难,但要找出一个切合实际的就难了。下面看看鲁迅修改《藤野先生》中的一段(原稿):

大概是物以稀为贵吧。北京的白菜一到浙江,便用红头绳记住菜根,倒挂在水果店头,尊为"胶菜";福建野生着的芦荟,远往北京便请进温室,且美其名曰"龙舌兰"。

修改时,将前头的"……一到……便……"改为"……运往……便",后边"……便……"改为"……一到……就……"前后正好对调了一下,芦荟生长在南方,对于温度的变化比较敏感,从福建运到北京,气候变化大,当然要立即请进温室,所以作者改用了"……一到……就……"。而北京秋末收到的大白菜,在比北京温暖的浙江可以保存一段时间,能在水果店里存放,用不着立即采取保护措施,改为"……运往……便……"就行了。

(2)辨析近义词差异。

用词恰当贴切,需要对汉语言中大量的近义词辨析区别,从而准确地表达对客观事物的反映。一是辨别意义的轻重、程度的大小。如"希望""盼望""渴望"这一组词后者比前者表示的主观愿望强烈,程度大。二是区别范围大小。如"事情""事件""事故"这一组词,前者比后者所指范围大。三是区别概念的层次不同,如"食物""水果""桃子"这一组词都可以指同一事物,前者比后者概括的程度要高:远看一个小孩在吃东西(食物),近看一些,在吃水果,走到跟前,知道他吃的是桃子。四是区别近义词的不同用法,了解它们的词性和搭配对象。

(3)区别词语的感情色彩。

词语中,有些词是中性的;有些词带有爱憎情感,如"光荣""慈祥"和"卑鄙""腐败";有些词的感情色彩因使用的情景不同而有微妙变化。运用语言时,要注意词语的感情色彩,准确表达。如鲁迅《拿来主义》中的一段话:

如果反对这宅子的旧主人,怕给他的东西污染了,徘徊不敢走进门,是孱头;勃然大怒,放一把火烧光,算是保存自己的清白,则是浑蛋。不过因为原是羡慕这宅子的旧主人的,而这回接受一切,欣欣然蹩进卧室,大吸剩下的鸦片,那当然更是废物。

这段文字中,"孱头""浑蛋""废物"都带有强烈鲜明的贬义;另外一些词,如"徘徊""算是""蹩进""大吸"等,在这个特定语境中,也带有贬义,表现了作家的否定态度。

(4)语言运用要符合语境需要。

语言运用在词意相符的情况下,还要注意与语境符合,适合读者接受的要求。洪迈《容斋随笔》记载,范仲淹写了一篇《严先生祠堂记》,最后有几句词:"云山苍苍,江水泱泱,先生之德,山高水长",李觏读了这篇文章,对范仲淹说:"云山江水之语,于义甚大,于词甚薄,而'德'字承之……"建议把"先生之德"改为"先生之风"。一字之易,果然气象辽阔。

(5)语言运用要适合语体需要。

在长期写作实践中,各类文体因各自有特定的反映对象和特定的使用范围而形成各自体式上的特点,这就是语体。其中包括常用的句式句型、常用词汇、修辞手法等。

语体的形成不仅由作品内容决定,还由文章的接受环境决定。语言的运用要适合文章的语体特点。比如,文学作品中常用的富有形象性、感情色彩鲜明的语词,在公文中用得就很少甚至不用,把政治新闻中的语词用到一般记叙文中也会不合适。

(三)平易

平易,是要求文章语言要通俗易懂、明白晓畅。语言平易、简洁质朴,有"清水出芙蓉,天然去雕饰"的自然之美。下面我们谈谈怎样做到语言的平易。

1. 少用艰深语

一般文章的写作和专业科研文章的写作是不同的,科研文章用语比较专业化,一般文章的写作要少用专深精尖的科研专业用语,应该力求通俗易懂。

2. 不堆砌辞藻

堆砌辞藻,常常是内容空虚。情感的表现,扎实的内容、真挚的感情,往往是用质朴的语言来表现。请看叶绍钧的《藕和莼菜》:

向来不恋故乡的我,想到这里,觉得故乡可爱极了……因此故乡有所恋,而所恋又在故乡有,便萦着系着不能离舍了。譬如亲密的家人在那里,知心的朋友在那里,怎得不恋恋?怎得不怀念?但是仅仅为了爱故乡吗?不是的,不过在故乡的几个人把我们牵着罢了……

所恋在那里,那里就是我们的故乡了。

这段朴素平实的文字,直白地道出了作家心中难以割舍的乡情、亲情和友情,没有任何修饰,十分真挚。下面看段摘自学生习作中的文字:

生活之途每一步,都颤动着一颗踟蹰着的缱绻难舍的心。

这里堆砌了几个词,连意思也不甚明白了,是说做事总是犹豫不决,不易摆脱情感的纠缠?

(四)生动

生动,是把事物的形神或作者的思想感情栩栩如生、新鲜活泼地表现出来。语言表达要生动活泼必须对用语进行精心选择和灵活使用。

1. 选用富有表现力的词语

语言的表现是不同的,有些词语,本身就富有鲜明的形象性和丰富的情感色彩。比如说今天是个好天气,大晴天,我们可以说:

晴朗——一般表述。

万里无云——形象化了。

响晴——更有表现力,天气晴得似乎发出"响声"。

恰当使用富有表现力的语词,逼真再现表达对象的特点,引起读者丰富的想象,进而感染读者。

2. 选用新鲜的词语

新鲜的词语,是活在现实生活中的富有表现力的语言,它是群众创造的经作者汲取加工提炼的语言。如在新闻写作中,新闻写作者往往能够及时汲取社会生活中的新鲜语词用到新闻作品中,从而使新闻作品更加贴近群众、贴近生活,形成较好的表达效果。下面我们举几个新闻标题作为例子:

(1)社保卡"沉睡",职能部门别只"努努嘴、摊摊手"(《人民网》,2018年6月21日)

(2)"救命药"又现短缺 "组合拳"确保供应(《新华网》,2018年6月22日)

(3)种好"菜园子",拎稳"菜篮子"(《新华网》,2021年12月3日)

例(1)中"努努嘴"和"摊摊手",例(2)中"救命药"和"组合拳",例3中"菜园子"和"菜篮子",这些语词的使用都很口语化,使用了群众口头的新鲜语,打破常规,接近群众,显得生动活泼。

3. 灵活使用语言

前面我们谈到新闻作品中,选用社会新鲜词语,打破常规,收到了一种特殊的表达效果。下面我们谈下突破一般语法规范,灵活使用语言的情况。

像脍炙人口的"春风又绿江南岸"中"绿"字就是形容词活用为动词;"又亭翼然临于泉上者"中"翼"字就是把名词活用为形容词。鲁迅在《藤野先生》中写"清国留学生"中有把辫子盘得油光可鉴的,"实在标致极了",这个"标致"就是褒词贬用,包含了作者厌恶、讽刺的意味。有时人们为了传达一种特殊的表达效果,把使用的语词进行主观变形,比如刚刚考上大学的学生往往把七月或六月称为"黑色的月份",就是因为那时对于考生、家长是个紧张、沉闷的日子。

佳作赏析

[赏析一]

李家庄的变迁(节选)

赵树理

…………

龙王庙的拜亭上设起公堂,县长坐了正位,村里公举了十个代表陪审,公举了白狗和王安福老汉代表全村作控告人,村里的全体民众站在庙院里旁听。李如珍一看这个形势,也知道没有什么便宜,便撑住气来装好汉。县长叫控告人发言,诉说李如珍的罪行,群众中有个人向白狗叫到:"白狗!不用说他以前那些讹人的事,就从中央军来了那时候算起,算到如今,看他杀了多少人?打过多少人?逼死过多少人?讹穷了多少人?逼死了多少人?"白狗道:"可以,先数杀的人吧!"接着就指名数了一遍,别人又把说漏了的补充了一些,一共是四十二个。县长问李如珍,李如珍说:"这些人杀是杀了,有的是中央军杀的,有的是突击队杀的,有的是日本人杀的,我还没有亲手杀过一个。"王安福道:"你开明单,你出主意,说叫谁死谁就不得活,如今还能推到谁账上去?"有个青年喊道:"照你那么说,县政府要枪毙你,还非县长亲自动手不行?"又有人说:"怕你嘴巧啦?咱村里会说人话的都是他的证人。"李如珍料也推不过,就装好汉道:"就说成杀了你们两个人,我一条命抵也不赔本!杀了你们四十二个,利不小了!说别的吧!这些人都是我杀的!不差!"他既然痛快承认,以下的事情就不麻烦了。控告人说一宗,他承认一宗,一会也就说完了。审罢李如珍又审小毛。小毛打的人最多,控告人一时给他数不清,就向群众道:"跑了的且不说,现在在场的,谁挨过小毛的打都站到东边,没有挨过的站在西边!"这样一过,西边只留下几个小孩子和年轻媳妇们,差不多完全都站到了东边了,数了一下,共六十八人,陪审的十个代表、当控告代表的白狗还不在数。白狗道:"连陪审的人带我自己一共是七十九个!叫他本人看看有冒数没有?"小毛也不细看,他说:"我知道打的不少。反正是错了,也不用细数他吧!不过我可连一个人也没有害死过,叫我去捉人,都是他们的主意!他们讹人家的东西,我也没分过赃,只是跟着他们吃过些东西,吸过些大烟!"群众里有人喊:"跟着龙王吃贺雨就是帮凶!""光喝一口泔水(洗碗水)还那么威风啦,能分上东西来,你还认得你是谁啦?"

....

赏析: 赵树理的小说语言极具群众语言色彩,他用了风趣幽默、活泼生动的群众口头语言来表现人物的性格特点和所处的身份地位,给人带来了一股乡村的田园之风,让人倍感亲切。上面这段选文出自《李家庄的变迁》第15节,这一节是整部小说最具斗争特点的一段,我们可以看到在整体生动活泼、极具民间色彩的语言风格下,作品中正反双方的语言又极为性格化,充分表现了各个人物自己的特点,李如珍的残酷、猖狂和狡猾,乡民的朴实和坚定,都通过对话得到了表现。文中使用的"跟着龙王吃贺雨就是帮凶!""光喝一口泔水(洗碗水)还那么威风啦"都是群众俗语,极具生活气息,而且通过群众的语言形象地揭穿了敌人的凶恶面目。

[赏析二]

商山早行

温庭筠

晨起动征铎,客行悲故乡。鸡声茅店月,人迹板桥霜。
槲叶落山路,枳花明驿墙。因思杜陵梦,凫雁满回塘。

赏析:"鸡声茅店月,人迹板桥霜"这句诗的语言结构特点是纯用名词组合,没有(动词)形容词的修饰点缀,即所谓白描手法。白描,原是中国绘画的传统技法之一,大致接近西洋画法中的速写或素描,其特点是用简练的墨色线条来勾勒画面,赋形写意,不事烘托,不施色彩。这种画法引入到诗歌的创作中,那就是不用形容词和修饰语,也不用精雕细刻和层层渲染,更不用曲笔或陪衬,而是抓住描写对象,用准确有力的笔触,明快简洁的语言,朴素平易的文字,干净利素地勾画出事物的形状、光暗(声响)等,以表现作者对事物的感受。如上文两句诗,即是六个名词(即六种景物)的组合,没有任何修饰语。它集中地表现了早行的辛苦。在鸡鸣声起,残月未落之时,冒着寒霜上路,可见早行辛苦。

▶ 视域拓展

下文节选自中国现代文学著名作家老舍先生的《我怎样学习语言》:

....

从读文艺名著,我明白了一些运用语言的原则。头一个是:凡是有名的小说或剧本,其中的语言都是源源本本的,像清鲜的流水似的,一句连着一句,一节跟着一节,没有随便乱扯的地方。这就告诉了我:文艺作品的结构穿插是有机的,像一个美好的生物似的,贯串到这活东西的全体。因此,当一个作家运用语言的时候,必须非常用心,不使这里多出一块,那里缺着一块,而是好像用语言画出一幅匀整调谐,处处长短相宜,远近合适的美丽的画儿。这教我学会了:语言需服从作品的结构穿插,而不能乌烟瘴气地乱写。这也使我知道了删改自己的文字是多么要紧的事。我们写作最容易犯的毛病是写得太多。谁也不能既写的多而又句句妥当。所以写完了一篇必须删改,不要溺爱自己的文字!说得多而冗一定不如说得少而精。一个写家的本领就在于能把思想感情和语言结合起来,而后很精练地说出来。我们须狠心地删,不厌烦地改!改了再改,毫不留情!对自己宽大便是对读者不负责。字要改句要改,连标点都要改!

....

为练习运用语言,我不断学习各种文艺形式的写法。我写小说,也写剧本与快板。我不能把它们都写得很好,但是每一种给了我练习怎样运用语言的机会。一种形式有一种形式的语言,像话剧是以对话为主,快板是顺口溜的韵文等等。经过阅读别人的作品和自己的练习,剧本就交给了我怎样写对话,快板教给我了怎样运用口语,写成合辙押韵的通俗的诗。这样知道了不同的技巧,就增加了运用语言的知识与能力。我们写散文,最不容易把句子写得紧凑,总嫌拖泥带水。这最好是去练习练习通俗的韵文,因为通俗韵文的句子有一定的长度,句子有一定的音节,非花费许多时间不能写成个样子。这些时间,可是,并不白费;他会使我们明白如何翻过来调过去地排列文字,调换文字。有了这番经验,再去写散文,我们就知道了怎样选字练句,和一句话怎么能有许多的说法。还有:通俗韵文既要通俗,又是韵文,有时候句子里就不能硬放上专用名词,以免破坏了通俗;也不能用很长的名词,以免破坏了韵文的音节。

…………

这一项虽列在最后,却是最要紧的。我们须从生活中学习语言。很显然的,假若我要描写农人,我就必须下乡。这并不是说,到了乡村我只去记几句农民们爱说的话。那是没有多少用处的。我的首要的任务,是去看农人的生活。没生活就没有语言。

…………

一个文艺作品的语言的好坏,不都在乎它是否用了一大堆词汇,是否用了某一阶级、某一行业的话语,而在乎他的词汇与话语用的是地方不是。这就是说,比如一本描写工人的小说,其中工厂的术语和工人惯说的话都应有尽有,是不是这就算一本好小说呢?未必!小说并不是工厂词典和工人语法大全。语言的成功,在于一本文艺作品里,是要看在什么情节、时机之下,用了什么词汇与什么语言,而且都用得正确、合适。因为工人发怒的时候,就唱起"怒发冲冠"来,自然不对路了;可是,叫他气冲冲地说一大串工厂术语,也不对,我们必须了解这位发怒的工人的生活,我们才会形容他怎样生气,才会写出工人的气话。生活是最伟大的一部话语。

…………

——《老舍全集》,人民文学出版社,2013年

技能训练

一、专项训练

1.《劝学》是《荀子》一书的首篇,也是中学语文教材的传统篇目。请阅读下面两段文字,并分析其所使用的修辞方式。

吾尝终日而思矣,不如须臾之所学也;吾尝跂而望矣,不如登高之博见也。登高而招,臂非加长也,而见者远;顺风而呼,声非加疾也,而闻者彰。假舆马者,非利足也,而致千里;假舟楫者,非能水也,而绝江河。君子生非异也,善假于物也。

积土成山,风雨兴焉;积水成渊,蛟龙生焉;积善成德,而神明自得,圣心备焉。故不积跬步,无以至千里;不积小流,无以成江海。骐骥一跃,不能十步;驽马十驾,功在

不舍。锲而舍之,朽木不折;锲而不舍,金石可镂。蚓无爪牙之利,筋骨之强而上食埃土,下饮黄泉,用心一也。蟹六跪而二螯,非蛇鳝之穴无可寄托者,用心躁也。

2. 分析下列句子中的措辞,说明其错在哪里。

(1)马上要放暑假了,几个同学商量去哪里旅游。是去九寨沟,还是去哈尔滨?经过一番讨论,大家终于达成共识:去九寨沟。

(2)小海对妈妈说:"这一大堆垃圾,我拿不动!快让哥哥来帮忙!"

(3)李科长再过两年就要退休了,小马跟他在一个办公室工作,有一天,小马很感慨地对李科长说:"老李,昨天那件事若不是你出主意,处理得有板有眼,让我去办可就砸锅了,你可真是少年老成啊!"

(4)大学生参加社会实践,参观钢铁厂,大家在炼钢炉前看到工人们挥汗如雨,心中十分感动,许多人的眼里流出了钢花似的眼泪,闪闪发光。

3. 下面几段文字分别出自一些文章的初稿,请对照相关语体的要求,指出其不当之处,并改写。

(1)这天早晨天蒙蒙亮,厂设备科外号叫"大口袋"的职工朱发利和他的表弟、厂机修队职工王中强溜进厂区,偷偷地将一辆三吨铲车开出大门,打算干点私活。车子飞速开到黄河路口,只见一辆卡车迎面而来,开车的王中强心里一慌,猛打方向盘就想避开,一下子把坐在旁边的朱利发甩下车去,当场昏了过去,后被交警发现,送到了第三人民医院抢救,到现在也没脱离生命危险。(工厂通报)

(2)张三,男,三十来岁,身高六尺有余,方形脸,绿豆眼,招风耳,络腮胡,蛤蟆肚,水桶腰,马虾背,公鸭嗓;爱留长发,往上一甩是小分头,往下一甩能把眼睛遮住;操一口东北普通话。(公安通缉令)

(3)9月14号,该犯与两个哥们儿一同到省博物馆勘察地形,回来后进行密谋,当晚乘黑潜入该馆,盗窃有价值文物多件。后经公安部门侦查,终于将他们缉拿归案,真是恶有恶报,令人拍手称快。(小说片段)

(4)尽九牛二虎之力,求爷爷,告奶奶,好不容易才购买到J-5型机床共计两台,价格是每台15万元,已办好托运事宜。我本人将于本月4日乘坐3次船离开武汉返回单位,希望于8日下午4时整派车来江边5号码头接我。(公务电报)

4. 从措辞的角度,分析下列句子中哪些词语用得好,好在哪里。

(1)春天像刚落地的娃娃,从头到脚都是新的,它生长着。春天像小姑娘,花枝招展的,笑着,走着。春天像健壮的青年,有铁一般的胳膊和腰脚,领着我们上前去。

(2)中国移动通信,沟通从心开始!(中国移动通信广告语)

(3)他用两手攀着上面,两脚再向上缩;他肥胖的身子向左微倾,显出努力的样子。

(4)如果您无票乘车,那么请您在伦敦治安法院前下车。(英国伦敦地铁广告牌如是说,目的是警告那些不买票的乘客)

二、综合训练

1. 结合写作语言运用的要求,对朱自清散文《匆匆》的用语特色进行评析。

2. 以"学历与能力"为题写一篇千字文,文体不限,但要扣题,注意措辞要符合写作语言运用的要求。

3. 走出教室,实地游览学校所在地某一旅游景点,写一篇600字左右的短文,然后同学之间互评,看谁的语言纯粹、恰当、平易、生动。

第八章 写作技巧

▶ **任务导航**

1. 写作技巧的意义和培养途径。
2. 写作谋篇技巧。
3. 写作辩证技巧。

▶ **思政聚焦**

1. 感受中国传统文化的博大精深,增强文化自信。
2. 培养爱国情怀和诚信品质。
3. 培养吃苦耐劳、刻苦攻关的奋斗精神。

▶ **案例导引**

写作有技巧

请不要见了"技巧"两字,就觉得高不可攀,十分害怕。也请不要见了"技巧"两字,就联想到一长串的形容词,一些古怪的不常见的字眼,乃至一些拗口的似白话非白话的句子。所谓"技巧",并无神秘性。你不用害羞,说:"我哪里够得上技巧。"事实上,能够把自己的意思明白说出来,就是技巧。连自己心里的意思都说不明白的,不是也常常可以遇到的么?要是又能够把自己的意思按照自己那时的情绪说的或委婉,或坚决,或洋洋然满是乐观,或低沉而悲愤,那就是技巧的程度又进一步了。只要你不上当,不迷信写在纸上的定要是书上的字眼和句法,只要你大胆把口里怎样说的写到纸上来,那你就没有理由不相信自己也相当的把握到技巧。(选自茅盾《怎样练习写作》)

第一节　写作技巧概说

一、学习写作技巧的重要意义

"巧匠施工,不露斤斧"是一种技巧;庖丁解牛"操利柄而目无全牛",也是一种技巧。在写作领域中,具体来说,技巧就是写作者熟练而巧妙地运用各种写作手法,完美地表达思想情感,反映社会生活的技能。学习并掌握一定的写作技巧对写作者从事写作活动具有重要的意义。

(一)写作者要实现自己的写作目的,必须具备一定的写作技巧

写作目的即写作者通过作品的完成和传播所实现的主观意图。写作者要实现这种意图是离不开一定的写作技巧的。如鲁迅写《狂人日记》,他首先就考虑到要在作品中描述一个狂人及其周围人物的精神和生活状态,并且通过这种描述,达到批判封建礼教吃人的罪恶本质、警醒人民起来"打破铁屋子"的目的。为了使这一写作意图实现,鲁迅就在写作中采用了"特别的格式",并运用了暗示、双关、象征等写作手法。正是这种写作手法的富于创造性地运用,才使得蕴藏在鲁迅胸中的深广社会精神和深刻革命思想外化为具有高度审美意蕴的小说作品。因此我们可以这样说,在生活中积累思想修养等条件大致相同的情况下,写作技巧越高明的作者,其写作意图的实现也就越圆满。具有一般写作技能的作者,可以实现自己的写作目的,但这种实现往往是不完美的,或者不够圆满。而那些不具备基本写作技能的人,则无法实现写作目的。

(二)写作技巧是文学作品创作的重要条件

文学作品具有较高的审美价值,这种审美价值的创造体现在文学作品内容和形式的和谐统一上。在各种写作成品中,文学作品最讲究形式美,而这种审美形式的创造是离不开写作技巧的。正如大作家高尔基所说:"应该研究文学劳动的手法和技巧,只有在掌握了这种技巧的条件下,才有可能赋予材料以或多或少的艺术形式。"(高尔基《论文学》,人民文学出版社,1978年,320页)陀思妥耶夫斯基说:"作家身上的艺术就是写得好的能力。"具体作品的艺术性,与写作者本身的"写得好的能力"即掌握写作技巧的程度是成正比的。写作者如能娴熟地运用多种写作手法,并在某些方面有独到之处,则作品的艺术性就必然高;反之,写作者掌握的写作手法不多,又不能融会贯通、熟练运用,则作品的艺术性就必然不高。至于那些连一般写作技能也不具备的人,则无法完成艺术作品的建构工作,所谓"艺术性"也就无从谈起了。

二、写作技巧的培养途径

写作技巧是在写作者身上固定下来的自动化的写作行为方式,它是可以通过后天培养和训练获取的。那么怎么来培养自己的写作技能呢？

（一）取法生活

生活是写作的源泉，丰富多彩的大自然和人类社会，不仅为我们提供了取之不尽的写作材料，而且为我们提供了生动鲜活的关于写作形式和写作技巧的深刻启示。如巧合与悬念，往往是某些生活事件展示在我们面前时的固有形式或"手法"；人生和自然的规律中蕴涵着曲折美、变化美、节奏美；"蝉躁林逾静，鸟鸣山更幽"，常见的景象中包容着动与静相辅相成的艺术辩证法则……因此，我们培养和提高自己的写作技巧，就要勤于观察生活，体验生活，学习生活。

（二）借鉴他人

凡优秀的文章，内容和形式的完美程度都较高，其写作技巧往往娴熟而又富于创造性。多读优秀文章，多借鉴别人，在注意其作品思想内容的同时，注意其作文技巧，看他人是怎样运用写作手法表达思想内容，实现写作意图的，并且分析这些写作手法的具体运用情况及其所取得的写作效果，然后我们结合自己的写作实践，吸收那些能为我们所用的技巧，久而久之，潜移默化，自己的写作技巧也会提高。

（三）多写多练

体验生活，阅读优秀作品，还处于"前写作"状态，要提高自己的写作技巧，并把文章写好，必须多写多练，正如清人唐彪在其《读书作文谱》中所说："谚云：'读十篇不如做一篇。'盖常作则机关熟，题虽甚难，为之亦易；不常做则理路生，体虽甚易，为之则难。"沈虹野云："文章硬涩由于不熟，不熟由于不多做。信哉言乎！"多写才可以熟，熟方能生巧。只有经常练、反复写，才能让写作技巧成为自己的自动化写作行为方式，从而建构起非构思型写作心理图式。

写作技巧的掌握不是一个一蹴而就的事情，需要一个过程，我们要掌握一些写作手法，然后在熟练这些手法之后，于有法中求无法，于规矩中求变化，最后可以随心所欲而不逾矩。但是我们也不要把写作技巧看得高于一切，因为文章审美价值的主导方面是内容，脱离了丰富深刻的内容，唯技巧论是没有价值的。

第二节 写作谋篇技巧

写作活动中，写的行为以文章的产生为结束的标志，要写一篇好的文章，对文章结构的经营十分重要，要安排一个好结构，"像喝干海水一样困难"（冈察洛夫语）。同时，文章结构好坏对写作活动成败极为重要，因此，古今中外许多作家都不断探索，对文章结构技巧不断总结。下面介绍几种。

一、彩线穿珠

(一)彩线穿珠概说

珍珠是美丽的,但散乱地放置,往往显示不出动人的本质;倘用一根彩线将它们贯穿起来,成为一条"项链",便会光彩斐然、华美夺目。写作也一样,在搜集了丰富的写作材料后,从这些材料中,选出用到文章中的材料,这些材料就好像珍珠,需要一条(或几条)线索把它们贯通,联系起来,使这些材料成为一个有序的系统。

(二)穿珠的线索

一篇文章往往会涉及许多人物、事件、事物,但是其中只有个别的人物、事件、事物在结构关系中具有关联全局的意义。用这种关键性的人、事、物作为线索,文章就会繁而不乱。

1. 用主要人物为叙述线索

通过主要人物的思想言行,勾连诸多人物和诸多事件,从而形成丰富多彩而又秩序井然的情节结构。鲁迅的《阿Q正传》、茅盾的《春蚕》、巴金的《家》、老舍的《骆驼祥子》等,就是以阿Q、老通宝、高觉新、祥子等关键性的主要人物作为线索。也有些文学作品以次要人物为线索,如普希金的小说《驿站长》就是以次要人物"我"为线索,把"我"三次来到驿站的回忆与讲述作为小说的情节线索。鲁迅小说《孔乙己》,也是以次要人物——咸亨酒店的小伙计"我"作为线索的。在以第一人称为叙述方式的作品中,"我"大多是"线索人物"。

2. 以关键事物作为线索叙述

果戈理的小说《外套》中的外套、莫泊桑小说《项链》中的项链、鲁迅小说《肥皂》中的肥皂、冯骥才的小说《书桌》中的书桌等事物,与作品中主要人物的性格或命运有着不可分割的联系,这些事物的存在或反复出现,推动了人物性格以及作品情节的发展,所以作者选定这些事物作为叙事线索。有的作品,则是以一件事或一句话作为线索,如徐迟的《哥德巴赫猜想》就是以研究"猜想"这件事为线索穿起珍珠来的;《为了总理的嘱托》就以周总理的一句话把众多的珍珠贯穿成串,成为佳作。

3. 以写作者本人的思想情感为线索

在散文中有时联想所至,涉及很多材料,这些材料之间有时缺乏紧密联系,在这种情况下,就应以写作者的思想情感线索加以贯穿,使文章在千变万化之中仍显出艺术的秩序。老舍的散文《想北平》,不仅写了北平的种种景况,而且写了伦敦、巴黎、罗马与君士坦丁堡,这些材料看起来很散乱,但经作者用一条思想情感的线索贯穿,便成了一篇有抑有扬、有对比有衬托的艺术佳作。这条思想感情的线索,就是远在异地他乡的作者对于北平的赤子般的忆念与挚爱。作者在文章中写道:"我真爱北平。这个爱几乎是要说而说不出来的。""好,不再说了吧;要落泪了,真想念北平呀!"这就是《想北平》一文思想情感线索的外在体现。

4. 以时空转换为线索

一切人都是在一定的时空中活动,一切事都是在一定的时空中发展。写作时,将人物活动与事件发展的诸多材料,按照时间先后顺序(时间线索),或者空间的转换顺序(空间线索)来组织安排,文章就会条理井然,结构合理。时间线索与空间线索在很多情况下,可以相互吻合。白韵琴的散文《梦乡》,从自己幼时向往的威尼斯写起,接着写初到欧洲驻足巴黎所见的景观,再接下去,又写了罗马和雅典的名胜古迹,最后才写了抵达威尼斯的所见所感。贯穿在文章之中的,是一条异常分明的相互吻合的"时空线"。其中,在空间转换的井然秩序中,包含着时间推移的井然有序。

(三)彩线的穿法

彩线的穿法多种多样,可以是一条线索,也可以是几条线索,可用明线,可用暗线,还可明暗交叉使用。

1. 单线和复线

短篇文章多用单线贯穿起"珍珠"来。而篇幅长容量大的"大部头"作品则多使用复线以贯穿全部的"珠玉"。《李自成》就使用了三条线索:以李自成为代表的农民起义军和明王朝统治者的阶级矛盾线索,农民起义军之间内部矛盾的线索,明王朝和清军的矛盾线索,三条线索交织,而又以第一条线索为主,把诸多情节单元穿成一个有机"珠链",使作品具有史诗规模。

2. 明线和暗线

就表现形态而言,以某事物作为线索,文中反复出现,一望即见,谓之明线;而时隐时现,以潜藏形式出现者是暗线。明线暗线交叉者如鲁迅的《药》,一条是以人血馒头为中心的华家买"馒头"吃"馒头"的明线,一条是潜在的革命者夏瑜被杀头的暗线。从馒头浸人血开始,两线相交,到华大妈、夏四奶奶共进坟场为儿子上坟,两线更加复合。这样的线索,既井然有序地组织了很丰富的材料,又突现了文章的主旨,揭示了深刻的主题。

彩线穿珠的"线"必须与情节密切联系,必须与文章内容密切组合,如果是外加的线索,不仅不能谋出一个有机的整体,反而会成赘疣。我们在运用彩线穿珠法时,要立足主旨表现选择线索,使线索既能成为穿连"珠玉"的纽带,更要成为文章主旨展现的窗口。文中有此线,虽千波百折,而能自成条理,起到牵一线而动全文,拆线则全文尽散的作用。

二、伏笔照应

(一)伏笔与照应概说

伏笔照应,是一种常用的结构手法。所谓伏笔,即指作者对文章中将要出现的、具有关键意义的人物、事件作提示或暗示;所谓照应,即指对于这种提示和暗示的关照和呼应。伏笔和照应在写作中,是一种写作手法的两个方面,两者互联使用,共同增强文章内部联系,勾连全文。伏笔照应手法对写作活动具有很大作用。伏笔照应可以优化内部结构,在文章写作中,前有伏笔,可使后面与之有关联的人物、事件的出现和发生,处于一种顺理成章、符合逻辑的状态之中;后有照应,则可以使前面关于人物、事件的提示、暗示明朗化。这样,便使文章有隐有显、有呼有应、脉络分明,在文章内部结构上,显得针线紧密,无懈可击。文章中伏笔和照应的具体内容往往在文章中具有重要作用,它们对于表现文章主旨,深化人物性格,作用巨大。巧妙的伏笔,可以让读者猝观之时不见形迹,而巧妙的照应,可以让读者在没有思想准备的情况,产生一种震惊感,读者在震惊之余,回顾前面的伏笔,领会作者的艺术匠心,从而获得极大的审美愉悦。

如莫泊桑的《项链》,前面一写福莱斯蒂埃太太毫不在意地让罗瓦赛尔太太挑选项链,二写珠宝商查过账后说,"太太,这串项链不是本店卖的,只是盒子是本店给配的",三写罗瓦赛尔太太还项链时物主连盒子也没有打开看一看便收下了,这些都是作者精心设计的伏笔。直到小说的结尾才由福莱斯蒂埃太太说明项链是假的,来了一个总照应。由于作品中的三处伏笔都是不露声色地"押"下的,读者往往未能察觉,直至最后读了照应之笔,方知前面的"闲笔",正是作者匠心所在。这种领悟与回味,带来的审美愉悦是极其难忘的。

(二)伏笔的类型

伏笔就形式分,有单伏、连伏、近伏、远伏等。

1. 单伏

单伏是在照应前只埋下的一个伏笔,如武松打虎前,进出小酒店手中带着梢棒,后面武松景阳冈两次使用梢棒打虎就是单伏。

2. 连伏

连伏是照应前连续安排多次伏笔,这种伏笔的叠加,能串起很多材料。

3. 近伏

近伏是指伏笔埋下不久就照应。短篇文章一般是近伏,近伏能勾连起材料之间的联系。

4. 远伏

远伏是指照应与伏笔之间间隔较长,古人称作"隔年下种""伏线千里"。长篇作品一般有近伏也有远伏。远伏能从两端把好几个材料或多个叙事单元紧紧"夹"住。

5. 连环伏照

即"应笔为伏,伏笔又应",构成连环。击首则尾应,击尾则首应,击中则首尾俱应,有很强的结合力。

(三)照应的类型

照应有首尾大照应和局部小照应之分,首尾大照应可增强全篇的整体感,局部小照应可丰富内部的有机性。

(四)运用伏笔照应手法的注意事项

1. 有伏必有应,伏是为了应

伏而不应,那就"勾"而不"连",不仅于结构无补,反而会成为赘疣。"应"也是紧扣"伏"而来,补充全文必不可少。不"伏"而"应",亦是败笔。只有"伏""应"相生,方能魅力无穷。

2. 伏笔要巧,最忌刻意显露

伏笔看似漫不经心,随意顺笔一带而出,毫不让人察觉,正如"风行水上,自然成纹"。后一经照应,读者回头看去顿觉光彩大放,从而领悟作者匠心而产生较强烈的审美效应。若伏笔生硬显露,让人一眼看破,那便是弄巧成拙,劳而无功。

3. 伏应要有间隔,前后不宜紧贴

前伏如果太近,后应又过急,就容易使结构流于平庸呆板,缺乏迂回曲折,跌宕起伏的吸引力。"善弈者下一闲着于数十着之前,而其在数十着之后。"(毛宗岗语)

伏笔和照应是一种手段的两个方面,作为结构的技巧它们是共同发生作用的。伏笔在前,照应在后;伏笔从简,照应可繁;伏笔宜藏,照应宜显。它们在彼此呼应中,把文章各个局部勾连起来,贯通一气,从而保证文章结构系统的严整性和稳定性。

三、巧设悬疑

(一)巧设悬疑概说

悬疑是指利用人们欣赏文艺作品时对故事发展和人物命运的关切和期待心情,在写作活动中进行艺术处理的一种写作手法。

所谓设置悬疑,即在情节发生或发展的关键之处,突出地显示(或提示)情况不明的人、事、物,从而激活读者的疑惑、关注、紧张与期待的心理;悬疑设置后,还要释疑,即在情节发展的特定(或最后)阶段,通过矛盾的解决,揭明事情原委,使读者的疑惑心理得以消除,或使他们的期待得到满足。悬疑就形式分为大悬疑和小悬疑。大悬疑,是指提擎全篇的悬疑。小悬疑,是指在部分叙事单元内设置的悬疑。大悬疑从设置到释疑的全过程,构成了作品的基本情节。小悬疑从设置到释疑的过程,构成了某一(或某些)叙事单元的情节。

(二)悬疑的类型

1. 单一式悬疑

是指在整个作品中只有一个悬疑,即大悬疑。如日本成松良一的《烟铺西施》,一个悬疑的一设一释,构成了文章的基本情节,便是单一式悬疑。

2. 复杂式悬疑

是指作品中有若干个悬疑组式的悬念群或悬念系统。这个悬疑群,或呈勾连模式,或呈包容模式。勾连模式,由若干悬疑组成,服务于总悬疑。在这种模式中,前一个悬念的"释悬"完成,构成了后一个悬念的"设悬",以此推演,相互勾连,直至终了。法国梅里美的《玛特渥·法尔高纳》,即采用了勾连模式:逃犯吉亚内多请求法尔高纳仅10岁的儿子福尔杜那多将他隐藏起来,福尔杜那多是否答应了呢?这便构成了小说的第一个悬念。结果,福尔杜那多接受了"五法郎"而把逃犯藏在干草堆中。这是第一次释悬。几分钟后,追捕的精兵队赶到,向福尔杜那多查问。藏在草堆中的逃犯被查出来没有呢?第二个悬念就在第一次释悬的时候产生。经过一番较量后,福尔杜那多经不起精兵队长"一只价值十个埃居的银表"的诱惑,而出卖了逃犯。这是第二次释悬。就在这时候,法尔高纳及妻子忽然出现,队长告诉他们说由于福尔杜那多的帮助抓住了吉亚内多。法尔高纳听罢不悦。他将对儿子采取什么样的行动呢?这便构成了小说的第三个悬念。最后,法尔高纳砸了那支银表,把曾经寄托过自己无穷希望的唯一的儿子带到一块洼地上处决了。这是第三次"释疑"的完成,全部情节也就到此结束。纵观全篇,三个悬念,环环相扣,互为因果。这种悬念群的设置,使得小说的结构既具有严整性,又富于变化美。

3. 包容式悬疑

常见的多是大悬疑包括小悬疑,小悬疑又可包括更小的悬疑。英国作家斯蒂文森的《金银岛》,基本情节是出海寻宝,宝在何处?寻着没有?这是大悬疑。在这个大悬疑中,又包容着许多相对独立又与大悬疑关系密切的小悬疑,组成一个完整的悬疑系统。正是这个悬疑系统,一次又一次地激活了读者的审美注意力,同时也使小说的整体结构显得特别严谨完美。

(三)悬疑设置的方法

1. 倒叙法

通过突出事件结果,设下悬疑,让读者执果索因,慢慢解释悬疑,找出原因。

2. 隔断法

当叙事情节发展到关键处时,突然切断,留下疑问,勾引读者好奇心,吸引读者不得不往下看。中国古典小说常用"欲知后事如何,且听下回分解"为标志来切割,设置悬疑。在当前的影视剧中,特别是侦察破案题材的影视剧,利用电视分集和每天播出来切分从而也造成悬疑,吸引观众欣赏。

3. 反常法

通过让作品中人物做出与自己在作品中一贯行为不一致的表现,从而设下悬疑,激起读者或观众的注意力。

4. 拖延吃惊法

"拖延"就是指写作者在文中设下悬疑后,并不急于解释疑团,而是故意环顾左右而言他,调换头,转移注意力,一笔写去。这样在叙事流程中,"悬疑"和"释疑"间就出现了"松弛"。一方面,文章的结构在张弛之间跌宕生姿;另一方面,引起读者审美感知中的期待心理,使他们对上文放心不下,对下文又急于了解,并做出种种猜测,一旦这种猜测契合了事情的结果,便产生"再创造"的强烈快感。这样就为后面的"释疑"在读者的审美心理上产生的"吃惊"效应预先蓄势,强化了心理准备。"吃惊"就是解开悬疑后,由于谜底出人意料,使读者产生的"惊"的审美效应。或许读者在期待中的种种猜测全部落空,但作者的高明释悬使读者从"吃惊"之中受到强烈的审美刺激,从而产生伴随着极大快感的"震惊"效应,令人拍案叫绝而久久回味。

如吴敬梓在《儒林外史》中,作者写守财奴严监生临死而不能说话时,伸出了两个指头迟迟不断气。众人不解其意,而读者也急于知道这个"临死之谜"。但作者却不一语道破,而是故意拖延,让众人从各个侧面去做种种猜测,屡说不中,读者也老是在期待、在失望,更加急于窥破事情真相。而作者一旦捅破,点明严监生不说出死也不放心的事,仅仅是因为灯盏里点了两根灯草时,读者无不吃惊叫绝,吃惊中更加深了对严监生这个守财奴形象的认识和把握。作品强烈的艺术感染力通过巧释悬疑,展现于"拖延吃惊"之中。

拖延吃惊能产生强烈的艺术效果,不过要运用恰当。首先,拖延一定要适度。悬疑设置后,如果急于释疑,拖延不够,读者注意力没有充分调动,审美情绪没有充分渲染,就达不到预期目的。拖延过度,读者由于再三失望而失去了期待求解的热情,释疑再巧也不会令人关切了。其次,"吃惊"不但要使人惊奇,而且要使人相信。"拖延"了半天,结果无"惊"可"吃",就会大败读者胃口,只会引人嘲笑。只有把"拖延"与"吃惊"结合起来,把设疑和释疑巧妙结合,恰到好处,才能使文章具备强烈的艺术效果。

悬疑设置的方法很多,写作活动中,我们可以根据自己的写作需要不断探索和灵活运用。

四、弄引铺垫

(一)弄引铺垫概说

弄引铺垫,是解决材料或叙事单元之间的落差的写作技巧。如果要登高山,必须有一级级的阶梯,若要出现故事高潮,不能不有一层层合乎情理的推进和发展。弄引铺垫就是依级设梯,让高潮、让要旨、让主要人物顺势而出,借风而上,即不显唐突,又会因之更显高大。

弄引、铺垫都是铺垫,不过有大小强弱之分。弄引是一种小的铺垫,在有大段文字叙述前,在主要人物、重大事件发生前,先要有段小文字,有个先声。《三国演义》中

"三顾茅庐"是个不小的篇章,前面是刘备马跃檀溪后得水镜先生"卧龙凤雏得一可安天下"的指点,为后来用孔明作军师做引子。

铺垫,就是步步推进,层层排开,对故事情节的推进和人物性格的展示预作准备,铺轨垫底,产生一种"山雨欲来风满楼"的态势。特别是为激化矛盾、设置高潮打下基础。比如上面说到的写诸葛亮的篇章,从整体看,就是步步推进、层层排开的大铺垫。先是以水镜先生为刘备指引作引子,三次写刘备悟到自己缺少谋臣这一致命缺陷而更加思念卧龙;继写单福作军师,果然运筹帷幄,克敌制胜;又接着写单福被曹操骗走,引来徐庶走马荐诸葛。作者还觉得弄引铺垫得不够,又写司马徽来访,让他将诸葛亮的情况来一番徐庶匆匆离别时言犹未尽的补充介绍,以加深人们对诸葛亮的了解。这里铺垫之势就已初步排开,再加刘备诚心诚意"一顾""二顾""三顾",造成"山雨欲来风满楼"的态势,于是诸葛亮的才德可窥之一二了。

(二)铺垫的类型

1. 积极铺垫

即先写某人或事物好,而再写另一个人或事物更好,如"三顾茅庐"。

2. 消极铺垫

即先写某人或事物坏,再写另一个人或事物更坏。

(三)运用铺垫手法的注意事项

1. "衬垫"部分要分寸恰当,使主要部分"高耸"而"稳当"

铺垫同伏笔照应一样是为了增强作品的合理性,也是为了加固各个叙事单元之间的因果联系。在铺垫和高潮之间,写作者的着眼点是高潮,正是因为高潮,写作者才安排层层铺垫,以使高潮不悬空。因此"衬垫"部分要尽情描写,把文章做足,但是决不能忘了主次,出现喧宾夺主的现象。铺垫应像一路醒目的路标刺激读者的审美注意力,把读者推向目的地。

2. "衬垫"部分写得具有独立价值

虽然写作的着眼点是主要的人或主要事件,但是"衬垫"部分也是文章的有机组成部分,必须具有自己的审美价值,才能和主要部分和谐统一。同时,我们还要注意铺垫和高潮的内在联系,使主要部分的出现,既要显得别开生面,又要自然和谐。

五、穿插交代

(一)穿插交代概说

穿插交代,是在顺叙情节过程中中断主要情节线索,而插入其他小插曲(包括插语),以此作为主要事件的补充,起到丰富情节、勾连情节线索的作用。

现实生活的纷繁复杂决定了艺术情节的错综复杂交织,如果文章几股线索并进,一支笔往往照应不过来,会留下遗漏,而这些遗漏又是不能弃掉的,加之几股线索也不能各行其是,这样就需要在叙述中,对遗漏下的材料和起关联作用的内容不时穿插交错。这种穿插交代和主要情节相比是一种次要情节链,看起来是"旁枝斜逸",实际上它牢牢地吸附在主要情节的"主干"之上,在整个文章机构系统中,它既补漏补遗,又充实完善着主要情节线索,使文章主要情节走向最终结果更具合理性,整个文章结构更显严谨周密。同时,适当的穿插交代,又可以调节文章节奏,使文章结构避免单一化,而且有变化之美。

(二)穿插交代的类型

1. 网状穿插交代

《红楼梦》是典型的网状结构,头绪纷纭,作者就采取了穿插交代的结构技巧来弥合出现的遗漏,从而勾连多股情节线索。比如甄士隐请来贾雨村:"方说的三五句话,忽家人飞报,严老爷来拜";门子向贾雨村出示"护官符",雨村尚未看完,忽闻人报"王老爷来拜",只得会了客再来细问……这是穿插。贾雨村乱判写冤案,带叙出英莲之行踪,是穿插也是交代;凤姐的寿宴进行得正热闹,宝玉却私下到水仙庵追祭金钏儿,如寒冰破热,是穿插也是转折;惜春作画一般,对于"芦雪庭争联即景诗,暖香坞雅制春灯谜"来说,是穿插,但对前后文来说又是伏笔照应。这些和现实生活本身一样鲜活、丰富,作者运用穿插交代真是达到了出神入化的地步。

鲁迅的《风波》围绕"辫子"的去留问题写了"七斤"一家在张勋复辟时所经历的一场虚惊。小说中这一主要情节线索,曾经三次中断而被穿插进次要情节。当写到"九斤"老太的名言"这真是一代不如一代"时,插入了有关这村庄用斤数作为孩子的小名以及"七斤"家一代比一代差的"实例"的叙述;当写到"七斤"嫂等"七斤"回来"开饭"时,插入了有关"七斤"思想、职业、地位、习惯的叙述;在写到"七斤"嫂看见赵七爷从独木桥上走过来时,插入了关于这位"邻村茂源酒店的主人"的"学问"以及辛亥革命后的言行的叙述。这些横向插入的情节,表面上看似与主要情节线索关系不大,其实,正是由于这些穿插,介绍了不同人物的思想和性格,才预示了主要矛盾发生、激化的必然性。它们不仅强化了主要情节因果链,而且增大了介绍的容量,具有极明显的艺术功能。

2. 单线的穿插交代

如《神奇的脚——记杂技新秀王虹》,写王虹在法国巴黎的杰出表演,但作者却一面写她在舞台上如何像一朵红色的玫瑰怒放,一面穿插交代,叙述她六年来苦练过硬本领,不断攀登艺术高峰的动人事迹,使台上的表演与台下的苦练,成功的乐观与辛勤的汗水交织在一起,互相辉映,浑然一体。这篇文章若按一般的结构方法,可能是从她报考杂技团起到巴黎获奖台,写成传记或文章,这样不会遗漏必要的环节;也可能是用倒叙述方法先写获奖,然后回叙,一步一步写来。这两种方式都可以成立。但那样往往会拉长篇幅,可能过渡照应繁多而使人感到单调乏味,缺少变化。

(三)运用穿插交代的原则

1. "插入"部分要有独立审美价值

如《神奇的脚——记杂记新秀王虹》,其穿插部分具有独立价值,都是因果链上必要的环节,王虹为什么表演得这么好？妈妈的希望、老师的培养、自己的千锤百炼是必不可少的因素。

2. 穿插要适度

因为穿插交代是对主要情节线索的暂时中断,所以插入部分不宜过多,穿插所占的"空间"不能过大,文字叙述必须简洁精练。否则,会由于穿插部分头绪繁多、文字叙述过多而喧宾夺主,使文章结构失衡,主次颠倒,影响表达效果。

3. 文章穿插交代部分要与周围事物在性质上相互对应一致

只有插入部分与文中其他部分和谐一致,才能使整个文章显得自然和谐,浑然一体。否则,如果滥用穿插交代,不仅难以勾连线索,反而会造成节外生枝,破坏文章结构。

4. 穿插的方式要巧妙

比如《风波》前两次是用人物的一句或几句话自然引出一段穿插文字,后一次是通过人物眼睛描写另一人物形象时,顺势带出一段穿插文字,穿插一旦完毕,小说的叙述即轻捷而自然地缝合到主要情节线索上,毫无人为造作的痕迹,这种巧妙的艺术插入必能取得好的艺术效果。

六、误会巧合

(一)误会巧合概说

误会巧合是利用生活中的偶然事件来架构故事情节。"无巧不成书",写作活动中,写作者利用误会巧合,以削弱事件因果联系,牺牲部分合理性为代价,而换回人物的集中,情节的凝练,矛盾的强化。巧合是使两条或两条以上原本可以不交会的因果链交会在一起;误会则是将事实上的一条因果链,错误地判断或想象成另一条相反的或毫不相干的因果链,这样在作品中就出现了真假两条因果链,这两条因果链的互相干涉,就出现了种种的矛盾与纠葛,为人物性格的展示添加了新的情境,为故事情节的演进添加了新的契机。

现实生活中的误会巧合很多,它是生活本身运动的偶然性的表现形式。在生活中人与人的遇合、背离有时是很偶然的原因,如因为同车而相识,终结为莫逆之交;亲密的爱侣因为一点小的误会没有解除,终致分崩离析。我们利用误会巧合谋篇布局,正是充分利用这些偶然事件,加以放大、"装配",使人物结成矛盾关系,适时地构成复杂的人物关系,比如《十五贯》若不是熊友兰偏偏带上十五贯钱,与被害者的丢失钱数相同,若不是路上偶遇苏戌娟,怎会演出一场县官枉杀无辜,况钟为民申冤的活戏来!

《奥赛罗》中的芬丝蒙娜丢失的手帕,如不偏偏落在凯西奥手中,引起丈夫对自己妻子贞节的误会,怎会引起一场血淋淋的悲剧! 又如《三国演义》曹操杀吕伯奢的篇章,若不是曹操把吕家杀猪宰鸡款待他误会为磨刀报官以逮捕曹操,我们也看不到曹操的残酷一面,看不到他"宁可我负天下,不可天下人负我"的人生哲学。

运用巧合手法,关键在"巧","合"是基本要求,"合"得要新颖别致,方见其"巧"。《红楼梦》把黛玉之死与宝钗新婚安排在同一时辰,是交会原本可以不交会的因果链的表现。这样的"合"显得十分"巧"。既避免了两条因果链分道扬镳,各奔东西,又掀起了矛盾冲突的高潮,富有强烈的艺术效果。

(二)运用误会巧合的原则

以事实为依据,合情合理。在写作中,误会巧合的运用,只有符合现实生活的情况和人物性格的逻辑,才能更好地揭示人物的内心世界和性格特点,收到误会巧合的审美效果,比如上文提到的曹操杀吕伯奢全家,就和曹操性格的残忍一面与曹操在逃难中的紧张畏惧心理相一致。否则,如果抛开人物性格和情节发展,那样故意做出的巧合误会读者是不认同的。

总之,误会巧合都要从现实生活出发,符合生活逻辑和人物性格发展。如果为"巧"而"巧",只会导致"弄巧成拙";如果为"误"而"误",必然误人误己。既要在意料之外,又要在情理之中,把偶然性建立在必然性之上。我们要善于利用误会巧合来构思作品。

第三节 写作辩证技巧

唯物辩证法认为,矛盾是普遍存在的,写作领域也不例外,根据辩证法和对立统一律,我们发现写作过程中,充满了矛盾的对立和统一。如叙述的详略、疏密、断续,议论中的破立、擒纵、庄谐,描写中的虚实、浓淡,结构设计的张弛、开合、曲直,文章风格的刚柔、豪婉、雅俗,等等,这些辩证手法使写作领域更加丰富多彩、千变万化。

掌握写作的辩证手法,有利于真切地反映矛盾在对立统一中变化、发展的客观现实,把客观现实表现得和它们自身一样,既复杂又统一,既曲折又清晰,从而增强文章的审美价值和艺术感染力。下面谈几种辩证技巧。

一、曲与直

(一)曲与直概说

古人做文章,最忌直、忌平庸,主张含蓄曲折。"曲"是文学创作的特征之一。

曲,是不直接将笔指向表现对象而是着眼于对对象所产生的影响的描写;或故意制造曲折离奇的故事、大起大落的情节;或故意把人物置于曲折尖锐的矛盾之中,展现人物复杂的性格和心理，从而曲折、折射式地表现复杂的生活。唐人李白《月下独酌》，明为一人独饮，却写成"举杯邀明月，对影成三人""我歌月徘徊，我舞影凌乱"，用以月为伴、以影为伴来曲折地反映作者孤独寂寞之情，这种曲笔的运用较之直接描写，更加耐人寻味。

写作中的"曲"来自生活中的"曲"。曲是自然界万物生长变化的规律：卷曲的花瓣、弯弯的月亮、起伏的山峦，无不以"曲"呈现其美而存在。人类社会中一切事物的运动发展也是曲折翻腾、波浪式前进的。正如列宁所说："历史通常是循着曲折的道路发展的。"生活的道路是曲折的，生活中的矛盾有时会以偶然、意外曲折的途径与形式表现出来，那么描写这类事物，就要用曲笔写，从而生动形象地揭示生活的本质和内在规律。

文章的曲折变化表现在许多方面，正如刘大櫆在《论文偶记》中所说："一集之中篇篇变，一篇之中段段变，一段之中句句变，神变、气变、境变、音节变、句字变。"文章只有写得曲折变化，才能引人入胜。人的精神活动总不能永远停留在一个兴奋点上。人总是喜欢错落有致、变化多端的东西。只有高潮，也就无所谓高潮；只有平静。也就无所谓平静。因此，写文章总要横云断岭，曲径通幽，以适应读者的这种审美需求。

(二) 运用曲直法的注意事项

任何事物中都存在辩证关系，写作活动中，曲与直也是彼此联系、互相渗透的。世上没有绝对的曲，也没有绝对的直，曲中有直，直中存曲，才符合事物发展的规律。写作中成功的曲笔往往有直笔映衬，而成功的直笔也有曲笔相随。唯有曲中存直，才能含蓄而不晦涩，也只有直中存曲，才能明晰而不肤浅。否则一味求曲，难免令人费解；一味求直，一览无余，自然不能耐人寻味。

二、虚与实

(一) 虚与实概说

写作中，"虚写"是采取侧面烘托、暗示等手法，对于表现对象所做的间接描写，藏头露尾、若隐若现地描绘那些难以描绘的、富于变化的动态特征。这种写法，可以突出对象的本质属性，同时还可以造成"艺术空白"，引起读者广泛而深入的审美联想，让读者通过这种联想去补充、丰富表现对象，使作品取得以少胜多、含蓄凝练的艺术效果。"实写"，是作者反映现实、描绘生活时所做的正面、直接的描写，在形似的基础上传神地写出事物的形象特征，使表现对象具体可感，富于直观性，能给读者留下鲜明生动的印象。

在一般情况下，写作者以实的写法写出实有，以虚的写法写出虚拟。但是，客观事物是复杂多样的，有时候，以实写实非常困难；有时，全用实写，面面俱到、悉心勾画，不仅不能写出对象神韵，反而使对象显得平淡、累赘。这种情况下，我们可以以虚写实、虚实结合。比如正面写"春"几乎无法下笔,作家就写草、写树、写风、写日、写鸟的歌声和人的感受,这些写好了,"春"也就写出来了。再如,写山的高峻,无论如何用笔,也难以给人深刻的印象,作家就写山中的深渊和半山腰的云彩,这样山的高峻也就表现出来了。正如古人云:"春之精神写不出,以草木写之,山之精神写不出,以烟霞写之。"

有时,以实写实也可以,但效果不好,不如虚写。如《红楼梦》中,黛玉临终前对宝玉的感情是极其复杂的,有爱、有恨、有迷惑、有失望,如果一一写出。无论花多大力气也写不好,高明的作者采用了虚写的手法,只是让她从心底呼喊:"宝玉!宝玉!你好……""好"什么呢?让读者去领会这"虚"中的内涵。另一种情况是以实写虚,将思想、情感、情绪、哲理这样一些不直接作用于人的感官的抽象的东西化作具体可感的形象化的东西去描写。比如我们在文章中写出某人的一件实实在在的事情,那么他的精神面貌也就突显出来了,而离开事实单写精神,则是很难写好的。

我们把实写与虚写结合起来,让两种手法互相补充、相得益彰,经常事半功倍,用简洁的笔墨表现出对象的特点和精神。

《三国演义》第五回中"温酒斩华雄"一节,实写帐内,虚写战场,小说只字未提关羽与华雄鏖战的实况,只概述了关羽出帐之后众诸侯闻帐外喊杀声"如天摧地塌,岳撼山崩"而大惊失色,不一会关羽提华雄之头至,而出帐时曹操为他热的一杯酒还是温的。这种虚实结合的手法,有力地突出了关羽的武艺超群与英雄气概,给读者留下了深刻的印象。又如李锐的小说《眼石》,先用实笔,写了大车"退坡"时的危急情势,唯一的抢救办法(打眼石),拉闸人的拉闸、抱石与闸杠、瓦轴的轰响等等,但关键的一笔——真正止住大车坠崖的打眼石的一举一动却用了虚笔。作者对于拉闸人在车下"打眼石"的具体动作,惊险与负伤不置一词,而把视点转向车外,着重写了"打眼石"这一惊险壮举的效果("一切都停了下来"),以及几乎与这效果同时出现的景观与氛围("轰然一声,释放烟雾似的,半崖升起一片白云")。寥寥几笔,就把刹那间发生的"打眼石"壮举表现得惊心动魄。

清人方薰在其《山野居画论》中说:"古人用笔,妙有虚实,所谓画法,即在虚实之间。虚实使笔,生动有机,机趣所之,生发不穷。"这里说的虽是绘画中虚实用笔可使作品"生动有机",在写作领域中,道理亦然。如果我们在写作实践中,能注意虚与实的辩证关系,自然地运用虚实结合的辩证艺术,使实笔与虚笔相互依存、相互补充,则可以使文章和作品"机趣"昂然,取得完整、深广、多变、和谐、含蓄的意境美。

(二)运用虚实法的注意事项

虚写以实写为基础,两者相互依存,相互转化。虚写部分应以实写部分为基础,否则,虚写会显得空洞失据。实写时,要做到"实中有虚";虚写时,应做到"虚中见实"。

三、抑与扬

(一)抑与扬概说

人们对于现实生活中的各种事物,都有自己或爱或憎或贬或褒的审美评价。这种情况反映在写作中,就形成了抑或扬。所谓"抑",就是抑制,压下;所谓"扬",就是抬高,褒奖。写作时,人们根据由表及里、由现象到本质的事物认识规律,将素材相反相成地结合起来,通过前后材料内容的反差,突出表现对象的本质属性,鲜明地显示自己的褒奖态度的写作手法,就是抑扬法。古人作文讲究"抑扬当相发"。就是说,文章要有"抑"有"扬",两相对应,一上一下,一来一放,互为彪炳,形成波澜起伏之势,摇曳多姿、富于变化之美。

人们对客观事物的认识,总不是一下子就那么清楚的,总有一个由表及里、由外而内的认识过程。这个过程往往是曲折的。常常有这种情况:好的东西开始人们并不以为好,坏的东西表面上可能给人以不错的印象,待到真相大白之时,才会发现与最初的认识相差甚远,甚至开始的认识是完全错误的。抑扬法就是人们这个认识规律在写作领域的反映。

(二)抑与扬的类型

1. "欲扬先抑"法

比如唐彪在《读书作文谱》中所说:"凡久欲发扬,先以数语来抑,令其气收敛,笔情屈曲,故为之抑。抑后随之数语振发,乃谓之扬,使文章有气有势,光焰逼人。"指的就是"欲扬先抑"法。

贾平凹的《丑石》就用了"欲扬先抑"法。作者旨在褒扬丑石的内美,可行文时,却先以大部分篇幅极写其丑——"黑黝黝地卧在那里"。用来垒墙,"苦于它极不规则";压铺台阶"也没有看上它";想用来洗磨,"嫌它石质太细";它既"不像汉白玉那样的细腻,可以凿下刻字雕花,也不像大青石那样光滑,可以供来浣纱捶布";树荫也不愿来"庇覆它,花儿也不再在它身边生长";丑石满身的"绿苔""黑斑",还时常磕破孩子们的膝盖,人们都讨厌它,嫌弃它,咒骂它是丑石,"它真是丑得不能再丑的丑石了"。数落之后,作者又写到天文学家看到丑石,"眼光立即就拉直了",原来它在天上补过天,在天上发过热、闪过光,我们的先祖或许仰望过它,它给他们光明的憧憬,原来它是以美为丑的宝贝。作者通篇采取先抑后扬的写法,在读者心中激起一连串的情感波澜:由嫌弃转向惊奇,进而转向赞美,转向深思,这对读者认识文章"丑到极处,便是美到极处"的主旨,起到了推波助澜的作用。作者先极言其外表之丑,是"抑",是手段,目的是"扬",为了突显其内在之美。

"欲扬先抑"的特点在于:扬是目的,抑是手段,通过抑扬对照,使表现对象在更高的层次上得到充分肯定,使文章新意迭出。

2."欲抑先扬"法

为了否定表现对象,而先用误解的方式或真诚的态度去褒扬它,然后再着力进行贬抑。比如朱自清的散文《白种人——上帝的骄子》先写"我"对"小西洋人"的喜爱,有意渲染"小西洋人露着长圆的小脸""白中透红的面颊,眼睛上有着金黄的长睫毛,显出和平与秀美"。接着又有意写出"我"平素喜爱孩子的癖好。在从各个角度写出"小西洋人"的美之后,将笔锋猛地一转,去写"小西洋人"的"粗俗"和"凶恶"。这样先扬后抑,使文章奇峰突起,顿生波澜,前后对比鲜明,产生引人入胜的艺术效果。

3."几扬几抑"法

如茅盾《白杨礼赞》中的一段:它没有婆娑的姿态,没有曲折盘旋的虬枝,也许你要说它不美。如果美是专指"婆娑"或"旁逸斜出"之类而言,那么白杨树算不得树中的好女子。但是它伟岸,正直,朴质,严肃,也不缺乏温和,更不用提它的坚强不屈与挺拔,它是树中的伟丈夫。这里开头一句,言外之意,白杨树是不美的。可是第二句,作者却没有说白杨树是不美的,而是用了一个表示不肯定的副词"也许",以猜想的语气来说,"也许你要说它不美"。文章到此,一抑一转。第三句,如果承接上文,一般说来,应该用"其实它是美的"来承接。但是作者却没有这么写,他用"如果"提出一个美的标准,再用"那么"先让一步,承认这个假定标准下的评价"算不得树中的好女子"。这又一转一抑。第四句,作者用"但是"猛然一转,再赞美白杨树的美质。这个赞美用"它…… 也不缺乏……更不用提它……它是……"的写法,是一层层递进的。作者这么先抑而后扬,抑中又一抑一转,一转而抑,扬中又一扬而又扬,写得跌宕起伏,婉转动人。

(三)运用抑扬法的注意事项

首先,前后抑扬的内容要有本质的联系,否则,抑扬难以一致,难以统一起来。其次,前后抑扬的部分要符合生活逻辑以及人们对事物发展的认识规律。扬和抑要有"落差",以形成文章的跌宕气势;抑扬之间"落差"不宜过大,以致不合生活逻辑和认识规律,让读者觉得不真实,从而也会削弱文章美感。

"抑"和"扬"是相反相成的,前边抑(扬)是手段,后边扬(抑)是目的,是本意。压得低,才能抬得起;捧得高,才能摔得重。

四、张与弛

(一)张与弛概说

张弛写法,是有意识地将关于紧张激烈的内容描述与轻松舒缓的内容描述结合起来,交替穿插进行的写作辩证法。这种手法,不仅能反映真实的现实生活的丰富多彩与发展变化,而且能构成文章本身的有起有落、有强有弱的节奏感,极大地满足读者对于节奏美的审美需要。邓刚的《龙兵过》,这篇写大海与渔民的力作,注重了张弛法的运用。小说先写大海的静态,是为"弛"。接着写喧腾热烈、浩荡雄伟的"龙兵过"(鱼群为躲避风暴而进行的大运动),是为"张"。这之后,作者调转笔头,叙述了钢壳船去老虎港避风的情景,介绍了船长文子及诸船员的生活工作情况,描写了他们"丰收的艰辛和欢乐",这是"弛"。写船长讲述"父亲最后一次驾船的惨景"(人和大船紧紧地冻在一起),这是"张"。写渔村具有节日气象"三月出海的日子",这是"弛"。最后写凶狂的风浪冲塌了老虎港的挡浪坎,许多渔船相互撞击,整个海港一片混乱:老船长率领船队向着更凶的大海里开去,又被巨大的浪山打回,在万分危机的情况下,老船长毅然下令"抢滩",让渔船向"坚硬的隆起的陆岸"全力冲击!此时小说情节剑拔弩张,撼人心魄,这是"张"。高潮过后,小说进入尾声,写了老船长在一阵剧烈的震动中失去了平衡,"但同时他却感觉到了大地的坚实和稳定","抢滩"成功了,渔船终于战胜了风暴,这是"弛"。这种有张有弛的写法,不仅充分表现了时而温柔平静,时而狂暴沸腾的富于变化的大海景观,而且真实反映了既有丰收欢乐,又有殊死搏斗的丰富多彩的渔人生活。它让人们从艺术的节奏中,去感受大海和生活的运动变化,具有显而易见的审美效果。

(二)运用张弛法的注意事项

运用张弛法时,我们不但要依客观事物的曲折变化及矛盾冲突的激烈与舒缓而变化,而且还要注意运笔的疏密、繁简以及情感氛围的浓淡强弱。这样才能造成一种张弛多变的节奏美。张与弛的有机结合,是优秀文章重要的艺术特征,写作文章应讲究张弛变化和互相穿插,既要避免一味紧张,又要避免一味舒缓。即使在节奏越来越快的现代文章写作中,也需要在紧张之处故意插入闲笔,或做出艺术空白,以造成文章的变化之美。

五、疏与密

(一)疏与密概说

疏,即略写,是用笔简要约略地勾勒出对象的概貌、神态;密,即详写,是用笔周详细密地表现出对象的内涵、精神。在文章写作中,我们要把疏笔和细笔,详写和略写有机地结合起来,该疏处一笔带过,该密处精雕细刻;疏而不松散,不浮荡;密而不迫塞,不板滞;疏密有度,疏中存密,密中见疏,互相映衬,相得益彰。唐彪在《读书作文谱》中引柴虎臣的话说:"详略者,要审题轻重为之。题理轻者宜略,重者适宜详。"意思是说,凡与文章主旨关系大者,当详写;凡与文章主旨关系小者,当略写。比如杜牧的《阿房宫赋》以极疏之笔开头:"六王毕,四海一,蜀山兀,阿房出。"一笔一跳,将秦灭六国后大兴土木修建阿房宫一带而过。当写到与主题紧密相关的材料以揭露帝王奢华无度时,以密笔极尽形容:"明星荧荧,开妆镜也;绿云扰扰,梳晓鬟也;渭流涨腻,弃脂水也;烟斜雾横,焚椒兰也。"作者对后宫嫔妃的淫奢生活写得越细,秦始皇的奢侈腐败揭露得就越清楚。文章最后一句:"族秦者秦也,非天下也。"正是由于前文细密的描写与对比,这一句结论显得十分令人信服。

又如何为的散文《风雨醉翁亭》也运用了这种手法。文章涉及的材料有三:其一是,幼时背诵欧阳修名篇《醉翁亭记》;其二是,去秋应邀首次到滁州;其三是,今年10月又至滁州出席首届"醉翁亭散文节"。比较之下,这次至滁州是文章的重点,所以作者在文章中,对它用了详写,而对前二者只略写一笔带过。从文章的重点而言,关于这次滁州之行,涉及的材料亦不少。其中有驱车出城而后又在琅琊古道下车步行的景况;有对于醉翁亭的回顾;有关于风雨醉翁亭的真切见闻;有"散文节"会场以及游罢归来的情况……作者首先将上述这些材料放在本书的主旨——描绘风雨醉翁亭的景致,领略欧阳修"时醉时醒或半醉半醒"的"况味"——这一天平上作了一番审视权衡,最后作了这样的处理:驱车及步行一事,尚未到达醉翁亭,与题旨有一定的关系,但历代多有记载,所以可以略写。"雨中醉翁亭"的空灵境界,是自己此行所见最多、感想最丰、寄情最深的地方,是对本文主旨有力的支撑,所以必须详写。于是作者便对醉翁亭及其周围的景观——古桥、山溪、酿泉、七院七亭、二贤堂、欧公望像、宝宋斋——一一作了描述,甚至对两块青石古碑,也作了"嵌于墙垣之间,高逾七尺,宽约三尺。而碑区反面刻有苏东坡手书的《醉翁亭记》全文,每字足有三寸见方"的描写,笔触真细到了毫厘不爽的地步。至于"醉翁亭散文节"及归程,对于本文的题旨来说不是重点,所以只在介绍"解醒阁"和"醉翁树"时一笔带过。正是这种当详则详,当密则密,当略则略,当疏则疏,疏密相间,详略交错的笔法,使得文章在结构上极具艺术美感。

(二)运用疏密法的注意事项

运用疏密写法时必须从实际出发,根据文章内容需要,让疏密搭配恰当,该疏则疏,该密则密;同时,用笔也要把握分寸,密笔也不是巨细无遗,拖泥带水;疏笔也不是松散浮荡,不明不白。过"疏",会使文章表达有遗漏,使读者抱有疑问,读不下去;过"密",会使文章表达不简洁,使读者审美注意出现疲劳,也读不下去。我们在写作过程中,应做到疏密相互补充,详略相得益彰,这样才能收到好的审美效果。

六、动与静

(一)动与静概说

天地间一切事物都在运动变化,动是绝对的,静是相对的。在写作活动中,我们也要充分注意动与静的辩证关系,把动态的描写与静态的描写结合起来,共同实现写作目的。

古人很早就懂得动静相映的写作艺术。我国最早的诗集《诗经》中,已初露动静辩证艺术的光彩。在理论上,较早提出动静对映艺术法则的是宋代兼擅文学的科学家沈括,他在《梦溪笔谈》卷十四中说:"古人诗有'风定花犹落'之句,以谓无人能对。王荆公对以'鸟鸣山更幽'……上句乃静中有动,下句动中有静。"动静二态,本来是生活中客观事物的固有属性,它们互相依存,互相对立又互相转化。作为现实反映的文学作品,必然要反映这种客观存在的辩证法则。在文学家笔下,动静对立的情态,经过他们的调遣组合,构成了多姿多彩的动静相映艺术:或动中有静,或静中有动;或先动后静,或先静后动;或以动衬静,或以静衬动;或化静为动,或化动为静;或动静错位;等等。恰当地运用动静对映艺术法则,可以大大增强事物的艺术对比效果,创造诗的意境,构建作品的立体感。

(二)动与静写法类型

1. 以动写静法

就是在表现静态事物时,除致力于静态描写之外,还巧妙地配合动态描写,以动态来反衬静态,构成静与动既对立又统一的艺术意境。一方面突出静的景观和气氛,一方面又显示出包孕在"静"之中的动态生命感,从而加强作品的审美效应。动的东西,往往比静的东西更有感人魅力。人兽鸟虫都有生命,写出动势并不太难,自然景物也要写出动的感觉就不简单。于是作者写静,常常运用拟人、比喻等手法,化静为动,将静态叙述的形象,化为动态演示的形象。唐代诗人王维的《鸟鸣涧》("人闲桂花落,夜静春山空。月出惊山鸟,时鸣春涧中。")旨在表现月下春山的静谧境界。但诗人不是以静写静,而是巧妙地把"花落""月出""鸟鸣"这样一些动态景物安排在画面之中,反衬之下既突出了春涧的幽静,又显示了静谧的富有生机。这种以动写静的写法符合相反相成的辩证法,创造了动中有静的艺术境界。

2. 以静写动法

就是表现动态事物时,不是把着重点放在动态描写上,而是通过巧妙的静态描写,以静态来渲染动态,构成动与静既对立又统一的艺术境界,突出地显示出表现对象似静实动、具有本质意义的动态与生命力,从而取得超乎寻常的审美效果。

散文诗《午睡的村庄》,既是以动写静,用"蝉鸣"来反衬"村幽",同时又是以静写动,通过村庄的静来显示村庄的动。这以静写动的手法真正体现了作品的旨趣。为了实现这种旨趣,作者着意在静态描写中,或通过具有暗示性的细节描写(未编完的竹席),或通过人的表情描写(腮上的红云),或通过对于水牛及工具的拟人化描写,引起读者的一种对于"动"的联想,从而使文章体现出一种潜在的动势。这动势所包孕的意义,就是这座小村庄的"儿女们",对于劳动的热爱,对于学习的专注,对于爱情的向往。以静写动的辩证艺术,终了创造出了静中有动的艺术意境,取得了动人心弦的艺术效果。

3. 动静错位法

指实际生活中的动静二态好似因作者错觉,使动静位置对调了。动静错位可以使表现对象成为富有认识意义和审美意义的对象。鲁迅在《社戏》中写小船飞向赵庄途中,"淡黑的起伏的连山,仿佛是踊跃的兽脊似的都远远地向船尾跑去了",船似乎不动,而只是山在跑,这就是动静对调,故意错位,以增强作品的感染力。这种错觉既是作者的真实感受,又是读者经历过的,所以能引起读者共鸣。高尔基认为,这种从写物的移动中写出人在行走的方法,便是"技巧",是"人的语言的杰作"。

4. 动静相间法

如《琵琶行》中有这样四句:"曲终收拨当心画,四弦一声如裂帛。东船西舫悄无言,唯见江心秋月白"。画面由动到静起了急剧变化。一曲虽终,而回肠荡气、惊心动魄的音乐魅力并没有消失,静是沉默,不是中断、截止,而是动的延续和伸展。静本身也是剧中人物行动的一个组成部分。动静相间是一种艺术创造,它使读者在喘息中调整了心态,一种新的期待、猜测、预料又在酝酿之中。所以静是动的延伸,是蓄势,是新的动荡的预兆。

(三)运用动静法的注意事项

在写作活动中,无论我们运用哪种写法,一定要契合事物发展的普遍规律,写出对象的内在精神气脉,才能取得好的艺术效果。

 七、大与小

(一)大与小概说

文艺创作总是以部分显示整体,以特殊显示一般。优秀的文学艺术家善于以一当十,以约求丰,以尺幅显万顷波澜之势,取一叶示千里风雨之状。写作者用自己所捕捉的"少",来揭示大家所共同的"多",用典型的个别表示一般,用特殊的个性说明一般的共性,这就是多与少、大与小的辩证艺术。

以少显多,是大与小的辩证艺术在写作活动中的主要表现形式。以鸟鸣春,以虫鸣秋,以一目传精神,以一瞬显一生,以一山一水一人一物来描绘丰美博大的自然人生,都是以少显多,以小显大的例证。

我国戏曲艺术有着高度虚拟的特征。抬一脚便是登山,闭一眼就是一夜,三五步走遍天下,六七人百万雄师。这种虚拟却能取信于广大观众。这就说明,以少示多、以小显大是能够被广大读者、观众接受的一条艺术辩证法。少与多是相互依存的,少是多的基础,多是少的目标,多只有浓缩在少中,才能集中,显得突出,具有典型性。

"一穴得气,全络贯通"。一个成功的细节,往往能呼出一个活人来。契诃夫的剧本《三姐妹》的第四幕中,堕落的安德莱本来有一段长达两页的内心独白,怪他的妻子怎样怎样。后来契诃夫把它全删了,只换成这么六个字:"妻子就是妻子"。两页变成一句话,多与少的差距太悬殊了,但正如斯坦尼斯拉夫斯基所说:"在这简短的句子里,如果思索得深入一些,就包含长达两页的独白所涵盖的全部意义了。""妻子就是妻子"这句台词实在太精彩了!它似乎什么都没说,又似乎说清了一切。因为这种话

只配安德莱说。这句话像闪电,照亮了安德莱的灵魂,写活了一个人。

当然,也不是在任何时候、任何情况下都提倡少。我们应该从具体作品内容与表达主旨需要出发,需要多时,可以用墨如泼;需要少时,则要惜墨如金。《红楼梦》中写林黛玉进贾府花了一万多字,写薛宝钗一家进贾府只用了几百字,是详林略薛的需要。

多有时看起来是重复,实则却是丰富的表现。《红楼梦》中有三进荣国府,《西游记》中有三打白骨精,《三国演义》中有三顾茅庐、七擒孟获,若缩为一进,一打,一顾、一擒,岂不大煞风景!

(二)运用大小法的注意事项

少与多要服从作品整体结构设计,服从作品人物塑造的整体结构设计,服从作品中人物塑造的整体要求。这样才能使少既是具体的又是概括的,既有个性又有共性,取得以少胜多、以少见多、以小量大的艺术效果。

▶▶ 八、庄与谐

(一)庄与谐概说

在现实生活中,庄重严肃的内容,一般具有庄重严肃的形式。但是,有时庄重严肃的内容,也可以具有诙谐风趣的形式,带有喜剧性色彩。这便是内容上的"庄"与形式上的"谐"的辩证艺术。写作中的庄谐法,也称"寓庄于谐",即通过幽默诙谐的艺术方式,风趣而含蓄地表达出庄重严肃的生活内容的写作辩证艺术。庄谐法能使艺术作品在表达极其严肃的思想内容之时,也不缺乏轻松愉快的气氛,既具有感染力,又具有娱乐性。

庄谐法,在具体运用中,往往表现为通过比喻、夸张、借代、象征、寓意、双关、反语、谐音等手段,运用机智、风趣的语言,对社会生活中不合理的、不和谐的、自相矛盾的事物或现象作善意含蓄的揭露、批评和揶揄,以至读者在轻松的微笑以及微笑之后的思考中,否定这些事物或现象,进而理解寓藏在这些文学形式之中的深刻而严肃的思想内容。正因为如此,运用庄谐法所创作的作品,有时可以具有戏剧性与悲剧性相渗透的特点。这就是以喜剧性的形式,表现悲剧性的内容,它给读者带来的是一种"含泪的微笑"。

矫健的《圆环》即采用了庄谐法。小说描述了农民泥碌的许多古怪、有趣的思想、言论和行动。例如,他认为城里人得近视眼病,是因为"电灯烤眼";北京车站的"自动扶梯"是一个"大错误";收音机可能是"造时就把声音藏进去了";他把松柴堆在院子里多年不动,仅仅是为了让黄鼠狼做窝;他抓了一会儿蝎子就挣了两块多,但不到万不得已不去抓,原因是他认为"人是活物,蝎子也是活物,同是土里生出来的,凭什么你靠抓蝎子过活?……没法过日子了,抓几只蝎子补贴补贴。过分不行,过分就是贪,违背天理。那样,人还不如蝎子"。作者特别描述了泥碌对于自己的"伟大的理论"的阐述：

"世界是一个圆环。"他用手指向空中划了一个大大的圆圈，"你看：你抓蝎子，蝎子蜇你，蜘蛛救你——一物治一物，一物解一物，正好一个圈。土生草，羊吃草。人杀羊，人肥土——又转了一个圈。天下雨，雨变水，水化气，气成雨——还是转了一圈。"

纵观全篇，作者对主人公的描述与议论，基本上是采取幽默的笔调，再加上叙述者"我"的某种程度的"自嘲"，致使小说妙趣横生，具备了一种喜剧性，显示出动人的谐趣。但是，这"谐"，不以博人一笑为目的，包容在其中的是作者对于传统思想与现代意识矛盾的生动揭示，以及对于中国农民物质生活和文化心理的深刻审视。这种揭示与审视，是小说《圆环》的"庄"的内核。寓庄于谐的手法，构成了这篇小说"呼唤着广大世界的高度内聚的隐喻结构"。这种隐喻结构，给了读者轻松的微笑，但接踵而至的是深刻的反思。

"庄谐法"有时也可以用于表现正面肯定的对象，通过不合常规、令人感到意外的有趣形式，使对象不仅令人感到滑稽可笑，而且感到可爱可亲。

(二) 运用庄谐法的注意事项

首先，庄谐法中的"谐"，亦即美学中的"幽默"与"诙谐"（轻度幽默），它与"讽"（讽刺）是既有联系又有区别的。"谐"往往也带有讽刺意味，但它不取尖锐辛辣的态度，其批评性要比讽刺性弱，它是一种善意的含笑的批评。明确了这一点，才可能正确掌握庄谐法的批评尺度，使作品具有幽默轻松的"谐趣"，收到"寓教于乐"的审美效果。

其次，"庄"与"谐"之间的关系，是内容与形式对立统一的关系。其中，"庄"是起主导作用的，"谐"是为"庄"所决定并为其服务的。二者互为依赖，相互制约。这就要求我们在运用"庄谐法"之时应该首先从内容出发，而不是从形式出发。不致力于对于表现对象的本质的认识与表现，而又以博取读者的一笑为目的，这样的"谐"，终不过是一种单单的玩笑而已。

九、冷与热

(一) 冷与热概说

在文艺创作史上，很多有才华的作家对自己的作品总保持着一段距离，无论是写人，还是叙事，既不说出赞美之词也不流露鞭挞之意。作者以一种局外人的身份，用不愠不火的态度，在那里平平静静地讲故事。作者似乎是一副"冷心肠"，语言也冷得出奇。但往往就是这样的故事，却使读者乍喜乍忧，忽惊忽怒。读者通过自己的审美活动，感觉到在那冰冷的语言底下，正涌动着作者情感的激流。于是，冷的作品，突然变得滚烫炙人：读者用自己的心灵感受到了作者滚烫的情感。

简言之,所谓"冷",就是写作者对表达方式与语言运用进行了"冷处理",追求一种客观冷静的艺术效果;所谓"热",就是写作者内心的感情是火热的。以冷写热,热冷两者转换生成,达到"寓灼热于冷静,化丰腴为平实"的境界。这是冷与热辩证艺术的最主要的表现形式,这种表现形式沟通了写作者与读者之间的情感联系。

契诃夫在《论文学》中对阿维洛娃说:"你描写命苦人可怜虫,而又希望读者怜悯的时候,自己要极力有副冷心肠才行,这会给别人的痛苦一种近似背景的东西,那种痛苦就会在这背景上更鲜明地显露出来。"为什么要采取"冷心肠",那是为了造成一种"近似背景"的东西,在色调、情绪上造成强烈反差,使痛苦更明显地突现出来。

写作者内心深层的岩浆般喷涌的感情被薄薄的冷漠的语言表层覆盖着,而读者通过自己的审美活动,内心自然而然地喷发出了写作者没有喷发出的感情,这种写作者与读者间转换生成的情感,正是得力于冷与热相反相成的艺术规律。

(二)运用冷热法的注意事项

把主体情感隐蔽起来的所谓"冷心肠",并非意味着这类创作所提供的认识内容是没有情感色彩的。因为情的表现主要并不在于写作者用多少语言来直接说明情感的类别和程度,而是具体表现在他写什么和怎样写。因此,尽管创作者的态度表现得非常"客观",但也只有自己哭泣过、呻吟过、痛苦过,有一副"热心肠",才能让自己的"冷心肠"不"冷"。如果真是一副冷心肠,那绝不会换得读者的"热心肠"。

不过,我们所说的把写作者的主观情感隐蔽起来,并非在一切场合、一切文章中都适宜,应根据各种问题的不同功用、写作者的不同写作目的,选择最适宜的情感表达方式。

▶▶ 十、哀与乐

(一)哀与乐概说

人生有宠辱离合,自然就有喜怒哀乐,高兴就乐,痛苦就哀,遇到喜事则笑,遭到悲伤则哭,这是人之常情常态。文学创作过程中,把人之哀乐表现出来,并且运用对立统一的辩证法来处理,就形成了哀与乐的辩证艺术。

生活是多姿多彩的,人的思想和性格是多面的。人的思想和性格是由各种复杂的甚至相互矛盾的各种生活因素"合力"作用的产物。人的心理活动又是多层次的,语言、行为、表情、神态,有时是人的心理意识的直接反映,有时却是人的心理意识的间接反映,甚至可能是和人的心理活动相对立的反映。比如,人们悲到极点,泪已流干,反而平静地露出微笑;离散的亲人相遇,喜到极点,却会抱头痛哭;笑声不绝的人,可能心理满腹悲愁;整日长吁短叹的人,或许并无多大悲伤。

在写作中,"以哀写乐""以乐写哀""哀乐相间"都是哀与乐的辩证艺术的较高境界,它能写出人生的复杂性,写出人的性格的多面性。比如电影《人生》中,巧珍的"婚礼"以哀写乐,哀乐相间。巧珍被高加林抛弃后,含悲与马栓结婚,并执意要按当年父母成婚的旧俗来举行婚礼。作为一种社会景象,那"大摆队"的喜乐与宾客盈门的火爆场面同巧珍穿着艳丽的红袄独坐炕头的悲伤、极冷的心境,形成何等尖锐鲜明的对照。临别家门时,她骑在驴背上,透过红纱望着高家窑洞,一滴滴泪珠落在纱巾上……巧珍以自己独特的方式来表达对不公平命运的抗争。这里剧作家、艺术家则是通过这种陕北山村旧式婚礼的风俗画,以乐写哀,以喜衬悲,揭示了巧珍伤痛的心境以及与此密切交融的更为沉重的社会内涵。

(二)运用哀乐法的注意事项

"以哀写乐""以乐写哀""哀乐相间"是一种艺术上形象强化的手法,正如清人王夫之《姜斋诗话》中所说:"以乐景写哀,以哀景写乐,一倍增其乐。"不过,运用哀与乐的辩证艺术要控制情感,掌握分寸,恰到好处,否则会喧宾夺主,适得其反。

▶▶ 十一、开与合

(一)开与合概说

文章之道,有开有合。开,是放开笔墨远远发来;合,是收敛笔墨,靠近题旨。写文章,要能放得开笔写,写出去又收得回,使文势一开一合,合而又开,开而又合,好似波平浪起,迭连不断。梁实秋的《饮酒》就是开合自如的佳作。以其中第二、三段为例,其开合图式如下:(〔〕中的文字为引者的提示)

〔开(古)〕我们中国人饮酒,历史久远。发明酒者,一说是仪秋,又说是杜康……尚书有《酒诰》之篇,谆谆以酒为戒,一再地说"祀兹酒"(停止这样的喝酒),"无彝酒"(勿常饮酒),〔合〕想见古人饮酒早已成风,而且到了"大乱丧德"的地步……〔开(外)〕酒很难禁绝,美国一九二〇年起实施酒禁,雷厉风行,依然到处都有酒喝。当时笔者道出纽约,有一天友人邀我食于某中国餐馆……索五加皮,开怀畅饮。忽警察阑入……这位警察徐徐就座……索五加皮独酌,不久即伏案酣睡……〔合〕民之所好,非政令所能强制。〔开(中)〕在我们中国,汉萧何造律:"三人以上无故群饮,罚金四两。"此律不曾彻底实行。事实上,酒楼妓馆处处笙歌,无时不飞觞醉月;文人雅士水边修禊,山上登高,一向离不开酒……甚至于酗饮无度……〔合〕真所谓"酗于酒德"。

〔开(今)〕对于酒,我有过多年的体验。第一次醉是在六岁的时候,侍先君饭于致美斋(北平煤市街路西)楼上雅座……连喝几盅之后,微有醉意,先君禁我再喝……随后我就倒在旁边的小木炕上呼呼大睡,回家之后才醒。……〔合〕惟酒无量,以不及于乱为度,看各人自制力如何耳。不为酒困,便是高手。

作家以"饮酒"为中心,驰骋笔墨,纵横变化:亦古亦今,时中时外,有开有合。从而展现了"开合相间"的文章理想图式:开→合→开→合→开→合,开→合。

(二)运用开合法的注意事项

开合的关键在于"开"。能"开"才能"合"。正如清人吴曾祺说:"惟用功之始,使其能收,必先使其能纵。""能纵"强调的是写作时首先要"开"。这可谓妙识文理的智言,对散文写作有切实的指导作用。初学者写不好散文的原因很多,其中主要是放不开。而清人梁章钜在《退庵随笔·作文》中说"少年作文以英发畅满为贵",要敢于作放胆文章,不要顾及重重。开合的艺术是处理好与正题的关系——不离不即,开时"不离"正题,合时"不即"正题。即将与题近,忽然扬开;将与题远,又复掉转。回环往复,如"舞者之转盼,歌者之发音,若迎若距"。或先纵后擒,擒而又纵;或先逆后顺,顺而有逆;或先抑后扬,扬而对抑。或先反后正,正而又反。开合并不神秘,它需要潜心琢磨,多下功夫。阅读名作,要玩味大家的屈伸开合之术;执笔写作,宜演练文章的开合之道。经过长期反复的实践,如果能够自由地迭开迭合错综变化,那就已经接近"百炼钢化为绕指柔"的文章化境。

十二、断与续

(一)断与续概说

在写作中,"断",是"中断"正在进行的叙说;"续",是以一种隐蔽的形式接续,即所谓"名断暗续"。断续之妙在于使文章波澜起伏,并引发读者的阅读欲望,增强文章的艺术魅力。

(二)断与续的表现类型

1. 断处皆续

刘熙载在评论庄子的《逍遥游》时说:"上文之断处皆续矣。"意思是说,不同的事物之间可能没有联系,是断的,但感受是相连的,故曰"断处皆续"。乌尔法特《为人效劳的人》是"断处皆续"的代表作品。文中列举了五种人:为盲子引路的指路人,挽救酣睡者的杀蛇人,照顾病人的护理人,分食众生的施舍人和清扫大路的普通人。从表面看,这五种人似乎没有什么联系,分明是"断",结尾处作者指出了他们的相同点——"这些人都是为我们服务的人",说明这五种人之间是有内在联系的,表面似"断",其实内在都是连续着的。"断处皆续"实际是从不同角度(侧面)来表现主旨,而主旨就是它们之间"暗联"的内线,是"断处皆续"的内在机理。"断处皆续"一般多用于抒情文章和说理文章。

2. 先断后续

该类型指作者"中断"正在进行的情节而转到另一情节,经过迂回、曲折的发展,再回到原来的情节,即林纾《春觉斋论文》所说的"断处不必即续""续处不必紧随断处也"。任大霖的《我的第一个文学启蒙老师》中,作家写父亲如何教"我"学习古典诗文,可到了下文却插入另一件事:杭州亲戚送给"我"一大包新书,"给我打开了心灵的窗"。此事似乎与父亲教"我"不相干,是"断"。然而,"很久以后","我"向亲戚表示感激时,他告诉"我"那一大包书是父亲托交的。原来还是父亲启蒙了"我"。这就"续"上了前文。断而后续,曲折有裂。"先断后续"并没有真正中断正在进行的情节,而是把它"藏"起来——从明处置换到暗处。这个"断"准确地讲是"似断",不是真"断","后续"实际是把它再由暗处转换到明处。"先断后续"主要用于叙事文章。

(二)运用断续法的注意事项

善于运用断与续,是成熟的文章写作者的标志。运用断续法时要分寸拿捏恰当,是断处皆续还是先断后续,要根据不同文体来,这样才能使文章结构摇曳生姿、富于变化,又前后关联、完整严密,从而获得令人意想不到的审美效果。

▶ 佳作赏析

红 灯

罗燕如

小港机场下完了客人,运气不错,又有人拦车。

我偷偷地端详了这位小姐,不是美,但五官分明。两排长睫像围着湖泽的小丛林;弧形分明的双唇,很有个性地紧抿着……

"民生医院。"抛下了目的地,她便合上了眼,斜倚在后座上,似乎很累很累。

我扳下了车资表,比平日更专心地开起车来。说也奇怪,忍不住从反射镜中,多看她几眼,但我不能看得太勤,免得让她误会我心怀不轨。

车行一半,我在镜中,忽然看到她潸潸泪下,就像一枝带雨的梨花,惹得我有说不出来的怜爱。

"探病吗?小姐。"本不应该向乘客多舌的。

"……"拭干泪水,她轻轻地点头。

"病情如何?"该死!问这干吗?开几年车,最痛恨的,就是一上车叽喳不停的乘客。今天自己中了什么邪?搭这个什么讪?万一……

"弥留。"她沉重地吐出这两个字,泪像决堤的洪水,哭得凄凄切切,叫人好不心疼。

我见过弥留的病人,和死人只差一口气。她一定急着见这个亲人,慢一步说不定天人永隔。我该……

于是,加足马力,闯了一个又一个红灯,甘冒被警察罚款的危险。我想帮她一点忙。

"嘎——"到了,踩稳了刹车,油然而生的英雄感,使我无限骄傲。好啦!现在就等着她谢意的眼光……

谁知,"啪——"一记清脆的耳光声响自我左颊。她原本姣好的脸孔,一阵青一阵绿地扭曲成一团,从牙缝中恨恨地挤出一句话:"都是你们这些没道德的司机,专抢红灯,否则我先生也不会被撞得奄奄一息,躺在医院里!"她像丢垃圾一样扔了两百块钱在我脸上……

赏析: 这篇小说主要运用的是突转法。故事从出租司机所见所感的角度进行叙述,没有什么惊心动魄和曲折离奇的情节,然而自然、真实,一个人要赶到医院看望垂危的病人,希望车开快一些。司机体谅病人探望亲人的心情,闯了红灯。当司机加快车速,闯了红灯,为帮上"她"的忙而骄傲得意时,"她"不但没有感谢他,反而给了他一记耳光,这真是突如其来,峰回路转,给读者留下一个大的问号,接着由"她"的对话揭开了问号,于是读者恍然大悟。悬疑与释疑的合理运用,使得故事起伏跌宕,生动有趣。

▶▶ 视域拓展

[**拓展一**] 绘制流程图的小说家:

石黑一雄,1954 年 11 月 8 日生于日本长崎,著名日裔英国小说家。1960 年,石黑一雄随家人移民英国,曾就学于东安格里亚大学和肯特大学。1989 年,石黑一雄获得了在英语文学里享有盛誉的"布克奖"。石黑一雄的文体以细腻优美著称,几乎每部小说都被提名或得奖,其作品已被翻译成二十八种语言。

石黑一雄已经出版六部小说,其中包括获布克大奖的《落日余晖》。他通常会为一部小说花上两年的时间做研究,然后用一年的时间进行创作。由于他的小说以第一人称叙事,叙事的腔调尤其重要,因此他会从不同人物的角度写上几个章节,对叙事者进行"试听"。在开始写草稿之前,他会编制笔记文件夹、流程图,不仅策划故事情节,而且也关乎情节展开后更为微妙的层面,比如人物的情感或者记忆。

[**拓展二**] 著名童话大王郑渊洁谈自己的创作心得:

"我从小就有比较明显的孤独症,不太会跟什么人交往,上学、当兵、当工人……各个时期我的人事关系都不咋地。但是孤独症却使得我的想象力特别丰富。现在我在家还经常能够一个人数着一个个手指头轮流交谈,跟一个水壶说话,开车出去也经常和我的汽车讲话。很可惜,教育很容易让人在得到知识的同时失去童心。比如说这瓶水,当我们小时候不懂化学时,可能会猜想它是不是从天而降的?是不是神仙送来的?这个话筒,当我们不懂它的原理时,也许会猜想是不是因为里面有个大嗓门的小人,能把每个人的声音放大?真的,我比孩子童心多多了,包括我 7 岁的女儿,她都比'我'老。家里买了一条鱼,我可能因为看到她很忧郁的样子,就说这是龙王的女儿,把她放了吧。虽然我已经有了一个成年人的知识，但比较特别的是还能同时保持童心，这是我写作的源泉。"

技能训练

一、专项训练

1. 技巧指通过专门训练而掌握的巧妙技能，既包含操作性能力（如绘画技法），也涵盖系统性方法（如写作技巧）。三百六十行，每一个行业都需要和该行业相匹配的技巧，请结合具体行业（职业）谈一下技巧的在实践中的运用。

2. 从近期文学期刊中选取一篇佳作，分析其写作技巧的运用。

3. 两个好朋友相约毕业五年后在学校门前的大树下相会，五年过去，他们的会面是什么样的结局呢？试运用误会巧合设计三个出人意料而又合乎情理的结局。

4. 简析下面诗歌的写作技巧：

悯 农

李 绅

春种一粒粟，
秋收万颗子。
四海无闲田，
农夫犹饿死。

二、综合训练

1. 阅读下文，回答问题：

《三国演义》中"青梅煮酒论英雄"一段，巧妙地运用了张与弛的辨证艺术手法。当时刘备在曹操麾下暗中聚义，欲谋曹操，而表面上用种菜来掩盖他的宏志。这一天，曹操邀他喝酒，刘备内心紧张，知道曹操用意所在。酒席宴上，曹操让他说说谁是当世英雄，刘备一连列出一长串够得上英雄的人名，但都被曹操否定。矛盾斗争由发端到激化，步步紧张、激烈，这一段文字写得很紧迫，节奏也快，让人喘不过气来。之后，曹操指出，如今天下英雄只有你和我时，矛盾激烈到一触即发的紧要关头，刘备内心紧张到了极点，以为被曹操识破了，吓得把匙箸都掉到了地上。文章至此，节奏犹如阵阵迅雷，读者的心都提到了嗓子眼上了。而作者笔锋却陡然一转，却写大雨将去，雷声大作。刘备此时也巧借了雷声掩饰过去。矛盾斗争发展至高潮处峰回路转，趋向平缓，读者这才松了一口气。在整个情节发展过程中，矛盾的激烈与舒缓，节奏的急迫与松弛，读者心理的紧张与放松，形成鲜明的对比。在一张一弛中，把人物性格和见识活灵活现地展现在读者面前。

请运用张与弛的写作辨证法写一部短篇小说。

2. 综合运用几种写作技巧,写一篇1500字左右的文章。

3. 阅读下文,回答问题:

　　文章写作,有巧拙之分、文野之别。正像茅盾所说的:"技巧不同于技术。技巧中包含技术,但掌握了技术不一定就有技巧。比方说,甲乙二人演同一个戏,观众认为甲的表演'够味',而乙演的'不是那么一回事'。乙在演出中,并没唱错一句,也没走错一步;也就是说,乙的唱白和做功,都合规格。但尽管都合规格,可惜整个表演都缺乏神韵。"他又说:"在文学创作方面,技术和技巧的区别,不像在表演艺术方面那样显而易见。但原理是相同的。"(《关于艺术的技巧》)写作技术,即文章制作的操作方法,在有关写作理论知识的讲授中都涉及到了。写作技巧,则是在熟练地运用这些方法的过程中获得的得心应手的,创造性的写作技能或本领。即熟能生巧的"巧"。达到这种"脱胎"的阶段,文章的写作才能产生"不落窠臼"的独到效果。我们既要从生活经验中摄取写作技巧,也要从伟大杰作中学习、领悟写作技巧,但更重要的是要靠"多写",反复的写作实践锻炼,来磨练写作技巧。

(1)全班分成六组,分组讨论对这段话的看法。

(2)在讨论基础上写一篇1000字左右的议论文。

下编 文体写作

第九章 记叙文

 **任务导航**

1. 记叙文的含义及其与说明文、议论文的异同。
2. 记叙文的分类和特点。
3. 记叙文的写作要求。

 思政聚焦

1. 感受中华传统文化，增强文化自信。
2. 弘扬真善美，传递正能量。
3. 培养吃苦耐劳、艰苦奋斗的中华民族传统美德。

案例导引

文章写人记事要有特色

写文章必得抓牢每篇的重点，没有重点，就不能成其文章。有些青年，老是啰唆一大堆，结果不知道他写些什么。你问问他自己都不明白重点在哪儿。不论是什么样的文章必定有一个重点，假若本篇以人为中心，则人物的性格、举止、容貌，我们必须描写得灵活生动；假如本篇以事为中心，我们就得老老实实，必须将这件事写得清清楚楚。知道了重点，就懂得用哪一种文字或支配文字。比方写限价一类的文章，你用上些"祖国在呼唤"和"怒吼"的字样，写赈灾，你也用上了些"祖国在呼唤"和"怒吼"的字样，那根本不是文章。文章应是一篇一样，要刺激读者的眼泪，使读者读到必哭。要使读者高兴，使读者读到必乐。决定了内容，如何用什么样的文字，并不是写上"祖国在呼唤"，写上"怒吼"就成了文章。假如能这样写，你的笔才会是活的，不是刻板的。

所以先得想过。然后决定从什么地方写，怎样写得经济，漂亮，写人还是写事，使人笑，还是要使人哭，总之，你必得用你的思想来支配文字。（选自老舍《怎样写文章》）

第一节　记叙文概述

一、记叙文的含义

记叙文是以叙述为主要表达方式,以记人、叙事、写景、状物为主,以写人物的经历和事物发展变化为主要内容的一种文体形式。具体地说,它是借助叙述、描写、抒情等手段记叙社会生活中的人、事、景、物的情态及其发展过程,用以表现作者的思想、抒发作者某种感情的文章。

对于记叙文文体的理解需要区别于说明文和议论文。其实,记叙、议论和说明三种表达方式之间是视角关系,也就是说记叙文、说明文、议论文任何一种文体都不仅仅只用单一的记叙、说明或议论表达方式,而是以本问题手法为主、其他二者为辅的写作形式。因此,我们说记叙文是以叙述为主要表达方式,但不是只有叙述这一种表达方式,也会适当用到说明和议论的手法。从这个层面理解,我们会发现常常是记叙中有说明和议论,说明中有叙述和说理,说理中有说明和叙述。由此可见,记叙文不能缺少说明和议论的视角,明确三种文体的区别,有助于更加灵活地运用与写作。

（一）记叙文与说明文的区别

记叙文和说明文的区别有以下几点：

第一,写作目的不同。记叙文的目的是通过对事物的描述去感动人,在于提供感性层面的信息。说明文是客观地说明事物,阐明事理,在于提供认知层面的信息。在现实生活中,说明文被广泛应用于人们的生产、生活和工作当中。

第二,表达方法不同。记叙文表达方法较为灵活,为了产生艺术效果,可以用顺序、倒叙和插叙的形式表达,用人物、情感、时间、事件、见闻、地点的转换为线索去叙述。说明文以解说、阐释为主要表达法,语言简明、严谨、准确,因此常常用数字、图表和事例来支撑。另外,说明文逻辑性严密、结构清晰、条理性强,常常以时间、空间和事理的逻辑顺序进行表达。

第三,侧重点不同。从写作内容来看,记叙文侧重叙述性语言,是为了叙述事情的发展经过,说清始末;而说明文一般使用描述性手法,侧重介绍。

（二）记叙文与议论文的区别

议论文的内容可以理解成为阐述一个原因,就是事物之间的关系,那么即便是用说明和记叙的视角去阐述,其目的也是强调这种关系的成立。因此,作为一般文章,记叙文和议论文都是客观事物的反映,或者说,都是客观事物经过作者头脑加工的产物。但是,作为不同文体的文章,二者之间却有很大的差别：

第一,反映对象不同。尽管两种文体都是客观事物的反映,但各有不同的侧重点。

一般地说，记叙文侧重于表现客观世界的人、事、景、物等各方面的情态本身；而议论文则侧重于表达作者对客观世界中人、事、景、物的各种复杂关系的本质规律的看法和主张。这两个不同的侧重点，制约着这两种文体的题材范围。

第二，思维方式不同。这是由两种文体反映的不同对象决定的。记叙文主要反映客观事物本身，表达作者的体验和感受，这就只能侧重用形象思维的方式，通过叙述、描写和抒情等手段来具体表现。而议论文要揭示客观规律、表达作者的认识，这就要求使用逻辑思维的方式，通过概念、判断和推理来达到目的。反映生活的这两种不同的思维方式，可以说是区别议论文和记叙文两种不同文体的基本特征。

第三，表达作用不同。逻辑思维与形象思维诉诸人们感官的作用是不同的。前者是"晓之以理"，后者是"动之以情"。如果说，议论文是通过严密的说理，唤起人们的理智，那么，记叙文就是通过生动、具体的形象来激发人们的情感。

第四，构成要素不同。议论文要写出说的是什么理、用什么证明、怎样证明，三者缺一不可。记叙文，无论是记人还是叙事，都要写出是什么人、什么事，事情是在什么时间、什么地点发生的，原因是什么，结果又怎样。如果不交代清楚，记叙就不完整，内容就说不明白。这就是记叙的"六要素"。

第五，语言运用不同。不同的文体在语言的运用上有很多地方是相同的，比如都要求准确、简明。但由于表达方式的不同，也会有某些不同的重点要求。比如，议论文更多地需要严密、犀利，而记叙文则更需要生动、形象。如果在语言的运用上与文体要求不协调，那就是不得体。而"得体"则是不同文体在语言运用上的最基本、最实际的标准。

以上列举的两种文体的不同特点，是从不同的侧面区别文体界限的重要标志，区别的目的在于更好地掌握文体知识，在这里就是更好地掌握记叙文的特征，以便应用于记叙文的写作实践。但是，我们也要看到，上述的不同点并不是绝对的，在具体的写作过程中常常可以互相渗透、互相补充。比如，客观事物的情与理，有时就是糅合在一起的，论事说理并不排斥情感的作用，形象描绘也往往隐含论事说理的表现力。又比如，在写作过程中，记叙文的构思常常要运用逻辑思维去认识生活，而议论文的表达则有时也会借助形象思维来剖析事理。

二、记叙文的分类

记叙文可以从写作内容和文章的社会功能两个层面来分类。

（一）从写作内容分类

从文章写作的内容上看，记叙文通常可以分为写人、叙事、写景和状物四种。这四种分类都是以人物的经历和对事物发展变化的叙述为主要内容，从而揭示主题思想、抒发感情。

其中,写人记叙文以描写人物的外貌、语言、动作、心理为主,如朱自清的《背影》、宗璞的《哭小弟》。写人叙事有比较简单的记叙与比较复杂的记叙之分;叙事记叙文通过叙述事件的发生、发展、经过和结果,表达作者情感,如史铁生的《我与地坛》,鲁迅的《一面》。其实,写人、叙事密不可分。写人,就要写人的活动,而人的活动无不表现为事件;叙事,就要写事件的过程,而任何事件的发展过程,又无不是人物活动的体现。所以写人和叙事类记叙文是很难截然划分的,有时甚至可以看成同一类型。尽管如此,写人和叙事,毕竟是两种不同倾向的记叙文,有必要加以区别。二者的主要差别在于写作的出发点和着眼点有所不同。写人的记叙文着眼于写人,叙事是为了通过人物的行为、活动,表现人物的思想面貌、精神品质和性格特点,无须过多地渲染事件本身。

写景类和状物类记叙文都离不开抒情,这就是所谓"借景抒情"或"托物言志"。这两类文章在体式上具有两重性:作为一般文章,被视为记叙文;作为文学作品,则可称为散文,如余秋雨的《都江堰》。景物环境描写可以分为社会环境描写和自然环境描写,前者侧重于对时代大背景下的景物描述,后者侧重于自然界各种景物描写。

也有学者认为写景状物和抒情应该视为两类记叙文手法,如果以写景或状物为主要内容,抒情只是在此基础上的穿插和阐发,则应视为写景或状物类记叙文,如郁达夫的《故都的秋》。如果一篇文章,以抒发某种感情为主线,景物只是作者借以寄托的一种比拟或象征,则应归为抒情性记叙文,如茅盾的《白杨礼赞》。但是写景状物类记叙文与抒情类记叙文是比较难区分的,二者联系紧密。另外抒情类记叙文,与作为文学体裁的散文又是一脉相通的,很难也没有必要严格区分。为了方便初学者更好地区分、便于写作,这里将写景、状物、抒情三类归为写景抒情类记叙文和状物类记叙文两类记叙文。

(二)从社会功能分类

从文章的社会功能来看,记叙文又可划分为两种类型:一是偏重于有实用价值的记叙性文体,如消息、通讯、传记等;二是偏重于审美价值的记叙性文体,如散文、小说、童话等。有的文体上述两种功能都能兼而有之,如报告文学等。

三、记叙文的写作要求

我们仅就第一种划分方法,即写人、叙事、写景和状物四类记叙文,来谈谈其写作要求。

(一)写人记叙文

写人记叙文是以写人为主的一般性记叙文。这类记叙文的写作重点在于突出人物,写出个性。具体要求为:

1. 注意观察，注重细节

写人记叙文的写作关键在于观察人物特点、写出人物个性。观察写作对象的外貌、神情、动作，关注写作对象的语言、语气，并且留意通过观察所获悉的写作对象的心理感受，这些都可以作为写作重点。

2. 选好事例，善用描写

通常用肖像描写、语言描写、动作描写和心理描写的方法进行写作。需要注意的是，写人记叙文的目的是抒情，因此，对于外在的描写，不仅仅是客观的记录，而是有侧重的筛选，目的是凸显人物的心理、气质、修养以及表露作者的情感。

请看曹雪芹《红楼梦》中对林黛玉的描写：

两弯似蹙非蹙罥烟眉，一双似泣非泣含情目，态生两靥之愁，娇袭一身之病。泪光点点，娇喘微微。闲静似娇花照水，行动如弱柳扶风。心较比干多一窍，病如西子胜三分。

——曹雪芹《红楼梦》，第三回《金陵城起复贾雨村，荣国府收养林黛玉》

虽然是在刻画人物，但是作者所用词语无不用溢美之词，情感表露可见一斑。

如，宗璞在《哭小弟》中通过肖像、语言和动作的描写刻画人物，看似亲切活泼的小弟，却"本是最年幼的他，竟先我们而离去了"。

我长小弟三岁。从我有比较完整的记忆起，生活里便有我的弟弟，一个胖胖的、可爱的小弟弟，跟在我身后。他虽然小，可是在玩耍时，他常常当老师，照顾着小朋友，让大家坐好，他站着上课，那神色真是庄严。他虽然小，在昆明的冬天里，孩子们都生冻疮，都怕用冷水洗脸，他却一点不怕。他站在山泉边，捧着一个大盆的样子，至今还十分清晰地在我眼前。"小姊，你看，我先洗！"他高兴地叫道。

在泉水缓缓地流淌中，我们从小学、中学而大学，大部时间都在一个学校。毕业后就各奔前程了。不知不觉间，听到人家称小弟为强度专家，不知不觉间，他担任了总工程师的职务。在那动荡不安的年月里，很难想象一个人的将来。这几年，父亲和我倒是常谈到，只要环境许可，小弟是会为国家做出点实际的事的。却不料，本是最年幼的他，竟先我们而离去了。

——宗璞《哭小弟》

(二) 叙事类记叙文

叙事类记叙文以叙述事件为主，文章要突出事件发生、发展、经过和结果的整个过程，根据叙事的侧重点或详写或略写。写好叙事类记叙文的关键在于把握要点、理清

线索、主次分明。具体来说,要注意以下几点:

1. 规划结构,确定线索

叙事类记叙文并不是详细地把事件的整个过程描写出来,而是谋篇布局,让读者看懂、看清、看透,通过叙述事件向读者交代问题,因此,为了能够吸引读者去读,叙事类记叙文的写作顺序和线索很重要。一般来讲,叙事有顺叙、倒叙和插叙三种。其中,顺叙记叙表述有头有尾,条理清晰,读者读起来思路清楚、印象深刻;倒叙手法往往让读者产生悬念,增强生动性;插叙手法和上下文联系紧密,可以帮助文章展开情节,丰富叙述内容。而线索的设置可以是人,也可以是物,有了明确的线索,叙事主体就能够更好地被读者理解和接受。

2. 适时抒情,推波助澜

除了从记叙结构和线索入手,为了使文章波澜起伏,增强可读性,在记叙文写作中可以采用抑扬法、虚实法、离合断续法、悬念法等。其中,抑扬法是利用先抑后扬的差距感引发读者的情感波动,如唐弢在《琐忆》开头先用"抑"的手法写鲁迅"多疑""事故""脾气大""不容易接近",然而后面却用几个故事"扬"写鲁迅对青年亲切热情、平易近人,对那些攀附阔佬的奴才、伪装的道学者、满嘴昏话的片子和烧杀抢掠的屠伯的"脾气"和"骂",以此展现鲁迅的人格魅力。离合断续法是用插叙的手法描写其他事物,这种方法往往用于交代背景、产生对比、说明原因等需要。

3. 做好过渡,点面结合

记叙文讲究逻辑性,做好过渡衔接不但有助于叙事,也能够增强文章的可读性。除了写作过程中的段落过渡,在不同事件的跳转、记叙时间发生变化以及叙述方式变化时需要运用过渡。过渡可以用设问式过渡、桥梁式过渡、重复式过渡、追究式过渡、转换式过渡、关联性过渡等。

(三)写景类记叙文和状物类记叙文

写景、状物离不开抒情,而抒情又往往需要借助景和物来表达。写景类记叙文和状物类记叙文不是仅仅去描述景和物,而是运用描写、叙述和抒情的表达方法表现作者对景和物的情感。写好这类记叙文需要注意以下几点:

1. 明确立意,情景交融

明确立意就是确定一个主题思想或一个关键词,将立意贯穿全文,用立意处理详略。一切景语皆情语,景物是作者情感的外在表现。在写作的时候为了不误入纯客观的写景、写物当中,在写作前明确立意很重要,这也是作者情感体验和思想的彰显。比如茅盾的《白杨礼赞》,作者虽然在描写白杨树,写白杨树"参天耸立,不折不挠,对抗着西北风",但却是在讴歌在中国共产党领导下的抗日军民和整个中华民族的紧密团结、力求上进、坚强不屈的革命精神。

2. 安排顺序,抓住角度

写景类记叙文讲究观察景物,通常有两种写景方法:定点换景法和移步换景法。状物类记叙文则注意整体和细节的描述,可以粗线条的描述,也可以从不同侧面精雕细刻。这两类记叙文的叙述要层次分明,通过景、物外在的形态特征,表达其与立意一致的作者思想。

3. 表达方式多样化

写景、状物的表现手法多种多样,合理运用叙述、说明、抒情和议论的表达,有助于对景、物的生动刻画。另外,运用比喻、拟人、夸张等修辞手法,可以让文章更加丰满、形象。

(四)比较复杂的记叙文

在记人、叙事的记叙文中,有的比较单一,有的则较为复杂。比较复杂的记叙文,相对于一般记叙文的特点和基本要求,主要有以下几个方面:

1. 众多材料的组合

比较复杂的记叙,往往不止一个事件,而是若干个事件围绕中心的严密组合。鲁迅《为了忘却的记念》写了对五个青年作家的怀念,作者在文中记叙了与白莽、柔石等交往、认别、思念等诸多事件,用来突出摆脱悲哀、以更好的方式纪念死者的主题。柯岩的《汉堡港的变奏》(节选自柯岩的报告文学《船长》)写中国海员在汉堡港的出色表现,赢得了德国人的赞誉。这一主题是通过中国海员在接货、装货、绑扎等一系列与德国人打交道的事件的记叙过程中得到表现的。

2. 多种组合方式的统一

众多的材料要组合到一起,常常不是采取单一的记叙顺序,也往往不只是一种叙述方式,而是多样化的统一。如鲁迅的《记念刘和珍君》,采取时间顺序与逻辑顺序结合、用分段标号的形式统一的综合方式;朱自清的《威尼斯》,介绍威尼斯的自然风光和文物特点,采取空间顺序与事物性质顺序巧妙结合的方式,使记叙内容得到精炼而又完整的表达。

3. 多种表达方式的综合运用

在复杂的记叙文中这种情况是较为突出的。如夏衍的《包身工》,全文可以分成两类:一是记叙,叙述和描写了包身工一天的劳动生活;二是议论与说明,概括了包身工制度的由来、形成和实质。这两类完全不同的表达方式,作者却在一篇文章中巧妙地结合在一起,形成了独具风格的组合方式。茅盾的《风景谈》,以六幅生动、形象的画面,镶嵌在五次带有抒情性的议论中,把叙述、描写、抒情与议论巧妙地结合起来,层层深入地展现了作品的主题。

第二节 记叙文举隅

一、报告文学

(一)报告文学的含义

报告文学是近代社会的产物,形成于19世纪末20世纪初,它是一种反映真人真事的文学体裁。报告文学名称的正式确立是在第一次世界大战后的德国。当时,德国国内掀起了革命热潮,涌现出许多令人感动的人和事。广大群众迫切希望能通过报刊等媒体了解这些情况,但是一般新闻的概括报道所具有的感染性并不强烈,于是一些进步的记者和作家就想用文学的手法,把这些动人的故事详细形象地反映出来,于是他们把这种新兴的文体定名为"报告文学"(德文"reportage"),以区别于其他的文体形式。此后,报告文学很快在全世界迅速发展起来,出现了许多举世闻名的经典之作。

报告文学是新闻报道发展历程中所衍生的一种新的文体类型,是新闻和文学联姻的产物,所以它也兼具了二者的一些特征和性质。著名作家赵瑜说过:"报告文学是戴着镣铐跳舞。从业者既不能把自己的东西看成是虚构文学,又不能把自己等同于一般的记者。这里有着'真'和'美'、'质'和'文'的把握,很难。报告文学绝不能骗人,它写的都是真的,但一定要很文学地表达出来——文学就是虚饰、繁衍、夸张,没有见过其人却要栩栩如生地描写出他的心理活动……"所谓"报告"强调了它的新闻性,真实是新闻的生命,当然也是报告文学这种文体所必需的特性;所谓"文学"强调了报告文学所反映的真实事件,应具有典型性,要用多种艺术手段去表现,这样才彰显出报告文学的文体价值。可以说,报告文学是用文学手段来表现当前现实生活中具有典型意义的真人真事的一种文体,它汲取了新闻与文学各自的长处,是介于二者之间的一种边缘文体。

和其他的新闻文体相比较,比如说新闻通讯,二者题材的选择都来源于现实生活中的真人真事,都反映现实生活;但是,相对而言,报告文学在如实报道事实的基础上,还要抒发写作者本人的内心情感,更加关注所写人的内心世界,强调用多种文学艺术手段去表现这些真人真事,注意细节的刻画和形象的塑造,简言之,新闻通讯注重对事件的叙述,写人也是以事带人,而报告文学是以人带事,有更强烈的文学色彩和艺术感染力。和其他的文学体裁相比较,比如小说,二者在表达手法上很相似,但是,报告文学必须坚守所选人物和事件的真实性,不能任意虚构,用来增加表现力的文学艺术加工只是一种手段,不能破坏人物事件的真实。和传记文学相比较,传记文学要用文学的语言和手法,对人物整个的生平和经历作详细的描述,从而折射人物的内心世界,这要求所选材料全面而丰富;而报告文学要在人物身上选取有限的典型的事迹去叙述,并且要考虑这些事迹的时效性、典型性。

(二)报告文学的分类

由于写作者的主体意识、审美追求随时代的变化而不断变化,其文体样式、类型也在不断发展,根据不同的标准,可对报告文学进行不同种类的划分。

根据题材不同,报告文学可分为体育报告文学、教育报告文学、科技报告文学、工业报告文学、农业报告文学、军旅报告文学等;根据篇幅的不同,可分为长篇报告文学、中篇报告文学、短篇报告文学等;从描述对象角度出发,可分为典型人物报告文学、重大事件报告文学和社会问题报告文学。

1. 典型人物报告文学

是以典型的人物作为描写的对象,或写该人物所取得的成绩、坎坷艰难的一生,或写该人物一生中的一个片段、一个侧面。这种类型的报告文学,以人物的活动或思想波动为主要线索,通过一些典型事迹和具体细节,生动形象地展示人物的性格、命运,反映现实生活,折射出时代精神。这种类型的报告文学作品较多,如茅盾的《忆冼星海》,通过写听冼星海作品演奏、一次谈话、读他的自传以及看木刻家的木刻,展示冼星海所走过的"以民族形式的民间娱乐,来描写祖国人民的生活、理想和要求"的道路,表现他对祖国、人民和我们传统民间艺术的真挚热爱。通过描写他克服种种生活中的挫折,揭示其永不向困难低头的坚毅品格,从而在我们面前展示了一个"抱有崇高理想""具有伟大气魄"的人民艺术家的光辉形象。徐迟的《哥德巴赫猜想》以数学家陈景润克服重重困难,在巨大精神压力下取得卓越成绩为线索,肯定了中国知识分子在逆境中前进的可贵精神,选材中注意细节的刻画,比如写陈景润中学时代的两堂数学课,十分具体生动,因为这是陈景润初次接触到哥德巴赫猜想中的难题。李延国的代表作《在这片国土上》刻画了引滦入津工程中的英雄群像,以个性鲜明的人物形象诠释他"礼赞这英雄的国土"的创作理想。

2. 重大事件报告文学

是以叙述事件为主要内容,强调交代事件的全过程及其重点,涉及的社会生活面比较广泛。它通过事件本身及写作者对事件的态度来体现主题思想,事件贯穿全文,而人物刻画则服从于事件展示。所谓重大事件,往往是需要歌颂的社会新事物,当然也有不少对历史进行反思、对现实生活中某些阴暗面进行暴露的事件,更可能是歌颂和暴露兼而有之的事件。中国青年报上曾经发表的报告文学《为了六十一个阶级兄弟》描述了山西平陆61名筑路民工因食物中毒生命垂危时,同一时间不同地点的人们发扬共产主义协作精神抢救中毒民工的紧张活动,宣传了在社会主义大家庭中"一人有事,万人相助;一处困难,八方支援"的共产主义精神,文章结构紧凑,扣人心弦。美国记者约翰·里德的《震撼世界的十天》、李延国的《在这片国土上》、张锲的《热流》、黄传会等人的《希望工程纪实》、李鸣生的《走出地球村》等是这类报告文学的代表作。随着社会的发展,近年来国内发生的诸多重大事件,几乎都有反映它们的报告文学出现。

3. 社会问题报告文学

是从某一社会问题出发,广泛收集事实材料,力图全方位、立体感地展现产生这一社会问题的根本原因、具体表现以及写作者对它的透视、反思。与重大事件报告文学一样,其中涉及的人物形象往往较多,要求写出共同的精神特质,写出各自的个性和语言,但是无论是写人还是写事,都是为了要突出这一社会问题的普遍性和严重性。如20世纪80年代,我国经济及政治体制改革向纵深发展,原来长期被封闭的种种社会矛盾一一暴露出来。诸如物价、教育、留学、人口、住房、独生子女、家庭婚姻等问题,日益引起人民大众的关注,更激起报告文学写作者对社会生活深层开掘的勇气。这类报告文学继承了我国报告文学作为"五四"以来新文学运动分支的优秀传统,忠实于生活的本质,坚持题材严格的纪实性。写作者往往在全国范围内大量收集同属于一个社会问题的社会现象,在对这一问题的认识的主导下进行选择、提炼。如反映教育问题的何建明的《中国高考报告》;反映生态环境问题的沙青的《北京失去平衡》、徐刚的《伐木者,醒来》、岳非丘的《只有一条长江》、刘贵贤的《生命之源的危机》;反映西部农村贫困问题的黄传会的《忧患八千万》等。这种类型的报告文学,以其反映问题的普遍性、全面性,给人以深刻的反思和警醒,题材选择更加注重时代感,因此往往引发人们的共鸣,引起全社会对其关注,显示出报告文学强大的生命力和艺术魅力。

(二)报告文学的特点

1. 新闻性

报告文学的新闻性,其核心是科学的真实准确,而不能像文学作品那样追求写作者心理表现的艺术真实。并且应该注意的是,报告文学中提到的具有典型意义的人和事,是在现实生活中寻找的,人物事迹是从人物身上挖掘出来的;而文学是创作典型,事迹是从他人身上移植上去的。如小说中塑造的人物,是"杂取种种人,合成一个",而报告文学却不能这样,其中涉及的人物必须确有其人,有真实姓名、通讯地址,不能有丝毫的虚构和拼凑。真实是新闻的生命,也是报告文学的生命。报告文学写作和新闻写作一样,涉及的一切材料都必须真实,做到准确无误。但是,报告文学的真实性与一般新闻报道的真实性又有差别。一般的新闻报道是对新近发生或正在发生事实的报道,多是对生活事实的简明、概括的叙述;报告文学则是对具有典型意义的真人真事,按照文学的规律,运用多种表现手段,富有立体感地再现其真实情景,从而揭示生活的本质,显示出普遍的意义。所以说,报告文学的真实是具体事实和社会生活整体真实的统一。夏衍说:"报告文学作者既应该去写事件,写那些为千百万人关心注目,又代表着历史进程的新的事件、新的事物、新的社会风气、新的人与人之间的关系;也不要忘记去写那些长期存在而又严重束缚着我们的旧势力、旧习惯、旧风气……报告文学并不仅仅着眼于某一个先进人物或先进单位,而要高瞻远瞩,在更广阔的背景前面,向事物的纵深开拓,去掌握、去反映生活过程中本质的东西。"(夏衍《关于报告文学的一封信》,选自《时代的报告》1933年第1期)这不仅告诉了我们选择什么样的题材去写,而且也有助于我们对报告文学真实性问题的理解。黄钢在《报告文学的时代特征及其必须严守真实的党性原则》中指出:"报告文学艺术性的努力目标之一,集中到一点,就是'必须显示出真实性——完全是真实的东西这一点不可';一切生动性,一切艺术感染力,都是为此服务的艺术手段;离开了真实——在报告文学反映真人真事的领域——就谈不上什么能够站得住脚跟的和经受得起历史检验的艺术性。"更进一步强调了报告文学真实性所具有的现实意义。

当然,报告文学的真实,并不是自然主义的有闻必录,写作者应该选取能够反映时代风貌,洋溢出浓厚的时代气息,有较强现实意义的题材。简言之,报告文学的真实表现在它的现实性上,要求作品服务于现实生活。报告文学反映和推动现实的功能建立在真实的基础上。读者阅读的目的是扩大认识,真实的事件和人物对读者产生的亲切感、参与感和冲击力,是重视虚构的作品所无法比拟的。这是报告文学经常产生轰动效应,社会作用比较直接的根源。

报告文学的新闻性除了表现在"真"上,还表现在"快"上,就是要讲究时效,迅速及时地反映现实生活,满足广大读者心理上的迫切需要。所以,它不能像小说创作那样反复酝酿和构思,必须尽快地向读者"报告"。我们现在正处在一个信息社会,生活节奏很快,每天都会产生许多新人新事,可以用来作为报告文学题材的事实越来越多,这要求报告文学写作者,一旦掌握了大量的信息、丰富的材料,就要快速投入采写工作之中,写出具有新鲜感的优秀作品。

2. 文学性

报告文学是新闻和文学联姻的产物,没有文学性的报告文学,与一般的新闻通讯、调查报告没有了区别。高尔基多次强调要提高报告文学的艺术质量,要求它"同短篇小说、中篇小说一样必须具有艺术性""要具有很高的技巧"。所以报告文学可以运用多种表达方式,叙述和描写并重,在既不虚构又不夸张的前提下,对大量材料进行巧妙的概括和提炼,运用形象的语言、精巧的结构,也可以适当运用曲折的情节,并采用各种文学艺术手法反映社会上的人物和事件。应该注意,报告文学的文学性要受到真实性的制约,没有真实性,报告文学的文学性无从谈起;而多种文学手法的共同使用又使得这种真实性得到了升华,提升了它的境界,产生了富有生命力的艺术魅力,所以报告文学不仅仅是新闻和文学的简单相加,而是二者有机的统一。

文学性首先体现在形象性上,茅盾在《关于"报告文学"》一文中指出:"报告有浓厚的新闻性,但它跟报章新闻不同,因为它必须充分地形象化。必须将'事件'发生的环境和人物活生生地描写着,读者便就同亲身体验,而且从这具体的生活图画中明白了作者所要表达的思想。"报告文学也是用审美形象反映生活的语言艺术,不过它所描述的审美形象不是虚构的,而是生活中实有的真人真事。报告文学中的人物形象,是要通过文学艺术手法来处理的,比起新闻报道中的人物更形象、更生动,他们栩栩如生地出现在读者面前,触手可及,产生极富有亲和力和感染力的艺术效果,能够让读者从中得到一种审美的快感。所以说,简单地把报告文学的文学性归结为一系列文学手法的运用是不够的,我们应该从更深层次去理解这种文学性以及它所产生的艺术效果。从根本上来说,报告文学是借助文学表现手法赋予了现实生活中具有典型意义的真人真事以审美的价值,读者也正是通过这种审美的体验肯定了报告文学作为一种独立文体存在的价值,这也是报告文学区别于一般新闻文体的重要原因。约翰·里德的《震撼世界的十天》、埃德加·斯诺的《西行漫记》是公认的优秀报告文学作品,原因就在于作者在描述事件中寓含了进步而有创造性的审美价值观念。然而,由于思想与哲理表露的强度、外在观察更多和写作发表更快,报告文学仍不是文学作品,在个体生命的内在体验及艺术表现的执着追求上还需提高,以赢得更为长久的艺术生命和品格。

3. 评论性

这是报告文学的灵魂,是水平和价值的决定性因素。报告文学写作者在写作的过程中,随时都要发表自己的看法,表现自己的看法和情感,因此,报告文学就把强烈的艺术感染力与严正的逻辑分析力结合了起来,在它的内容中自然就融入了写作者对社会问题的思考和评论。报告文学实际上是一种强有力的特殊宣传工具,以明显的社会作用为目的。作为时代产物的报告文学,应当强烈地体现时代精神,把具体事实放在大局中衡量,反映当代人民的意志、愿望和要求。以徐迟的《哥德巴赫猜想》为代表的一批科技报告文学,理直气壮地为长期受歧视、受迫害的研究自然科学的知识分子歌功颂德,揭露了"文化大革命"给国家和人民带来的创伤。在以真理标准讨论为中心的思想解放中,反思历次政治运动的报告文学还探寻到我国传统文化思想观念,闪耀着现代思想的锋芒,启迪了民族的心智。随着经济体制改革的进展,一大批为改革呼吁的报告文学相继问世,闪耀着理想主义和英雄主义的光彩。如张锲的长篇报告文学《热流》的最后一节《河清有日》,整体就是用评论性语言写成的鼓动性的抒情诗:"河南必须改革,也和全国一样,是大势所趋,人心所向,它的发展前景是令人鼓舞的。河南要前进,中国要前进,恰如九曲黄河,虽然阻力重重,终究要奔流到汹涌澎湃的大海之中。"这类评论性文字,升华了报告文学的思想内容,加深了读者的印象,提高了报告文学的文学性。李延国的《中国农民大趋势》,对改革开放事业做了多侧面的观察和带有历史纵深感的概括。还有一大批报告文学,揭开了长期被封闭的政治经济所掩盖的社会矛盾,反映了一系列重大社会问题,充满了浓烈的参与意识、批判意识、忧患意识和改革意识。评论性可以说是报告文学的灵魂。评论性具体表现为画龙点睛式的议论性语言。这种议论,是在形象记叙和描写的基础上、在强烈感情支配下的论断。

(三) 报告文学写作的要求

有的报告文学写作者把报告文学的写作形象地表述为"新闻采访+艺术构思=报

告文学",也就是说,写报告文学,既要像记者一样去采访,又要像文学家一样去构思。遵循这样的思路,那么写作报告文学就要注意下面几方面的问题。

1. 要选取能够反映时代精神的题材开掘主题

选材要把握时代精神,就是报告文学要迅速及时地反映现实生活,题材要讲究时效,特别是在报告一些突发事件的时候,对时效性的要求比较高,发表不及时,就会大大削弱它的新闻价值和社会功效。它被誉为"文学轻骑兵",以其特有的敏锐性、灵活性、多样性和战斗性表现时代。当然,报告文学这种文体,自它一发生的时候,就天生具有一种参与现实社会生活变革的特性,具有一种毫不流俗的性格和品质。所以,对于时效性,不能去机械地理解,把它绝对化,认为报告文学只能报告眼前的问题。报告文学的取材要注意从现实生活中去选取那些能够反映时代精神,揭示时代本质的内容,从而服务于现实生活。也正是这种对时代精神的把握和关照,使得这一文体被越来越多的人重视,产生重大社会反响。及时反映和报告具有普遍社会意义的人物和事件,弘扬时代精神,指导人们树立正确的时代观和价值观,是人们对于报告文学的期待;通过揭露现实生活中存在的诸多问题,指斥人们不良的生活观念和价值观念,也是这一文体要承载的社会责任。报告文学的选材、立意应站在时代的高度,产生推动社会前进的作用。

如改革开放以来,特别是我们进入市场经济之后,各种新思想、新思潮冲击着我们每个人的价值观和世界观,如何真实地表现这些新事物对我们的影响,反映社会各领域的变化,这是很多报告文学写作者所关注的。报告文学以更加冷静、深思和全面、客观的态度面对社会生活。在表现形式、方法上也有了一些新的变化和发展,报告文学的题材范围和思想内容更加开阔与厚重,在关注社会人生的过程中顽强地表现着自己的存在。

著名报告文学作家何建明说:"我们为什么写作,完全是社会责任感使然。我现在并不想搞得太疲惫。但是停不下来。为什么?因为题材诱惑太多,情感驱使自己不能不写。"报告文学作家正是通过富有时代精神的选材,在读者面前展现了真实而丰富的当代生活,从而让更多的人去了解自己所处的时代,教给他们学会用自己的眼睛去观察这个时代。

2. 材料的组合要恰当

组合材料就是根据表现主题的需要,把选来的材料进行合理地组织安排,使它条理化,系统化,构成一个完整、统一、和谐的有机体。

清人李渔有一段话值得我们借鉴。他说:"作剧如裁衣,其初以完全者剪碎,其后以剪碎者凑成。剪碎易,凑成难。凑成之难,全在于针线缜密。"这位大学问家讲的是作剧,用的比喻是裁布缝衣,也准确而深刻地揭示了报告文学写作的基本方法和过程。生活中的人、事、景、物,都应是完整的,在写作时不能按照生活的本来面目原原本本予以反映,而应根据自己表达的需要进行选取,这就是做所谓"剪碎"的工作。李渔说

"剪碎易",在这里应该说"剪碎难,凑成更难"。报告文学的材料组合,既受到真人真事的制约,又不能是生活材料的简单罗列,而要对材料进行恰当的剪裁、取舍、集中等处理,按照记叙文开端、发展、高潮的情节安排,使文章主题突出,情节生动,更富感染力,否则就会流于一般新闻报道的呆板和生硬。

(1)材料要严格筛选。

报告文学要求不能虚构,只能从现实生活中去寻找富有典型性的材料,所以要选择那些能以一当十的材料。如著名报告文学家刘宾雁的《人妖之间》写的是大贪污犯王守信,其中写王守信对工人如何又拉又打:

> 她看见一个工人蹲在屋里偷吃白糖,上去就是两个耳光。过一会儿她又转回来啦:"你咋那么馋?家里没有糖吧?把这几袋糖扛走吧!"前后相隔几分钟,她都没作假。她要的是顺从,她需要显示的是权力。
> 这段材料把王守信工于心计的卑劣用心入木三分地描绘了出来。

报告文学要通过真实事件来刻画形象,反映生活本质,所以,它的结构必须遵循社会生活本来发生发展的变化,否则就会失真。

(2)要有明确的贯穿材料的线索。

只有统一的线索才能够使文章形成一个有机的整体。如巴金、茹志鹃等合写的报告文学《手》,写的是上海第六人民医院骨科医生陈中伟等如何抢救工人王存柏的手的故事,作品从王存柏的手被机器轧断开始,按照事情发展的经过写下来,有头有尾,十分完整。当然,把事件发展的逻辑作为线索是一种常见的安排线索的方式,也是比较容易把握的。但是相当多的时候,我们手头的材料是零散的,它们之间的逻辑联系并不明显。这时,就要根据写作的目的以及确定的主题把这些材料有机地结合起来。无论怎样安排,都应让读者在阅读过程中找到这一线索,并对所叙述内容有一个整体的把握,明确主题思想。

(3)学会运用多种组合形式。

线索确定以后,要根据题材的内容特点来组织材料,反映和适应不同材料内容的特质。具体的形式有多种,如:

①借用一般情节小说的组合形式。有开端、发展、高潮、结局。常用倒叙手法,引起悬念;用多线条发展(主副交叉或平行并列)。

②借用一般散文"以线穿珠"的组合形式。依靠主题思想的论述来直接组合互不相关的材料,魏巍的《谁是最可爱的人》就是这样,这种结构可以称为横向组合。这种组合还可以安排成"闭合式"(借用戏剧组合术语),即选择主人公所处的一个典型场面和高潮时间,作为中心,将主人公一生发展的主要经历穿插在回忆中。

③以作者对主人公的认识发展及感情起伏的过程来进行组合。《大雁情》由四个

部分组成,四个小标题"她……""她?""她""她?!"贴切地表现了作者对报道对象认识深化的过程。

④以材料的性质分类来进行组合。即把表现主题的众多材料,按照它们的性质加以分类,相同的归在一起,写到一个层次里,使它们联合起来共同显示主题。

⑤综合式组合方法。这种方法是把关于某一社会问题的所有材料集中在一起,以理性思维从多角度、全方位综合阐述,能使读者从不同的层次审视这一问题,得到全面的认识。这一方式一般用于社会问题报告文学的写作,其中的人物、事件都退居次要位置,情节的主线消失。

3. 注意艺术表现的合理运用

目前,为了适应反映时代生活的需要,增强报告文学的可读性,很多报告文学作家积极调动多种艺术表现的手法,提高作品的质量。于是,小说的技法、散文的笔法、诗歌的手法、戏剧电影的技巧都被运用于报告文学的创作之中,大大提高了报告文学的创作水平。实践证明,在坚持真实性原则的基础上,表现手法越丰富、巧妙,越有益于表现丰富多彩的内容,越能更好地再现人物的形象。当然,不同类型的报告文学所采用的表现手法是有差别的。

典型人物报告文学要写好人物形象,这是提高报告文学艺术水平重要的一点。写作者必须对人物有着鲜明深刻的认识评价,充满激情地写作。人物形象虽然不能虚构或者拼凑,必须是生活中的真人,但写作者可以对人物形象进行艺术加工,抓住其精神特征即"闪光点",选择提炼其言行。所谓艺术加工,是指它在反映现实生活时可以利用一些文学手段,抓住人物性格的鲜明特征,使人物语言生活化、个性化,再现人物语言。如徐迟的《哥德巴赫猜想》在写了陈景润所具有的一般科研人员共有的素质以外,着重写了他"愚"的一面,写了他腼腆孤僻、随遇而安的个性,从而把一个在科学上有了不起的成就的科学家真实活脱地描绘出来。要写好人物生存的活的社会环境,把人物放在广阔的社会背景中去反映,发掘人物形象普遍的社会意义。

重大事件报告文学,强调交代事件的全过程及其重点,涉及社会生活面比较广泛。它通过事件本身及写作者对事件的态度来体现主题思想,事件贯穿全文,而人物刻画则服从于事件的展示。如果所写的人物很多时,对多个人物要进行简略的粗线条的描写,写出不同人物共同的精神特点。写作时一般都采用特写镜头式的描写方法,也就是在交代事件和揭示问题的过程中,把镜头对准一个又一个的人,寥寥数笔,白描勾勒。当然,也要注意抓住人物的精神闪光点和性格特征,常常用一句话或一个动作给读者留下深刻的印象。

社会问题报告文学,表现手法又区别于上述几种报告文学。它突破了以写人记事为主的创作手法,形成了新的格局和叙事特点。其中的人物、事件都退居次要位置,情节的主线消失。常常采用"全景式""卡片式"。人物形象往往较多,与重大事件报告文学一样,要求写出共同的精神特质,写出各自的个性和语言,服从于全文主题的表达。

4.重视议论的穿插运用

报告文学可以采用叙述、描写、抒情、议论等多种表达手法,而议论又有着特殊的作用。通过议论能够揭示事物的本质,帮助读者认识事物的意义,能够点明主题,深化作品思想,表明作者对事物的态度和认识。所以,报告文学决不满足于报告事实,它还必须探究事件发生发展的趋势,这就需要议论发挥作用。如夏衍在《包身工》中写东洋纱厂飞速膨胀后,写道:"美国的一位作家索洛曾在一本书上说过,美国铁路的每一根枕木下面,都横卧着一个爱尔兰工人的尸首。那么,我也这么联想,日本纱厂的每一个锭子上面都附托着一个中国奴隶的冤魂!……警告某一些人,当心呻吟着的那些锭子上的冤魂。"作者由此及彼,联想到锭子上的冤魂,揭示剥削者的残酷。

当然,报告文学中的议论应该画龙点睛,要简洁、明快,不能拖沓冗长、无病呻吟。要结合具体的形象,进行形象化地议论,上段中夏衍在《包身工》中的议论就是借助形象发议论,议论不脱离形象,两者水乳交融。

二、传记

(一)传记的含义

传记是以各种书面或口头的材料为依据,用文学的语言和手法,对历史上或现实中的人物生平进行真实、详尽的叙述,并折射出人物的气质、性格和内心世界的一种文体。(王克俭《基础写作》,上海文艺出版社,2004年2月)有的记叙人物完整的一生,有的记叙人生中某一阶段的生活经历。可一人一传,亦可数人合传。

我国几千年的历史变革,出现过许多不同类型的人物。既有推动历史向前发展的伟人,也有逆历史激流而动的罪人,且出身、地位、经历、思想、性格等方面都所不同,这些人物在历史上起过一定作用,有过一定影响。

传记在中国有悠久的历史。古代传记大体上包括两类,一类是历史传记即史传,一类是杂体传记即杂传。目前,我国传记中有多种文体类型,如人物传记、自传、评传、小传、回忆录、长篇或中篇传记文学等,其文体特征和实用功能有所不同,在使用中要注意区分它们之间的文体差别。

人物传记(包括回忆录、长篇或中篇传记文学):属于文学性传记,它的表现手法比较接近于小说,不过其基本人物和情节必须符合真实性原则。可以运用想象手法,来恢复其失落的事件环节或细节。回忆录是以第一人称来叙述,传主一般是写作者自己,也可能写作者只是一个见证人。

自传:有两种情况,一种属于常用事务文书,是干部履历文件中的一个必要组成部分。它文字平实、简洁,比较客观地展示出传主的社会生活经历和思想发展轨迹;另一种属于自述性文学作品,比较接近于传记文学,是以第一人称叙述的人物传记。

评传:是一种跨类文体,是人物传记夹杂着写作者评述的一种带有文学评论色彩的体裁,处于人物传记和文学评论之间。

小传:是一种主要附着于著述之中的简短文字。它粗线条、简要地介绍写作者的社会经历、思想轨迹、兴趣爱好、性格特征、主要著述等。如老舍写于文集之前的《我的小传》。

(二)传记的特点

1. 历史的真实感

一切优秀的传记在内容表达上都力求真实,忠于历史,忠于事实,并且是非明晰,褒贬准确。传记必须以真人真事为依据再现历史,再现人物。真实是传记的生命和特征之一,它所写的人物必须是真实存在的,对人物生平和心理的把握要坚持"不虚美、不隐恶"的原则。褒贬分明,才能使人物保持历史的真实感。著名传记作家宗道一对此有一贴切的比喻:"传记文学作品好像是一棵树,史实的真实与文学上的渲染就像是树干与树叶的关系。先要有史实的基础,其次才能谈到文字的锤炼和背景的描述。"因此他坚持认为"传记文学不能虚构,虚构不是文学性,传记文学的文学性只能体现在文笔上,也就是对文字的讲究。只有建立在史实的基础上,传记文学才有生命,才有读者,也才能经得起历史的检验"。

解放军出版社的李鸣生指出,传记的失实有两种情况:首先从哲学角度看,人认识客观世界(包括历史)的不可重合而无限接近性使然;其次是作家缺乏"史德",人为地造假,只写"过五关斩六将"不写"败走麦城",或把功劳张冠李戴使然。第一种失实是人认识客观世界的局限性决定的,也是写作者个体把握不了的。对于第二种失实,著名文学评论家何西来说,写作者写谁就会对其产生感情,想把他写得非常完美因而就会出现"为尊者讳"的现象。记叙中,写作者往往要对传主的行为、言论、品德、思想、性格甚至细节,加以简明地评论,或褒或贬,或扬或抑,或嘲笑挖苦,或赞叹佩服。这种评论不宜过多,否则冲淡了叙述,另外还要注意不能过度夸大成绩、掩盖过失,这样会严重损害读者对这一历史人物的正确认识和评价,同时也是对人物和历史的不尊重。

当然,传记的真实性并不等于历史人物、历史事件的简单记录,在强调传记历史纪实性的同时,也不排斥写作者的思想、情感等对传记人物所作的某种关照。写作者可以根据表达需要,对所了解的材料在恪守真实性的原则下作必要的加工和提炼。一些次要人物、局部细节可以借助于想象、联想等进行适当的艺术加工,但这种加工必须符合人物的性格,合乎事物发展的逻辑。

2. 生动的人物形象

传记的一个显著特征就是人物形象的生动性。所谓生动性,就是要把人物写活。所写的人物应该既具有鲜明个性,又能体现时代特征和阶级特征,是栩栩如生的血肉之躯,而不是干巴枯燥的偶像或只有动作没有思想的机器人。司马迁的《史记》雄视百代,卓然独立于千古,不是偶然的,而是由于他刻画了许许多多个性鲜明的人物。马克思曾为18世纪末到19世纪上半叶的军事活动家、政治家写作小传。他写的《贝尔蒂埃》《贝尔纳多特》《布律恩》《布里昂》，生动记述了拿破仑一世时期法国军事活动家和政治活动家的群像，其中有贪得无厌、追名逐利之徒，有渴求官职、封号和王位的野心家，有愿为任何制度效劳的不择手段的钻营者。这些小传，既描述人物的特有个性，又提供了拿破仑一世帝国资产阶级上层人物的本质特征，成为传记文章的典范。恩格斯也写过不少人物小传，恩格斯写人物传的杰出之处和马克思一样，在于既能紧紧抓住人物的个性，又能突出人物所代表的阶级特征。所以，在他笔下，马克思、燕妮·马克思等人物形象，被活生生地再现出来。所以，一部成功的传记既要体现人物的阶级、职业、文化素质、信仰、经历、遭遇及其产生影响等方面的不同，又要体现同阶级、同职业、同素质、同信仰、同遭遇、同影响而在性格上的差异。要突出人物个性，体现人物个性形成发展的必然性。只有这样，写出的人物才能鲜明生动。

中国作协创作部研究员李炳银感慨道，传记文学不是历史快餐，更不是单纯的历史，它源于历史而高于历史，它应该从历史中找出对现在社会有启发意义、有影响的人物进行文学化的挖掘。它表现的是人物对历史的影响，是人物人性的一面，是人物的人格，它的选择标准是人物的精神。一部《史记》之所以备受历代文人墨客的推崇，主要原因就是它运用了多种多样的艺术手法，刻画了许多感人至深的人物形象。

3. 人物性格相当的完整性

传记主要是表现人物的，要使人们对人物性格有全面深入的了解，就必须注重人物性格的完整性。因此在传记中，传主的生平经历一般都比较完整，这样便于读者从总体上把握人物，如《史记》。一些小传，如"逸事"等，由于受材料、篇幅的限制，不可能表现人物一生完整的经历、事迹，但往往通过典型的事例，以小见大，来表现人物全面的性格特征，如鲁迅先生的《关于太炎先生二三事》。在这一点上，它有别于只写人物一事数事、突出性格某一方面的报告文学、人物特写等。

（三）传记写作的要求

1. 通过选取微小的细节来凸显人物形象

在传记写作的过程中，有一些看似平淡无奇的小细节，往往比那些众所周知的重大事件更能展现人物的性格和内心世界，而这些细节又往往掌握在传主的亲属、朋友或曾经和他打过交道的人那里，所以从中选取有代表性的写入传记，会取得意想不到的效果。如毛泽东、周恩来、邓小平等革命领袖，人们对他们的丰功伟绩耳熟能详，给他们立传如果仅仅选取众所周知的事件，无疑使这些领袖传记如英雄传记一样崇高与非凡，但同时又拥有为一般英雄传记所没有的神秘感。许多领袖传记的写作者准确地把握读者的阅读期待，从微小的细节出发，力图表现历史的真实性与反思性，将领袖从"神性"还原为"人性"。这样，既满足了社会公众对领袖人物的好奇心，又增添了领袖作为普通人的日常情趣，缩短了领袖与读者之间的地位差异。权延赤的《走下神坛的毛泽东》和《走下圣坛的周恩来》、毛毛的《我的父亲邓小平》、点点的《非凡的年代》等从细节的选取到笔法的运用都充分展现了这些领袖传记的崭新追求。

茅盾说:"善于描写典型的作家,不但用大事来表现人物性格,而且不放松任何细节的描写。"恰当地记述小事,能见微知著、增强传记的可信性和感染力,甚至预示着人物日后的发展。如《史记·陈涉世家》,开头写了这样一个细节,陈涉为人佣耕时,曾对同伴说"苟富贵,无相忘",并十分自负地说"燕雀安知鸿鹄之志哉",这个细节或许并非必要,其实对描写人物来说,却有助于展示人物思想脉络,写出人物前后一贯的性格史。写陈涉少时就有鸿鹄之志,所以后来才发展到大泽乡起义;写陈涉少时就把别人比作微不足道的燕雀,所以称王后严重脱离群众,甚至把早年同过患难的老朋友也杀了。这是他最后失败的一个重要原因,可思想根子却早就种下了。

2.通过典型的事例折射人物内心世界

传记的写作要在概括人物全貌的同时,选择重大的有代表性的最能反映人物特征的事件详细记述,把不能表现人物特征的事件摒弃或一笔带过。从各种素材中加工、提炼,选择最能表现人物主要性格特征的典型事件来写。这些典型事件,往往是人物一生的关键所在。写好这些关键之处,不仅可以表现人物一生的主要功罪,而且可以显示历史发展的进程及其特点。司马迁的《史记》在这方面有不少地方值得我们借鉴,如《史记·廉颇、蔺相如列传》,廉颇和蔺相如都是赵国封建统治集团中举足轻重的人物。司马迁为了表现廉颇、蔺相如的主要性格特征,不是给他们各开一张履历表,而是选择了"完璧归赵""渑池之会""负荆请罪"三个事件来写。这三件事反映了两种矛盾,一是秦赵两国之间的矛盾,一是廉蔺两人之间的矛盾,前一个矛盾发展的后果,是构成后一个矛盾的原因。通过这两对矛盾冲突,廉颇、蔺相如的主要性格特征得到了充分的展示。同时秦赵争夺和氏璧以及渑池之会两件事,实质上是秦赵两国统治阶级两次实力较量,是秦国大举进攻赵国的前奏,所以选择这两件事情,也显示了历史发展进程的特点。

3.通过人物的心灵撞击读者的心弦

江苏人王火1999年出版了长篇回忆录《在"忠字旗"下跳舞》,他说:"我欣慰自己能活着记述这场红色大疯狂的经历,它也许仅仅只能作为一部粗略的野史留存人间,但它是真实的。"作家以他十年的惨痛经历,为我们和后代,留下了一部血泪史。作者真实地写下了他在"文化大革命"中遭到的批斗、毒打、劳改等蹂躏和摧残,描写了形形色色的人物在特定条件下灵魂的异化和扭曲,让我们再一次真切地感受到"文化大革命"带给中国人民,尤其是知识分子心灵上的创伤及其对人性的摧残!作者还写出了他在"文化大革命"中的深刻思考,写出了他对自己的严格剖析和真诚反思,写出了如何在那样严酷的环境中保持追求真理的勇气和正直、善良、宽容的美好人格。

4.通过丰富的表现手法的运用表现人物风貌

传记虽不能偏向华丽的辞藻、烦琐的描写、曲折的情节,但语言生动形象,用词精当贴切,句子流畅,层次分明,布局合理,还是必须讲究的。立传就是为了传于后世,为了"记一方之言,激千秋之爱憎""鉴人明事"。孔子曰:"言之无文,行而不远。"可见讲究文采,也是传记应高度重视的一个问题。马克思要求传记应当写得有"强烈色彩""栩栩如生"。恩格斯认为人物形象应当"光芒夺目"。《史通》(唐代刘知几撰)说:"夫史之称美者,以叙事为先,至若书功过,记善恶,文而不丽,质而非野,使人味其滋旨,怀其德音,三复忘返,百遍无致。"在不影响历史真实性的情况下,崇尚文采,文史并茂,引人入胜,还是必要的。因此,在写传记时,我们应当重视文字锤炼,讲究艺术表现手法的运用。

李辉的《萧乾传》以叙述语言的精美吸引了众多的目光;钱理群的《周作人传》以绍兴地方"故旧的乡风",浓郁的民间气息,强化了作品的文学氛围;凌宇的《沈从文传》以湘西特有的人文风情和一系列生动幽默的生活细节,揭示出传主性格的质朴、善良,也大大增强了作品的艺术魅力;刘连群的《马三立别传》以对传主心态的合乎逻辑的辨析和想象,给读者留下了很大的咀嚼余地。所有这一切无疑让我们领略到了传记的勃勃生机。

佳作赏析

丑 石

贾平凹

我常常遗憾我家门前的那块丑石呢:它黑黝黝地卧在那里,牛似的模样;谁也不知道是什么时候留在这里的,谁也不去理会它。只是麦收时节,门前摊了麦子,奶奶总是要说:这块丑石,多碍地面哟,多时把它搬走吧。

于是,伯父家盖房,想以它垒山墙,但苦于它极不规则,没棱角儿,也没平面儿;用錾破开吧,又懒得花那么大气力,因为河滩并不甚远,随便去搞一块回来,哪一块也比它强。房盖起来,压铺台阶,伯父也没有看上它。有一年,来了一个石匠,为我家洗一台石磨,奶奶又说:用这块丑石吧,省得从远处搬动。石匠看了看,摇着头,嫌它石质太细,也不采用。

它不像汉白玉那样的细腻,可以凿下刻字雕花,也不像大青石那样的光滑,可以供来浣纱捶布;它静静地卧在那里,院边的槐荫没有庇覆它,花儿也不再在它身边生长。荒草便繁衍出来,枝蔓上下,慢慢地,竟锈上了绿苔、黑斑。我们这些做孩子的,也讨厌起它来,曾合伙要搬走它,但力气又不足;虽时时咒骂它,嫌弃它,也无可奈何,只好任它留在那里去了。

稍稍能安慰我们的,是在那石上有一个不大不小的坑凹儿,雨天就盛满了水。常常雨过三天了,地上已经干燥,那石凹里水儿还有,鸡儿便去那里渴饮。每每到了十五的夜晚,我们盼着满月出来,就爬到其上,翘望天边;奶奶总是要骂的,害怕我们摔下来。果然那一次就摔了下来,磕破了我的膝盖呢。

人都骂它是丑石,它真是丑得不能再丑的丑石了。

终有一日,村子里来了一个天文学家。他在我家门前路过,突然发现了这块石头,眼光立即就拉直了。他再没有走去,就住了下来;以后又来了好些人,说这是一块陨石,从天上落下来已经有二三百年了,是一件了不起的东西。不久便来了车,小心翼翼地将它运走了。

这使我们都很惊奇!这又怪又丑的石头,原来是天上的呢!它补过天,在天上发过热,闪过光,我们的先祖或许仰望过它,它给了他们光明,向往,憧憬;而它落下来了,在污土里,荒草里,一躺就是几百年了?

奶奶说:"真看不出!它那么不一般,却怎么连墙也垒不成,台阶也垒不成呢?"

"它是太丑了。"天文学家说。

"真的,是太丑了。"

"可这正是它的美。"天文学家说,"它是以丑为美的。"

"以丑为美?"

"是的,丑到极处,便是美到极处。正因为它不是一般的顽石,当然不能去做墙,做台阶,不能去雕刻,捶布。它不是做这些玩意儿的,所以常常就遭到一般世俗的讥讽。"

奶奶脸红了,我也脸红了。

我感到自己的可耻,也感到了丑石的伟大;我甚至怨恨它这么多年竟会默默地忍受着这一切?而我又立即深深地感到它那种不屈于误解、寂寞的生存的伟大。

赏析:贾平凹的这篇记叙文借助了一个被公认为平凡的对象——一块顽石,从而突出了文章关于"美"和"丑"的主题论述。作者通过强烈的对比,说明了一个道理:人们的无知,并不能掩盖和抹杀那"默默忍受"而"不屈于误解、寂寞的生存的伟大"。这篇文章的主要表现手法是借物喻人,托物言志。而对"丑石"的描写,作者又运用了欲扬先抑的手法,先是极力描写丑石的"丑得不能再丑""它黑黝黝地卧在那里""牛似的模样",静静地卧在那里碍着地面。在描述丑石的"丑得不能再丑"的同时,步步加深由于人们的无知和误解而对它的冷漠态度及其不幸境遇的反差。然后,文中揭示这个"丑石"实际上是一块陨石,它的丑,正是它作为陨石美的所在。欲扬先抑,抑中有扬,所以说它是"以丑为美的","丑到极处,便是美到极处",这里边就包含着这个极为深刻的辩证哲理。很多人将这篇文章看作贾平凹的夫子自道,其实从那块"丑到极处"又"美到极处"的丑石身上,我们何尝找不到自己的影子。

视域拓展

[拓展一] 记叙文写作过程可遵循以下思路：

1. 一个中心

写文章必须有一个中心，我们学过的文章，不论是哪种文体，总是围绕着一个中心来写的。朱自清的《背影》中心是表达父亲的爱子之情和儿子对父亲的怀念之情。高风的《金黄的大斗笠》中心是表现快乐纯真的童心。张洁的《挖荠菜》中心是叙写自己对小小荠菜的感情，告诫后人要珍惜幸福生活，试图借此达到两代人的沟通与理解。因此，确定一个集中鲜明的主题，是作文构思的首要工作。

2. 两条线索

记叙文写作要设计两条线索：叙事线索和情理线索。一般来说，叙事线索是明线，情理线索是暗线。叙事线索是交代事情前因后果的路径，情理线索是作者抒情议论的路径。注意叙事线索和情理线索的设计，处理好明线与暗线的关系，叙事就有了内在的发展规律，情理就有了自然的表达与推进的脉络，文章才具有感染力。

《背影》的叙事线索是"我"和父亲的相聚、相离、相思，这是表层的线索，真正打动我们的是内在的情和理，是儿子最终理解了父亲含蓄而深沉的爱。《背影》成为经典，其根本原因不在于叙事，而在于情理。这对于作家也许是妙手偶得，对于我们的记叙文写作却有着非常重要的借鉴作用。

都德的《最后一课》也是如此，叙事线索是小弗朗士去上最后一课的见闻和感受，情理线索是小弗朗士的爱国主义思想的萌芽、生长、升华的过程。小弗朗士从不想上学到珍惜最后的学习机会，从对敌人的号角毫无反应到对敌人充满了仇恨，从对学习祖国语言毫无兴趣到对祖国的一切充满了热爱，从对爱国主义毫无知觉到对所有热爱祖国的人充满敬意。最后一课对小弗朗士的深刻意义就在于此，对读者的吸引力也在于此。

3. 三四个镜头

记叙文的写作，不能简单叙事，平均用力，写成流水账。作为记叙文的主体部分，应该设计三四个精彩的镜头，让镜头为表达中心服务，为推进情节的发展和情理的演绎服务，这样文章容易做到内容具体、详略得当。

鲁迅的《藤野先生》中对藤野先生外貌的具体描写、订正讲义、修改解剖图、了解中国女人裹脚等一系列精彩镜头的呈现，把藤野先生的精神品质表现了出来。《孔乙己》中作者精心构思了几个精彩的镜头：孔乙己受众人的嘲讽哄笑，教小伙计"茴"字的四种写法，分给小孩子吃茴香豆，以及最后一次出场的惨相。凡是读过这篇课文的人，不一定能读懂其深刻的内涵。但是对这些精彩镜头总是过目不忘，这就是镜头的独特魅力。

在记叙文中设计三四个镜头,是记叙文引起读者注意的先决条件。可以这样说,所有的记叙文都要靠镜头吸引读者,然后用情理打动读者。

4.四五个动情点

动情点就是能打动读者的地方,可以是精彩的景物描写或心理描写,可以是观点独到的议论,可以是扣人心弦的叙述,也可以是真挚隽永的抒情。如《从百草园到三味书屋》中,作者在告别百草园进入三味书屋时写道:"我不知道为什么家里的人要将我送进书塾里去了,而且还是全城中称为最严厉的书塾。也许……都无从知道。总而言之:我将不能常到百草园了。Ade,我的蟋蟀们;Ade,我的覆盆子们和木莲们!……"这一段文字写出了儿童特有的心理,细腻而又生动。在这篇课文中,泥墙下的趣味、美女蛇的故事、大雷天的捕鸟、书塾里的朗读等既是精彩的镜头,也是使人心向往之的动情点。《最后一课》中小弗郎士知道自己上的是最后一课时的心理刻画:"想起这些我忘了他给我的惩罚。忘了我挨的戒尺。""真奇怪,今天听讲,我全都懂。他讲得似乎挺容易,挺容易。我觉得我从来没有这样细心听讲过,他也从来没有这样耐心讲解过。这可怜的人好像恨不得把自己知道的东西在他离开之前全教给我们,一下子塞进我们的脑子里去。""屋顶上的鸽子咕咕咕咕地低声叫着,我心里想:'他们该不会强迫这些鸽子也用德国话唱歌吧!'"

[拓展二]

不敢写传记

钱理群

鲁迅的《故事新编》里有一篇《起死》,我所尊敬的日本学者木山英雄先生认为,整本《故事新编》就是"起死"。所谓"起死"就是让生活在彼时彼地的古人"复活",与此时此地的现代人进行对话。"传记"所做的工作,也就是让逝去的故人"复活"——为活着的人作传,不在其列;要勉强说,也可以说,即使写活人传也有一个怎样写"活"的问题。在这个意义上,也可以说,"传记"也是"故事新编"。

不过,在讲"也是"之前,我还得先说"不是"那一面。至少我自己在写《周作人传》的时候,从一开头就明确地把它当作"史学著作"来写,而从没有想到是在从事"文学的创作"。这就是我心目中的传记与鲁迅的《故事新编》不同之处。鲁迅自己说得很清楚,他写的是小说,因此"叙事有时也有一点旧书上的根据,有时却不过信口开河",即"只取一点因由,随意点染,铺成一篇""不免时有油滑之处"。于是,伯夷、叔齐去首阳山的路上,会遇到华山强盗"小穷奇",女娲的胯间也会出现"古衣冠的小丈夫"。讲夏禹故事的《理水》里,"文化山"上的学者还口说"OK",大谈莎士比亚。这有点像今天的"戏说"。这在文学创作中都是允许的,甚至是必不可少的。但在我的理解里,传记写作就不允许这样的虚构,哪怕是"合理想象",它必须"言必有据",连细节也要有根据。这是由传记的史学特性所决定的。

因此，传记写作对他的作者是有特殊要求的。传记作者必须要有"毫不伪饰"的史学家的品格，有史学的修养。写传记必须要有"独立的史料准备"，要在史料的寻觅、耙梳、鉴别、考释上下足功夫。根据我的经验，这实际上是对已经逝去的生命及其生命形态（不仅是书写、文本形态，也包括生活的细节）的一次寻觅、发现，是其乐无穷的，正是在这一过程中，传主的形象就在你心中逐渐活起来，站起来，从而产生真正的写作灵感与冲动。有还是没有这样的亲自寻觅，这样的史料的独立准备，写作的状态，以及写出来的东西所达到的境界是大不一样的。我自己在写作《周作人传》之前，就先编过三十万字的《周作人年谱长编》，写了二十万字的考释与分析文章。我给自己定的目标，就是要将在当时条件下可能收集的有关周作人的材料全部穷尽，至少在史料上为后人的研究奠定一个基础。当然，在史料的收集、整理工作中，也会遇到许多朋友谈到的史料鉴别问题。我想，大体有两类，一类是可以鉴别真伪的，有的则是同一件事不同人的不同回忆，我主张将其并列，彼此之间形成一种张力，可能更能显示历史与传主的复杂性。这也是将我们的历史叙述相对化。

但我还是强调传记写作与"故事新编"的共同点。鲁迅说他"没有将古人写得更死"，也就是要将传主写"活"，写出他的"魂"来；在某种意义上，传记写作与故事新编都是在"招魂"。不仅要写出外在事实，还要写内在心灵，但如前所说，又不允许虚构与"合理想象"：这是传记难写之处，但传记作者的本事，大概也就是如何在不允许虚构的限制中把人写活，也算是"戴着脚镣跳舞"吧。在"写实，写活"的要求之外，我觉得传记还应该传达出一种"生命感"。传记写作的最大特点，是它所面对的是活生生的生命；它的使命就是要将"这一个"具体的生命写活，充分展示其复杂性与丰富性，同时又超越于这具体的生命，写出更具普遍性的生命感。这里也有一个如何表达的问题，即是如何寻找一种既和传主的风格（人的风格与文字的风格）相和谐，又能和自己想传达的生命感相适应的写作者自己的叙述语调与叙述风格。

这里所讲的传记写作的生命意识，其实还有一半，即写作者自身的生命投入。有朋友提出，传记是"两个生命的对话"，这是很有道理的。我要补充的是，这更是一种灵魂的搏斗。我在写作《周作人传》的时候，就面临过"两个钱理群"的搏斗，我曾在《有缺憾的价值》一文中谈到过，这里就不多说了。作为一般的传记写作者也存在这样的困惑：既要"深入进去"，搞清楚"事实是怎样的"和"为什么会这样"，这样才能对传主有一个理解的同情；又要"跳出来"，正视事情的"后果"（这是许多传主本人见不到的），有研究者的独立立场与判断。我说这是一个"困惑"，是因为如果进不去，不能有理解的同情，你的描述与判断都失之表面或武断；但进去了，跳不出来，你被传主笼罩了，同样会失去独立的判断力。借用胡风的说法，写作的过程，在某种程度上，是传记写作者与传主生命相生相克的过程。根据我的体会，这样的生命的相生与相搏，一方面可以收获"丰富的痛苦"，但同时身心的付出都非常大，是很累人的：当我写完《周作人传》的最后一行字，"写毕于1989年3月7日（农历己巳年正月三十日）晨，正值作者五十寿辰"，我躺在椅子上，什么都不想动，仿佛一段生命都交付出去了。

在我看来，传记写作者与传主之间，是有严格的挑选的，彼此之间必要有"生命的相遇"，它不是纯粹的技术活儿，不是只要出题目就可以写的。对我来说，我愿意写、能够写的，大概就只有"周氏兄弟"二位。写完《周作人传》以后，就真的不想写别的传记了。前几年写了《与鲁迅相遇》，从鲁迅逝世写起，再追述他到日本留学时期"思想与文学的起点"，一路写下来，写到与太阳社、创造社的论战，只写了一大半；以后准备写"续编"，写鲁迅最后十年，与开头的逝世衔接起来，成为一个圆形结构：这勉强也可以说是一部鲁迅的精神发展史传。从死亡写起，本身就有一种生命感。这部书我也写得很投入，很累。生命消耗太大，这就是我不敢写传记的最重要的原因。至于外部原因，当然也是存在的。不过，在我看来，战胜自己，是最重要的。

——选自《中华读书报》

技能训练

一、专项训练

1. 请结合具体作品谈一下传记写作的要求。

2. 阅读下面一段文字，谈谈你对这个问题的看法。

其一，报告文学正面歌颂的人物，溢美之词再多也不为过。谁听说因过誉而打官司的？相反，具有批判意识的报告文学作品，只要里头稍微"出格"一点，便有不测风云。久而久之，作家们为此深为焦虑，他们的风险意识渐渐转化为一种恐怖心理，此种心境下写作如何能出好文章呢？

其二，写一个人不行，要写写一批。道理是"突出个人不太好"。作家的选择权力轻易被否决了。作家，在这些人眼里，只不过是某种工具，"是我雇你"，而不是"你指挥我"。这种命运等待着作家，会有什么好兆头？

其三，想象与真实的矛盾。没有想象成分的报告文学作品，很难说是一篇上乘之作，很难获得审美认同。然而想象中的"合理虚构"，即便绞尽脑汁处理的天衣无缝一般，只要一遇"考证家"便"黯然失色"。谁能保证永远打不完的"官司"就此绝迹呢？

3. 报告文学作者面对着激动人心的人和事，往往要情不自禁地发表议论，抒发感情。议论，能揭示事物的本质意义，帮助读者提高认识，引起心灵上的共鸣；议论要深刻、精炼，结合具体形象进行；议论要富有激情，含有哲理。这样的议论才能起到画龙点睛、振聋发聩的作用。下面一段文字是武歆的报告文学《平原森林》（节选），请根据此内容写一段议论。

我没有想到，前往顺义，竟然是我走访基层第一站。有些新鲜，有些激动。无论什么事，第一次总是有些忐忑。

"园林绿化"对我来说，完全是一个陌生的领域。一个遥远得从没有想过走近的事。虽然"园林绿化"就在身边，但那只是一个久存的公共场景。园林工人拿着黑色的胶皮管子，正在向着路边种满小树的隔离带浇水，或是一个身体粗壮的工人，站在一个高高的梯子上，正在给路边大树剪枝。我相信这样的公共场景，曾经印记在许多城市人的心中。

如今，我就要走近这些人，了解这些人。似乎也正验证了那句话：我们总是忽略身边的事，身边的人。"走近园林绿化"也在矫正我们多年以来的疏忽。

这些震惊全国园林领域的"北京百万亩平原造林"的建设者，会是怎样的人？

事后想起来，走访基层的这一天，正好在民间"二月二、龙抬头"之前。完全是偶然，冥冥之中似乎预示着某种特别的征兆。

这是北京二月里难得的一个好天气。虽然不是蓝天白云，但却有清洁的阳光，感觉空气异常清新，鼻孔格外通畅。虽然前晚刮了一夜的大风，但风中却没有烟尘的气味。这让我忽然想到曾经肆虐京津冀的沙尘暴，好像最近几年突然销声匿迹了。作为生活在"京津冀一体化"生活圈中的人，当然感同身受，这肯定与平原造林有着密切的关系。呼吸，是每时每刻都在发生的事，呼吸愉悦了，人的心情自然也就欢愉起来。这原本生活的日常图景，在很长一段时间里却成为一种特别的奢华。于是，感慨油然而生。

要去的第一个地方，叫龙湾屯。

在来顺义之前，我就听说顺义区有一个"五彩浅山"的说法。这是顺义地区众多发展规划的其中一个词语。龙湾屯镇就是顺义打造"五彩浅山"规划中的一个镇。顺义区总面积137万亩，龙湾屯镇面积3.8万亩，占顺义区山地总面积近三分之二，是打造五彩浅山的核心区。一个"浅"字，倒是非常形象，意味着这里的山不太高。另外，那个"五"字，也可以理解为"舞"。是的，"彩"绝不是静止的，它是可以舞动的。一个音，两个字，便将这个"龙湾"变得生龙活虎起来。这样的解释，没有什么玄奥，倒是充满了真切的朴实。同时也意味着这个小小的龙湾屯镇，充满了一种鼓舞、一种活力。这就像一个人，只有"精气神"才能散发魅力。

负责林业的副镇长杜勇接待了我。他应该年岁不大，是镇武装部长，但是分管林业工作。虽然烦乱的乡镇工作让他有些忙乱，但他非常镇定——因为在他的脸上始终挂着微笑。

我特别赞同基层领导的脸上应该始终拥有微笑，因为他们每天面对的是基层群众，一个脸上挂着微笑的基层领导，是上级与基层群众之间最好的润滑剂。什么艰难险阻、矛盾重重，都会被基层领导脸上的微笑所化解。

杜副镇长很忙，但忙得很有章法，因为我要采访的人，他都安排好了，这样我也就不会对他有任何的埋怨，他也可以心情放松地去安排其他的工作。但他临走前，还是尽职尽责地告诉我，对于"平原造林"来说，龙湾屯镇的特点是"3、5、2"。

我不解其意,问这样的数字,代表何意?

杜勇解释说,"3"代表我们镇有3万亩山;"5"代表5万亩平地。2012年北京市政府发起的"百万亩平原造林"计划,对于顺义来说,就是要在这"3"和"5"之间,寻找能够连成一片的、总计将近2万亩能够植树造林的地。

杜勇感慨地说,这是一场"植树战争"!

年轻的副镇长走了,但他意味深长的话,却让我陷入沉思。我发现,基层隐藏着许多"高人"。他们有一个共同的特征:话语不多,耐人咀嚼。

事后我才得知,杜勇是当年龙湾屯镇大力推动平原造林工程的关键人物,而且他就是土生土长的龙湾屯人,在这场大规模的平原造林过程中,几乎所有的事都紧紧贴着每个具体的人,没有绝对的地缘优势,几乎无法推动。

二、综合训练

1. 生活中,总有一些平凡的人(如:默默付出的家人、尽职尽责的普通劳动者、身边善良的同学或邻居)或平凡的瞬间,在不经意间闪耀出温暖、坚韧或善良的光芒,触动了你。请选择一位这样的人或一个这样的瞬间,写一篇800字左右的记叙文,题目自拟。(提示:避免刻意拔高和口号化,通过真实、细腻的描写和叙述,让平凡中的"光"自然显现,引发读者共鸣和思考。练习从平凡中发现不平凡,用真诚的笔触书写人性之美,体现深刻的共情能力和人文关怀。)

2. 一把看似普通的钥匙(可以是家门钥匙、旧箱子钥匙、自行车钥匙,甚至是密码或数字钥匙的隐喻),却关联着一段重要的记忆、一个秘密、一份责任或一种转变。以"一把钥匙"为线索或核心意象,创作一篇800字左右的记叙文,题目自拟。(提示:钥匙不仅是道具,更要成为承载情感或象征意义的符号;故事要围绕钥匙展开,通过它揭示人物关系、内心世界或生活哲理;综合运用描写、叙事、抒情、象征等手法,围绕核心意象构建故事,追求立意深度和艺术性。)

3. 讲述一次你误会了他人(或他人误会了你),但最终这个误会却带来温暖、感动或深刻理解的经历,然后写一篇800字左右的记叙文。(提示:清晰展现误会产生、发展和化解的过程,重点描写双方的心理变化和关键细节,如一个眼神、一句话、一个物品等,结尾表达对"误会"或"理解"的独特感悟。)

4. 回忆生活中一个看似平常,却让你突然领悟到某种道理、情感或生活真相的瞬间(例如:看到父母的一个小动作、经历一次小小的失败、观察到自然界的某种现象),以"那一刻,我懂了……"为开头,写一篇800字左右的记叙文,题目自拟。要求清晰描述事件经过,重点刻画"那一刻"的心理活动和环境细节,最后自然点明所"懂"的内容(立意),避免说教。练习从平凡小事中挖掘深意,将情感体验与理性思考相结合,自然升华主题。

第十章 议论文

▶ 任务导航

1. 议论文的含义。
2. 议论文的三要素：论点、论据、论证。
3. 论证的结构。

▶ 思政聚焦

1. 认识中国文化成就，增强文化自信。
2. 弘扬正直、正义、正气、正能量。
3. 培养爱国情怀和诚信品质。

▶ 案例导引

议论当有浩然正气

孟子继承和发展了孔子的思想，是先秦第二位儒学大师，所以我们习惯上称孔子为"圣人"或"至圣"，称孟子为"亚圣"。读《孟子》一书，我们明显感觉它与《论语》不同。《论语》娓娓道来，读来如沐春风；《孟子》气势逼人，读来如闻战鼓。很多人感慨，孟子太能说了，但在滔滔不绝的议论间，我们又觉得他讲得很在理，读得心服口服，同时也感受到浩然之气迎面而来。

什么是"浩然之气"呢？用孟子的话来讲，浩然之气，至大至刚。这正大刚直的精神，不是一般的所谓"精气""血气"，而是充满正义、充满仁义道德的正气、骨气。

于是想到，我们进行议论文写作时，也应该有这"浩然之气"！这样的议论，才有论证的力量，才有鼓舞人心的气魄。

第一节 议论文概述

一、议论文含义

议论文,是指依靠摆事实、讲道理或是运用逻辑推理等议论手段表述写作者的某种思想和见解的文章。它不像记叙文体那样专门叙述、刻画具体的人、事、物、景及其发展变化的过程,而是主要运用概念、判断、推理等抽象、概括的思维方式和语言形式揭示事物的本质意义或普遍规律。尽管议论文中的论证、说理需要有生动的事例、巧妙的比喻,也要讲究文情并茂或情理交融,但这样做的目的是增强文章自身的理性力量或逻辑力量。

写议论文要考虑论点,用什么作论据来证明它,怎样来论证,然后得出结论。它可以是先提出一个总论点,然后分别进行论述,分析各个分论点,最后得出结论;也可以先引述一个故事,一段对话,或描写一个场面,再一层一层地从事实入手分析出道理,归纳引申出一个新的结论,这种写法叫总分式。也可以在文章开头先提出一个人们关心的问题,然后一一作答,逐层深入,这种写法叫答难式。还可以是写作者有意把两个不同事物以对立的方式提出来加以比较、对照,然后得出结论,这是对比式写法。

议论文或从正面提出某种见解、主张,或是驳斥别人的错误观点。新闻报刊中的评论、杂文或日常生活中的感想等,都属于议论文的范畴。各类议论文在写作时都有明显的特点:论点鲜明,论据确凿,论证严密。议论文思想内容的准确、深刻,主要来自写作者对于自己的认识对象或论题具有实事求是的科学态度和正确的思想方法。

二、议论文三要素

议论文包含论点、论据、论证三个要素。

(一)论点

文章的论点表明写作者对某一事物的看法和态度,是写作者的立场和世界观的直接反映。毫无疑问,任何一篇议论文都必须有论点。议论文价值的大小首先要看其论点是否正确。所以确立论点是议论文写作的关键。论文的论点是从对材料的分析、研究中产生的,不能先定论点,后找适合证明论点的材料。论点的形成,就是对材料进行整理、分析、概括、提炼的过程。确立论文的论点,必须从分析材料入手,关于这个过程,毛泽东同志有过如下精辟的论述:"要完全地反映整个的事物,反映事物的本质,反映事物的内部规律性,就必须经过思考作用,将丰富的感觉材料加以去粗取精、去伪存真、由此及彼、由表及里的改造制作工夫,造成概念和理论的系统,就必须从感性认

识跃进到理性认识。"（毛泽东《实践论》，《毛泽东选集》四卷合订本，第268页）

在写作时，论点的提出和确立要注意以下方面：

1. 正确性

论点的说服力植根于对客观事物的正确反映，而这又取决于写作者的立场、观点、态度、方法是否正确。如果论点本身不正确，甚至是荒谬的，再怎么论证也不能说服人。因此，论点正确是议论文的最起码的要求。

2. 鲜明性

赞成什么，反对什么，要立场鲜明，不能模棱两可，含混不清。写作者要明确地表达自己的观点，对所论述的问题自己先要思考透彻。论点的语义必须十分清楚确切，不能暧昧不明。

3. 新颖性

论点要有创见，给人以启发。要善于发现新的问题，解决新的矛盾，不能人云亦云。不少学生的议论文写作离不开一些陈旧的事例，像写失败与成功的关系，似乎就离不开爱迪生发明灯泡，写逆境成才就非写张海迪不可，类似的内容不是说不能用，而是大家都用，谁的作文才能与众不同呢？所以，论点应该尽可能新颖、深刻，能超出他人的见解，不是老生常谈，也不是无关痛痒、流于一般的泛泛而谈，应该尽可能独到、新颖。新颖性的具体表现有以下几点：第一，论题新颖，即评论的问题能够触及新的矛盾，或者能够提出新的见解、主张；第二，在与错误及片面的观点交锋中鲜明地提出精辟的见解，表现出真理的光辉；第三，论说中有新的论据，并能以这些新的论据作为依托，引发议论；第四，议论角度新颖，诸如舆论的非热点、容易被忽视或者被掩盖的矛盾侧面、对解决矛盾能够起到关键作用的环节等。

4. 统一性

在论证过程中要保持思维的确定性，防止出现违反同一性的要求、偷换论题或转移论题的现象。这一条是从逻辑上对论点提出的要求。

5. 突出性

议论中不能以材料淹没论点。当所论述的问题比较复杂时，其中心论点与派生出的分论点、小论点的关系只能是总分关系，因为多中心即无中心。这是从文章中心思想的表达上对论点提出的要求。

（二）论据

论据，是用来证明论点的事实和道理。在写作时使用论据有以下几个要求：

1. 确凿性

我们必须选择那些确凿的、典型的事实。引用经过实践检验的理论材料作为论据时，必须注意所引理论本身的精确含义。

2. 典型性

引用的事例应该具有广泛的代表性，能够代表这一类事物的普遍特点和一般性质。事物有必然性与偶然性、一般情况与个别情况的差别。只有从事物的一般情况及其内部的必然联系出发去掌握事实，这样的事实才能胜于雄辩。所以选择论据要注意排除那些偶然的、个别的事例，而选择那些最能反映事物本质和规律的典型材料。这样的材料才能以少胜多，以一当十。

3. 论据与论点的统一

论据是为了证明论点的，因此两者应该联系紧密，保持一致。

（三）论证

论证一般有基本的结构层次：三段论式的结构——提出问题（是什么）→分析问题（为什么）→解决问题（怎么办），即引论、本论、结论。

常见的论证结构有四种：

1. 并列式结构

在论证思路中，为了论证方便将文章中的中心论点分解成几个平行的、并列的分论点，或是把论据并列起来，论证的几个层次或段落之间的关系是平行的，这就是并列式。如福建高考满分作文《稳中求胜》文章在亮出中心论点"为人沉稳，稳中求胜"之后，便从三个方面展开了论述："沉稳从志而来""沉稳从难而来""沉稳从无欲而来"。这三个论点共同论证了中心论点，论证充分。

2. 正反对比式结构

在论证思路中，把两种事物（或意见）加以对比，或者是用另一种事物（或意见）来烘托某一种事物（或意见），这就是正反对比式结构。如臧克家先生的《纳谏与止谤》，通篇都使用正反对比手法，把虚心纳谏的齐威王和粗暴止谤的周厉王进行对比，古人与今人进行对比，给人以深刻的印象，产生了强烈的艺术效果。

3. 递进式结构

在论证思路中，由浅入深，层层深入，步步推进，这就是递进式结构。它的特点是各层的先后顺序有严格的要求，不能随意变更。一般议论文采取先提出问题，再分析问题，最后解决问题的思路。如高考满分作文《正直是做人的根本》，文章先摆出女学生拒绝广告的现象，接着说明这样做的原因，再评论女学生这一行为的意义和价值，这样层层递进，说理深刻，从而透彻地揭示了问题的实质。

4. 纵贯式结构方式

在论证思路中，先总说后分说，先分说后总说或先总说后分说再总说，这就是纵贯式。如高考满分作文《诚信所致，金石为开》开头引用古语，提出论点，这就是引论。本论先说诚信的作用，再说诚信的适用范围，结尾点题照应开头，总结全文，是典型的总—分—总结构，显示出作者较高的谋篇水平。

总之,论点是灵魂,论据是血肉,论证是骨骼。论点是解决"要证明什么的问题",论据是解决"用什么来证明的问题",论证是解决"怎样进行证明的问题",三者紧密相连,构成了一个完整的论证过程。是不是每篇议论文的论证过程都有这三个部分呢?不一定。有的议论文,从论证开始,到结尾才归纳出论点,就没有引论。有的议论文,论证结束就煞尾,不再有结论。特别是杂文,写法不拘一格,信手拈来,任意发挥,皆成文章,这就更不能篇篇都要求写出这三部分。

三、立论和驳论

按议论的方式,议论文一般分为立论与驳论两种。立论是证明自己的观点、主张正确,是以充足的论据正面证明写作者自己论点正确的论证方式;而驳论则是对片面的、错误的、反动的观点进行批驳,是以有力的论据反驳别人错误论点的论证方式。

(一)立论

立论在就某一问题提出自己的看法和主张,表明自己的态度时,要注意以下三点:

(1)一些看法和主张必须是经过认真的思考或者一定的实践,确实是自己所独有的正确认识和见解,或者是切实能解决实际问题的主张。要使读者感到有新意,增长知识,提高对事物的认识。

(2)必须围绕所论述的问题和中心论点来进行论证。开篇提出怎样的问题,结篇要归结到这一问题上。在论证过程中,不能离题万里,任意发挥,或者任意变换论题。如果有几个分论点,每个分论点都要与中心论点有联系,要从属于中心论点。所有论证都要围绕中心论点进行。这样读者才能清楚地了解分论点和中心论点。议论文的逻辑性很强,论证必须紧扣中心,首尾一致。

(3)"立"往往要在"破"的基础上进行。在立论的过程中,往往需要提到一些错误的见解和主张,加以否定和反驳,以增加论证的效果。

在议论文体中,"已知的真实判断"就是论据,真实性有待证明的判断就是论点(论题),而论证方式则是将论据和论点联系起来的逻辑形式,它的作用就是从论据的真实性推论出论点的真实性。

(二)驳论

驳论是指就某一事物或者问题发表议论,揭露和反驳别人错误的或反动的言论。驳论需要注意以下三点:

(1)反驳别人的错误言论,一定要对存在的错误作具体分析,特别要注意不能就事论事,说些不痛不痒的话,主要应该揭示错误的性质,分析它的思想根源和危害性,这样才能击中它的要害,使读者认清这种言论为什么是错误的。如果反驳的要点抓得不准,理由讲得含糊不清,对错误的性质又没有揭露出来,这样的驳论就不能以理服人,更不能驳倒错误言论。

（2）一篇驳论所驳的错误论点一般只能有一个，也可以叫作反面的中心论点。在论证过程中，必须始终围绕着这个错误论点来进行反驳，不能任意转移或分散。驳论也要做到紧扣中心，前后一贯，首尾一致，使读者一目了然。

（3）"破"中有"立"，反驳别人的错误言论，就能从中表达自己正确的见解和主张。有时在反驳中还需要把正确的见解和主张明确地提出来，使读者容易明辨是非，更好地达到反驳的目的。

由于议论文是由论点、论据、论证三部分有机构成的，因此驳倒了论据或论证，也就否定了论点，与直接反驳论点具有同样效果。一篇驳论文章可以用几种反驳方式结合起来使用，以加强反驳的力量和说服力。而且驳论与立论经常是相辅相成的，往往是以驳为主，驳中有立。驳论的根本目的是要证实对方论点的虚假性，但在具体反驳时，可以根据对方议论的特点，灵活采取不同的角度和方式，如反驳论点、反驳论据、反驳论证等。

（三）驳论的要求

1. 要以礼待人

驳论是对别人的看法发表不同的意见，即使意见是针锋相对的，也要对事不对人，对于发表对立意见的人要"以礼相待"，不能出语伤人。初学写驳论文章的人爱犯一种毛病，就是感情用事，以骂代驳。他们往往用感情冲动代替冷静分析，在文章中写上"不要脸""恬不知耻""混蛋透顶"之类的话，以为这就是"立场鲜明"，其实这是一种很大的误解。以骂代驳，并不能增加文章的批判力和说服力，并不能对反面论点有所触动，有时候反而会暴露出作者对反面观点的认识不清和无能为力。因此在驳论文章中，应当坚持始终以理服人，不搞"以骂代驳"。

2. 要合情合理

要有分析地对待对立面的意见。一个人说话不可能句句都是谬论，批驳时应肯定对方正确的意见，反驳的只是其确实错误的部分。既要有严肃认真的态度，又不夸大对方的错误。这样进行细致入微的分析，才容易使人心悦诚服。

3. 要以理服人

在驳论时最忌在缺乏分析说理的基础上武断地给对方的意见下结论，自己的看法当然应该坚持，但也不能强词夺理，要留有余地，要有乐于倾听对方意见的讨论式态度。驳论重在分析，不加分析地批驳是没有力度的。

（四）驳论的三种类型

1. 短评式驳论

它篇幅短小，一般只抓住对方错误言论的片言只语进行反驳，但它们体现着驳论文章的基本特点。

2.评论式驳论

它是短评式评论在反驳这一部分(即短评的本论部分)的扩充,即对对方言论进行多方面的反驳。

3.局部式驳论

它是指有些文章从整篇看不是驳论,但在议论中包含着一部分驳论。

第二节 议论文举隅

一、文学评论

中国专门的文学评论作品始于钟嵘的《诗品》,文学理论集大成者是刘勰的《文心雕龙》。特有形式是评点和诗话,如脂砚斋评点《红楼梦》《六一诗话》和《随园诗话》等,特点是抓住直觉,亲切自然,缺点是没有深入剖析,有思辨而无实证逻辑,缺乏体系。近代文学评论借鉴西方的理论,加强了科学性、系统性,始自王国维的《红楼梦评论》和梁启超的文学评论。在现当代文学史上,马克思主义文学评论占据主导地位,鲁迅、矛盾、郭沫若和瞿秋白开创于20世纪二三十年代,毛泽东、周扬和胡风等系统建设于20世纪四五十年代,先向西欧后向苏联等国家借鉴,搬来俄国文学评论家别林斯基和车尔尼雪夫斯基的理论作为文学评论的向导,文学评论作为政治斗争工具的性质被突现。进入20世纪80年代,文学评论空前繁荣,大量介绍和借鉴西方现代派文学理论,吸收自然科学研究方法,在科学化、民族化两个方面得到辩证统一的发展。

(一)文学评论的含义

文学评论,习惯上也被称为文学批评,是指对文学领域中的各种现象或理论进行分析、研究和评价的文章。英语里"批评"一词有"评价""裁判"的意思,我国古代则习惯称之为"论"或"品"。文学评论的写作范围非常广,评论对象包括作家作品、文学理论、文学运动、文学思潮、文学流派等,其中以对文学作品的分析、评价为基本内容。也可评价作者创作的得与失,总结艺术规律,帮助读者提高阅读与鉴赏能力,促进文学艺术事业的发展。

评论和创作相比,自然是创作在前,评论在后。也就是先要有一定的文艺作品,才能"创造一个了解艺术而且能够欣赏美的公众"(参见《马克思恩格斯论艺术》第一卷第207页),并进而有或褒或贬的评论产生。但是,文学评论对于文学创作来说,并不是一面机械的镜子,也不是"诠释""隐索"之类不能离开作品本身而独立存在的附属性文字。一篇好的评论,既要对被评论对象做出公正的评价,又要抓住规律性的问题从理论上进行概括。

(二)文学评论的特点

1. 强烈的针对性

包括明确具体的评论对象和了解广大读者的思想情况两个方面,在此基础上写出来的评论文章,才具有明确的针对性和直接的指导作用,亦即时效性。

2. 较高的理论性

评论,在于通过对具体问题的评述,反映客观事物的本质,表达出一个理论原则。因此,评论时一定要把问题提到理论高度进行分析,这样就可以避免就事论事或只是停留在问题的表象上面,而是使之具有普通的指导意义。

3. 严密的逻辑性

评论除需运用逻辑推理形式而外,还必须做到观点与材料的有机统一,层次清晰,语言准确鲜明,达到以理服人的目的。

(三)文学评论的写作

文学评论的写作大致有四个步骤:阅读——定题——评论——写作。

1. 阅读

阅读对于文学评论来说,是占有材料、调查研究的过程。只有通过阅读,才能为写作打下坚实的基础。从文学评论的写作要求看,阅读既要做到点面结合,又要做到深浅结合。

点面结合的"点",是指作品;"面"是指作家生平、作家其他作品、其他作家的作品等。在这里,作品的阅读是最重要的,这是获得评论权的最重要的依据。只有阅读作品,才能使自己对评论的对象了如指掌,评论时切中要害,避免片面性。所谓深浅结合,是指作品的阅读要深一点,钻得透一点,深到能产生真知灼见为止。为了深入,就要多读几遍。列宁为了对小说《怎么办》进行评论,在一个夏天把这部小说读了五遍,"每一次都在这个作品里发现了一些新的令人激动的思想。"(《列宁论文学艺术》第897页)毛泽东也说过,《红楼梦》要读五遍,不读五遍就没有发言权。这说明,浮光掠影、蜻蜓点水式的阅读是不行的。对于被评论的对象,一定要研究得透彻一些,对作品像对人一样,要知心、知音。而对其他作品和材料的阅读不妨浅一点,浏览一遍,有一个直觉印象即可,否则不能保证深浅结合。

2. 定题

定题,也称为"选题"。就是指在读书、搜集材料的基础上,选择并确定评论的题旨(中心)。

初学写文学评论的人在定题时常出现以下错误:第一种,为评而评,无的放矢。评论者随便拿一篇作品,自己没有明确的目标,未经过认真思考,就去评论。第二种,贪大求全,面面俱到。一开始就写《论×××的小说创作》这样大的题目,往往无从下笔而流于一般、平庸、肤浅。第三种,缺乏新意,拾人牙慧。应该怎样定题呢?要选准作品。

应该选择什么人的哪一篇作品,这是有标准的。标准就是:①作品的价值。一篇作品拿到手,要掂一掂分量,权衡一下,问问自己这个作品有没有价值?值不值得评?②现实的需要。现实的需要指的是国家事业的需要,人民生活的需要,社会发展的需要。凡是现实需要评论的作品,我们作为评论者,就应该负起评论的责任。③个人的专长。选作品要根据自己的爱好、专长来定。也就是说要选自己有所研究的,有把握的、有心得的、能评论的作品来评。尤其是初学评论写作的,更要扬长避短,否则评论起来困难,也不容易评好。

3. 评论

多数评论文章是基于以下五个问题来评论的:

(1)这部作品说些什么?这只涉及作品的一些表面现象。主要应对"谁""什么""何处""何时""为何"和"如何"给予正确的答案。目的在于明确作品所反映的具体内容,并且把作者所经历的与自己所经历的联系起来。

(2)这部作品意味着什么?这是在阐明作品的主题。这种能力只有在阅读和欣赏文学作品有了丰富的经验之后才能具备。要正确评论作品的主题,一般要从内容释义、感觉感情、语言调整、作者意图等四个方面去理解作品。

(3)这部作品是如何表达的?这个问题涉及写作者为了在读者中得到预期反应所运用的技巧。技巧是作者要达到他的目的而使用的手段和工具,对于文学作品来说,除非能够注意并运用这些特殊的技巧,否则读者就不可能充分理解和评价它。评价作品的表达技巧是读者和写作者都会感兴趣的。

(4)这部作品表达得好不好?这一问题是建立在对前三个问题的刻苦研究之上的,是为了公平、正确地评价一部文学作品与读者进行思想感情交流的能力。这种评价在很大程度上是评论者对这部文学作品的个人感受。但是他如果能正确判断作者艺术手法表达的成功程度,对作品的技巧的运用做出应有的评价,将会得到写作者和许多读者的赞同。

(5)这部作品值得创作吗?这个问题是关于作品的价值的。一篇文学评论只有正确地指出作品的认识价值和艺术价值,才称得上是一篇好的文学评论。"使文学作品获得写作价值的,除了带来愉快,扩大知识领域,提供新的见识,促进积极行动,促进对生活有更正确的态度等以外,还有语言的描绘(通过色彩、形状、明暗、场景的描写)、思想、结构或语言的宏伟,历史性(对于另一时间的描述),以及存在于许多散文和诗歌中的韵律。"(威廉·W. 韦斯特《提高写作技能》)

4. 写作

文学评论属于议论文。它必须具有议论文的一般特点,但是由于它是对文学作品发表的评论,所以又不同于其他的议论文。它需要有点文学色彩,这是它的个性。因此,一篇好的文学评论,既要有一般议论文的特点,又要讲究文学性。

(1)要有正确而鲜明的观点(论点)。我们对一篇文学作品发表议论,总要有个基本看法:是好还是坏?抑或是基本上好的还是有欠缺?是基本上不好但尚有某些可取之处?这个基本看法就是文章的中心论点,而这个论点必须是正确的、鲜明的。

(2)要有准确、充分而有说服力的论据。文学评论的论据,主要应从作品的人物、情节和艺术描写中去找,也就是说,要对作品的人物形象、故事情节、艺术描写和语言运用等方面进行深入细致的具体的分析,从而引用足以说明自己论点的材料来作为论据。这些论据一定要准确可靠,不能想当然,更不可曲解,甚或断章取义,攻其一点不及其余。

(3)要运用科学的符合逻辑推理的论证方法。是用归纳法,还是用演绎法,或者是类比法,应深思熟虑。同时还要考虑是写成一篇立论的评论,还是一篇驳论的评论,也需要根据写作目的,从作品实际和读者需要来确定。

(4)要具有文学批评的当代意识,按照文学规律和特性并结合作品进行写作。必须运用学过的文学理论知识、文学史知识、美学知识、语言学和修辞学知识,针对具体作品进行具体分析。否则,在文章中尽讲外行话,或者对文艺作品提出不切实际的要求,这样的评论肯定难以服人。同时文学评论的理论和术语要不断更新,努力使评论的语言既准确、严密,有科学性、理论性,又要鲜明、新颖,有文学性、形象性,要通过语言的运用将评论的理、情、文三者完美地结合起来。

二、杂文

杂文是文艺性的社会论文,它兼有政论、文艺两种因素,但以议论为主。杂文不像一般议论文那样抽象地说理,或者简单地举例说明,而是运用形象化的方法,通过对具体事例的剖析,以比喻、征引、联想、引申、夹叙夹议等手法来阐发深刻的道理。

杂文的题材广泛,内容丰富,篇幅短小,形式灵活。杂感、随笔、短评、札记、书信、日记、编后、序跋、演讲等,都可以成为一篇好的杂文。杂文有如下特点:

1. 短小犀利

杂文通常在三五百字到一千字左右,几千字的很少。它笔墨不多,言简意赅,回味无穷。如蓝翎有一篇《三眼》杂文,其中含有三篇只有二百字左右的小杂文,其中一篇全文如下:

某国人爱送礼物,但又特别吝啬,以漂亮的包装裹极微薄之礼。我收到过一个很精致的礼盒,外缠丝带,打开来看,一层又一层的颜色各不同的软纸,核心处有一折叠的四方物,如巧克力糖块大小,伸展开,竟是一块擦皮鞋布。礼轻情义重嘛!欣然受之。

生活的改善有时向外观倾斜。居室装潢要考究,家具配套要考究,小摆设的陈列要考究,衣着更要考究,一层一层围起来,包起来,很像那个小盒子。而其核心的主人呢?有的倒很像一块用旧了的擦皮鞋布,然而他们却未曾擦亮过别人的皮鞋,还需要帮他们擦干净自身。

作者从一件生活小事写起,把它同某些社会现象加以类比,发掘其共同特点,由表及里地加以引申,虽篇幅短小,却引人深思。

2. 针砭时弊

杂文所论及的问题与现实生活密切相关,针砭时弊是其主要任务。我国杂文的集大成者鲁迅谈到杂文时说:"现在是多么迫切的时候,作者的任务,是在对于有害的事物,立刻给予反响和抗争,是感应的神经,是攻守的手足。潜心于它的鸿篇巨制,为未来的文化设想,固然是很好的,单为现在抗争,却也正是为现在和未来的战斗的作者,因为失掉了现在,也就没有了未来。"(鲁迅《且介亭杂文·序言》,人民文学出版社,1973)正是意识到了这一点,鲁迅的许多杂文往往在事件发生不久即以"迅雷不及掩耳之势",如"匕首",似"投枪",直刺对方要害,使杂文真正成为"感应的神经"。

3. 冷嘲热讽,幽默风趣

杂文常常运用讽刺和幽默的写法,即通过轻松风趣的语言,采用影射、讽喻、双关、夸张、反语等修辞手法,在善意的微笑或无情嘲讽中,揭露生活中的假、恶、丑。应注意两点:其一以歌颂为主的正面说理的杂文,不一定要用讽刺;其二不能滥用讽刺,也不能不看对象乱用讽刺。

4. 说理形象,议论生动

杂文的写作目的是议论说理,就此意义而言,它和一般的议论文并无多大区别。但两者议论的手段却不尽相同。一般的议论文发表观点、阐发道理主要靠严密的逻辑推理、精辟透彻的分析,以"理"服人;而杂文则不同,它虽然也要使人明辨是非、分清善恶,却是借助生动形象的力量,以"象"服人。因此,杂文的说理往往借助典故、笑话、逸闻、神话等内容,通过想象、夸张、比喻、反讽、类比等方法技巧,把形象作为说理的依据,使"理"和"象"有机地融合在一起。如有一篇抨击腐败、反驳"高薪养廉"观点的杂文,把贪官比作贪得无厌、吃饱了还要糟蹋东西的老鼠,把奉行"高薪养廉"的观点比作"老鼠哲学",这种"哲学"的实质就是企图满足贪官的贪欲来消除腐败。文章如下:

> 如今的老鼠让猫给惯坏了,也官僚化了,个个有派头。夜深人静之时,听吧,从不知什么艳窑里爬出来了,"擦擦"地响,似乎走得不快不慢,肯定是一晃一晃的,让你疑心他老先生的肚子一定吃得挺大,也学人脑满肠肥的样子。
>
> ——刘玉敬《老鼠哲学》,《杂文报》,2000年9月8日

文章在刻画了"官鼠"的丑恶形象即贪婪本质后,尖锐地指出"高薪养廉"就如同打开仓门喂鼠一样,其结果是"嗜利之心随聚敛而继长,揽权之欲与威势而剧增",因而是行不通的,文章生动地刻画了现代社会中的"官鼠"形象。由于作者在说理的过

程中处处不忘和其所刻画的形象融会贯通,所以抽象的理论显得妙趣横生,易于接受,而且发人深省。

佳作赏析

[赏析一]

情与理的抉择

常常听到长辈们说:"中国是个人情大国,走到哪儿都得或多或少地讲点人情。"

诚然,中国经历了漫长的"人治"时代,重人情轻道理的观念根深蒂固。也许正因为这样,重人情千百年来逐步形成了一种人的文化、社会的文化,甚至是国家、民族的文化。帝君主身边有宠臣,父母膝下有宠儿爱女,感情的亲疏,确实时时刻刻都在影响着一个人待人接物的态度。俗话说"虎毒不吃儿",身边至亲近的人,当然也是至可信赖的人,这确是无可厚非的,记得在看电影时听到这样一句对白:"中国人和洋鬼子有什么不同?就是中国人有人情味!"这句话我记忆犹新,我常常为自己身为一个中国人,有机会体验人情味这种炎黄子孙所独有的文化而自豪。

但是随着年纪的增长,所学的知识的增多,我对"人情重于道理""不讲人情处处路难行"这些看似实在的论断产生了怀疑。社会上充满了情与理的抉择,我们应该怎样去作出判断?是讲人情,还是重道理?我深切感受到,随着社会的不断发展,感情亲疏不应继续成为正确认知事物的障碍,信奉道理在我这个涉世未深的青年人眼中是应当高于一切的。

最近湖南省掀起了向郑培民同志学习的活动,有记者便专门采访了他的家人。其中,他儿子的一番话令我深有感触。他说:"从小到大,我从来没想过要凭借父亲的职位去帮助自己干什么,走进社会后也没想过靠关系,因为我知道一到了父亲这一关,我肯定是过不了的。"感情亲密,并没影响郑培民清醒地认识到自己是人民的公仆,他没有因为个人利益而抛弃为人民服务的宗旨,依旧踏实勤恳、无私奉献。他们父子的这种高洁情操,在当今社会实属难得。

尽管中国有悠久的"人情大国"的历史,但我坚信,感情亲疏将不会成为我们新一代接班人正确认知事物的障碍!

情与理,并不难做出抉择。虽然把"重人情轻道理"变为"道理高于人情"这条路十分漫长,也将会十分难行,但作为未来社会主人翁的我们,拥有决心,拥有魄力,必定会将这条真理之路走阔、走好!

赏析:本文属议论文写法的一种。开篇分析了中国是个"人情大国"的历史,然后提出人情不应成为正确认识事物的障碍,举了向郑培民同志学习的例子,分析紧扣话题,最后提出自己的呼吁。

[赏析二]

感情与认知

感情,似乎是一种十分缥缈的东西,但它却时时刻刻都存在着,时时刻刻都围绕着我们。亲情、友情、爱情……而我们正是有了感情,生活才更加精彩,我们正是有了感情,才成为了真正意义上的人。

而人在做事时总会受到感情影响。感情是促进人正确认知事物的催化剂,正是有了感情,人对事物的认知欲更强,更能加深对事物的认知,易水河边那位高唱着"风萧萧兮易水寒,壮士一去兮不复还"的荆轲,正是对祖国的感情,使他认知了为国牺牲的意义和人的价值。在那场"没有硝烟"的战役中,我们多少可爱的白衣天使付出了他们宝贵的生命,其中一个就是邓练贤。他说过"选择当医生就选择了奉献",从中我们看到了他对人民、对病人的那一份真挚的感情。正是这一份真挚的感情,促使他勇敢地战斗在"抗非"第一线,在病房里,正是这一份真挚的感情,使他不畏被感染的危险,抢救照顾病人,最终不幸因感染病毒而去世。

可见,在感情的推动下,使人在认识上可达到不惜牺牲的如此高的境界。

但事物总会存在着矛盾的两面,感情既能促进对事物的认识,但同样也能阻碍人对事物的认识。孔明挥泪斩马谡就是一个很好的例子。本来一开始刘备就嘱咐过孔明不能任用马谡,说他"言过其实"。但孔明没听刘备的话,因为孔明与马谡十分要好,马谡甚至视孔明为父,而孔明也对马谡十分赏识,曾多次问他军事。正是孔明与马谡之间的感情,使孔明看不到马谡"言过其实"的一面,最后造成了失街亭的恶果。孔明如此精明之人,也受感情亲疏干扰,以致对事物认知错误。

可见,感情对事物的认知有着不容忽视的作用。它既能起促进作用,又能起阻碍作用。所以,我们在认知事物时,不能"以情用事",要做到冷静客观,这样才能做到不因情误事。

赏析:这篇文章,既论证了感情对认知有积极的作用,也论证了感情会阻碍人对事物的正确认识。由此,提出了人不能"以情用事""因情误事"的号召。文章切合题意,中心突出,内容充实,感情真挚,语言通顺,结构严谨,符合议论文文体要求。

> 视域拓展

咬文嚼字

朱光潜

郭沫若先生的剧本《屈原》里婵娟骂宋玉说："你是没有骨气的文人！"上演时他自己在台下听，嫌这话不够味，想在"没有骨气的"下面加"无耻的"三个字。一位演员提醒他把"是"改为"这"，"你这没有骨气的文人！"就够味了。他觉得这字改得很恰当，他研究这两种语法的强弱不同，以为"你是什么"只是单纯的叙述语，没有更多的意义，有时或许竟会"不是"；"你这什么"便是坚决的判断，而且附带语省略去了。根据这种见解，他把另一文里"你有革命家的风度"一句话改为"你这革命家的风度"（参见《文学创作》第四期郭沫若《札记四则》）。

这是炼字的好例。我们不妨借此把炼字的道理研究一番。那位演员把"是"改为"这"，确是改得好，不过郭先生如果记得《水浒》就会明白一般民众骂人，都用"你这什么"式语法。石秀骂梁中书说："你这与奴才做奴才的奴才！"杨雄醉骂潘巧云说："你这贱人，你这淫妇！你这你这大虫口里流涎！你这你这……"一口气就骂了六个"你这"。看这些实例，"你这什么！"倒不仅是"坚决的判断"，而是带有极端憎恶的惊叹语，表现着强烈的情感。"你是什么"便只是不带情感的判断，纵有情感也不能在文字本身上见出。不过它也不一定就是"单纯的叙述语，没有更多的含义"。《红楼梦》里茗烟骂金荣说："你是个好小子，出来动一动你茗大爷！"这里"你是"含有假定语气，也带"你不是"一点讥刺的意味，如果改成"你这好小子！"神情就完全不对了。从此可知"你这"式语法并非在任何情形之下都比"你是"式语法来得更有力。其次，郭先生援例把"你有革命家的风度"改为"你这革命家的风度"，似乎改得并不很妥。一、"你这"式语法大半表示深恶痛绝，在赞美时便不适宜。二、"是"在逻辑上是连接词（copula），相当于等号；"有"的性质全不同。在"你有革命家的风度"一句中"风度"是动词的宾词；在"你这革命家的风度"中"风度"便变成主词，和"你（的）"平行根本不成一句话。

这番话不免啰唆，但是我们原在咬文嚼字，非这样锱铢必较不可。咬文嚼字有时是一个坏习惯，所以这个成语的含义通常不很好。但是在文学，无论阅读或写作，我们必须有一字不肯放松的谨严。文学借文字表现思想情感；文字上面有含糊，就显得思想还没有透彻，情感还没有凝练。咬文嚼字，在表面上像只是斟酌文字的分量，在实际上就是调整思想和情感。从来没有一句话换一个说法而意味仍完全不变。例如《史记》李广射虎一段："李广见草中石，以为虎而射之，中石没镞，视之，石也。因更复射，终不能入石矣。"这本是一段好文章，王若虚在《史记辨惑》里说它"凡多三石字"，当改为："以为虎而射之，没镞，既知其为石，因更复射，终不能入"或改为："尝见草中有虎，射之,没镞,视之,石也。"在表面上改的似乎简洁些,却实在远不如原文。"见草中石,以为虎"并非"见草中有虎"。原文"视之,石也"有发现错误而惊讶的意味。改为"既知其为石"便失去这意味。原文"终不能复入石矣"有失望而放弃得很斩截的意味,改为"终不能入"便觉索然无味。这种分别稍有文字敏感的人细心玩索一番,自会明白。

一般人根本不了解文字和思想情感的密切关系,以为更改一两个字不过是要文字顺畅些或是漂亮些。其实更动了文字,就同时更动了思想情感,内容和形式是相随而变的。姑举一个人人皆知的实例。韩愈在月夜里听见贾岛吟诗,有"鸟宿池边树,僧推月下门"两句,劝他把"推"字改成"敲"字。这段文字因缘古今传为美谈,于今人要把咬文嚼字的意思说得好听一点,都说"推敲"。古今人也都赞赏"敲"字比"推"字下得好。其实这不仅是文字上的分别,同时也是意境上的分别。"推"固然显得鲁莽一点,但是它表示孤僧步月归寺,门原来是他自己掩的,于今他"推"。他须自掩自推,足见寺里只有他孤零零的一个和尚。在这冷寂的场合,他有兴致出来步月,兴尽而返,独往独来,自在无碍,他也自有一副胸襟气度。"敲"就显得他拘礼些,也就显得寺里有人应门。他仿佛是乘月夜访友,他自己不甘寂寞,那寺里如果不是热闹场合,至少也有一些温暖的人情。比较起来,"敲"的空气没有"推"的那么冷寂。就上句"鸟宿池边树"看来,"推"似乎比"敲"要调和些。"推"可以无声,"敲"就不免剥啄有声,惊起了宿鸟,打破了岑寂,也似乎平添了搅扰。所以我很怀疑韩愈的修改是否真如古今所称赏的那么妥当。究竟哪一种意境是贾岛当时在心里玩索而要表现的,只有他自己知道。如果他想到"推"而下"敲"字,或是想到"敲"而下"推"字,我认为那是不可能的事。所以问题不在"推"字和"敲"字哪一个比较恰当,而在哪一种境界是他当时所要说的而且与全诗调和的。在文字上推敲,骨子里实在是在思想情感上"推敲"。

无论是阅读或写作,字的难处在意义的确定与控制。字有直指的意义,有联想的意义。比如说"烟",它的直指的意义见过燃烧体冒烟的人都会明白,只是它的联想的意义迷离不易捉摸,它可联想到燃烧弹,鸦片烟榻,庙里焚香,"一川烟水","杨柳万条烟","烟光凝而暮山紫","蓝田日暖玉生烟"……种种境界。直指的意义载在字典,有如月轮,明显而确实;联想的意义是文字在历史过程上所累积的种种关系,有如轮外圆晕,晕外霞光,其浓淡大小随人随时随地而各个不同,变化莫测。科学的文字愈限于直指的意义就愈精确,文学的文字有时却必须顾到联想的意义,尤其是在诗方面。直指的意义易用,联想的意义却难用,因为前者是固定的,后者是游离的;前者偏于类型,后者偏于个性。既是游离的,个别的,它就不易控制,而且它可以使意蕴丰富,也可以使意思含糊甚至于支离。比如说苏东坡的《惠山烹小龙团》诗里三四两句"独携天上小团月,来试人间第二泉","天上小团月"是由"小龙团"茶联想起来的,如果你不知道这个关联,原文就简直不通;如果你不了解明月照着泉水和清茶泡在泉水里那一点共同的清沁肺腑的意味,也就失去原文的妙处。这两句诗的妙处就在不即不离若隐若现之中。它比用"惠山泉水泡小龙团茶"一句话来得较丰富,也来得较含混有蕴藉。难处就在于含混中显得丰富。由"独携小龙团,来试惠山泉"变成"独携天上小团月,来试人间第二泉",这是点铁成金。文学之所以为文学就在这一点生发上面。

这是一个善用联想意义的例子。联想意义也最易误用而生流弊。联想起于习惯,习惯老是欢喜走熟路。熟路抵抗力最低,引诱性最大,一人走过,人人就都跟着走,愈走就愈平滑俗滥,没有一点新奇的意味。字被人用得太滥,也是如此。从前做诗文的人都依靠《文料触机》《幼学琼林》《事类统编》之类书籍,要找辞藻典故,都到那里去乞灵。美人都是"柳腰桃面","王嫱""西施",才子都是"学富五车,才高八斗";谈风景必是"春花秋月",叙离别不离"柳岸灞桥";做买卖都有"端木遗风",到现在用铅字排印书籍还是"付梓""杀青"。像这样的例子举不胜举,它们是从前人所谓"套语",我们所谓"滥调"。一件事物发生时立即使你联想到一些套语滥调,而你也就安于套语滥调,毫不斟酌地使用它们,并且自鸣得意。这就是近代文艺心理学家们所说的"套板反应"(stock response)。一个人的心理习惯如果老是倾向"套板反应",他就根本与文艺无缘,因为就作者说,"套板反应"和创造的动机是仇敌;就读者说,它引不起新鲜而真切的情趣。一个作者在用字用词上面离不掉"套板反应",在运思布局上面,甚至于在整个人生态度方面也就难免如此。不过习惯力量的深广非我们意料所及,沿着习惯去做,总比新创较省力,人生来有惰性,常使我们不知不觉地一滑就滑到"套板反应"里去。你如果随便在报章杂志或是尺牍宣言里面挑一段文章来分析,你就会发现那里面的思想情感和语言大半由"套板反应"起来的。韩愈谈他自己做古文,"惟陈言之务去"。这是一句最紧要的教训。语言跟着思想情感走,你不肯用俗滥的语言,自然也就不肯用俗滥的思想情感,你遇事就会朝深一层去想,你的文章也就真正是"作"出来的,不致落入下乘。

以上只是随便举几个实例,说明咬文嚼字的道理。例子举不尽,道理也说不完。我希望读者从这粗枝大叶的讨论中,可以领略运用文字所应有的谨严精神。本着这个精神,他随处留心玩索,无论是阅读或写作,就会逐渐养成创作和欣赏都必需的好习惯。他不能懒,不能粗心,不能受一时兴会所生的幻觉迷惑而轻易自满。文学是艰苦的事,只有刻苦自勉,推陈翻新,时时求思想情感与语文的精练与吻合,他才会逐渐达到艺术的完美。

技能训练

一、专项训练

1.下文选自梁启超的《敬业与乐业》,请找出选文中的论点、论据和论证。

本体的主眼,自然是在"敬"字、"乐"字。但必先有业,才有可敬、可乐的主题,理至易明。所以在讲演正文之前,先要说说有业之必要。

孔子说"饱食终日,无所用心,难矣哉!"又说"群居终日,言不及义,好行小慧,难矣哉!"孔子是一位教育大家,他心目中没有什么人不可教诲,独独对这两种人便摇头叹气说道"难!难!"可见人一生之毛病都有药可医,唯有无业游民,虽大圣人碰着他,也没有办法。

唐朝有一位名僧百丈禅师,他常常用两句格言教育弟子,说道"一日不做事,一日不吃饭"他每日除上堂说法之外,还要自己扫地、擦桌子、洗衣服,直到八十岁,日日如此。也有一回,它的门生想替他服务,把它本日应做的工悄悄地都做了,这位言行相应的老禅师,老实不客气,那一天便绝对地不肯吃饭。

我征引儒门、佛门这两段话,无非证明人人都要有正当职业,人人都要不断地劳作。倘若有人问我:"百行什么为先?万恶什么为首?"我便一点也不迟疑答道:"百行业为先,万恶懒为首。"没有职业的懒人,简直是社会上的蛀米虫,简直是"掠夺别人勤劳结果"的盗贼。我们对于这种人,是要彻底讨伐,万不能容赦的。

2. 从近期的文学评论类刊物中挑选一篇,分析文学评论写作的要求。

3. 提供一句名言、一个社会现象或一个关键词(如:"内卷""躺平""网红""工匠精神""规则""变通"),然后回答问题:

(1)快速提炼出至少3个不同的核心观点(论点),并比较其优劣。

(2)选择一个最佳观点,用一句简洁有力的话陈述出来(中心论点句)。

(3)围绕该观点,列出2~3个支撑性的分论点,分论点之间逻辑清晰,不重复交叉。

4. 寻找一些容易产生歧义或需要深入辨析的核心概念(如:"自由""平等""成功""创新""传统文化"),选择一个概念,写一个200~300字的论述片段,要求如下:

(1)清晰界定你在本文中将使用的概念的具体内涵(是什么?不是什么?)。

(2)阐述你论述该概念的重要前提假设(例如:"经济学"的前提是"人是理性的经济人")。

5. 杂文的篇幅一般较短,内容却"精",且道理说得透彻,语言还浅显生动。阅读下文,看是否符合以上条件?在写法上又有哪些具体特点?

"杂草"精神

陆海空

在一个并没有垒球群众基础的国度,建队历史也不算太长的中国女子垒球队在亚特兰大奥运会上一举闯入决赛,获得银牌,外国朋友伸出大拇指称赞主教练李敏宽"抓起一把黄土就能捏出个金娃娃"。

什么法宝能够使李敏宽如此点土成金呢?这位主教练回答记者采访的一番话是耐人寻味的。他说,中国女子垒球队成立时是一支默默无闻的队伍,物质条件也不好,垒球破了自己缝、球棒断了钉上钉子继续用,球场长了杂草自己拔,但就是这样的困难环境培养出了中国女垒最宝贵的艰苦奋斗好作风，李敏宽称之为"杂草精神"，他说就要像杂草一样，不管人踩车轧，生一点缝隙，有一点空间，都能顽强生长。

讲顽强坚韧、艰苦奋斗，而自比杂草，似乎很少有人这样。我们常听到有一句格言说"是金子总有一天会闪光"，意思是有才能的人要甘于寂寞，坚持不懈。但同样的意思，我觉得还是李敏宽的"杂草精神"讲得更好。杂草的特点是太普遍，太普通，太不起眼，太不需要索取，不用浇水施肥，不用占地争田，只要身在大地，到处都能生长。因为杂草不是毒草，只要它不在农田菜园，不妨碍农作物生长，就到处都有它生长的空间，何况杂草还有它自己的价值，有它不可磨灭的许多作用。杂草可以阻止土地的沙漠化，可以喂肥无数猪牛羊马驴骡，可以制成造纸工业原料，还可以在现代化的繁华都市中成为一种野趣，一种美丽，被人呵护、欣赏。最后即使放火烧荒，它还能作为极好的草木灰去肥田。

平凡而自强、有为，这是杂草的品格。李敏宽和女垒的姑娘们以此共勉，显示出一种可贵的平凡意识和在平凡中追求崇高的价值走向。特别是李敏宽，身为旅日归国华侨，在祖国垒球事业已经改制的时候献出了自己的全部才华，又自己定位于"杂草"，甘当普通劳动者，默默流汗，不讲得失，一干就是二十几年，切实中怀抱着铁马金戈，为国争光的壮烈情怀。这种立足平凡，心系国家的价值观道德观正是社会大多数人所需要的心态与姿态。

相反，个人的道路上如果没有正确的价值观、人生观，不能正确对待组织、对待自己、对待他人，总觉得自己是金子，争名争利，以邻为壑，又无所事事，便难免经不住磨炼，甚至生出一层铜锈。

人生的自我设计，应该学习李敏宽的"杂草"精神，不鄙薄平凡工作，又有理想追求，坚韧不拔，日积月累一定会有收获。所谓"三百六十行，行行出状元"。这样的人多了，我们的国家就会更有希望。

——《文汇报》，1999 年 2 月 17 日

二、综合训练

1. 从以下具有历史纵深感的题目中任选一个，写一篇 1000 字左右的议论文，题目自拟。在论述中，要尝试联系相关的历史事件、思想流派、文化传统，分析其对当下议题的启示、对照或演变，避免简单的"古今对比"，重在挖掘深层的联系与思考。

（1）《从"礼治"到"法治"》

（2）《"士"的精神在当代》

（3）《"天下观"的现代启示》

（4）《科技伦理的历史镜鉴》

2. 选择一部经典著作的核心观点、一个重要的哲学命题或一种传统文化理念（如：孔子的"仁"、庄子的"逍遥"、康德的"人是目的"、启蒙运动的"理性"、可持续发展的理念，等等）。写一篇 1000 字左右的议论文，探讨这一经典思想在当代社会语境

下的新理解、新挑战、新价值或实践路径,避免生搬硬套,重在创造性转化。

3. 人们经常说"开卷有益",不知你想过没有,为什么说开卷有益?开卷有哪些益处?开卷是否都有益?请你针对"开卷有益"这种看法,谈谈你的认识。

(1)全班分成若干小组,分组讨论。

(2)在讨论的基础上写一篇1000字左右的议论文,题目自拟。

(3)论点要鲜明,论证方法得当,结构完整。

导思:这是一篇自拟题目的议论文。如要写好这篇文章,应从以下几方面入手:

(1)先确立一个论点。全文围绕这一论点展开论证。对"开卷有益"这种说法,既不能全盘否定,写驳论文;也不宜全盘肯定,写成立论文。因为这种说法既有它正确的一面,又有它不够全面的地方,所以对这个看法要采取"一分为二"的方法进行分析,只有这样才能对这一说法作出合乎事实的评价,最终达到以理服人的目的。

(2)运用"一分为二"的方法进行分析,要防止陷入自相矛盾的误区:一会儿说开卷有益,一会儿说开卷有害,令人不知所措。为了避免这种现象,文章中还要将二者的联系点明,才算把道理真正说透。

(3)从论证方法看,如果所读的书是坏书,则开卷未必有益,这里可以采取例证法,并辅之以引证法和喻证法,用案例作为事实论据,用名人名言作为理论论据,充分论证读坏书的害处和读好书的益处。在此基础上,再把这两者辩证统一起来,说明我们大学生既要多读书,又要慎重地加以选择、读好书。这样从正反两方面进行论证,就能将问题说得比较全面而深刻,文章也就具有了不可辩驳的逻辑力量。

第十一章 说明文

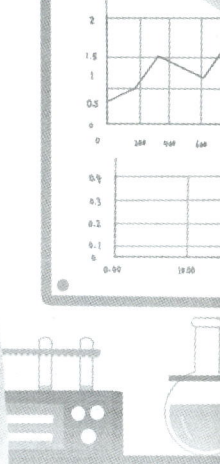

任务导航

1. 说明文的含义和种类。
2. 说明文的结构。
3. 说明文的写作要求。

思政聚焦

1. 认识大国方略、中国成就。
2. 培养爱国情怀和奉献精神。
3. 光明磊落做人,坦坦荡荡做事。

案例导引

说明文三要素

叶圣陶先生在《文章例话》中说:"说明文以'说明白了'为成功。"围绕这个目标,我们写作说明文时应该兼顾说明文的三要素:第一,内容的科学性。如实地反映客观事物,把握事物的特征、本质和规律,给读者以正确无误的认识。第二,说明的条理性。按时间顺序写和记叙文相似;按空间顺序写需注意观察点,注意事物的表里、大小、上下、前后、左右、东南西北等的位置和方向;按逻辑顺序写要注意摸清各部分的内在联系,由表及里,由浅入深,由现象到本质。第三,语言的准确性。表示时间、空间、数量、范围、程度、特征、性质、程序等,都要求准确无误,而且语言简明,说明严密。

第一节　说明文概述

一、说明文的含义

说明文是一种以说明为主要表达方式的文体。所谓"说",就是对某件事物的性质、特点、内容、成因、功用等加以解说;所谓"明",就是在解说时要有条有理、完完整整、清清楚楚地交代明白。"说"是手段,而"明"则是要达到的目的。

与其他文体不同,说明的目的在于让读者有所"知",是为了使读者了解情况,懂得事理,明白因由,知道真伪;记叙的目的则主要使读者有所"感",写作者使用记叙的表达方法,是为了使读者了解事情经过,认识社会,认识生活,得到效益,受到陶冶,从而提高思想感情的境界;议论的目的则在于使读者有所"信",写作者使用议论的表达方法,是为了启发读者,说服读者,教育读者,让读者信服,并据以引导读者得出应有的结论。目的不同,文体特征不同。

作者通过说明文对事物作客观的、冷静的、科学的解释,一般是不发表自己的主张,不确立什么观点,不流露什么感情,也没有过多的描写,只是靠把握写作对象的特征和本质,作如实地介绍、分析和阐述。而议论则不同,它要对事物或问题运用概念、判断进行推理、论证、发表评论,明确地提出自己的主张。记叙也不相同,它偏重于具体反映事物的情况和变化过程,有鲜明的倾向性,形象生动,使人如耳闻目见。这是说明文与其他文体的又一区别。

就以上对比分析可以看出,说明性是说明文的突出特征,同时说明文还具有知识性和实用性的特点。说明文的内容以知识为核心,不管是哪一篇说明文,它的内容不外乎是自然科学知识、社会科学知识。人们日常生活、工作、学习所需要的知识,从宏观世界到微观世界,从基础学科到尖端科学,从奇妙的微生物到人类社会,从石器到电脑,从沙漠到海洋,从地层变化到天体运行……茫茫宇宙,大千世界,无一不是说明文内容所涉足的领域,知识性是说明文写作的出发点,也是它的落脚点。从说明文的社会功用看,它具有广泛的实用价值,如法律条文的撰写,典章制度的编纂,天文历法的修著,生产知识的记录,工作经验的介绍,等等。从卷帙浩繁的百科条目到一种产品的使用说明,说明文的触角,探伸到社会生活、生产的各个领域,起着巨大的作用,是人们交换思想、交流经验、文理学科沟通的桥梁。现实生活充分表明,说明文不是一种无足轻重的文章形式,而是运用范围极为广泛的常用文体。它与人们的生产、工作和生活的关系相当密切,由于社会生活的需要,说明文写作正在大量涌现。

二、说明文的种类

说明文的分类,人们从不同的角度,根据各自的标准,对说明文有不同的分法。

（一）从说明对象的角度划分

从说明对象的角度来分，可以把说明文分为实物说明文、事理说明文和程序说明文。中学教科书里选的文章，如《南州六月荔枝丹》属于实物说明类，《语言的演变》属于事理说明类，而《景泰蓝的制作》则属于程序说明类。实物说明文对某一具体实物进行详细的描述，通过对该物的形状、构造、特点、材质、风格、用途等进行客观、准确的说明。而事理说明则是对某一道理进行详细阐释的问题，将抽象事理的成因、过程、关系、原理等说清楚，让读者既要知其然也要知其所以然，弄清楚事理的本质。但是，由于文章写作目的的不同，有的时候，在一篇说明文中，实物说明文和事理说明文往往会交错使用的。

（二）根据说明文的表现手法划分

根据说明文的表现手法，还可把说明文大体上分为阐释性说明文、述说性说明文、文艺性说明文。到目前为止，这是对说明文进行分类最常用的方法。

阐释性说明文指那些从不同侧面来解说事物、阐释事理的说明性文章。有关历史、地理、物理、化学、动物、植物、科学卫生、语言文艺等方面的知识性文字或教材、科学实验报告、器物使用说明等都属于这一类。如仇春霖的《万紫千红的花》、钱学森的《现代自然科学中的基础科学》、布封的《松鼠》等都属于这类作品。

述说性说明文指通过简述概况或情节来介绍事物的说明性文章。电影、电视剧各戏曲的剧情简介，小说和其他文学作品的内容提要，连环画或某些摄影照片的解说词等都属于这一类。这类文章在报纸杂志上比较常见。

文艺性说明文指那些运用形象化的手法来介绍事物、阐述事理的说明性文章。这是一类文学色彩比较浓厚的说明文，写法生动活泼，富有情趣，多用文艺笔调。作者可以综合运用描写、抒情、记叙等多种表达方式进行写作，并常借助一些修辞方法，形象化地介绍事物或阐述事理，增强文章的艺术价值，使读者在获得知识的同时，还能得到艺术的享受。知识小品（或叫科学小品）、名胜古迹、文物简介等都属于这一类。

一般说来，前两类的写法比较平实，语言简明，内容具体，重在对事物或事理的条分缕析的解说，使人读了就能明白。而后一种则不同，说明事物之余，还呈现出追求文艺之美的旨趣。

总的来说，无论哪类文章的写作，说明都是常用的表达方式，解说事物、阐明事理是其核心宗旨，这也是说明文之所以为说明文的最根本依据。

三、说明文的结构

根据写作需要和写作对象的特点，说明文的写作结构可以从空间顺序、时间顺序和逻辑顺序三个层面拟定。

(一) 空间顺序

说明文的空间顺序就是按照事物的空间方位为顺序来说明事物。具体来说,是把要说明的对象分成若干部分,按照一定的方位,或从左到右,或从上到下,或从内到外一层层地写出来,使读者有一个十分清晰的认识。这种说明顺序适宜于介绍相对静止的事物。静止的事物总是占有一定的空间和相对固定的位置,因此,人们总是按照事物存在的空间方位和自己的观察顺序来依次介绍说明。

按空间顺序说明事物,首先,对所要说明的对象应做深入细致的观察,对其存在的空间方位从整体到局部应了然于胸,这是写好这类文章的基础。其次要确立好立足点。一是定点观察,或俯视,或仰视,或环顾,或远眺,或近观,从不同的方位、角度介绍说明对象。二是转换立足点,从前后左右,上下四方,内外中心来说明事物。因为观察点决定说明事物的层次和顺序,离开了观察点,就无法确定所介绍的事物的空间方位。三是要安排好先后顺序,如由远到近,由内到外,从左到右,从上到下等。只有这样,才能理顺文章脉络层次,把握好篇章结构。按空间顺序来说明事物,除了注意观察点和顺序外,应特别注意正中、背后、两旁、中央、周围、下面等方位词的运用。

(二) 时间顺序

说明文的时间顺序,是指按时间先后安排文章顺序的一种结构形式。下列内容的说明文常常采用时间顺序的结构形式。

1. 说明事物的变化、发展、成长过程

法布尔的《蝉》一文是说明事物的成长过程的,先说明蝉从幼虫到成虫的生长过程,再说明蝉从卵到幼虫的生长过程。就每部分来说,是时间顺序,就全文来说,却是倒叙。之所以这样安排,是为了突出蝉"四年黑暗中的苦工"的生活和引起读者的阅读兴趣。可见以时间为序的说明文,有时为了避免平铺直叙,也可以采用类似叙述中的顺叙、插叙、倒叙的写法。

2. 说明程序

程序说明文包括物品的生产程序和使用程序的说明。这类文章一般以生产、操作流程为序,一道道工序地进行介绍。虽然不一定点明时间,但各道工序有先后关系,所以仍是时间顺序。如《景泰蓝的制作》一文,先后说明了做胎——掐丝——点蓝——打磨——镀金等工序,其中关键的两道工序"掐丝"和"点蓝"分别用了6个和4个自然段,其余几道工序则相对略一些,详略得当,眉目清楚。

3. 介绍人物的传略

介绍人物传略一般要写到以下几个项目:姓名、籍贯、出生(或生卒)年月、经历、成就及特长。其主体部分介绍人物的经历一般以时间为序。

以时间为序说明事物,其优点是线索清楚,条理分明。写这类说明文,常常需要按事物发展变化的阶段将说明内容加以分解,再用简明的语句或词予以概括,以便文章

眉目清楚、层次分明。

(三)逻辑顺序

说明文的逻辑顺序是指按照事物内部的联系来安排文章先后顺序的一种结构形式。事理说明文多用这种结构顺序。其特点,以抽象的事理为说明对象,用抽象、概括性的语言说明事物的内部关系及其规律,事物的科学常识、知识、原理、理论等,也就是诠释事理的"怎么样"和"为什么",使人知其然并能知其所以然。事物内部的逻辑关系包括许多种:

1. 因果关系

《万紫千红的花》一文就使用了这种说明顺序。文章首先摆出花有各种美丽鲜艳的色彩这一现象(也是结果),提出问题,然后用总分的方式分析花色呈万紫千红的原因,这样,条分缕析,由果及因,使读者对花呈万紫千红现象的内部规律有了清楚的认识了解。运用因果结构的好处是说明事物的特征突出、鲜明,说明中心单一,易于被读者理解。

2. 层递关系

竺可桢的《向沙漠进军》便是这种结构。文章围绕向沙漠进军这个中心,由浅入深,层层推进。首先说明沙漠对人类的严重危害,揭示为什么要向沙漠进军。然后说明怎样向沙漠进军,从抵御、进攻说到利用。最后说明向沙漠进军的前途。

3. 主次关系

《大自然的语言》一文在说明物候现象来临的决定因素时,就是运用先主后次的顺序介绍的。在北半球,南热北寒是普遍现象,所以纬度是最主要的因素,应首先讲;经度是第二位因素,对临海地区有普遍意义,所以放在第二段讲;"高下的差异"是第三位的因素,因其普遍意义不如前两项,所以放在第三段讲;至于古今差异,它不是物候来临的主要因素,只是不可忽略的一个方面,所以最后讲。这种主次顺序,既突出重点,又兼顾一般,符合事物的认识规律和人们的思维习惯,易于接受。

4. 总分关系

叶圣陶的《苏州园林》一文,首先总说苏州各园林的共同特征:务必使游览者无论站在哪一个点上,眼前总是一幅完美的图画。然后分项说明亭台轩榭的布局美,假山池沼的配合美,花草树木的映衬美,近景远景的层次美,角落配置的构图美,门窗雕镂的图案美,以及色彩调配的色彩美。这样总分说明,既使人了解了整个苏州园林的艺术特点,对苏州园林有全面具体的了解,又不感到笼统、空泛。总分结构能反映事物总体的综合特点和这个事物的各个方面的特点的关系。和总分结构相关的还有分总结构及总分总结构。

5. 并列关系

这样结构的好处是序列分明,排列整齐,给人印象清晰。如说明《新华字典》的功用,由于其功用是多方面的,如正音、正义、辩词、改正错别字等,这些功用又无主次之分,是并列关系,所以适于采用并列结构。

6. 相关关系

利用相关关系安排说明文结构,可以显示事物或事理内部关系的连贯性,从而使读者对说明对象的内部联系有深入的了解。《看云识天气》一文,在列举各种云同天气变化的关系时,就说明了这些云相互转化的情况。如说卷云"成群成行地排列"就成了卷积云;卷积云聚集起来就是卷层云;卷层云"慢慢向前推进""越来越低""越来越厚",就成了高层云;高层云最后"压得更低""变得更厚",就成了雨层云。这种相关顺序的说明,使人一目了然地了解了各种云彩形成变化的原因和特点,从而易于去寻求天气变化的规律。事物特点和功用的关系也是相关关系。《奇特的激光》便是这种结构。

按逻辑顺序说明事物,要求对事物进行深入的分析和研究。要由浅入深,由表及里地掌握事物的本质规律,摸清各部分的内在联系,然后灵活运用各种说明方法,以由浅入深为原则,来安排说明的具体顺序,以体现事物的本质和内在联系,即逻辑规律。

四、说明文的写作要求

说明文和其他文章的写作一样,首先必须明确写作意图,就是说要确立文章中心,中心明确,这样文章才有了灵魂;其次,就是要充分占有写作材料,力求做到言之有物、言之有序,这样文章的内容才充实。除了这些一般性的要求之外,说明文的写作还有特有的要求。

(一)抓住事物特征,把握说明指要

要说明一个事物,确定它之所以为此事物而不是别的事物的根本标志,就是事物的特征。任何事物都具有自身的质的规定性,写说明文只有抓住事物的特征,才能把被说明的事物准确清晰地介绍给读者,让人们对事物有确切的了解。事物往往有多方面的特征,尤其是一些复杂的事物,而一篇文章可以介绍的内容有限,不可能面面俱到,所以一定要选择事物的精华和关键,提纲挈领地进行说明。因此,要写好说明文,必须把握说明指要。如《漫话圆周率》是一篇介绍数学基础的说明文。文章题为"漫话",并没有漫无边际地随意堆砌关于圆周率的材料,而是围绕求出圆周率的更精确的数值这个中心,向人们介绍了古今中外数学家对圆周率的数值所做的贡献。

抓住事物特点,把握说明指要,这是写说明文的一个重要要求,要做到这一点,写作者必须在写作前对被说明的事物做深入细致的观察和研究。观察,必须认真、仔细、全面,这是发现、抓住并说明事物特征的前提。还可以进行比较,有纵向比较,如现在和过去相比;有横向比较,如此物与彼物相比。通过比较,事物的特征就突显出来了。对于事物说明文来讲,还要通过调查资料、向人请教等途径弄清事理。只要善于观察

研究，就能把握特征。同是建筑，有的以雄伟著称，有的以精巧见长，有的简朴自然，有的典雅华丽；同是动物，有的凶猛，有的温驯。这些都是可以通过观察来把握的。如要写一篇介绍水的说明文，就必须介绍水是一种什么物质、水的种类和形态、水的重要性等。要做到这一点，必须观察研究，知道水是由氢、氧组成的无色无味的透明液体，随着温度的变化而呈固态、液态和气态，水是人民生活和工农业生产必不可少的物质。只有熟悉被说明的事物，认识并掌握被说明事物本身的规律性，才能做到这一点。

（二）选好写作角度，合理安排顺序

说明文的目的是向读者介绍事物，让读者了解事物，要达到这样的目的，就要针对读者选取合适的写作角度。比如，介绍牛的知识，如果是为饲养者写的，要侧重介绍牛的生活习惯和特性；如果是为使用者写的，要侧重介绍牛的功能和力气；如果是为兽医写的，则主要介绍它的身体构造；如果是为食用者写的，可以主要介绍它的营养价值。读者的知识水平、职业特点和年龄大小等因素对文章的写作角度和总体布局有直接的影响。《中国石拱桥》是我国桥梁专家茅以升介绍中国石拱桥的名篇，就题目涵盖的内容而言，可以从石拱桥的发展历史、建筑原理、建筑工艺等诸多角度来写，每一角度都可写成一篇价值不菲的学术论文，甚至是学术专著，但考虑到科普性文章读者专业知识和个人兴趣方面的局限，作者仅用了不足两千字的篇幅简明扼要地介绍有关石拱桥的知识。文章开头两段先概括了石拱桥的特点，让读者对石拱桥获得一个总的认识，紧接着就择取了中国石拱桥历史上的两颗明珠——河北省赵县的赵州桥和北京附近的卢沟桥加以浓笔介绍，这样，读者对石拱桥就有了具体深入的了解，很好地达到了传播科学知识的目的。

（三）语言准确简明，文字通俗浅显

选用准确的语言，精当地解说事物的事理，是说明文语言的基本要求。说明文是以介绍知识性内容为主的，只有如实反映被说明内容的客观情况，才能保证知识的科学性。相反，语言不准确就会失去知识的科学性。如有一篇说明文写道："一只蜻蜓一昼夜可以吃2400只蚊子。"2400只蚊子聚在一起，比蜻蜓的身体要大许多倍，这显然是不可能的。这个差错是怎样产生的呢？原来据统计，蜻蜓一小时可吃蚊子50只到100只。1小时吃100只，1天吃24小时，当然要吃2400只了。作者的乘法计算是无误的，却忽略了蜻蜓不可能在一天24小时之内一会儿不停地吃蚊子，这就闹出了笑话。所以，语言的精确性是写说明文必须要遵守的，稍有差错，会失之毫厘，谬之千里。

明代学者徐光启笔译古数学家欧几里得的《几何原理》，其中的一节：

凡论度必始于一体。自点引之而为线，自线广之而为面，自面积之而为体，各自三大纲。是心有长而无阔者谓之线，有长与阔而无厚者谓之面，长与阔厚俱全者谓之体。唯点无长阔厚薄，其间不能容，不可以数度，然线之两端即点，而线面体皆由此生。点

虽不入于数，实为从数之本。

这节解说数学基本概念的说明文，把什么是点、线、面、体，以及点与数度的联系和区别，作了确切的阐释，语言很精当。

此外，在说明文中往往有些内容是带有专门化的科学知识，涉及一些专门名词和专业术语，在说明中特别要求把它们运用得准确无误，使读者便于领会。如"航空"与"航天"是两个不同的概念，有篇文章作了这样的解说："飞机在大气层内飞行，称为航空；卫星、飞船在大气层外飞行，称为航天。它们是采用不同的飞行器在不同的空间来完成飞行任务的。"这种解说是十分准确的，使人对什么叫"航空"、什么叫"航天"得到了科学的了解。

说明文的语言必须简要精当。请看竺可桢《大自然的语言》中对"物候"的说明：

几千年来，劳动人民注意了草木荣枯、候鸟去来等自然现象同气候的关系，据以安排农事。杏花开了，就好像大自然在传语要赶快耕地；桃花开了，又好像在暗示要赶快种谷子。布谷鸟开始唱歌，劳动人民懂得它在唱什么："阿公阿婆，割麦插禾。"这样看来，花香鸟语，草长莺飞，都是大自然的语言。

这些自然现象，我国古代劳动人民称它为物候。物候知识在我国起源很早。古代流传下来的许多农谚就包含了丰富的物候知识。到了近代，利用物候知识来研究农业生产，已经发展为一门科学，就是物候学。物候学记录植物的生长荣枯，动物的养育往来，如桃花开、燕子来等自然现象，从而了解随着时节推移的气候变化和这种变化对动植物的影响。

这段说明文对物候的名称、现象和应用进行了完整的说明，紧扣"物候"的自然现象，科学地介绍了气候和自然的关系，语言平实简洁。

在准确的前提下，说明的语言有的以平实见长，有的以生动活泼见长。按照美学的原理，和谐的就是美的，最合适的就是最好的。准确的基础之上到底平实为宜还是生动见佳，要因说明对象、说明目的、作者的个人风格不同而各显其长，因物而异，因需而异。在阐释性说明文和述说性说明文中，语言以平实为佳，而影视解说词和知识小品这些文艺性说明文，则可用风格多样的语言。如《洲际导弹自述》，文章用拟人化手法把洲际导弹问世、分类、构造、特点及其威力和弱点都解说得十分清楚，文章把它赋予假定的人类行为，读起来生动风趣，易于理解。为了把说明文写得生动活泼、通俗易懂，人们常常运用各种修辞手法，增强文章的形象性、趣味性。总之，只要能达到把专门化的科学知识解说清楚的目的，多种风格的语言都可以使用。

第二节 说明文举隅

一、解说词

解说词在现代社会的应用非常广泛,是一种重要语言形态。它可以很好地向人们阐述社会生活、自然风光、人文景观等,也可以表明创作意图,阐明主题思想、阐释精神风貌、传递情感信息等。

(一)解说词的含义

解说词,就是口头解释说明的词。它通过对事物的准确描述、词语的渲染来感染观众或听众,使其了解事物的来龙去脉和意义,收到很好的宣传效果。在进行产品展览、文物陈列、书画展览、标本说明、园林介绍、影剧解说、人物介绍时都要运用解说词。

解说词往往是配合实物、图画或音响所作的文字或说明,有补充视觉和听觉的作用。对实物进行解说,如人物图片、产品展览、文物陈列、园林胜迹等,以准确、简洁的语言,对实物的基本特点、本质属性作必要的介绍和解释,让人获得正确、完整的认识;对画面进行解说,其解说的对象是静态或动态的画面,如以科技、新闻、风光为内容的电影、电视片、美术作品等,这类解说词着重解说画面所包含的内容和意义,把无声的画面和有声的语言结合起来,对听众的听觉起到补充作用。对音响进行解说,其解说对象是具有内涵的音响,主要指电影录音剪辑、广播剧的插说及音乐作品的介绍等。这类解说词则把较为抽象的音响转化为具体可感的形象画面,补充了听众的视觉,让他们了解影剧的内容和意义,领会音乐的意境。

解说词是供群众听的,通过语言的表达来宣传和教育群众,为此要求读起来上口、听起来顺耳。另外,解说词是对实物、形象和音响的解说,以实物、形象和音响为写作依据,起着启承和转合的作用。全篇结构不苛求严谨,段落之间不苛求紧扣。这种文体不是干巴巴的说明和说教,而是通过形象的语言对实物进行描绘,文艺性很强。从某种角度上看,它是说明和诗词的结合。一篇好的解说词,就是一首感人的诗词。

(二)解说词的特点

1. 指要突出

指要就是解说时应该把握事物的要点。如何简洁、准确地把握说明事物之"要",对于解说词的写作有着十分重要的意义。尤其是一些比较复杂的事物,需要介绍的内容多,范围广,要在篇幅短小的解说词中把它们介绍给读者或观众,就不能面面俱到,一定要选择事物的精华与关键,提纲挈领地进行,而不能枝节旁出,混淆中心。如下面的一段解说词:

在吃的法则里,风味重于一切。中国人从来没有把自己束缚在一张乏味的食品清单上。人们怀着对食物的理解,在不断的尝试中寻求着转化的灵感。位于云南红河地区的建水古城,古称临安。是一个多民族的聚居地,各种文化的掺杂形成了特有的氛围和格局。建水最著名的大板井旁,女人们单靠手指的合作,就构建起一条豆腐的流水线。始建于明代初期的大板井,直径达到惊人的三米,几百年后依然不失活力。中国人相信,水能滋养人的灵性和觉悟。这一点就仿佛水对豆腐的塑造。两者间有一种不可言喻的共通。姚贵文和王翠华围绕着豆腐的生活清淡辛苦。丈夫最大的愿望是能够去远方的大湖钓鱼,虽然他从来没有钓过鱼。在这对夫妇眼里,每一颗豆腐都很珍贵。它们能够帮助自己供养子女,过幸福安稳的生活。九月下旬,乌珠穆沁草原已经褪去了绿色。孟克和家人抓紧时间,赶在严冬之前进行最后的出场放牧。奶茶是早餐中永远的主角。砖茶、黄油、炒米,以及鲜奶是一锅奶茶的重要内容。奶豆腐是几天前做的。草原上的人离不开奶茶和奶豆腐。无法靠蔬菜和水果来补充的维生素和矿物质,都可以从这里获得。一直向南,几千公里外的云南,几乎是同样的情形。白族人家用相似的手法转化这里的牛奶。乳扇被晾到院敞里风干,像是挂起了巨大的风铃。这种远隔万里的默契,或许要追溯到蒙古人开疆拓土的年代。在800多年前,忽必烈时期的蒙古人远征到云南。定居至此的蒙古人也带来了遥远家乡的奶食味道。他们不会想到,这种转化的手法一直被流传下来,生机勃勃。

——《舌尖上的中国》第一季第3集《转化的灵感》

这段解说词要解说的中心事物是风味食物,但是怎么把看似各有特色、不同地域的风味写在一起,就要突出指要,本文选取的指要就是"转化"这一共通之处。无论是"围绕着豆腐的生活清淡辛苦",抑或是用来补充的维生素和矿物质草原的奶茶和奶豆腐,还是白族风干了的乳扇,都脱离了自然食材的本来面貌,借由人们转化的灵感成为一道道传统的美食,而转化的却不仅仅是美食,更是人们繁衍生息的生活。

2. 内容扩引

内容扩引就是对客观事物进行说明时,在内容上作必要的增补和扩充。解说词总是紧扣事物加以解说的,但是在介绍某一事物时,往往需要从内容上进行某种扩引,起到增补、扩充的作用,从而帮助观众进一步理解画面或实物本身难以直接表达的含义。这与画蛇添足所导致的内容庞杂是完全不同的概念。解说词所扩引的内容大致有两类:

一是知识的扩引。解说词在解说实物或画面时,经常需要增补一些从实物和画面本身难以直接了解到的知识。外国有一本《水结晶写真集》,是研究在不同环境下水所形成的形态各异的结晶规律。那一张张色彩绚丽的水结晶照片,如果不对其所形成的背景,如洁净的泉水、下水道水、受不同音乐演奏影响的水、地震后的水等进行补充说明,读者就只能停留在照片本身结晶造型的欣赏上而已。有了明确的背景知识说明，人们对画面所呈现的独特含义及其环境因素对水结晶形状的影响规律，就会得出明确的结论。环境因素对人的生命质量的影响，可以说是举足轻重。再如电视系列片《话说长江》解说词，其中有这么一段话：

在以前的地理教科书里，说长江的长度是五千多公里，近几年来，经过我国科学工作者千辛万苦的实地勘测，获得了比较确切的数据——长江的实际长度是六千三百八十多公里。从长度来讲，除南美洲的亚马孙河和非洲的尼罗河外，长江就是世界上当之无愧的第三大河了。

在电视屏幕上，我们只看到滚滚东流的长江壮观，但看不出长江的实际长度。经过解说词的介绍，才知道长江是世界第三大河，这就是解说词对画面的知识扩引。

二是情理的扩引。解说词除了对画面进行明晰的解说外，有时为了揭示画面的深意，给人以启迪，或者为了加深观众的感受，引起共鸣，往往在解说画面的同时，插入一些精辟的议论，或者熔铸某种感情。例如《舌尖上的中国》系列专题片立足于中国饮食，却渗透着中国的文化和人情。

中国人的饮食文化，往往附带有独特的价值观，千百年来，食甚至成了中国人体悟世界的方式，我们用饮食借指生活，我们尝试，我们分享，我们趣味，抑或我们吃苦，饮食与生活的界限模糊而又圆融，不论在世界的哪个地方，如果一个中国人跟你说起对食物的敬重与虔诚，他往往说的是他的生活。

中国人的生活是有温度的，中国人的命运更是有味道的，酸甜苦辣咸，从来不仅仅是舌尖上的那一份触感，更是对生活的投射和体悟。我们从来不愿分清饮食与人生的界限，就像二者生来就该圆融贯通，百味杂陈。命运的盛宴不期而遇，我们需要做的仅仅是尝试与回味。

——《舌尖上的中国》第三季第5集《食》

这些充满感情、融入生活的语言，很快地把观众的身心带入了中国人温暖的生活和生活的味道之中，在观众达到一定情感满足的基础之上，获得丰富的知识。不仅完成了解说的任务，而且很好地达到了以情动人的目的。

3. 条理清晰

解说词的目的是帮助人们清楚地认识某种事物，只有有条理的语言，把实物或画面的含义及其有关内容解说清楚，使观众或读者一听就明白，一读就清楚，才能对实物或画面真正起到解释说明作用。

清晰的条理，需要准确地把握事物之间的关系，物与物之间有并列关系、先后关系，按照一定的关系来安排解说词的层次结构，自然容易使文字明晰而有条理。如

《越剧简介》解说词：

  越剧的前身，是20世纪初流传于浙江嵊县一带的小型演唱班子，它以山歌小调为基础，人称"小歌班"或"的笃班"。至30年代，它又演变为全是女子演出。到30年代末，"女子戏文"较多地流进城市，到十里洋场上海者更是络绎不绝。1938年以后，这朵来自浙江的山乡之花，正式被冠以"越剧"之称。抗日战争时期，该剧种在浙东敌后根据地曾进行过改革。同时，上海越剧界袁雪芬等人对越剧从内容到形式作了大胆的革新，使之逐渐发展成为编剧、导演、演员、音乐、舞美等比较完整的综合性较强的舞台艺术。新中国成立后，越剧很快流行全国。50年代起，恢复了男女合演，涌现了一批才华横溢的男演员。今天，越剧经历了几番风雨，再度焕发生机，一批新生力量正在崛起。这朵人民喜爱的艺术之花，必将愈益绚丽夺目。

  这篇解说词就是按照越剧发展的时间顺序，从20世纪初的生根发芽，介绍到今天的开花结果，历经一个世纪，其发展演变的内在脉络与历史阶段性是十分清晰的。

  解说词的层次安排，一般是由解说对象决定的。属于实物解说类的，可按照陈列顺序、实物结构、地理位置、历史意义等顺序来解说；属于画面解说类的，可按照画面的流动、场面的转移、镜头的变换来讲解；属于音响解说类的，可按照剧情发展进程和音乐的形式特点及乐章次序来介绍。

4. 语言通俗

  解说词是对形象、画面或音响的补充，目的是通过语言表达来宣传和教育群众。因为受众的知识水平和理解能力有差异，解说词的语言最好选择大多数人都能理解和接受的通俗易懂的风格。如解说词《观星亭》：

  武侯祠前现矗立的就是结构精美的观星亭。你看它六角十二柱，双层飞檐翘角，古色古香。传说刘备在白帝城托孤的时候，诸葛亮曾在这里夜观"星象"，"观星亭"因而得名。诸葛亮确实是两到白帝城，一次是随刘备入川，一次是刘备托孤。但诸葛亮究竟在这里观过星象没有呢？我看谁也说不清楚。

  这里我想向大家介绍的是观星亭石桌底座石上刻的八首诗。这八首诗就是唐代大诗人杜甫于公元776年秋在我们白帝城所写的著名诗篇《秋兴八首》。他以身居夔州，北望长安为主题，第一首写长江的秋景和思归的愁闷；二首写长江的晚景和自己向往长安的心情；三首写自身遭遇的感慨；四首是叹息长安的时局；五首向往长安的宫阙；六首向往长安曲江；七首向往长安昆明地；八首向往长安美陂等地。杜诗注意比兴，借景生情，托物寓意，讲究平仄，极尽变化之能事。

  我们游览白帝城，坐在诸葛亮夜观星象的观星亭中，品味杜甫的《秋兴八首》，吟咏那"无边落木萧萧下，不尽长江滚滚来"的诗句，真是别有一番情趣。

这段解说词用"你看它""传说""我看""这里""我想"等日常口语的表达方式,增强了与听众之间的沟通和交流,使听众很容易随着解说深化对景物的观赏和对其历史渊源知识的接受,达到了良好的解说效果。

(三)解说词写作的要求

1. 研究解说对象,把握解说指要

写解说词,要明确所要写的问题,如实反映客观事物的特点,紧扣事物加以解说。这就要求写作者细致观察、认真研究、熟悉被解说的客观事物。

在解说词的写作中,把握指要性的原则可以从以下几方面去考虑:

第一,介绍说明事物时,要把最能体现客观事物本质特征的内容介绍出来。譬如,对人物的介绍,应该着重介绍他的主要经历与功过得失。对园林胜迹的介绍,应着重介绍它的价值与历史意义。对新产品的介绍,则应着重介绍它的性能和优点等。只有抓住解说对象的主要特点,才能使参观者或使用者看后感到有收获。

第二,选择观众和读者需要了解的内容加以解说。因为写作解说词的目的,是帮助人们认识被解说的事物,人们想要知道的内容,往往也就是事物的关键所在。如对博物馆或文物陈列室里的展品,参观者总是比较关心它们是哪个朝代的?于何处何时出土?有什么与众不同的地方?这是认识、估量展品价值的重要依据,自然也应该是解说词所应显示的重点、要点。

第三,解说词内容的重点、要点有时还得根据某一宗旨而定。因为同样的一个事物,往往可以从不同角度进行观察、鉴赏或评估,而撰写解说词也总得有具体的目的。写作目的不同,解说词所选择的重点、要点也不一样。

2. 依照对象特点,选择结构方式,按一定的条理进行写作

写作解说词要根据对象的特点,按照实物陈列的顺序或画面的推移顺序安排层次、布局结构,做到明晰而有序。

解说词的结构分为标题、前言、主体、结尾四部分。其中标题必须能高度概括所要解说事物的内容。如《沉睡地下两千一百年的奇迹——秦始皇兵马俑》《河南——功夫的摇篮》等,解说词的内容一目了然。当然,也有用比喻暗示主题的,如《街上没有流行色》《情定黄土地》等。

前言是对所展示的事实、事物与人物活动的发展、意义、价值、背景的总概括。其内容可用平实的文字表达,也可用诗化的语言描述。纪录片《西藏的诱惑》的前言部分,就是很好的诗化前言的例子:

西藏的诱惑,不仅因为它的历史,它的地理,更因为:西藏,是一种境界。
我向你走来,捧着一颗真心,走向西藏的高天大地,走向苍凉与奔放。

> 我向你走来,捧着一路风尘,走向西藏的山魂水魄,走向神秘与辉煌。
>
> 令人神往的西藏啊,多少人向你走来,——因为"西藏的诱惑",因为那条绵延的雪域之路;
>
> 令人神往的西藏啊,多少人向你走来,——因为"西藏的诱惑",因为神奇的西藏之光……
>
> 像旭日诱惑晨曦,像星星诱惑黎明。西藏对人的诱惑,那样强烈,那样不可遏止。对具有献身精神的艺术家来说,像蓝天诱惑雄鹰。
>
> 像山野诱惑春风,像草原诱惑骏马,西藏对人的诱惑,那样巨大,那样难以摆脱。对敢于追寻的艺术家来说,像大海诱惑江河。

这段文字读起来像一篇抒情诗,让人在领略西藏神秘的同时,感受到语言的无穷魅力,获得情感的诗性抒发。这样的解说词,把抽象的西藏气质和形象的文学很好地结合起来,为赞颂投身西藏建设工作者们的奉献精神埋下伏笔。

解说词的正文是对实物、画面和音响的具体解说,是解说词的重点,因此合理安排正文结构就显得尤其重要。一般来讲,正文的结构方式可以分为以下三种:

(1)环式横向结构。即各部分内容之间具有相对独立性,为并列关系。每一实物或画面有一段文字说明,为一节段;各节段之间用标题或空行表示,分节分段,节段明显。一些动植物标本、产品展览、体育动作图及文物古迹的解说多用此结构。

(2)线式纵向结构。即以时间先后或内在思路为线索安排实物或画面,各部分之间层层相连,体现出明显的时间先后关系。一些科技影视片介绍动植物生长培育过程,一些影视剧、音乐作品的解说按剧情发展、音乐冲突安排各部分次序,都属线式纵向结构。

(3)逻辑种属结构。即以一个总的观念为中心统摄材料,所有材料都围绕中心,按它们之间总分、因果等逻辑关系安排结构。

结语可以总结一下对所解说事物的总的感受,也可以归纳主题,还可以提出要求或发出号召等。有时结语部分可以省略。

3.文字务求简洁,手法灵活多样

解说词是一种解说对象的文字辅助形式,要力求内容简短,文字简练。人们参观展览会、陈列馆或游览园林胜迹,往往处在不断流动的状态中,他们总是边走边看,停下来听或读解说词的时间较短暂。因此,解说词必须写得简洁、明晰,才能使人一目了然,印象鲜明。影视和音响的解说词因为需要与画面或音响同步,密切吻合,更应写得精练。但精练并不等于苍白,精彩的语言,能给人以丰富的联想和情感的冲击,耐人寻味,这主要靠语言的修辞。写作时可以借鉴文学作品的创作手法,使语言更加精练、含蓄、优美动听,洋溢着诗情画意。同时还可以适当地选用一些精辟的警句、格言和幽默诙谐的语言,启发和丰富听众的想象,使人感到新鲜、活泼,留下深刻的印象。如纪录片《新丝绸之路》解说词之《生与死的楼兰(2)》中的节选：

> 阵阵狂风为轰鸣的马达声伴奏。罗布荒原的气候反复无常，季风大有提前到来的征兆。因此在这里做任何事情，其实就是与残酷的环境进行的一场战斗。
>
> 经过数天的努力，沙土之中的墓葬渐渐露出了端倪。队员们小心翼翼地用毛刷清扫着沙土，有时甚至不敢使用工具，只能用嘴去吹。因为所有的人在付出巨大的体力劳动的同时，也要精心地呵护着这座小沙山。
>
> 暮色将至，斜阳透过裸露的小河墓地，给考古队那几座冒着淡淡的炊烟的灰色帐篷披上了余晖。当队员们再次进入梦乡时，古人已经离他们很近了。

这段解说词运用了拟人的修辞手法，让自然的狂风"知趣"地为人类机械的马达声伴奏，让枯燥的野外考古工作更加灵动，并借由人们的探索，揭开尘封的历史面纱。

为了增强解说效果，解说词的写作还要调动多种表现手法。可以将说明与抒情相结合，也可将说明与议论相结合；还可以通过描写的手法，使人如身临其境，如见其景。

一般地说，食物展览、旅游景点简介、介绍科技知识的影视片的解说，多用散文形式，以说明和描写为主，用较简明平实的语言加以介绍；而以人物、风光、艺术等为内容的画面解说和音响解说，则可多强调一下语言的文学性，不仅可用叙述、议论，还可适当运用描写、抒情来进行讲解。

▶▶ 二、知识小品

（一）知识小品的含义

知识小品又称科学小品，它是我国特有的一种科技文艺文体。凡是运用文学手法来说明具体事物或抽象事理的说明文，都可归属于知识小品。因为它承担着介绍一定科学知识的任务，主要要用到说明这种表达方式，可以说属于说明文的范围；同时，文章中又传达出写作者对科学知识这种特殊生活内容的感受、见解、体验和在科学生活中的喜怒哀乐，因而又可以归入散文的范畴。可见，科学小品属于一种跨类作品，兼有两种文体类型的特征和性质。但作为科学知识的载体，特别是作为科技新动态的载体，知识小品无论在发表的速度还是发表数量方面都不如不注重文学表现的科普短文。科普短文的长处是直截了当。直截了当和随之而来的快捷，是大众传媒需要的两种重要品质。虽然如此，知识小品仍有其不可替代的价值。知识小品和科普短文的主体都是科学，但知识小品是美文，和诗歌、戏剧、小说相比，散文小品的长处是善于兼容逻辑抽象思维与艺术形象思维，融叙事、议论、抒情于一炉，故能舒卷自如，更便于游弋于科学与文学两个领域之间。简言之，知识小品的文学功能表现在两个方面，一在窥视科学的素质和科学内含的趣味,二在发现科学与社会、生活、文化、人生的联系。这样来说,知识小品这种文体的定位就明确了。

(二)知识小品的特点

作为一种边缘性文体,知识小品将自然科学、现实生活、社会科学联为一体,融说理、抒情于一体,同时兼有杂文的犀利、论文的深刻、散文的情致、随笔的轻松、诗的醇郁。所以一篇好的科学小品,在较小的篇幅里有很大的容量,有立体感和纵深感,令人"俯而读,仰而思""执卷流连,若难遽别"。

1. 知识丰富,思想深刻

普及科学知识是知识小品的主要使命之一,不断发展的自然科学和社会科学为知识小品提供了无限广阔的创作空间。花草树木,鸟兽虫鱼,人类社会发展,以及现代科学技术的创新发明,无不是知识小品的表现内容。但知识小品作为一种特殊的文体,在介绍科学知识之余,还承担着一定的社会使命。它常常通过对细小事理的阐发,引申出一点耐人寻味的哲学道理,给人以启示,发人深省。如丰子恺的《沙坪的美酒》,文章对沙坪的酒的口感与绍兴酒做了对比,其中这样写道:

沙坪的酒,当然远不及杭州上海的绍兴酒。然而"使人醺醺而不醉",这重要条件是具足了的。人家都讲究好酒,我却不大关心。有的朋友把从上海坐飞机来的真正"陈绍"送我。其酒固然比沙坪的酒气味清香些,上口舒适些;但其效果也不过是"醺醺而不醉"。在抗战期间,请绍酒坐飞机,与请洋狗坐飞机有相似的意义。这意义所给人的不快,早已抵销了其气味的清香与上口的舒适了。我与其吃这种绍酒,宁愿吃沙坪的渝酒。

"醉翁之意不在酒",这真是善于吃酒的人说的至理名言。我抗战期间在沙坪小屋中的晚酌,正是"意不在酒"。我借饮酒作为一天的慰劳,又作为家庭聚会的一种助兴品。在我看来,晚餐是一天的大团圆。我的工作完毕了;读书的、办公的孩子们都回来了;家离市远,访客不再光临;下文是休息和睡眠,时间尽可从容了。若是这大团圆的晚餐只有饭菜而没有酒,则不能延长时间,匆匆地把肚皮吃饱就散场,未免太少兴趣。所以我的晚酌,意不在酒,是要借饮酒来延长晚餐的时间,增加晚餐的兴味。

这篇文章借写山花、茅台而引出"渝酒",再将白酒和黄酒的口感作对比,引出后文的"吃酒是为兴味,为享乐"的人生旨趣;将"渝酒"与抗日期间坐飞机来的真正"陈绍"作对比,讽刺了不思国难、沉迷于口福之欲的情况,并表明自己宁吃"渝酒"共度国难的态度、突出体现了知识小品融知识性与思想性于一身的写作特点。

2. 内容精确,情趣盎然

科学知识本身要求精确无误,否则就违反了知识的严密性、科学性。知识小品介绍的都是经过严密考证、经得起推敲的知识。它常常把握住现实生活中的某一事物或现象,用正确的理论,去进行科学、严正的解释,纠正常识错误,从而使读者通过具体的事例,了解世界万物变化、运动等规律。同时,也要求知识小品的行文表述准确精当。精确的知识和语言,并不能局限小品文创作的自由和乐趣。由于知识小品是读者面相当广泛的"大众化食品",为使读者准确把握较深奥的知识,写作者都注意到用深入浅出、趣味盎然的介绍来吸引读者,寓精确性于趣味性之中,使读者既读得懂,又读得有趣。如《狗年话犬》中有这么一段:

俗话说"狗眼看人低"。其实,从科学的角度来看,狗眼未必看人低。狗眼中的视锥细胞较少,因此狗眼中世界的色彩非常单调,不像人类眼中的世界那样五彩缤纷。但狗眼中的杆状细胞较多,所以在昏暗的环境下,它的视力出奇地好,看到的东西远比人眼能看到的多,也清楚得多。另外,静止的物体不容易引起狗的察觉,它擅长捕捉运动的物体,可以在一公里以外看到一只挥动的手。

这段话本是对狗视力知识的介绍说明,主要采用了科学准确的语言风格。可文章一开头就用了一句俗语"狗眼看人低",引用俗语切入内容主题,增加了情趣,使文章显得轻松活泼,拉近了与读者的距离,这样就能达到更好的阅读效果。再如《死海不死》中开头写道"死海"的"死"与"不死":

在亚洲西部,巴勒斯坦和约旦交界处,有一个"死海"。远远望去,死海的波涛此起彼伏,无边无际。但是,谁能想到,如此浩荡的海水中竟没有鱼虾、水草,甚至连海边也寸草不生。这大概就是"死海"得名的原因吧。

然而,令人惊叹的是,人们在这无鱼无草的海水里,竟能自由游弋;即使是不会游泳的人,也总是浮在水面上,不用担心会被淹死。真是"死海不死"。

这段对"死海"的描写,采用对比的手法,围绕死海的"死"与"不死"展开说明,先说死海的"死"——"没有鱼虾、水草,甚至连海边也寸草不生",再说死海的"不死"——人不会被淹死,巨大的反差引起人们的阅读兴趣。

3. 篇幅短小,文艺性强

知识小品是科普创作中的轻骑兵。它的篇幅短小精悍,多为千字左右的文章,很方便读者阅读。有些科普文章篇幅也很短,两者的区别就在于知识小品的文学笔法。世界上没有枯燥的科学,只有枯燥的叙述。知识小品避免了教科书式的平板、枯燥的说教,以优美的画面、富于诗意的形象的艺术手法,来表达科学的内容,使读者在接受知识传递的同时,感受到心灵的颤动和精神的提升。如贾祖璋所著《生物学碎锦》一书中的一篇说明文《花儿为什么这样红》:

花朵的红色是热情的色彩,它强烈,奔放,激动,令人精神振奋。万紫千红的春天,活力充沛,生气蓬勃。花儿为什么这样红?人们一边赞叹,一边不免提出疑问,寻求科学的解释。

花儿为什么这样红?首先有它的物质基础。不论是红花还是红叶,它们的细胞液里都含有由葡萄糖变成的花青素。当细胞液是酸性的时,花青素呈现红色,酸性愈强,颜色愈红。细胞液是碱性时,花青素呈现蓝色,碱性较强,就成为蓝黑色,如墨菊、黑牡丹等便是。而当细胞液是中性时,则呈紫色。万紫千红,红蓝交辉,都是花青素在不同的酸碱反应中所显示出来的。

…………

花儿为什么这样红?还需要用物理学原理来解释。太阳光经过三棱镜或水滴的折射,会分成红、橙、黄、绿、青、蓝、紫七种颜色。这七种颜色的光波长短不同,红光波长,紫光波短。酸性的花青素会把红色的长光波反射出来,送到我们的眼帘,我们便感觉到是鲜艳的红花。同样,中性的花青素反射紫色的光波,碱性的花青素反射蓝色的光波,胡萝卜素有不同的成分,便分别反射黄色光波或橙色光波。白花不含色素,但组织里面含有空气,会把光波全部反射出来。有的花瓣,表面有较多的细微而排列整齐的玻璃球似的突起,看起来好像丝绒,能够像金刚石那样强烈地反射光线,色彩就更为鲜艳,如某些月季花就是。

花儿为什么这样红?还有它生理上的需要。光波长短不同,所含热量也不同:红、橙、黄光波长,含热量多;蓝、紫光波短,含热量少。花的组织,尤其是花瓣,一般都比较柔嫩。在野生状态,红、橙、黄花都生长在阳光强烈的地方,反射了含热量多的长光波,不致引起灼伤,有保护的作用。蓝花都生长在树林下、草丛间,反射短光波,吸收微弱的含热量多的长光波,对它的生理作用有利。白花也多阴性植物,有些夜间开放,反射了全部的光波,是另一种适应措施。自然界少有黑色的花,只有少数的花偶然有黑色的斑点,因为黑色吸收全部的光波,热量过多,容易受到伤害。

花儿为什么这样红?从进化的观点来考察,它有一个发展的过程。裸子植物的花是原始的形态,都带绿色,而花药和花粉则呈黄色。在光谱里面,与绿色邻接的,长波一端是黄、橙和红,短波一端是青、蓝和紫。我们可以说,花色以绿色为起点,向长波一端发展,由黄而橙,最后出现红色;向短波一端发展,是蓝色和紫色。红色应是最晚出现的花色,在进化途程中居于顶峰,最鲜艳,最耀眼。

花儿为什么这样红?从达尔文的自然选择学说来看,昆虫起了到重要的作用。亿万年前,裸子植物在地球上出现的时候,昆虫还不多。花色素淡,传粉授精,依靠风力,全部是风媒花。后来出现了被子植物,昆虫也繁生起来。被子植物的花有了花被,更分化为花萼和花冠(花被和花冠通称花瓣)。花瓣不再是绿色,而是比较显眼的黄色、白色或其他颜色。形状也大了,有的生有蜜腺,分泌蜜汁,有的散发芳香,这就成为虫媒花。"蜂争粉蕊蝶分香",昆虫给花完成传粉授精的作用。

……

花儿为什么这样红?最后要归功于人工选择。自然选择进程缓慢,需要很长时间才能显示它的作用。人工选择大大加快了它的进程,能够在较短时间内取得显著成果。例如牡丹,由自然选择费了亿万年造成野生原种,花是单瓣的,花色也只有粉红的一种。经过人工栽培,仅就北宋中叶(11世纪)那个时候来说吧,几十年功夫就有单瓣创造出多叶、千叶(重瓣)、楼子(花心突起)、并蒂等额中不同姿态;由粉红创造出深红、肉红、紫色、墨紫、黄色、白色等各种美丽色彩。再如大丽花,原产墨西哥,只有八个红色花瓣。人工栽培的历史仅仅二三百年,却已有千种形状、颜色不同的品种。又如虞美人,经过培养,已有红、黄、橙、白各种颜色却没有出现过蓝色。上一世纪末,美国的著名园艺育种家浦班克,发现一株花瓣上好似有一层迷雾的虞美人,特意培养,到本世纪初,便育成了各种深浅不同的蓝色虞美人,为花卉园艺添加了新的品种。

花儿这样红,是大自然的杰作,更加是人工培育的成果。

在这段文字中,作者用了大量的数据和对比来阐释说明"花儿为什么这样红"?体现了人类对自然的不断探索改造的过程。作者从物质基础、物理学原理、生理需要、进化论、自然选择学说以及人工选择几个方面综合阐释了花儿色彩斑斓的原因。全文自然流畅,文学与科学达到了很好的融合。语言表述形象鲜明,使得这篇说明文充满了感情,增强了文章的趣味性,体现出一名学者博大深沉的心胸,从而赋予文章深刻的思想性。

(三)知识小品写作的要求

知识小品具有小品文的共同特性。小品文写作的自由随意,是知识小品文写作的最基本特色。这种随意性首先体现在材料的选择运用上。它可以一种动植物为谈论对象,以一种科学常识、科学原理作为写作客体;也可以发表对一系列科学事物的见解和感受。知识小品在传播知识时,还应尽可能表现某种积极的思想、正确的主张、进取的精神、人生的体验等。因此,写作知识小品应根据内容特点正确立意,并通过生动有趣的表述,自然而然地表现出来,使读者既获得知识,又受到教育启发。基于以上对知识小品的认识,对写作者提出以下建议:

1. 积累生活经验,提高科学和文学修养

知识小品不仅深入浅出地解说科学知识,而且还结合自然现象介绍科研新成果或讲述自己对某一现象的新发现新认识。因此,要写好知识小品,离不开对生活的细致入微的观察,深入的调查研究和思考,以发现事物规律,揭示大自然的奥秘。知识小品的知识,当然还要取之于书本。写作者只有多阅读、多积累,才能为写作知识小品打下深厚的基础。同时,要加强对文学写作技巧的学习,这是写好知识小品的必备条件。

只有积累了广泛的、深刻的科学知识,掌握了丰富多样的写作技巧,才能在写作中左右逢源,得心应手。

2. 从小处着手,融入丰富内蕴

知识小品的谋篇布局很重要,一般应从小处着手。因其篇幅短小、言简意丰,写作者在运思时,既要想到短,又要想到博;既要广录杂取,又要集中凝练,这是两组对立的矛盾。要解决好这一矛盾,就需要从小处、细处着想,选用新颖的材料,突出重点,做到小中见大,略中见丰。构思一篇知识小品,要几经反复,找准切入点,多思多想,才能完成。或是从某一自然现象的一个侧面入手,开掘出启人智慧、发人深思的科学原理;或是巧妙开篇,自然引申,从人们容易忽略、不易觉察的事物和现象中表现自己独到的见解。如贾祖璋的《萤火虫》,从乡村田野的萤火虫入手,写到了幼年儿歌中的萤火虫,然后写到古书上"野草化虫"的传说,再自然过渡到对萤火虫种类和生理原理的科学介绍上,结尾又以"因了萤火虫我记着了遭遇旱灾的故乡了。祝福我辛苦的邻人们,应该有一条生路可走"作为文章的结尾。其中包含了丰富的知识和感情,让人读之既有知识的收获,又有美感的体验,还有情感的触动。

3. 语言生动,表达形象

知识小品面对的是广大的读者,他们职业、文化水平不同,兴趣爱好不同,要向他们普及科学知识,就必须把文章写得深入浅出,生动有趣,富有吸引力。即使是比较深奥的知识,也要尽量避免专业性很强的名词术语和行话,力求用浅显易懂的语言,生动有趣的说明方法,向读者作通俗的介绍。要使知识小品写得浅显有趣,除了上文谈到的精心选题,能吸引读者外,主要应在语言表达上、说明方法的选择上巧用心思,多下功夫。

科学上的许多概念、术语、原理,如果原封不动地搬进知识小品文中,读者就会感到枯燥难懂,而善于运用比喻,就会觉得浅显有趣。如原载初中语文第二册的知识小品《看云识天气》要向读者介绍云的形态、光彩的变化同天气变化的关系。云虽常见,但一般人要科学地分辨它却不容易,于是作者在文章中大量使用比喻说明:卷云丝丝缕缕漂浮着,"有时像一片白色的羽毛,有时像一块洁白的绫纱";卷积云成群成行地排列在空中,"好像微风吹过水面引起的鳞波";积云一朵朵分散着,"像棉花团似的";高积云远远望去,"就像草原上雪白的羊群"等。作者用这些贴切的比喻代替枯燥的科学术语,使说明通俗、形象,易于被读者理解。

知识小品是用轻松愉快、浅显易懂的文学笔调来撰写富有趣味的科学知识,它既因严格的科学内容而有别于文学体裁,又以优美的文笔深入浅出地表达科学内容而有别于一般科普读物,所以要做到生动形象、饶有趣味,以增强其表现力与感染力。这样,读者才会在浑然不觉中被作者感染和启发。与其他说明文种相比,知识小品的形象化表述还力求做到:

(1)表现形式丰富多彩。知识小品的体裁有故事式、漫画式、传记式、报道式、揭谜式、对话式、自述式等。

（2）表达方法多样。知识小品表现手法多种多样，如悬念、烘托、白描、比喻、拟人、排比等都常常用到；从表达方式上看，既可有流畅的叙述、形象的描绘，又可用精辟的议论、真挚的抒情等。但是，值得注意的是，知识小品虽然文学色彩很浓，它与允许虚构的科幻小说、科学童话等有严格的区别。前者以客观、准确地介绍科学为己任，而后者虽有科学凭借，但却依靠幻想和虚构来塑造艺术形象。有的知识小品虽然有一定的抒情色彩，但它们毕竟与借景抒情、托物寓意的散文不同。写知识小品的目的绝不是抒发感情和发表议论，而是传播科学知识。过多的抒情、议论，只会喧宾夺主，损伤知识小品的客观性。

（3）语言生动，富有形象性。知识小品的语言是生动的、富有形象性的文学语言。写作知识小品，多以优美的、简洁明快的、通俗活泼的文笔传授科学知识，用轻松有趣的笔调讲述深奥枯燥的科学原理，做到浅显而有趣。创造诗一般的意境，给人以美的享受。

▶▶ 佳作赏析

追寻永乐大钟

赵致真

每当辞旧迎新和特殊庆典时刻，欢乐的中国人总忘不了隆重敲响那口最珍爱的永乐大钟。激越、磅礴、沉雄、嘹亮，带着恍若天外的神秘感和历史深处的沧桑感，一声声覆盖百里京华。这时候，四面八方的吉祥喜庆之声便有了庄严的领奏。

多么令人生敬又令人生畏的一口大钟。它诞生在岁月的另一端。五百八十多年前，以派遣郑和下西洋和编纂《永乐大典》而昭彰史册的明成祖朱棣，为炫耀自己的文治武功，并为迁都北京肇基定鼎，下令铸造了这口无与伦比的大钟。它既是朝钟，又是佛钟。遥想当年这座庞然大物轰然响起的时候，曾经以何等摄人心魄的威严，诏告着皇权显赫与皇恩浩荡，也宣示着神权至上和佛法无边。悠悠五个世纪过去了。今天，我们肃然仰望这个形貌苍古的明代孑遗，仍然仿佛看到一个巨大而苍莽的惊叹号，沉沉垂挂在天地之间！

对永乐大钟的关注和考察似乎一直是历史学家和诗人的事，后来才有不少科技工作者开始染指其间。诚然，永乐大钟是明代人文景象的直接映射和重要索引，但却更是十四世纪中国科学技术登峰造极的经典之作，是五百八十年前冶金、铸造、力学、声学等各项技术整体水平的真实物证。通过这口大钟展示的"谜面"，我们可以猜出五个世纪前科学技术发展状况的许多"谜底"。

通高6.75米，口外径3.3米，重46.5吨，上下各处厚度变化有致，洋洋23万字经文铸满了钟体内外。如此巨大的尺寸和重量，如此精美的质地和工艺，即使五百年后的当代铸造技术，面对美仑美奂的永乐大钟也不能不深深鞠躬。

经过反复研究和考证，科学工作者已经能清晰描述当年铸造大钟的方法和过程。这是初创于两千多年前商周时代的陶范法。到了明代能工巧匠手中早已成为驾轻就熟、炉火纯青的工艺。他们营造了一个壮观而宏大的场面：在地上挖出十米见方的深坑巨穴，先按设计好的大钟模型，分七节制出供铸造使用的外范，低温阴干，焙烧成陶。再根据钟体不同断面的半径和厚度设计车刮板模，做出大钟的内范。当七个陶制外圈依次对接如七级浮屠之状时，浑然一体的大钟外范便拼装成功了。

这是天衣无缝的操作，纤毫之隙，分厘之差便会引起"跑火"，招致全盘失败。为了承受浇铸的压力并确保足够的强度，外范四周无疑是用泥土填满并层层夯实的。钟钮旁边四处不易觉察的疤痕，泄露了四个浇铸口的准确位置。我们看到了最典型的雨淋式浇铸法：几十座熔炉沿四条槽道排开，炉内大火流金，铜汁鼎沸；地坑里内外模范同时高温预热。当蓄满炉膛的万斛金汤相率奔泻而出后，这口万钧大钟便一气呵成了。回望此情此景，五百年前的手工作坊式生产，分明已经透出了近代大工业的规模和气概。

冷却又是一道致命的工序。坑内是一团没有熄灭的地火和流焰，必须控制冷却速度防止钟体炸裂。世界著名的俄罗斯大钟就因冷却过程中的闪失出现裂纹，结果沦为一口哑钟。而孕育永乐大钟的地坑此时是一个天然的自动冷却系统。可以想象当年劳苦的工匠们付出了多少精心呵护，才能确保永乐大钟在平安降温中平安降生。

如果把大钟看作一个瓜或者果，那么，这个称为蒲牢的东西便是它的蒂或者把了。蒲牢是佛教中的名称，原义是龙爪。它也的确像龙的爪子，一把将大钟紧紧抓住。蒲牢作为承重的钟钮，中间巧妙地加进了钢芯。它是事先用失蜡法铸好，放在内范外范之间预留的位置上，一起经过高温预热，然后浇进钟体的。它和大钟的融合看上去无缝无隙、浑然天成，胜过任何一种焊接。薄牢生根般的四个末端一律膨大成球状，确保大钟吊起后永远不会拔出和滑脱。

最为举世罕见和引人惊叹的奇迹，莫过于将二十三万多字的佛教经文和咒语上上下下、里里外外铸满了大钟的每一寸表面了。也许是对夺取皇位中杀伐过多生出了悔意，也许因战胜所有敌手后反倒厌倦了人间的纷争而皈依佛门，明成祖晚年潜心撰写《诸佛世尊如来菩萨尊者神僧名经》凡四十卷，二十万言。其中前二十卷十万字便刊登在永乐大钟不朽的版面上。钟上的铸字还有许多其他汉文佛经和梵文佛咒。有学者猜测，明成祖铸钟的初始动机便是为了给自己的呕心沥血之作寻找一个永恒的载体，以教化众生和流传百世。照这样看，经文和钟体便相当于灵与肉的关系了。也许这是最诘屈聱牙和枯燥乏味的文章，但二十三万字的版面，安排得如此匀称整齐，从头至尾绝无空白，又一字不多一字不少，真要经过一番精心的运筹和计算。据说是大书法家沈度率京中名士先在宣纸上把经文写就，然后用朱砂反印到钟模上，再由工匠雕刻成凹陷的阴文。剩下的事，便是以火为笔，以铜为墨，将这光洁挺秀、见棱见角的二十三万金字一挥而就了。

从大钟顶部一个微小的砂眼中取出一个微小的金属颗粒；从大钟底部不显眼的边缘刮掉一点金属粉末。化学定量分析结果表明，大钟上下部位的成分是均匀而一致的：铜80.54%；锡16.41%；铅1.12%；锌0.22%……也许为了提高身价，增添吉祥并加强抗锈蚀能力，大钟内还检出了0.03%的金和0.04%的银。青铜的机械性能曲线显示，当含锡量在15%至17%时，抗拉强度达最高值，声学性能也达到最佳状态。是谁为大钟的合金开出了这样高明的化学处方？几十只不同的熔炉如何让共同煎出的这副金属羹汤保持成分一致？我们不由陷入深深的遐想。

研究大钟的悬挂无疑是另一个有趣的课题。永乐大钟1420年前后从铸钟厂竣工，首先运到汉经厂，万历年间移至万寿寺，清乾隆年间又搬迁到觉生寺。可见古人在没有大型机械的年代，已经有足够的知识和办法对付万有引力了。此处，46.5吨的巨大重量是通过正反两个U形铜卡互相衔接交付给木质大梁来承担的。每当游人仰视这个感觉上最薄弱的环节，常常不免生出阵阵疑惑和担心：那根锁定两个铜卡的销钉何等纤细小巧，只有6.6公分宽，14.3公分高，怎能担负得了如此万钧之任呢？

还是科学家出面回答了这个问题。他们发现古代设计者为了既提高强度，又保持悬挂部位外观的色泽一致，在销钉中也横穿了一根钢芯。或者说，这是一根外面包了青铜的钢钉。根据所受剪应力计算，其安全系数为8.2，远远超过了当代飞机上材料强度的安全系数。有人还进一步做出动态计算，销钉可承受的钟体摆动速度为每秒15.4米。即使将大钟倒竖着举起，再任其自由落下做加速运动，也不会将销钉挣断。至于坚实的木梁和微微内倾的支柱，更是经过几百年多次强烈地震的严酷考验而纹丝不动。古人竟创造了这样简单廉价又万无一失的支撑系统！

我们欣赏一颗钻石众多的棱面时，自然不会忘记它主面上熠熠的光芒。永乐大钟作为一个发声装置，它最根本的功能和终极的输出无疑是钟声。归根结底，应该以钟声的品质来鉴别技术成就的高低。在这方面，五百年间已有无数诗文对永乐大钟天下独美的音响作过精采描述。而科学工作者用的却是另一种语言。快速傅里叶变换法，旋转薄壳体有限元分析法，一记钟声如同一束白光通过牛顿的棱镜，频谱上出现了众多的分音。钟体在几何形状大致固定的情况下，单靠厚度的变化就能带来极为丰富的泛音。厚厚的钟唇是高音E3的主要震源，钟腰的厚度变化则送出了C3、A3分音。这是不同乐音奏出的和弦，是众多溪流汇成的洪波。永乐大钟铸成后，由于通体都是经文，根本不可能通过机械刮削来调音，但却一次性达到如此音响效果，这的确是俗手不办的事。由于差频现象和各分音在大气中衰减程度不一，便出现了钟声的抑扬起伏和各处听到的音调略有不同。重击一次，钟声持续时间可达三分钟之久。最后绕梁不绝的余音是最低的基音，难怪总带着庄严的嗡嗡之声了。

做一天和尚撞一天钟的成语,描述了中国古钟的鸣响不同于西方使用钟舌从内壁敲击,而是用钟杵从外壁碰撞。永乐大钟当年供六个僧人集体操作。一击之下,声闻数十里。钟口正下方八角形地槽既能提供仰观大钟内壁经文的方便,更具有今天舞台前面乐池的声学功能。这里处处都有匠心和巧思,正是诸多的智慧,共同将十四世纪东方的黄钟大吕之音塑造得无比和谐、圆满而丰盈。

至今还不断有研究者报告永乐大钟考察中的新发现和新问题。诸如机械能转化为声能的效率和声场分布状况如何;永乐大帝的《名经》不按正常顺序排版,却三进两出从外壁反复转到内壁,是否反映了古人独特的时空观念……永乐大钟作为五百年前一个庞大的存在,一定还会携带着许多尚未发现的信息,等待后人去诠释和破译。

我们也许不免带上了几分怀旧之情。五百八十年间,听过钟声的人们一代代谢世了。而大钟却顽健如初,钟声依旧。它有足够的寿命来和时间抗衡。这是跨越时空,轰鸣千古的不朽之音。它满载着一个时代蓬勃的生命信号,永远传递着人文的光辉和科学的火薪。

赏析:这是电视专题片《追寻永乐大钟》的解说词。影视专题片的解说词是一种文艺性较强的说明性文体,它可以综合运用多种表达方式,用艺术的手法把抽象枯燥的知识介绍给观众。作为对画面的补充,这篇解说词不仅扩引了丰富的历史知识,更突出的是从情理的角度扩引内容,使得文章质实而丰盈,读之兴味盎然,闻之心灵激荡。文章从永乐大钟的历史渊源入手,首先奠定了整个文章的笔调和情绪,然后以大钟的铸造方法和过程为主线,对大钟的外部形态、物理结构、悬挂方式、声音原理等进行系统地解说。行文过程中,抒情性文字时时闪现。开头一段诗意盎然的文字,把人带入雄壮而苍凉的钟声里,历史的沉重让人肃然起敬,永乐大钟就在这样的气氛中出场。全文的讲解都是在这种庄严肃穆之中进行的,疑惑也好,惊叹也罢,都被这一旷世杰作的风采所掩盖。而结尾在回顾历史的同时,展望未来,突出了时间的纵深感,让人感受到历史和时间的巨大能量。作者紧紧抓住永乐大钟身上深重的历史感进行创作,寻求与观众内心的情感共鸣。它不仅达到了介绍永乐大钟的目的,而且让人进行了一次难忘的时空之旅,获得了情感的满足。

视域拓展

[**拓展一**]电视专题片解说词是一种文艺性较强的解说词,它是对电视画面内容的文字解释和说明。如果我们把电视画面比作红花,那么解说词就是绿叶了,再好的画面就如同漂亮的花一样,没有绿叶的陪衬也会失色不少。要写好电视片解说词,应从以下三方面做起和努力:

(1)对采访对象的翔实了解、深入体验是写好解说词的前提;

(2)融入真挚情感、表达真诚的内心世界是写好解说词的关键;

(3)扎实的文字功底和文学艺术修养是写好解说词的根本。

[拓展二]"科学小品"的历史渊源:我国科学小品的萌芽,可以上溯到先秦,至南朝的郦道元,北宋的苏轼、沈括,明代的徐霞客、王圻,以至清代的小说家蒲松龄,更已有独立成篇、足以传世的科学小品。而"科学小品"这一名称却是到了现代才提出的。1934年9月20日,陈望道在他主编的小品文半月刊《太白》创刊号上,通过发表周建人、贾祖璋、顾均正、刘薰宇的4篇科学小品,建立了"科学小品"专栏。作为散文小品的一个分支(也是科普写作的一个分支)的科学小品,从此有了正式的命名。

[拓展三]小品,原为佛教术语。在中国始于晋代。《释氏辨空》云:"详者为大品,略者为小品。"所谓"略者"是指佛教译本中的简本。后被借用到散文创作领域,凡是形式短小、意味隽永的散文均称之为"小品",以区别于长篇大论或芜词满篇的文章。

[拓展四]现代小品文的发展:它在现代散文中最先发达,受到英法随笔的重大影响,结合中国传统小品特别是明清小品,产生出许多流派,不仅本身蔚为大观,而且影响到各种散文体式,如鲁迅的杂文就脱胎于小品文。而现代大部分的作家都参与了小品文的创作。鲁迅认为"五四运动"后"散文小品的成功,几乎在小说戏曲和诗歌之上。"林语堂甚至说:"十四年来中国现代文学唯一之成功,小品文之成功也。"

技能训练

一、专项训练

1. 说明训练顺序

以"如何制作一杯手冲咖啡"为题,要求使用时间顺序(流程说明)结构,结合步骤分解和连接词(首先、随后、最终)完成说明文,400字左右。

2. 对比说明训练方法

以"纸质书与电子书"为对象,从阅读体验、环保性、使用场景三方面进行对比说明,要求使用作比较、分类别的说明方法,300字左右。

3. 定义与特征说明训练

以"人工智能"为对象,先下定义,再从技术原理、应用领域、社会影响三方面展开说明,要求语言简洁且逻辑清晰,400字左右。

4. 文学性说明训练

以"萤火虫的发光奥秘"为题,结合拟人、比喻等手法,在保持科学性的前提下增强文章趣味性,500字左右。

5. 问题结构训练

围绕"为什么垃圾分类至关重要",设计"现状—问题—解决方案"三段式结构,每段以提问开头,层层递进地说明。

二、综合训练

1. 跨学科说明

以"敦煌莫高窟壁画保护"为主题,综合艺术、化学、环境科学知识,说明保护技术的原理与难点,要求结构完整(总分总)。

2. 调查报告格式说明

假设你调查了某社区"老年人智能手机使用现状",整合数据、案例和访谈内容,写一篇说明文,需包含问题归纳与建议。

3. 文化现象阐释

选择"汉服复兴"现象,从历史渊源、现代演变、社会意义三方面说明,要求引用古籍记载与当代数据。

4. 应急指南创作

撰写"台风应急避险指南",结合流程图、分点说明注意事项,语言需简洁明了,适合大众阅读。

5. 说明文+议论文融合

以"转基因食品的安全性"为题,先客观说明技术原理,再结合争议观点表达理性建议,要求区分事实与观点,800字左右。

6. 说明文专题写作

(1)请为你的大学写一篇关于校庆的校园专题宣传片解说词。

(2)端午节是中华民族重要的传统节日,请写一篇关于端午节的小品文。

第十二章 文学体裁（上）

任务导航

1. 文学体裁的含义及分类。
2. 诗歌的含义、分类、特征及写作要求。
3. 散文的含义、分类、特征及写作要求。

思政聚焦

1. 认识中国文化成就，增强文化自信。
2. 培养与时俱进和开拓创新精神。
3. 培养爱国情怀和诚信品质。

案例导引

文学必须紧扣时代心弦

在当代著名作家张炜看来，"文学家""作家"，都是极高的一种称谓，包含了深邃的内容，如果认为自己是一位作家，那么对待读者和文字就要相当严格。"文学不是粗陋的故事，更不是啦啦队员的口号和歌唱。文学没有那么廉价，因为它不是什么一般的社会分工和专业，不是职业，而只能是生命、自由、尊严之类的代名词。"

即便在数字化、碎片化、物质主义和商业主义的时代，文学也都是"传统"的，是一条延续下来的河流或道路，割断了这种联系的写作者是没有的。在张炜看来，文学写作没有传统和非传统之别，只有优劣之分，杰出的文学必须具有强烈的现代性，必须是先锋的。但这并不意味着它是对于一个时期某些时髦的模仿，它必须是紧扣时代心弦的东西，有现代和前沿的精神气质。

第一节　文学体裁概述

　　姿态各异的文学体裁，构成了生动丰富的文学形态，它们表现出不同的内容、形式、风格，同时也相应产生出不同的美感效果。深入认识、分析和把握文学作品体裁的特点，是学习和进行文学创作的重要内容之一。在古今中外的文学史上，出现了各种各样的文学体裁，因此，对文学体裁进行科学的分类，并探讨不同文学体裁的创作规律，有利于文学创作与欣赏。

一、文学体裁的含义

　　文学作品的体裁又称文体、体制、文学样式，是由形象塑造的不同方式、语言运用及结构布局等因素有机综合而呈现出作品的外部形态，是文学作品构成形式的要素之一。因此，文学作品的体裁也可以看作文学作品内容的具体存在方式。

　　任何文学作品的思想内容都要通过一定的体裁来表现，没有体裁的作品是不存在的。社会的发展、文化科技水平的提高使文学作品的内容在逐渐发生变化，同时也促使文学作品的体裁样式发生变化。某些特定的文学体裁，是同人类历史发展的特定阶段相适应的（如神话只存在于人类历史发展的早期阶段）。但同时文学体裁作为文学作品的形式要素之一，其本身具有相对独立性，因此在文学发展的漫长历史中，适应社会生产发展需要的诗歌、小说、散文、戏剧、电影、电视等名目繁多的体裁样式逐渐沉淀并稳定存在下来。这种体裁样式的多样化，反映了社会生活的多样化，而众多文学体裁的产生和发展也正是社会生活和文学自身发展的结果。

二、文学体裁的分类

　　就我国古代文学而言，对文学体裁分类采用"二分法"；"五四"以来，受到西方文学体裁分类的影响，我国文学理论界采用的一般是"三分法"或"四分法"。国内外现在通行的文学体裁的基本分类也就是这两种。

（一）"二分法"

　　我国最早的文学作品主要是诗歌和散文，这种文学局面几乎从先秦一直持续到魏晋南北朝时期。因而在我国古代的文学理论当中就依据文学作品语言的运用情况，根据语句的押韵与否，把文学作品分成了"韵文"和"散文"两大类。凡是在语言上讲究韵律，要押韵的作品，即称之为"韵文"；反之，在语言上不讲究韵律，不押韵的作品，即称之为"散文"。这样，在古代，凡讲究韵律的，不论是诗、赋、词、曲，还是小说、散文，都可称为"韵文"；而其他的散体文章、神话、寓言等，不讲究节奏韵律的作品则被统称为"散文"。这就是我国古代对文学体裁最早的划分方法。魏晋南北朝时期有"文笔之辨",刘勰在《文心雕龙》中曾经说到"论文叙笔,则囿别区分"(《序志》篇),又说"今之常言,有文有笔。以为无韵者笔也,有韵者文也"(《总术》篇),这种理论其实就是"二分法"文体理论的运用。而采用这种"二分法"划分下的文学作品,有韵的"文"基本上是后来我们所说的文学作品;而与之对应的无韵的"笔"则包括了今天的各种"杂文学"以及非文学性的应用文体。所以,事实上,"二分法"的划分方式,是极为笼统的,它并没有在实际上划分出文学体裁的具体类别。

(二)"三分法"

"三分法"是根据文学作品构造意象的方式进行划分,根据塑造形象、反映社会生活、表达思想感情的不同,把众多的文学作品划分为叙事类、抒情类和戏剧类。

叙事类,是通过对事件的客观描述,塑造艺术形象,刻画人物性格,借以反映社会现实生活,表达作者思想感情的作品。

抒情类,是通过写作者直抒胸臆的方式表达思想感情、反映社会生活的作品。它的基本特点是:作品主要是抒发写作者的思想感情,它不要求描写完整的生活事件,客观的现实生活多融化为主观的感受,作品所要揭示出的是一个主观的世界,是写作者的内在精神。

戏剧类,是把人物放在舞台上,通过人物的语言、行动来表现其思想、性格,反映社会生活,表达写作者思想感情的作品。其基本特点是:作品有完整的故事情节,生活事件不由写作者叙述,而是让舞台上人物的言行来表现,在展现矛盾事件的发展过程中,不断显示其内在的精神,以特殊方式把抒情或者叙事这两者有机地结合起来。

(三)"四分法"

"四分法"是根据形象塑造的方式、语言运用、表现方式和结构体系等几方面外部形态的基本特点,将各式各样的文学作品进行分析归纳,划分为诗歌、散文、小说、戏剧文学四个类型。"四分法"是我们现在经常采用的分类方法。

三种分类方法标准不同,文学体裁的类别自然不同。文学是发展的,文学体裁也在发展演变,新的文学体裁会不断出现。而文学体裁的划分只能在已有文学样式的前提下进行,这也说明体裁的分类只能是相对的。如目前"四分法"的体裁划分,已不能包括全部文学作品的样式。现代迅速发展的电影文学、电视文学(合称"影视文学"或"屏幕文学")以及网络文学,就未包括在内。

第二节 诗 歌

诗歌是人类文学发展史上最早出现的一种文学体裁。现代诗人、文学评论家何其芳在《关于写诗和读诗》的文章中曾说:"诗是一种最集中地反映社会生活的文学样式,它饱含着丰富的想象和感情,常常以直接抒情的方式来表现,而且在精炼与和谐的程度上，特别是在节奏的鲜明上，它的语言有别于散文的语言。"黑格尔在《美学》一书中说过一句发人深思的话："凡是写过诗论著作的人，几乎都避开了给诗下定义，或说明诗之所以为诗。"可见，诗歌是极难下定义的，文学本身的模糊性决定了可以对它的基本特征有一个大致的了解，却难以给它一个确切的含义。所以，我们着重要掌握的就是诗歌的基本特征以及它的写作要求。

一、诗歌的基本特征

诗歌是高度集中地概括反映社会生活的一种文学体裁。它饱含着写作者的思想感情与丰富的想象，语言精练而形象性强，具有鲜明的节奏、和谐的音韵，富于音乐美，语句一般分行排列，注重结构形式的建筑美。

这个定义性的说明，实际上概括了诗歌的几个基本特征：

（一）凝练性

文学是社会生活的反映，一切文学作品反映社会生活都要求进行艺术的集中概括，但是诗歌与其他文学体裁相比较，要求集中性、概括性的程度更高。也就是说，诗歌体现了凝练性的特点，这种凝练性体现在用高度概括的艺术形象、精练的文学语词最集中、概括地反映社会生活和表达思想感情。

一般而言，诗人总是选取生活中最有特征、最典型的事物，将丰富的生活内容和思想感情高度浓缩，集中概括在这些事物之中。通过描写典型事物的形象特征，就可以表现更广泛的社会生活和具有更普遍的思想意义。白居易的《琵琶行》，全诗通过描写一位歌女弹奏琵琶的经过，高度集中地概括反映了丰富复杂的社会生活与思想感情。诗的前半部分（从"浔阳江头夜送客"到"唯见江心秋月白"），通过集中描绘琵琶弹奏的音乐，表现歌女"平生不得志"的"幽情暗恨"，隐约地反映着她的"心中无限事"。紧接着第二段（从"沉吟放拨插弦中"到"梦啼妆泪红阑干"），歌女自述其生活遭遇，集中概括了她从少到老的生活经历，同时从一个侧面反映了当时京城长安的繁华生活。末尾一段，诗人自叙受谗被贬，谪居浔阳城的生活景况。诗中用"同是天涯沦落人，相逢何必曾相识"二句，将诗人与歌女都从帝京沦落到"天涯"的生活遭遇和"不得志"的思想感情联系起来，从而使诗歌所反映的生活事件更具有普遍意义。结尾"座中泣下谁最多，江州司马青衫湿"，更是集中地表现了诗人长期郁结在心中的思想感情。全诗不论是描写景物、叙述事件或是抒发感情，都是十分集中、凝练的。《长恨歌》也只用了120句，840个字。毛泽东的七律《长征》，全诗只有8句56个字，由于选择了长征过程中最富有特色、最有代表的事物加以描写，因而能以最精练的形式，形象地概括了中国工农红军历尽艰难险阻，胜利完成二万五千里长征的战斗历程，充分表现了红军战士的英雄气概和作者的革命豪情，显示了诗歌高度集中概括地反映生活的特点。

文学作品语言的共同要求是凝练含蓄,然而,在诗歌中这一要求表现得尤为突出。语言如果不凝练,诗歌就不可能比其他文学体裁更集中地反映社会生活。马致远的《天净沙·秋思》:

枯藤老树昏鸦,
小桥流水人家,
古道西风瘦马。
夕阳西下,
断肠人在天涯。

前三句全是客观景物的排列,若用严格的语法来要求,确实是不完整的。可是,作为诗句,它却准确而生动地勾勒出秋天萧瑟、悲凉的意境,达到了浑然天成的艺术高度,一个字也改动不得。除此之外,诗歌还要求音调和谐、押韵。这就不仅能使人们读起来顺口,记起来容易,而且还加强了诗歌的节奏,使诗人的情绪获得更好的表现。

诗歌反映生活的高度集中性,与诗歌语言的凝练、精粹相应,这促使诗人对语词进行反复锤炼,力争言简意赅,在有限的诗行、语词中,准确、含蓄、生动地表现出事物的特征,反映生活的场景。正是如此,才会有"推敲"的执着,才会有"两句三年得,一吟双泪流"的艰辛,才会有文学史上众多不朽的名篇名著。

(二)抒情性

英国浪漫派诗人华兹华斯说过:"诗歌是强烈感情的自然流露。"诗歌的抒情性极强,诗歌的本质即在于抒情,作品应饱含着丰富而强烈的思想感情。实践经验证明,诗歌的创作过程自始至终都是伴随着诗人感情的激动而进行的,是其强烈感情的产物。郭沫若就曾经谈过诗人的感情与诗歌作品感情的密切关系。他在《论诗三札》中说:"大波大浪的洪涛便成为'雄浑'的诗,便成为屈子的《离骚》、蔡文姬的《胡笳十八拍》、李杜的歌行,但丁的《神曲》、弥尔顿的《失乐园》、歌德的《浮士德》。小波小浪的涟漪便成为'冲淡'的诗,便成为周代的《国风》、王维的绝诗、日本古诗人西行上人写芭蕉的歌句,泰戈尔的《新月集》。"这里说"雄浑"的诗是由"大波大浪的洪涛"式的感情形成的,"冲淡"的诗则是由"小波小浪的涟漪"式的感情形成的。其中所举中外诗人的作品,虽有各自不同的风格特点,但都渗透着诗人丰富强烈的思想感情。

既然诗歌的本质在于抒情,那么在诗歌创作中,中心就应该是为情而发。诗歌中的叙事要抒情,写景要抒情,咏物要抒情,遣词造句也应该抒情。也就是说,在诗歌作品中,只要诗人所抒发的感情是真实的,那么即使他作品当中所描写的景象不真实、在现实中不存在,我们也是可以接受甚至还会为其感动涕泣,这就是为什么我们读李白的"黄河之水天上来,奔流到海不复回"不会探究"黄河之水"的源头有错,而会感到一种豪壮;为什么读郭沫若的《女神》不会探究"我"究竟能不能吞日、吞月、吞一切,而感到的是瑰丽、浪漫。此皆感情使然。

诗人的思想感情既然是诗歌的一个根本性的特点,那么,诗人的思想感情是高尚健康、还是低级庸俗;是真情实感、还是虚情假意;是同时代精神、人们感情相联系,还是脱离时代、脱离群众的"自我表现",就直接影响作品的格调和艺术价值了。因此,高尔基说:"诗人是世界的回声,而不仅仅是自己灵魂的保姆。"郭沫若说:"抒情不仅是抒写个人的感情,更要抒写时代的感情。把个人和集体打成一片,把作者和人民打成一片,那就有把握抒写时代的感情。"

(三) 丰富的想象、联想和幻想

诗歌不仅要有丰富的思想感情,而且还要将思想感情与作品描绘的生活图画融为一体,通过生动优美的形象感染读者。这就需用丰富的想象,大胆地联想和幻想。不仅是意象的连缀、运动,而且是意象的创造,境界的拓展,情感的释放。没有想象、联想和幻想,也就没有诗。

无论是古诗还是新诗,是中国诗还是外国诗,想象、联想和幻想都是活跃生动而丰富多彩的。且不说在我国从屈原的《离骚》到李白、李贺直到现代诗人郭沫若、闻一多等人的浪漫主义诗歌,有比比皆是的想象、联想和幻想。从《诗经》而发端直到杜甫、白居易再到现代诗人的艾青、田间等偏重于现实主义的诗歌,也都有丰富的想象、联想和幻想。《诗经》首篇的《关雎》起句:"关关雎鸠,在河之洲。窈窕淑女,君子好逑。"从表现手法的角度讲是"起兴",从想象联想的角度讲,则属于相似性联想。白居易是现实主义诗人,但不仅他的《琵琶行》《长恨歌》想象瑰丽,联想丰富,就是他的《江南好》的小调,也实在是一幅想象创造的优美画卷。至于在外国诗歌中,不论是拜伦、雪莱,还是歌德、海涅,不论是普希金、莱蒙托夫,还是惠特曼、泰戈尔,其作品都同样有想象、联想和幻想的鲜明特点。

(四) 意境美

真正优秀的诗歌,应该具有一种耐人寻味、引人遐思的东西,这便是意境。意境虽然并非诗歌所专有和独具,但在各种文学样式中,却以诗歌最为讲究、最为突出、最有代表性。

人们在阅读和品味优秀诗歌时,常常会超脱于言语意象之外,有"得象忘言、得意忘象"并由之进入一种溟漠恍惚的境界之感。这种引人于溟漠恍惚之境的诗的氛围、内蕴、旨趣或情味,就是通常所说的意境。它对读者而言,不仅是"诗中之画",而且更是"诗中之画"的那个"画"再生之"诗",总透着种"此情可待成追忆,只是当时已惘然"的韵味。很显然,这样的诗才真正耐人寻味。

理解诗歌的意境,首先要注意作品是否表现了真景物、真感情,情景关系是否处理得恰到好处,是否能"状难写之景如在目前,含不尽之意见于言外",如李白的《送孟浩然之广陵》：

> 故人西辞黄鹤楼，烟花三月下扬州。
> 孤帆远影碧空尽，惟见长江天际流。

这首诗是对客观事物的描写，题目虽为送，字面上却没有明确表达出来送友人时的态度怎样。但是从诗中的"黄鹤楼""烟花三月""碧空"等词语所代表的美好景色中，却已透出对友人的美好祝福；同样，诗歌中也没有直接抒发对友人的恋恋不舍之情，而是通过对"孤帆远影"、江水悠悠等表达得淋漓尽致。王国维言"一切景语皆情语也"，写景正是为了抒情，通过对景物的描述进行抒情，从而勾画出了一副绝妙的情景交融的境界。

但诗歌意境的创造具有复杂性和艰巨性，它绝非单纯的情景交融。它是诗人和艺术家直觉和理解、情感和思维、意识和无意识相互交融、共处于兴奋状态下，所获得的既能恰当地寄托自己的情感心意，又能巧妙地使之生发延展的知觉表象。因而它的特点在于：它是心与物的协调统一而心驰物外，是意与境的浑然一体而意溢于境，是情与景的水乳交融而情漫厂景，是虚实有无的相济相生、相辅相成，有实处是物，是境，是景；有虚处是心，是意，是情。关于诗歌中的具体意境，从李白的《静夜思》到杜甫的《望岳》，从李贺的《天上谣》到李商隐的《锦瑟》、杜牧的《清明》，从郭沫若的《天上的街市》到徐志摩的《再别康桥》、戴望舒的《雨巷》，我们都会深切地有所感受，尽管有"境一而观境之人之心不一"的状况。总之，优秀的诗歌是应该有意境并且有深邃高妙的意境的，通过意境的创造，给读者以韵味无穷、余香满口之感。

（五）韵律性、节奏性

诗歌在表现形式上同其他文学体裁有显著的不同，它节奏特别鲜明，讲究音调的和谐与押韵。在所有的文学体裁中，诗歌是最富于音乐性的。随着诗人感情的起伏波动，诗歌往往不得不采取一唱三叹的形式，从而自然而然地形成了鲜明的节奏。如《诗经·黍离》：

一
> 彼黍离离，彼稷之苗。行迈靡靡，中心摇摇。
> 知我者，谓我心忧；不知我者，谓我何求。
> 悠悠苍天，此何人哉？

二
> 彼黍离离，彼稷之穗。行迈靡靡，中心如醉。
> 知我者，谓我心忧；不知我者，谓我何求。

悠悠苍天,此何人哉?

三

彼黍离离,彼稷之实。行迈靡靡,中心如噎。
知我者,谓我心忧;不知我者,谓我何求。
悠悠苍天,此何人哉?

全诗共三章,同第一章相较,二、三章不过改动了三个字。通过由"苗"至"穗"至"实"的反复咏叹,一再强化诗人心中的忧愤。节奏的起伏,情感的回荡,不能不叫人心灵为之震颤。郭沫若说:"情绪的进行自有它的一种波状的形式,或者先抑而后扬,或者先扬而后抑,或者抑扬相间,这发现出来便成了诗的节奏。所以节奏之于诗是它的外形,也是它的生命,我们可以说没有诗是没有节奏的,没有节奏的便不是诗。"这一见解,真是极为中肯、深刻的。

二、诗歌的基本分类

诗歌的分类有多种方法,根据不同的原则和标准可以划分下列几种:

按照作品内容的表达方式划分有叙事诗和抒情诗。叙事诗是指诗中有比较完整的故事情节和人物形象,通常以诗人满怀激情的歌唱方式来表现。史诗、故事诗、诗体小说等都属于这一类。史诗如古希腊荷马的《伊里亚特》和《奥德赛》;故事诗如李季的《王贵与李香香》;诗体小说如英国诗人拜伦的《唐璜》,俄国诗人普希金的《叶甫盖尼·奥涅金》等。抒情诗是指通过直接抒发诗人的思想感情来反映社会生活,不要求描述完整的故事情节和人物形象,如情歌、颂歌、哀歌、挽歌、牧歌和讽刺诗等。

当然,叙事和抒情也不是决然分割的。叙事诗也有一定的抒情性,不过它的抒情要求要与叙事紧密结合。抒情诗也常有对某些生活片段的叙述,但不能铺展,应服从抒情的需要。而剧诗则兼有叙事和抒情的特点。

按照作品语言的音韵格律和结构形式划分有格律诗、自由诗和散文诗。格律诗是指按照一定格式和规则写成的诗歌。它对诗的行数、诗句的字数(或音节)、声调音韵、词语对仗、句式排列等有严格规定,如我国古代诗歌中的"律诗""绝句"和"词""曲",欧洲的"十四行诗"等。自由诗是指近代欧美新发展起来的一种诗体。它不受格律限制,无固定格式,注重自然的、内在的节奏,押大致相近的韵或不押韵,字数、行数、句式、音调都比较自由,语言比较通俗,如美国诗人惠特曼的《草叶集》。我国"五四"以来也流行这种诗体。散文诗是指兼有散文和诗的特点的一种文学体裁。作品中有诗的意境和激情,常常富有哲理,注重自然的节奏感和音乐美,篇幅短小,像散文一样不分行,不押韵,如鲁迅的《野草》。

三、诗歌写作的要求

(一)拓展想象空间

从心理学上来讲,想象是指在知觉材料的基础上,经过新的综合改造而创造出新形象的心理过程。诗人在生活中接触到感受到许多人和事,经过大脑的过滤和筛选,作为一个个"意象"或"表象"储存在大脑皮层中,一旦诗人产生了一定的创作意图,他们就会被重视,分割或组合、叠印,在诗人头脑中再构成新的具体形象,这一整个思维过程,就是诗的想象。一首诗成功与否,关键在于想象的新颖性、独特性,以及展开的幅度如何。正如朱自清所说:"诗也许比别的文艺形式更依靠想象;所谓远、所谓深、所谓近、所谓妙,都是就想象的范围和程度而言。"

想象在诗歌创作中的作用很大,通过想象,可以实现主客体之间时空距离的跨越,实现物我互融互化,觅取诗意、诗情;想象,是创作诗歌形象的手段;想象,还可以拓展诗的境界,推动构思的完成。

(二)提炼意象

从心理学上来讲,意象是指在知觉的基础上形成的呈现于脑际的感性形象。它是想象和记忆的产物,是人们想象中的一种内心图像。在诗歌中,也就是诗人的意中之象,是经过诗歌感情抚摩、改造了的,用来表现诗人情感的客观"对应物"。也可以说,意象是客体主体化、主体客体化的双向运动的产物。

诗歌的本质在于抒情,但是它并不是以抽象的概念来表情达意的,诗人总是要去寻求一个带有自己感情色彩并能传达自己心灵世界的"客观对应物",也就是意象,使主观的意念、情趣与之相互契合、相互接纳、相互融汇,从而实现诗人内心情感的完整表达。

诗人的情感总是通过意象去传达的,也就是说,意象是诗人情感的载体,所以摄取新异的意象可以促进构思的展开和完成,使诗人的情思落到实处。摄取意象的过程是一个极其复杂的过程,而这个过程就是作者的主观情感逐渐推进、逐渐深化、逐渐明朗化的过程。它由模糊到相对清晰,由不确定到相对稳定,并逐步变成具体的可感的东西。而意象也就是作者内心情感的一个落脚点,最终情感要通过它去表达出来。同时,这个所选取的意象应该是"新颖"的,它应该体现作家个人的特色、个性,从而相对他人生动、鲜明,也成为独特的"这一个"。

(三)营造意境

诗歌应该具有意境美,意境即情景交融,也就是主观情感与客观景物的契合、融汇。怎样营造和开拓诗的意境呢?

1. 景中藏情

此类诗歌中,作家藏情于景,虽不言情,但一切都通过逼真的画面表达,更显情深意浓。如李白的《送孟浩然之广陵》恰恰体现了这一点。

2. 情中见景

这种意境的创造方式,往往是直抒胸臆。有时不用写景,但景却历历如现。如陈子昂的《登幽州台歌》("前不见古人,后不见来者,念天地之悠悠,独怆然而涕下")。

3. 情景并茂

这种是上面两种方式的综合,抒情与写景在这里达到了浑然一体的程度。如杜甫的《闻官军收河南河北》,诗歌欢畅明快,一气呵成,写到了诗人的狂喜之态。诗中处处情态毕现,情景并茂,浑然天成。

(四)运用技巧

在诗歌创作中,诗歌为了更好地拓展想象,捕捉意象、营造意境,强化诗的艺术感染力,常常调动各种各样的艺术手法和技巧。其中,比喻和象征是经常用到的两种。

比喻是文学作品中最古老的一种修辞方式,《诗经》中用的最多的技巧就是"赋比兴"。朱熹云:"比者,以彼物比此物也。"比喻包括明喻、暗喻、隐喻、博喻等。比喻要求运用起来优美贴切,忌雷同、重复,而且要含蓄曲折,发人深思。如余光中的《乡愁》:

小时候
乡愁是一枚小小的邮票
我在这头
母亲在那头

长大后
乡愁是一枚窄窄的船票
我在这头
新娘在那头

后来啊
乡愁是一方矮矮的坟墓
我在外头
母亲在里头

而现在
乡愁是一湾浅浅的海峡
我在这头
大陆在那头

这首诗用了一连串新奇的比喻,把"乡愁"变成邮票、船票等具体可感的意象,化抽象为具体,化情感为形象,给读者留下了驰骋想象的天地,使古老的思乡主题焕发出了新的活力。

象征在不同的地方有不同的含义,它可以指文学流派,也可以指创作技巧、方法,在这里我们指的是创作技巧。它是指运用某一特定的具体形象以表现与之相似或相近的思想、情感的一种创作方法。

象征派诗人艾略特说:"(象征使你)像你闻到玫瑰香味那样地感知思想","表达情感的唯一艺术方式是为这个情感寻找一个'客观对应物',换言之,一组物象,一连串事件被转变成这个情感表达的公式"。这里的"客观对应物",都是可知、可感的,是具体的存在,用他们作象征物,可以使抽象的情感也变得可知、可感。同时,象征手法还可以使作品显得含蓄、深沉、朦胧。诗歌的本质在于抒情,如果一味地直接抒发主观情感,就会使感情显得直白、一览无余,缺乏诗歌应该有的给人留下的无穷无尽的韵味。反之,如果给感情找一个落脚点,找一个"客观对应物",就会使感情有所"托",使读者从写作者所寄托的"物"当中去细细品味、咂摸、想象、回味,认真体会其中的韵味。如艾青的《礁石》:

> 一个浪,一个浪
> 无休止地扑过来
> 每一个浪都在它脚下
> 被打成碎末、散开
> 它的脸上和身上
> 像刀砍过一样
> 但它依然站在那里
> 含着微笑,看着海洋

作品中的象征物是"礁石",作家通过礁石被海浪扑打的描写,写出了一种在大风大浪中久经考验、坚忍顽强的性格。作家如果直接抒发的是对这种性格的赞美,就显得过于直白,但是一旦他通过"礁石"这个意象来体现,就使作品显得含蓄而有韵味。

从以上论述可以发现,比喻和象征有相似之处,二者都是化抽象为具体的艺术方法,且要求本体与喻体或象征物与被象征物之间有相似点等。但二者有明显的区别。比喻是一种修辞方式,而象征则是一种艺术手法;比喻可以出现在只言片语中,而象征则要有相对完整的形象;比喻中的本体(被比喻物)可以以显性的方式存在也可以以隐性的方式存在,而象征中的被象征物一般以隐性的方式存在,需要读者认真揣摩体会;比喻的事物、事理常常较简单、直接、浅显,喻体鲜明,而象征的寓意则较深,有不确定性、多义性、模糊性等。

第三节 散 文

一、散文的含义

关于"散文"一词,有各种不同的内涵。朱自清在《什么是"散文"》里,细致地区分了"散文"的各种含义。他说:"散文的意思不止一个。对骈文说,是不用对偶的单笔,所谓散行的文字。对韵文说,散文无韵;这是所谓散文,比前一个所包广大,虽也是文言里旧有的分别,但白话文里也可采用。这都是从形式上分别。还有与诗相对的散文,不拘文言白话,与其说是形式不一样,不如说是内容不一样……"按诗与散文的分法,新文学里小说、戏剧(除掉少数诗剧和少数剧中的韵文外)、"散文",都是散文。论文、宣言等不用说也是散文,但通常不算在文学之内。这里得说明那引号里的散文,那是与诗、小说、戏剧并举,而为新文学的一个独立部门的东西,或称白话散文,或称抒情文,或称小品文。这也就是说,"散文"的概念,有广义和狭义之分,并随着历史的变迁而有所不同。在古代,它是一个与骈文、韵文相对的概念,既包括文学作品也包括非文学作品,这也就是广义的"散文"概念;而"五四"以后,在吸收西方文体划分方法的基础之上,将小说、诗歌、戏剧以外的文学作品归入散文,同时排除了非文学的作品,这是现在对散文特征的进一步认识,也是我们所说的狭义的"散文",而真正意义上的文学性的散文,也就是我们所说的这种狭义的"散文"。

因此,散文是"与诗、小说、戏剧(文学)并举",抒发真情实感、题材广泛、写法自由灵活、内容精粹、篇幅短小、最能体现个性特征的一种文体样式。

二、散文的基本特征

与诗歌、小说、戏剧文学不同,散文这类体裁,本身就包括许许多多各具特色的文学样式,有偏于说理的杂文,有偏于抒情的小品,也有偏于叙事的特写、报告文学等。然而,所有这些样式的散文,却有着某些共同的特点。

(一)独抒性灵,真实感人

梁实秋在《论散文》中指出:"散文是最宜于表现作家思想个性和艺术风格的一种文学样式"。散文是作者内心情感的流露,是作者在工作、生活、学习、读书、思考问题、旅游观光等各种活动中有所感受、感触、感想而作的文章,是发自内心的,是"独抒性灵"的心灵自白。因此,散文的个性特征极强。

既然散文发自内心,就使它具有写实性。这就要求散文要具备内容的真实、情感的真实。"描述真人真事,是散文的首要特征",散文与诗歌、小说、戏剧区分开来的一个重要标志即内容的真实性。现代散文作家吴伯箫也谈道:"说真话,叙事实,写实物、实情,这仿佛是散文的传统。古代散文是这样,现代散文也是这样。"这一特点尤其体现在传记、回忆录、游记等记事性散文中,它们一般都是根据事实,来加以描写、生发,从而展示客观世界面貌的。

散文作为对客观世界的反映,作为"独抒性灵"的心灵自白,势必融入写作者强烈的主体情感和体验,具有鲜明的个性特征,体现写作者真诚的人格。所以,优秀的散文必须写出写作者对现实生活的真实的切身感受,抒发真挚的情怀,从而达到使人心灵震颤、启人深思、给人快意兴奋的效果。我们读郁达夫、郭沫若的散文,读杨绛的《干校六记》、巴金的《随想录》、孙犁的《晚华集》,都可以感受到这一点。

(二)题材广泛,形式多样

散文的题材非常广泛,它可以描摹现实生活中的真人真事,也可以再现优美、动人的自然景色;可以抒发作家的感受、体会,也可以论说社会上的各种人和事;可以谈古,也可以说今……一句话,凡是社会实际生活里一切有意义的事物,都可以用散文的形式表现出来。所以,比起其他文学体裁来,散文的题材确实更为广阔多样。

散文的形式也非常多,游记、随笔、速写、小品文、回忆录等,各种各样,不拘一格。就篇幅而言,大多短小,"常常是一粒沙里看世界,半瓣花上说人情"(郁达夫《散文笔谈》),是在短小当中蕴涵着真挚浓烈的情感、丰富深刻的内涵。

(三)结构自由,运笔灵活

散文的结构十分自由。与小说、戏剧文学相较,一般而言,它既不要求像小说一样有完整的情节和人物性格,又不要求像诗歌那样讲究语言的格式。它通过对某些生活片段的描述,表达作家的生活感受与思想情感,而且可以灵活地进行抒写。这就是散文所谓的"形散"。但是,这种看似"散"的结构,却是散中有序,散中有章。优秀的散文,像欧阳修的《醉翁亭记》、范仲淹的《岳阳楼记》、苏轼的《前赤壁赋》以及朱自清的《荷塘月色》、杨朔的《雪浪花》、秦牧的《花城》、峻青的《秋色赋》等,在自由的挥洒下,总是紧紧扣住了作家所要表现的主要思想情感,所以它似散而密,形散而神不散,仍然有着十分严密的结构。

散文的运笔极为灵活,它可以广泛采用叙事、抒情、描写、议论、说明等多种手法。一篇散文,它可以根据写作者表达感情、表现主旨的需要,灵活多变地采取多种形式。它可以以一种方法为主,也可以时而抒情,时而议论,时而叙事,时而说明,把几种表现手法融合起来,以充分抒发写作者的感情,表达他所要表现的主旨。

(四)语言优美,富有诗意

语言优美是散文的又一个特点。一般而言,散文的篇幅较为短小,所以在语言上的要求就更高些。它应该用较少的语言概括表达更多的感情,更多的事理,也就是说语言应有高度准确的概括力。正如当代作家秦牧所言:"一座大山上有小堆乱石,时常无损于大山的壮观。但如果一个小园中有一堆乱石,就很容易破坏园林之美。同样的道理,短小的文章,特别需要写得简洁而优美。任何的败笔和闲笔在篇幅短小的文章中,时常显得格外刺眼和难于掩饰。"所以,任何散文的语言都应该是简洁而凝练的。如叶圣陶先生的《没有秋虫的地方》中对家乡秋虫的描写,语言简练,情感深厚,用"高、低、宏、细、疾、徐、作、歇"几个词就写出了秋虫的鸣唱,给人以无限遐想。

除诗歌以外,可以说散文是最富于诗意的一种文体。不仅某些抒情意味很浓的散文诗,如屠格涅夫的《爱之路》、鲁迅的《野草》,本身就可以作为诗来读;而且就是论说性的散文,如杂文等,往往也思想深邃,含义隽永,具有诗歌的某些特色。

(五)手法多样,不拘格套

散文可以说是最自由的一种文体。在表现手法上,最少受到拘束。它可以抒情,可以叙事,可以议论,也可以几种手法融合在一起,夹议夹叙。也就是说,只要需要,任何思想感情、任何题材都可以入文,写作者完全可以自由地发挥自己的创造性,随心所欲地采用他所认为恰当的任何艺术表现手法。

三、散文的基本分类

散文的种类很多,就其内容和表现形式而言,可以分为记叙性散文、抒情性散文、议论性散文三大类。

(一)记叙性散文

记叙性散文侧重于写人叙事、状物、绘景。它大多写的是现实生活中所发生的真人真事、所存在的实物实景。就其表达方式而言,主要以记叙与描写为主,同时还兼用议论、抒情,通过多种方式的结合,共同为文章主旨而服务。这类散文主要包括传记、游记和回忆录等。

(二)抒情性散文

抒情性散文侧重抒发写作者个人的主观情感,是以抒情为主的散文。它通过记人叙事、写景状物、直抒胸臆来表达写作者对人、事、物、景的强烈感情。这类散文一般有直接抒情与间接抒情两种。

(三)议论性散文

议论性散文是以议论为主要表达方式,来表达自己的见解和说明道理。它是文学与政论的结合,在具有强烈的感情色彩的同时,还具有鲜明的思想倾向。它包括杂文和随笔。

四、散文写作的要求

(一)精于立意

相对其他文体而言,散文具有更广阔的选材范围,可以涉及自然界、人类社会的每一个角落。而散文构思的角度的选择,有的寻找意境,托物言志或借景抒情;有的寻找历史源流,抚今追昔;有的善于运用想象,串起生活的珠玉……但一般认为其共同点是"大中取小,小中见大",也即着眼点大,落笔点小,从一人一事、一景一物落笔,联想生发,微言大义。

散文是作家内心情感的流露,以表现情志为主。在动笔之前,首先应该有一个足以打动写作者内心的事件或者"物"的触发,才能"情动于中而形于外",受触发而获得主题。如朱自清的散文《背影》,"背影"不仅凝聚着父亲对作家的情感,而且也凝聚着作家对父亲深厚的情感,而散文的主题正是从"背影"这一点发射而出的。

散文作为作家最自由的心灵的表达,篇幅往往短小。它可以为某种主题、主旨立意,也可以表现作家刹那间涌起的一种情思、感受到的一种理趣,或者仅仅就是生活中、自然中、艺术上所体会到的一种"美"。总之,立意角度的寻找与选择,应是人人不同、篇篇各异的,但最基本的一点是以情的发现和表现,让情感自由曲折地流淌为目的。

(二)巧设结构

散文具有灵活多变、形式多样的特点,所以其形式、格局最富于变化,只要能表情达意,愈是独出心裁,就愈是成功之作,所以散文的结构没有一定的程式。

散文的结构忧点,经常提到的是"形散而神不散",其实还可以是"形神俱不散"或"形神俱散"。而散文的结构,首先就是体式的选择。散文的体式灵活多样,在有了情感触发,并且充分组织了材料之后,最要紧的就是体式的选择问题。如某人出外游玩,赏名山大川,游古都神韵,遇感人之事,有感而发,乘兴而作,是写成与友人父母共赏美景的书信?还是与天下人共享的游记美文?或者是感悟途中人事的随笔?这就要看写作者的情感表达倾向、创作意图。总之,应该根据情感表达的需要,选择适当的体式。

体式之外,还要为文章设立线索。散文多数"形散",这就需要一条线索把材料串联起来。串联方式多种多样。可以以情感为线索,串联事件,如杨朔的《荔枝蜜》;可以以物为线索,如托物咏志的散文;可以以人物为线索;可以以写作者的思绪为线索;可以以景物为线索;可以以写作者的行动为线索,如游记中多以写作者的游程行踪为线索。散文的结构应该是自由、灵巧,灵活多变的。

(三)创造意境

散文章法灵活多变,且"形散",如果不把握好,很容易造成"神散"。所以,成功的作家往往致力于意境的创造,尤其体现在写景性的散文中。

写景散文是以景物为描述对象,但又不是纯客观地描写景物,而是在景物中饱含写作者的主观感受和情感。因此,就需要对被描写的景物具有诗的意境,是情与景的交融。而要达到这样的境界,就要如诗歌创作一样展开想象、联想,调动各种技法,使文章意蕴深远,余味无穷。如朱自清的《荷塘月色》,顺着沿路走来,伫立凝想的线索,通过心情的抒发和景物的描写,巧妙的比喻,使小路、荷塘、花姿、月色、树影、雾气、灯光、叶响、蛙鸣、蝉声等色彩斑斓,创造出一种淡雅、娴静、情景交融的境界。这种优美的意境,正是作者要努力追求、刻意创造的。

(四)锤炼语言

散文又被称之为"美文",所以,散文的写作尤其要注意语言的锤炼。

1. 要准确、精练

散文篇幅短小,所以要求用准确、精练的语言来表达写作者所要表现的主旨。古人有"推敲"之典,又云"两句三年得,一吟双泪流",这是诗歌中的锤字炼句。散文创作也应该用这种精神,苦心经营,选择最确切的词语,使意物相称。

2. 要自然、流畅

文章既要追求准确、精练,又不能刻意雕琢和修饰。写作者的情感,应是借助于对现实的感知自然流露的,语言要像小溪流一样,沿着自然、曲折的地形,或涓涓流淌,或徐徐浸润,无论如何变化,总以自然天成、浑然无迹为美。同时,抒情写意应酣畅淋漓,舒卷自如,如同行云流水。当写作者激情奔涌、浮想联翩之际,就把自己想要说的话,热烈地、坦率地、恣情任性地倾倒出来。或侃侃而谈,或娓娓而论,不受阻碍。如徐志摩的散文《我所知道的康桥》即是如此。

3. 要生动、优雅

优秀的散文家,他所创作出来的散文语言应描形画态,具体逼真,抒情款款情深,议论形象感人,用鲜活的语言将自己的个性、情绪、趣味"投射"到对象上面去。优雅是指文辞的优美、清新、淡雅,节奏鲜明,声调铿锵,朗朗上口,具有一种音乐美。

4. 要力求具有哲理性

散文中要有一些像宝石般光芒四射的精美语言,读后能给人以启迪,具有销熔金石的魔力。好的散文总有一两句令人铭记不忘的警语标示出某种生活哲理,使人猛醒,激励人奋进,具有深厚的美育功能。

▶ 佳作赏析

沪杭车中

徐志摩

匆匆匆!催催催!
一卷烟,一片山,几点云影,
一道水,一条桥,一支橹声,
一林松,一丛竹,红叶纷纷:

艳色的田野，艳色的秋景，
梦境似的分明，模糊，消隐，
催催催！是车轮还是光阴？
催老了秋容，催老了人生！

赏析：将朱自清的散文《匆匆》与徐志摩这首《沪杭车中》比较来读或许是饶有趣味的事。朱自清用舒缓从容的笔墨描写了时光匆匆流逝的步履、印痕，徐志摩却用极其简洁的文字再现了匆匆时光的形态、身姿。朱自清的时光是拟人化的，徐志摩的时光却是强大的建筑式的。

有谁目睹过时光？尽管时间以昼夜黑白的形式重复升降在我们生命之中。如果说朱自清的《匆匆》让我们注意到时光在细小事物中的停留和消逝，徐志摩的《沪杭车中》则要我们与时光对视、相向而行。它以诗所特有的语言将空间竖起，时间化为隧道。《沪杭车中》给人的感受是紧张和尖锐。这首诗的诗题就是动态空间：沪杭车中。上海与杭州短暂的距离已被现代交通工具火车不经意打破了。时间和空间本是相对物，此刻简直就是浑然一体了："匆匆匆！催催催！"两组拟声词把这种浑然表达得淋漓尽致。随着这到来的时空的浑然，时空中原本浑然一体的自然反被切割成零碎的片断："一卷烟，一片山，几点云影；一道水，一条桥，一支橹声，一林松，一丛竹，红叶纷纷"。更深刻的、实质意义的分裂乃是人类自身的安宁的梦境的分裂。和大自然一样安宁而永恒的梦境（或说大自然本身就是一个梦境）由分明而"模糊，消隐，催催催！"这现代文明的速度和频率不能不使诗人惊叹：

"催老了秋容，催老了人生！"

第一段写现代时空对自然的影响，第二段写现代时空在人类精神深处的投影，二段互为呼应、递进，通过"催催催"这逼人惊醒的声音让人正视时间。这种强烈的现代时间意识，正是现代诗创作的原动力。徐志摩曾在《猛虎集》序文中谈到时间意识迟钝的痛苦："尤其是最近几年，有时候自己想着了都害怕：日子悠悠地过去内心竟可以一无消息，不透一点亮，不见丝纹的动。"迟钝和敏感或许是一枚硬币的两面。事实上诗人的时间感是现代时间意识的多重折射。徐志摩写于《沪杭车中》之后的1930年的《车眺》和1931年的《车上》所表达的便分别是时间永恒和时间在生命中生生不息的主题。无论"车"这一意象多么富于流动动荡的时间感，如下的诗句带给我们的安宁几乎是不可击碎的："绿的是豆畦，阴的是桑树林，幽郁是溪水旁的草丛，静是这黄昏时的田景，但你听，草虫们的飞动！"（《车眺》）而"她是一个小孩，欢欣摇开了她的歌喉；在这冥盲的旅程上，在这昏黄时候，像是奔发的山泉，像是狂欢的晓鸟，她唱，直唱得一车上满是音乐的幽妙。"（《车上》）则使我们无不为生命与时间同在并使时间生机勃勃而感动。徐志摩三篇写时间的诗皆以车为象征，而《沪杭车中》堪称象征的一个小奇迹:沪杭车这一具体事物及"催"与"匆"同声同义不同态拟声词的巧妙运用,实在是诗人天才的悟性和语言敏感的反应。然而,如果我们读《沪杭车中》而不去读《车眺》和《车上》,便是一个不小的遗憾。它们是徐志摩时间观的统一体。

既有朱自清洋洋洒洒的《匆匆》,又有徐志摩雕塑建筑式的《沪杭车中》,现代文学史中的时间概念才真正是可触可感。

▶ 视域拓展

[**拓展一**]诗者,志之所之也;在心为志,发言为诗。情动于中而形于言;言之不足,故嗟叹之;嗟叹之不足,故咏歌之;咏歌之不足,不如手之舞之,足之蹈之也。

——《诗大序》

[**拓展二**]诗必须圆,小说必须严,而散文则比较散。若用比喻来说,那就是:诗必须像一颗珍珠那么圆满,那么完整……小说就像建筑,无论大小,它必须结构严密,配合紧凑……至于散文,我以为它很像一条河流,它顺了壑谷,避了丘陵,凡可以流处它都流到,而流来流去却还是归入大海,就像一个人随意散步一样,散步完了,于是就到家里去。这就是散文和诗与小说在体制上的不同之点,也就足以见出散文之为"散"的特色来了。

——李广田

[**拓展三**]它不在乎你能写作多少旁征博引的故事穿插,亦不在多少典丽的词句,而在能把心中的情思干干净净直截了当地表现出来。

散文的文调应该是活泼的,而不是堆砌的——应该像一泓流水那样的活泼流动。要避免堆砌的毛病,相当的自然是必须保持的。用字用典要求其美,但要忌其僻。

——梁实秋

[**拓展四**]我在写每篇文章时,总是拿着当诗一样写。……常常在寻求诗的意境。

——杨朔

[**拓展五**]充满诗的本质、诗的生动的精华、清澄的气息、诗的令人神魂颠倒的力量的散文,才是文学中最崇高、最动人的现象。

——巴乌斯托夫斯基《金蔷薇·洞烛世界的艺术》

[**拓展六**]随笔指用一种随意的、不拘束的散文将某种思想、判断和经验尝试性地表达出来。……随笔的文字应当是不受拘束的,有的甚至是闲谈式的。

——罗吉·福勒

技能训练

一、专项训练

1. 营造诗歌意境的方法有哪些？举例说明。
2. 请赏析下面这首诗歌,说明这首诗美在何处。

错 误

郑愁予

我打江南走过
那等在季节里的容颜如莲花的开落

东风不来,三月的柳絮不飞
你的心如小小的寂寞的城
恰若青石的街道向晚
跫音不响,三月的春帷不揭
你的心是小小的窗扉紧掩

我达达的马蹄声是美丽的错误
我不是归人,是个过客……

3. 赏析林清玄散文,分析其创作手法。

凤凰的翅膀

林清玄

　　我时常想,创作的生命可以分成两类:一类是像恒星或行星一样,发散出永久而稳定的光芒,这类创作为我们留下了许多巨大而深刻的作品;另一类是像彗星或流星一样,在黑夜的星空一闪,留下了短暂而炫目的光辉,这类作品特别需要灵感,也让我们在一时之间洗涤了心灵。

　　两种创作的价值无分高下,只是前者较需要深沉的心灵,后者则较需要飞扬的才气。最近在台北看了意大利电影大师费里尼(Federico Fellini)的作品《女人城》,颇为费里尼彗星似的才华所震慑。那是一个简单的故事,说的是一位中年男子在火车上邂逅年轻貌美的女郎而下车跟踪,误入了全是女人的城市,那里有妇女解放运动的成员,有歌舞女郎、荡妇、泼妇、应召女郎、"第三性"女郎等等,在这个光怪陆离的世界里,费里尼像在写一本灵感的记事簿,每一段落都表现出光辉耀眼的才华。这些灵感的笔记,像是一场又一场的梦,粗看每一场均是超现实而没有任何意义,细细地思考则仿佛每一场梦我们都经历过,任何的梦境到最后都是空的,但却为我们写下了人世里不可能实现的想象。

诚如费里尼说的:"这部影片有如茶余饭后的闲谈,是由男人来讲述女人过去和现在的故事;但是男人并不了解女人,于是就像童话中的小红帽在森林里迷失了方向一般。既然这部影片是一个梦,就用的是象征性的语言;我希望你们不要努力去解释它的涵意,因为没有什么好解释的。"有时候灵感是无法解释的,尤其对创作者而言,有许多灵光一闪的理念,对自己很重要,可是对于一般人可能毫无意义,而对某些闪过同样理念的人,则是一种共鸣,像在黑夜的海上行舟,遇到相同明亮的一盏灯。

在我们这个多变的时代里,艺术创作者真是如凤凰一般,在多彩的身躯上还拖着一条斑斓的尾羽;它从空中飞过,还唱出美妙的歌声。记得读过火凤凰的故事,火凤凰是世界最美的鸟,当它自觉到自己处在美丽的巅峰,无法再向前飞的时候,就火焚自己,然后在灰烬中重生。

这是个非常美的传奇,用来形容艺术家十分贴切。我认为,任何无法在自己的灰烬中重生的艺术家,就无法飞往更美丽的世界,而任何不能自我火焚的人,也就无法穿破自己,让人看见更鲜美的景象。

像是古语说的"破釜沉舟",如果不能在启帆之际,将岸边的舟船破沉,则对岸即使风光如画,气派恢宏,可能也没有充足的决心与毅力航向对岸。艺术如此,凡人也一样,我们的梦想很多,生命的抉择也很多,我们常常为了保护自己的翅膀而迟疑不决,丧失了抵达对岸的时机。

人是不能飞翔的,可是思想的翅膀却可以振风而起,飞到不可知的远方,这也就是人可以无限的所在。不久以前,我读到一本叫《思想的神光》的书,里面谈到人的思想在不同的情况有不同的光芒和形式,而这种思想的神光虽是肉眼所不能见,新的电子摄影器却可以在人身上摄得神光,从光的明暗和颜色来推断一个人的思想。

还有一种说法是,当我们思念一个人的时候,我们的思想神光便已到达他的身侧温暖着我们思念的人;当我们忌恨一个人的时候,思想的神光则会到他的身侧和他的神光交战,两人的心灵都在无形中受损。而中国人所说的"缘"和"神交",都是因于思想的神光有相似之处,在无言中投合了。

我觉得这"思想的神光"与"灵感"有相似之处,在"昨夜西风凋碧树,独上高楼,望尽天涯路"时,灵感是一柱擎天;在"衣带渐宽终不悔,为伊消得人憔悴"时,灵感是专注地飞向远方;"众里寻他千百度,蓦然回首,那人却在灯火阑珊处"时,灵感是无所不在,像是沉默地、宝相庄严地坐在心灵深处灯火阑珊的地方。

灵感和梦想都是不可解的,但是可以锻炼,也可以培养。一个人在生命中千回百折,是不是能打开智慧的视境,登上更高的心灵层次,端看他能不能将仿佛不可知的灵感锤炼成遍满虚空的神光,任所邀翔。

人的思考是凤凰一样多彩,人一闪而明的梦想则是凤凰的翅膀,能冲向高处,也能飞向远方,更能历千百世而不消磨——因此,人是有限的,人也是无限的。

——一九八一年十一月四日

二、综合训练

1. 运用所学的诗歌技巧,以"黑夜"或者"寻梦"为题,写一首抒情诗。

2. 请围绕"月亮"这一意象创作一首短诗,要求至少运用三种不同的与月亮相关的意象(如月光、月影、月晕等)来表达思乡之情,诗的行数在 15 行左右。

3. 生活中总会有一些使你感动、使你惊奇、使你振奋的事情,以此写一篇抒情散文。

4. 选择"时光的痕迹"作为主题,先创作一首 20 行左右的诗歌,以意象化的语言描绘时光流逝带来的感受和思考。然后围绕这首诗歌的主题和情感,创作一篇 800 字左右的散文,通过具体的事例和场景进一步深化主题,使散文与诗歌相互呼应、相得益彰。

5. 以"中华优秀传统文化的传承"为主题,创作一组诗歌(3~4 首短诗),从不同角度展现传统文化的魅力和价值。接着创作一篇 1000 字左右的散文,结合诗歌中的意象和观点,讲述中华优秀传统文化在现代社会的传承现状、面临的问题以及传承的意义,综合运用诗歌的凝练表达和散文的深入剖析的方式。

第十三章 文学体裁（下）

▶ **任务导航**

1. 小说的含义、特征、类别及写作要求。
2. 戏剧的含义、特征、类别及写作要求。

▶ **思政聚焦**

1. 认识中国文化成就，增强文化自信。
2. 培养创新精神和提升创新能力。
3. 培养虚怀若谷、安之若素的气度。

▶ **案例导引**

虚构是小说的灵魂

小说家是长期在书房以虚构为生的人，所以，小说写作本身是个很孤独的职业。打交道的都是你虚构的一些人物。你爱他，恨他，但看不见他们的影子，他们活在你的心里。这还不够，他们要能够活在读者的心里、活在时间里才行。只有这样，你这个虚构的人物才算立住了，才算有了生命力。你和你笔下的人物只能通过文字对话。在写作小说的那一段时间里，你们魂牵梦萦、朝夕相处，一旦写完，他们就离开了。这就像一场轰轰烈烈的爱情，爱过之后，恩断情绝。

小说是所有文学体裁写作中的重体力活。一部短篇构思好后，连写带改，也得十天半月；一部中篇至少需要一个月时间；一部长篇，那就是长期的苦役了，有时可以折磨你三五年，甚至十余年。还有人为了一本书，即使付出一生，也未必能够完成，比如曹雪芹写《红楼梦》只写到了八十回，德国作家穆齐尔的《没有个性的人》，捷克作家哈谢克的《好兵帅克历险记》，均属未竟之作。

我们都知道,小说是虚构的。虚构是小说的灵魂,是小说创作区别于其他写作最显著的特征。换言之,如果没有虚构,那么就没有小说。古希腊文学批评大家亚里士多德认为,文学是"摹仿"生活的艺术,因此文学的功能是"再现生活"。

那么,什么叫虚构呢?按我的理解,所谓虚构,就是小说家为了使小说反映出来的生活比实际生活更强烈、更集中、更典型、更理想、更真实,依托合理的想象所采用的一种艺术手段。(选自卢一萍《小说的虚构之美》)

第一节 小 说

一、小说的含义

在我国古代,"小说"一词最早出现于《庄子·外物篇》:"饰小说以干县令,其于大达亦远矣。"这里的"小说",指的仅仅是轶闻琐事。到了汉代,班固在《汉书·艺文志》中谈到"小说家者流,盖出于稗官,街谈巷语,道听途说者之所造也",这里的"小说"仍然不是后来所说的严格意义上的小说概念,但小说已经在神话、寓言、传记文学等体裁中逐渐萌芽发展。魏晋南北朝时的志怪、志人小说的出现,标志着小说的初步形成,而此后紧接而来的唐宋传奇标志着中国的古典小说已经走向成熟。此后小说发展迅速,元明清则蔚为大观。

小说是一种十分重要的叙事文体,是一种以塑造人物性格、叙述故事情节为主的文学样式。它以叙述和描写为主要表达方式,将完整的故事情节、生动的人物形象和典型的生活环境融为一体,从而向读者展示广泛的社会生活画卷。从手法上而言,它可以运用语言艺术的多种表现手段,如抒情、叙事、对话、独白、肖像描写、心理刻画等,来塑造人物形象,反映社会生活。

二、小说的基本特征

一般而言,小说是通过人物、情节、环境的有机统一,来充分展现广阔丰富的社会生活的,因此,人物、环境、情节是小说的三要素。小说的特征,有以下几个方面。

(一)深入细致的人物刻画

小说创作的中心任务就是塑造人物形象。老舍说:"创造人物是小说家的第一项任务。把一件复杂热闹的事写得很清楚,而没有创造出人来,那至多也不过是一篇优秀的报告,并不能成为小说。"(《老舍全集》第4卷,人民文学出版社,1991年,131页)诗歌和散文中,人物可写可不写,而小说中则必须塑造人物。由于小说既不像诗歌那样在语言形式上有严格的束缚,也不像戏剧那样受舞台时空的限制,以人物台词展示性格,也不像报告文学那样受真人真事的约束。所以,其篇幅可长可短,容量多少自如,又可灵活地兼用作品人物语言和叙述人语言,因而写作者能够根据自己反映社会生活的需要,多方面细致地刻画人物性格,塑造各种各样的人物形象。

对小说而言,人物形象的塑造方式极多,可以通过肖像描写、行为描写、心理描写及环境烘托等多种表现手法来描绘人物的外貌、姿态和行动,展现人物的心灵。小说还可以描述人物性格的形成、发展和变化的历史过程及人物之间的性格冲突。小说塑造的人物形象是多种多样的,有不同阶级、阶层、职业、民族,不同性格特点的人物,有正面人物、反面人物、成长转变中的人物等。如法国作家巴尔扎克在《人间喜剧》的九十六部小说中塑造了两千多人物形象,俄国作家列夫·托尔斯泰的长篇小说《战争与和平》中就有皇帝、大臣、将帅、贵族、商人、农民和士兵等五百五十九个人物,长篇小说《三国演义》《水浒传》《红楼梦》等,每部作品中都运用多种手法刻画了许多不同性格特征的人物形象。

(二)完整生动丰富的情节叙述

在小说中,生动地描写故事情节,是刻画人物性格、塑造人物形象的主要手段,人物性格的形成、发展和变化,也要通过丰富完整的情节来表现。因此,完整生动丰富的情节是小说的一个重要特点。叙事诗、报告文学、戏剧文学虽然也有故事情节,但不像小说的故事情节那样丰富、完整。正因如此,小说才能够充分地展示人物之间、人物与环境之间的矛盾冲突和复杂关系,多方面细致地表现人物性格,深入地反映社会生活。《悲惨世界》就是通过对大量生动情节的描写来展现现实社会的黑暗,揭示当时的社会矛盾,刻画各种人物性格,表现"贫穷使男子潦倒""饥饿使妇女堕落""黑暗使儿童羸弱"的。其他如《三国演义》《红楼梦》《高老头》等作品,都有复杂、曲折的矛盾斗争,都有由一系列事件构成的丰富生动的故事情节。短篇小说的情节虽然比较简单,但对刻画人物和表现主题仍是必不可少的,应有相对的完整性。

(三)具体形象的环境描写

小说中人物形象的塑造、故事情节的叙述和环境有极其密切的关系。恩格斯在《致玛·哈克奈斯》的信中写道:

> 据我看来,现实主义的意思是,除细节的真实外,还要真实地再现典型环境中的典型人物。您的人物,就他们本身而言,是够典型的;但是环绕着这些人物并促使他们行动的环境,也许就不是那样典型了。
>
> ——北京大学中文系《文学理论学习资料》(下),北京大学出版社,1981年,第393页

这是马克思、恩格斯第一次以历史唯物主义的眼光阐明了人们的生活环境与人物

性格形成的关系,并进而提出了"真实地再现典型环境中的典型人物"的命题。环境是人物生活的场所、行动的条件、性格形成发展的客观根据。要刻画人物性格、塑造人物形象,就必须描绘人物生活于其中的环境,包括人物所处的时代和阶级关系、历史发展趋势、社会整体风貌、习俗和自然景物、个人生活的具体环境等。由于小说可以自由跨越时间和空间的界限,因而能够比较灵活地、广泛而细致地描绘不同时代、不同民族和地域的自然景物和社会环境。从而充分地刻画人物和表现作品的社会意义。如巴尔扎克的《人间喜剧》,就在对形形色色人物形象的描写当中真实再现了法国社会的"私人生活场景""外省生活场景""巴黎生活场景""政治生活场景""军旅生活场景""乡村生活场景"等,从而画出了法国社会的一幅生动的"风俗画"。再如其代表作《高老头》,作者生动描写了当时的社会生活关系,以及在此特定条件下人与人之间的关系。作品中出现了两个典型的环境:一个是伏盖公寓、一个是圣日耳曼区的上流社会。伏盖公寓坐落在一个贫穷的街区,作家对它的外景和内部都进行了十分细致的描写,尤其突出了它的"暗淡"。那里的街道、房屋、阴沟和墙垣,颜色丑恶,给人不愉快的感觉。公寓的味道"霉烂""酸腐""叫人发冷",并且同住在那里的房客是完全相符的。而以鲍赛昂子爵夫人为代表的上流社会则是花团锦簇、金碧辉煌,院子里是华车大马,连仆人都穿着镶金边的衣服。这样的环境,同那些风度翩翩、珠光宝气的男女,同伏盖公寓相比,完全是另一副模样。这样,作家既写出了典型人物,也写出了人物生存的典型环境,从而完成了对"典型人物""典型环境"的塑造。同样,在短篇小说中,虽然人物、事件相对长篇小说而言要简单得多,但也应有必要的环境描写。

▶▶ 三、小说的基本分类

小说分类的标准和方法是多种多样的。标准不同,分类方法也就有所不同。按照作品的题材性质划分,可以将小说分为历史小说、爱情小说、侦探小说、武侠小说、问题小说、战争小说、推理小说、科幻小说等;按照作品的语言特点,可以分为白话小说和文言小说;按照文体样式,可分为章回体小说、日记体小说、书信体小说、自传体小说、诗体小说、童话体小说、话本小说等。同时,各类小说的特点有交错的现象,并不能把它们截然分开。因此,小说的分类也具有相对性。现代常用的分类方法,是根据作品的篇幅长短和容量大小进行划分的,将其分为长篇小说、中篇小说、短篇小说、微型小说。

(一) 长篇小说

长篇小说是一种篇幅长、容量大的小说,字数一般在十万字以上。作品中有众多的人物形象和事件,情节丰富复杂,往往反映特定历史时期丰富多彩的社会生活面貌和整个时代的风云变幻。优秀的长篇小说往往意义重大,别林斯基称之为"时代的史诗"。正如恩格斯对《人间喜剧》的评价:"给我们提供了一部法国'社会'特别是巴黎'上流社会'的卓越的现实主义的历史,他用编年史的方式几乎逐年地把上升的资产阶级在1816至1848年这一时期对贵族社会日甚一日的冲击描写出来……"（恩格斯《致玛·哈克奈斯》，《马克思恩格斯选集》第4卷，第463页）由于长篇小说内容丰富，情节曲折，结构宏伟，常常会分为许多章节，甚至分为若干部、卷、集等。如老舍的《四世同堂》包括《惶惑》《偷生》和《饥荒》三部；巴金的《雾》《雨》《电》被称为《爱情三部曲》，《家》《春》《秋》被称为《激流三部曲》；巴尔扎克的《人间喜剧》分为《风俗研究》《哲理研究》《分析研究》，其中《风俗研究》又包含了六个场景等，这些都是规模宏大的长篇小说，反映了宏大的社会历史场景。

（二）中篇小说

中篇小说的篇幅长短、容量大小介于长篇小说与短篇小说之间，通常从两三万字到十万余字不等。它的容量稍次于长篇小说，但与短篇小说比较起来仍有较多的人物和事件，能比较从容地刻画人物性格，描写人物心理，塑造人物形象，有较丰富的情节，能够全面灵活地反映一定历史时期的社会风貌和时代氛围。如鲁迅的《阿Q正传》描写了辛亥革命时期旧中国江南的农村生活图景，通过阿Q后半生的遭际，反映了当时农村的阶级状况，各种复杂的社会矛盾和斗争，批判了辛亥革命的不彻底性。

（三）短篇小说

短篇小说篇幅短、容量小，一般在一千多字到两三万字之间。它往往截取社会生活中具有典型意义的片段或侧面进行集中描写。虽然人物较少、人物关系简单，但事件集中，结构紧凑，情节简明，集中塑造一个或几个人物形象，使读者能以小见大，借"一斑"而窥"全豹"。短篇小说由于篇幅短小，创作时间短，所以，相对而言，能够在较短的时间里反映逐渐变化的社会生活，从而汇集多篇也能反映较长时期比较广阔的社会生活，表现深刻的思想意义。如明末冯梦龙编辑的《喻世明言》《警世通言》《醒世恒言》（合称"三言"）共收话本一百二十篇，明末凌濛初编著的《初刻拍案惊奇》和《二刻拍案惊奇》（合称"二拍"）共八十篇。这些作品从多方面比较广泛地反映了明代的市民生活与社会面貌，具有一定的思想意义和艺术价值。

（四）微型小说

微型小说，又称小小说、超短篇小说、一分钟小说等。它长则千余字，短则几十字、百余字。在小说这一体裁样式中，篇幅最短，容量最小，相对短篇小说而言，能够更加及时迅速地反映变化中的社会生活，适应当今社会的快节奏，从而受到读者的普遍欢迎。这类作品着意描写社会生活中的一鳞半爪，表达一定的思想见解，使人们在艺术欣赏中受到某种启迪。虽然篇幅很小，情节简单，人物、事件不作完整的描写和叙述，但却要求画龙点睛，形象鲜明突出。

四、小说写作的要求

(一) 塑造人物形象

人物、情节、环境是小说创作的三要素,而其中塑造人物形象又是小说创作的中心课题。文学即人学,文学是反映人生的,不管一部小说的创作是侧重于人物、侧重于情节,还是侧重于环境,归根到底都必须表现人。因此,优秀的小说家会把塑造出个性鲜明、呼之欲出的人物形象作为小说创作的重中之重,并使其在自己的文学作品中具有永久的艺术魅力。

典型人物是共性与个性的统一。作品中的人物,一方面要具有写作者所要表现的某一类人物的共同特征,也就是共性;另一方面更重要的是要表现人物的个性,要塑造出个性鲜明、呼之欲出、栩栩如生的具有典型性的人物形象。这样,一方面我们可以从其身上看到在社会现实生活中确确实实存在的某一类人的形象,从而对这类人物形象有更加深入的理解,同时又可以从他的"个性"身上领略到他独有的艺术魅力,看到他作为作品中独有的"这一个"的存在价值。这种个性,也就是人物的生命力之所在。人物越有个性,生命力就越强。因此,作为文学作品中的典型形象,无不具有丰富而复杂的个性。

塑造"典型人物"的方法很多。小说中的人,作为有血有肉的个体,要具有鲜活的生命力,必须运用各种艺术手段。

文学是人学,是对社会现实的反映,是在社会现实的基础上创造出来的,所以,尽管是一个"典型"的人,其塑造也不可能脱离现实。这样,我们就可以从一个现实中的人的角度出发,去考察一下作品中人物形象的塑造。一个现实中的人,我们要了解他、懂得他,无非是从几方面出发进行观察。首先,是一个人的言行。"言为心声","言"是一个人内心的表现,无论是真话还是假话,都可以体现出人的内心。言行可以说是一个人内心最好的外在表现。这样来说,描写、塑造一个人物形象最关键的就是要从他的言行、心理入手。其次,把这个人放到一个特定的环境当中去,通过环境衬托描写,从而塑造"典型环境中的典型人物"。

(二) 进行艺术构思

人物形象的塑造是小说创作的中心课题,写作者要围绕人物形象的塑造来进行艺术构思,它包括题材、主题、情节、结构、表现手法等多方面,各方面的设计、布局等都必须围绕人物形象来进行。其中,情节的安排、结构的设计、整个描写过程中的环境描绘等是艺术构思的关键所在。

1. 安排情节

情节是人物性格形成、发展的过程,是作品中同时更是社会生活中矛盾冲突的艺术反映。高尔基说:"文学的第三个要素是情节,即人物之间的联系、矛盾、同情、反感和一般的相互关系——某种性格、典型的成长和构成的历史。"可见,情节要安排好,要生动、丰富,才能够有力地刻画人物性格。在安排情节时,要尽量做到:

(1)组织高潮。小说完整的情节发展过程一般是由开端、发展、高潮、结局四部分构成,这个过程其实也就是矛盾逐渐发展的过程。一般而言,高潮都处于作品的后半部分,矛盾展开导致了尖锐的冲突。在这里,人物的思想面貌得到最鲜明的揭示,主题也得到最充分的展现。在组织高潮的过程中,要按照现实生活中因果逻辑的关系进行巧妙地铺垫,使高潮的出现势在必然。

(2)运用技巧。小说情节的安排可以运用多种技巧,通过技巧的运用,可以增加情节的复杂性,使故事情节更为生动、曲折。其中误会、巧合、悬念等就是常采用的。就"悬念"而言,为了使故事情节更加吸引读者,引起人们对作品中人、事的关注,作者往往在交代人物行动时有所保留,使读者对作品产生一种强烈的期待心理,并在这种心理的推动下继续阅读作品。而阅读的趣味,往往就在这种期待当中产生。欧·亨利的《最后一片藤叶》中读者对贫病交加的琼西姑娘的命运的关注所产生的阅读趣味,正是由于悬念的设置获得的。

(3)曲折多变。小说中人物形象的性格往往是典型而复杂的,而这种复杂生动的性格塑造和复杂的故事情节有密不可分的关系。"文似看山喜不平",在故事情节中,为人物行动多设置一些障碍,多制造一些曲折,既可为多方面刻画人物形象创造条件,也使作品增加了丰富性和生动性,多方面增强作品的趣味,使小说扣人心弦,引人入胜。

情节是小说创作的三要素之一,安排情节要从多方面入手综合进行。除了上述提到的几点之外,还要注意叙事节奏的舒缓有度,有张有弛,使作品显出鲜明的层次感和强烈的节奏感。

2. 设计结构

小说的结构,一般而言也没有固定的原则。结构贵在多变,贵在创新。但在长期的发展过程中,古今中外的优秀文学家们在结构方面积累了丰富的经验,从中总结出一些共同的原则。如结构要服从表现主题的需要,要为塑造人物性格服务,要符合生活的逻辑和想象的逻辑,要匀称和谐、完整统一、力求创新、引人入胜等。就结构模式而言,有单线式结构、复线式结构、辐射式结构、意识流式结构等。总之,小说的结构是多种多样的,它因写作者设计而异,因作品风格而异。

3. 描绘环境

狄德罗曾经谈到,"人物的性格要根据他们的处境来决定"(《论戏剧艺术》,《文艺理论论丛》,1958年,第1期)。左拉说,"要使真实的人物在真实的环境中活动"(左拉《论小说》,《古典文艺理论译丛》第8期,121–123页)。文学作品中,要塑造"典型人物"所生存的"典型环境"。这里的"典型环境",既包括在特定时代背景下的社会大环境,又包括人物所生活的个人具体环境。

社会大环境的塑造往往不是直接的、公开呈现的,它是一种隐匿的、潜伏的存在,但是却对人物性格和情节推进起着决定性的作用。《红楼梦》中人物性格各异,但他们的命运和整个社会背景密切相关,他们的悲剧性命运,是时代、社会发展的必然。恩格斯对《人间喜剧》的评价,也贴切生动地反映出了"人间喜剧"所发生的社会大背景,这种背景描写是和对形态各异的人物形象的塑造分不开的,它是人物生存的背景,也推动着故事情节的发展、人物形象的塑造。个人环境是人物所生活的小环境,文学作品里具体描写的就是这种特定的典型环境。作品中人物生活的社会大环境是相同的,但是小环境却互不相同。作品中各个人物的小环境交叉、融合,构成总体性的大环境。如《水浒传》中对整体大环境以及对每个人物所生存的具体环境的描写,两者融合在一起,有机构成了《水浒传》的总体性环境。

第二节 戏 剧

一、戏剧的含义

戏剧是一种综合艺术,它不仅包含文学的因素,还包含着诗歌、绘画、雕塑、音乐、舞蹈、建筑六种艺术成分,被称为"第七艺术"。中国传统的戏剧,以表演故事为主,通过歌舞的形式加以表现,并同时融合了杂技、武打、魔术、滑稽表演等技艺。在西方戏剧中,包含了歌剧和舞剧两种,分别以歌唱和舞蹈为主。但是,一般说来,这些艺术手段在戏剧里都不具有独立的艺术价值,只是被综合地用来建构戏剧艺术中的审美意象,而只有戏剧中的文学因素——供舞台演出用的文学剧本,才有独立的艺术价值,被称为戏剧文学。

当然,戏剧文学作为演出用的剧本,其艺术独立性也是相对的,它不能不服从戏剧建构审美意象的需要。所以,戏剧文学的特征同戏剧的特征是不可分割的。

二、戏剧文学的基本特征

(一)高度集中性

戏剧是一种舞台艺术。作为这种舞台艺术演出用的剧本,首先要受到舞台条件和演出时间的限制,在演出的场景和容量上都不能过于繁复,这就决定了剧本的篇幅不能过长,人物不能过多,情节不宜太复杂,场景不宜变化太多。所以,集中性是戏剧文学的一个很重要的特点,人物、情节、地点、时间都要高度集中。

戏剧中的人物有时很多,它上场的人物甚至可以多达几十人,但其中大多数是群众角色,而剧作家着力加以刻画的,则往往只是几个人——"大多数伟大的小说里都包含了许多人的大量生活片段,而戏剧却只给我们展示几个顶点,展示两三个不同的命运"(转引自《写作学高级教程》,高等教育出版社,1989年,365页)。这样,戏剧文学才可以在有限的篇幅内把人物表现得鲜明、生动、丰富。同样,情节要是太复杂,场景变化如果太快、太多,也会影响到人物性格的塑造和思想内容的表达。郭沫若的《屈原》中,所提到的时间只是一天,作家写了屈原一天的思想、行为、遭遇,但却把屈原一世的生活命运概括反映出来了。

(二)富有行动性

戏剧大师斯坦尼斯拉夫斯基说:"动作、活动是戏剧艺术、演员艺术的基础。"(《斯坦尼斯拉夫斯基全集》,中国电影出版社,1958年)在戏剧中,行动是最基本的表现形式和手段。离开行动,作品中的人物就无法塑造,情节就无法进行,主题也无法表现。作为一种舞台艺术,戏剧不可能像小说等其他文学样式一样既可以通过人物的语言、行动表现人物性格,也可以通过人物内心的剖析来揭示和完成,而只能通过人物的语言、动作、表情、态度等种种人物的所作所为来表现人物的性格、心理。而且还不能长久地停留在人物的内心深处,否则让舞台上的人物一味各自思考自己的问题,戏就无法演下去。所以,戏剧是离不开行动的。英国剧作家约翰·高尔斯华绥说:"真正的戏剧行动是性格的行动。"(约翰·高尔斯华绥《外国剧作家论剧作》,中国社会科学出版社,1982年)行动是性格的外在表现,是塑造人物性格的重要手段,而且戏剧中其他内容的表达也必须依靠行动来进行。

(三)矛盾冲突性

阿·尼柯尔说:"所有的戏剧基本上都产生于冲突。"小说有矛盾冲突,戏剧也有矛盾冲突。没有集中的矛盾冲突,就没有戏剧。而且,由于戏剧演出的高度集中性,它比小说更需要有集中的矛盾冲突。它必须一开始就抓住事件的起点,然后通过一些必要的层次的发展,把事件尽快地推向高潮。如果冲突不集中、不剧烈,剧情的发展必然会缓慢。同时,戏剧文学里的人物,只有通过一定的矛盾冲突,其性格才能得到鲜明的表现,剧本中的情节,也只有经过人物之间的矛盾冲突,才能获得一一展示。严格说来,没有矛盾冲突的戏剧是没有的。

(四)表演剧场性

表演剧场性,是戏剧文学和其他文学样式的一个极大的不同之处。作为一种舞台艺术,它的生命就在于舞台演出,所以剧作家写剧本是为了上演,演员演出也是为了让观众欣赏。俄国作家果戈理说:"戏剧只活在舞台上,没有舞台,它就像没有灵魂的躯壳。"一部戏剧演出的成功,首先是剧作家创作出优秀的剧本,在此基础上再由演员来进行表演。而演员的表演事实上是一种二度创作,是演员在作家创作剧本的基础上又根据自己的内心体验、评价进行了自己的再创造,并把它表现到了舞台当中。而在舞台演出中,又出现了观众的参与,从而演员和观众之间产生了一种直接的互动,二者在演出过程中心神交汇,共同去体验剧本中的角色。这一点,成为戏剧艺术的一种很独特的特点。

三、戏剧文学的基本分类

根据划分标准的不同,可以把戏剧文学划分为不同的类别。按照剧本容量的大小,可以分成多幕剧、独幕剧;按照表现手段的不同,可以分成话剧、歌剧、戏曲(如京剧、评剧、沪剧、越剧、川剧、粤剧、豫剧等);而按照剧本反映的矛盾冲突的性质和所产生的戏剧效果来分,则可以分为悲剧、喜剧、正剧。下面分别简述一下悲剧、喜剧和正剧的一般特点。

(一)悲剧

悲剧起源于古希腊民间祭祀活动中的酒神颂歌。鲁迅说:"悲剧将人生的有价值的东西毁灭给人看。"(《鲁迅全集》第1卷,人民文学出版社,1972年,191页)它展示重大的或有深刻社会意义的矛盾冲突,表现善恶之间的矛盾冲突,塑造的是遭遇厄运的正面主人公的形象。在社会实践活动中,人类合乎自身发展趋势的行为,难免会受到自然界的惩罚或逆历史潮流而动的势力的扼杀,这就会形成这样或那样的悲剧。所以,在悲剧中矛盾冲突的实质在于"历史的必然要求和这个要求的实际上不可能实现"(恩格斯《致斐·拉萨尔》,《马克思恩格斯选集》第4卷,人民文学出版社,1972年,346页)。同时,悲剧所产生的效果是令读者或观众悲愤或同情的。亚里士多德说:"借引起怜悯与恐惧来使这种情感得到陶冶。"(亚里士多德《诗学·诗艺》,人民文学出版社,18页)悲剧所产生的是一种悲壮、崇高之美,它激起人们的正义之感,让人们在严肃、悲壮中,得到情感的陶冶。

(二)喜剧

喜剧同悲剧不同,正如鲁迅说:"喜剧将那无价值的撕破给人看。"(《鲁迅全集》第1卷,人民文学出版社,1972年,193页)因此,喜剧指的是以夸张、幽默的手法,滑稽的形式来嘲笑、讽刺生活中丑恶的、落后的人和事,或者是善意地讽刺正面人物。喜剧所产生的情感效果是"笑",让人们在笑声中情感得到陶冶,灵魂得到净化。

(三)正剧

正剧又称悲喜剧、严肃剧。黑格尔说,"关于正剧,这是严格意义上的'近代剧',处在悲剧和喜剧之间的阶段","这个剧种没有多大的根本的重要性,尽管它力求达到悲剧和喜剧的和解,或至少是不让这两方面完全对立起来,各自孤立,而是让它们同时出现,形成一个具体的整体"(黑格尔《美学》第3卷,商务印书馆,1981年,284页)。除了认为正剧"没有多大的根本的重要性"这一传统偏见外,黑格尔的其他论述抓住了正剧的基本特点。它把悲剧性和喜剧性有机地统一起来,既可以反映重大严肃的社会事件,也可以再现人们日常生活里有意义的片段。随着剧情的开展,它时而使人喜,时而使人悲,时而使人激愤,时而使人深思……对读者或观众的艺术感染作用是多方面的。因此,在近代戏剧文学中,正剧占有重要的地位。

四、剧本写作的要求

（一）提炼戏剧冲突

"冲突乃是生活中最富有戏剧性的成分之一，因而许多剧本——也许大多数剧本——事实上的确都以某一种冲突为对象。"（威廉·阿契尔《剧作法》，中国戏剧出版社，2004年3月版）矛盾冲突是戏剧文学当中必不可少的因素。所谓"冲突"，是剧作家对生活矛盾的提炼并使之戏剧化的结果。

"写剧需先找矛盾与冲突，矛盾越尖锐，才会越有戏，戏剧不是平板地叙述，而是随时发生矛盾，碰出火花来，令人动心，到最后解决了矛盾。"（《老舍论创作》，上海文艺出版社，1980年，188页）戏剧冲突是构成戏剧的根本因素，是塑造人物性格，推动剧情发展的一种基本手段。

剧作家为了戏剧冲突丰富、生动，往往根据现实生活的逻辑，对生活进行艺术化地概括、集中和提高，从而使剧情中处处都有"戏"，都存在着激烈的矛盾冲突。如古希腊悲剧家索福克勒斯的《俄狄浦斯王》，这是一部典型的命运悲剧。主人公俄狄浦斯的命运是围绕"杀父娶母"和未"杀父娶母"这对矛盾冲突而展开的，随着剧情的展开，为了弄清事实的真相，主人公开始回顾，这样作品中出现了三次回顾。从出发点而言，三次回顾都是为了证明俄狄浦斯没有"杀父娶母"，但事实上每一次回顾都加剧了矛盾的发展，都在一步步地证明俄狄浦斯就是"杀父娶母"的凶手。这样，每回顾一次，冲突就加剧一些，直至最后完全证明俄狄浦斯就是凶手。

为了使剧情更吸引人，更为生动丰富，作家还往往运用一些技巧，如巧合、悬念、误会等。如《俄狄浦斯王》一剧中，作品中就有众多的巧合之处：俄狄浦斯在幼年被抛弃，结果就恰恰被邻国国王收养；长大后为抗争命运安排，远离"家乡"，结果又正好回到"家乡"，还正好在城门口和"老人"（忒拜国王、俄狄浦斯之父）争执失手杀死"老人"；揭开"斯芬克斯之谜"并被迎立为新王的也偏偏是俄狄浦斯，这样，在一系列的巧合中，俄狄浦斯还是没有逃脱命运的安排，犯下了"杀父娶母"的罪行。俗话说"无巧不成书"，可见"无巧也不成'戏'"。作家在作品中有意识地运用多种技巧确实可以更好地表现戏剧冲突，强化戏剧效果。当然，技巧的运用也有一定的限度，要符合现实生活事理发展的逻辑，还要符合戏剧内容、整体结构等方面的需要。

（二）塑造戏剧人物

戏剧作为一种舞台艺术，它是直接呈现在人们眼前的，可视可见、可听可闻、可感可评，也就是说戏剧具有极强的直观性。而其中最直接的，又是活跃在舞台上的各种各样的人物形象。"一个剧本的永久价值终究在于其中的性格描写""伟大的戏剧则依靠对复杂的人物性格的牢固把握和确切表现"（贝克《戏剧技巧》，中国戏剧出版社，1985年）。同小说一样，一部优秀的戏剧作品要保持永久的艺术魅力，往往和人物形象的塑造密不可分。

人物形象的塑造、性格的描写和对人物的行动描写有极为密切的关系,在对人物行动进行描写以塑造人物形象时,尤其要注意通过一些细节的动作描写来刻画人物形象,有时这种细节的描写对推动整个情节的发展并没有多大关系,但对刻画人物的性格却非常有力。如《雷雨》中鲁贵向四凤借钱的细节,就刻画出了鲁贵好赌、嗜酒的性格特征。

(三)组织戏剧结构

戏剧结构与戏剧题材、主题、戏剧冲突密不可分。作品的结构好比人的骨架,作品内容要靠骨架的支撑才能够鲜活生动。戏剧结构多种多样,传统的结构形式是从剧情和冲突的总体结构划分,主要有开放式、封闭式和人物展览式,除此外还有从情节线索的组织方式或冲突的场面特点等角度进行划分的。但无论采取哪种结构方式,都要求结构要最大限度地发挥出自己的作用,为构成一部优秀的戏剧服务。

(四)提炼戏剧语言

戏剧语言是人物性格、思想、感情的外部表现,也是戏剧中能够体现人物性格特征的重要因素。老舍说"剧作家则须在人物头一次开口,便显出他的性格来;闻其声,见其人"(老舍《戏剧语言》,《剧本》,1962年,第4期)。人物的语言和其性格特征紧密相连,所以在戏剧语言上,也要求其性格化,"说一人肖一人,勿使雷同,弗使浮泛"(李渔语)。高尔基也曾说:"剧中人物被创造出来,仅仅是依靠他们的台词,即纯粹的口语,而不是叙述的语言。"(高尔基《论文学》,人民文学出版社,1979年,57、58页)戏剧中的语言,包括对话、唱词、独白、旁白等,要准确、生动地表达人物的思想感情,使人物形象得以鲜明地表现,语言就要符合人物的身份、性格、年龄以及其所处的特定环境,并达到高度的个性化。如曹禺的《雷雨》中有一场关于繁漪喝药的戏。繁漪不想喝药,让四凤倒掉,当周朴园逼繁漪喝时,第一次,繁漪说"我不想喝";第二次,周朴园命令周冲端去,繁漪出于对儿子的爱怜,说"留着我晚上喝不成吗?",当周朴园强逼时,繁漪说"不,我喝不下!";第三次,周朴园又命周萍跪逼,面对既是继子又是情夫的周萍,她万般无奈,急促地说"我喝,我现在喝"。周朴园三逼繁漪,而每一次繁漪的反应又有所不同,作者通过繁漪的台词,认真细致地刻画出了她爱恨复杂的心理以及她的悲惨处境。

同时,戏剧是一种舞台表演艺术,它以一种比较直接的方式和观众进行交流沟通,这要求作品中的语言还应该是一种经过加工的诗化的语言,充满激情,有声有色,生动感人,富有抒情性。如古典戏曲的代表作《西厢记》等,以诗化的语言强烈地抒发出了主人公的思想感情,对塑造人物形象起到了非常重要的作用,也可以极大地调动观众的情感,使之产生强烈的共鸣。

佳作赏析

[赏析一]

德军剩下来的东西

战争结束了。他回到从德军手里夺回来的故乡。他匆匆忙忙在路灯昏黄的街上走着。一个女人捉住他的手,用吃醉了酒的口气和他讲:"到哪去?是不是上我那里?"

他笑笑,说:"不。不上你那里——我找我的妻子。"

女人突然嚷了起来:"啊!"

他也不由自主地抓住了女人的肩头,迎着灯光。他的手指嵌进女人的肉里。他们的眼睛闪着光,他喊着"约安!"把女人抱了起来。

赏析:这篇微型小说反映了一个大得不能再大的主题——"二战"中纳粹德军对法国领土的践踏和对法国人民的蹂躏。这个主题从题目上就可以看得出来,"德军剩下来的东西"是什么?可想而知。作家的选材和构思是高明的,他不去写德军的飞机、坦克怎样轰炸他的故乡,纳粹分子怎样屠杀妇女儿童,却染墨于战后,没有战火硝烟,没有横尸瓦砾的一个寂静的夜晚,在街上,在灯下,一男一女两个人物,男的是胜利回乡的士兵,在急切地寻找妻子,女的是拦街拉客维持生计的妓女。全篇只有两句对话,道出了各自行为的目的。篇幅里还有一个感叹词"啊"和一个爱称"约安","啊"是妓女惊喜的发现,"约安"是男主人公百感交集的表达。作家运用了含而不露的手法,只通过一个情节就给读者讲述了一个回味深长、撼人心肺的悲欢离合:士兵在抗击德军胜利回乡后,以急切的心情寻找妻子,在街上偶遇一位妓女,妓女欲拉客而尾随至路灯下,却突然发现欲拉的男客竟是自己离散的丈夫。同时男主人公也惊喜地发现,拉客的妓女就是自己的妻子。二人百感交集地拥抱在一起。这个故事告诉我们,战争是残酷的,纳粹德军是残酷的,使一个温柔的良家妇女变成了妓女。这篇微型小说的语言是精练的,叙述是简洁的,"战争结束了。……故乡"交代了背景;"他匆匆忙忙……走着"交代了他急切的心情和时间、地点;"一个女人……和他讲"交代了妓女的特征;对话交代了各自的行为;最后一段是写意外相逢后的复杂感情。

[赏析二]

《雷雨》(第二幕)(略)

赏析:《雷雨》是曹禺创作于1933年的成名作,它的艺术魅力经久不衰。在这部著名的剧作中,充满了扣人心弦的矛盾冲突,两代人的家庭与血缘纠葛在一天的时空中迅速展开、爆发,惨烈而深刻。

这是《雷雨》的第二幕，也是揭开谜团、暴风雨即将爆发前夜的故事。在这一幕中，几组相应集中的场面互为照应、互为牵扯地揭开了人们几十年间的恩恩怨怨。

首先是大少爷周萍和年轻女仆四凤之间的密谈，表现周萍的怯懦、自私和四凤的纯洁、幼稚。在这个午后郁热的气息背景下，周家大少爷约出与他感情相投并引诱入怀的四凤。深感他们之间总是偷偷摸摸的四凤，害怕至极，企求周萍带她远走他乡，然而未能得允。而她对周家小少爷周冲的热烈关爱不知所措，然而，远比她的恐惧更甚的是周萍无以名状的苦恼，他忧虑的是自己的处境——"我作过许多——见不得人的事"，他急于摆脱与后母私通的烦恼，因为他毕竟是父亲的儿子，又有年轻纯洁的四凤的慰藉，所以明天离家到矿上去成为他逃避现状的救命索。四凤爱着这位忧郁的公子，尽管她其实不明就里，但周萍的逃离还是引出"你明明知道我现在什么都是你的，你还——你还这样的欺负人"的幽怨之情。

紧接着是周萍和蘩漪斗嘴的场面，表现前者的痛苦、虚伪与后者的可怜、激愤。蘩漪看透了外表体面的周家的罪恶，她试图留住带给她一线生机的周萍，然而他却执意逃离，因为愧疚"生平做错一件大事，我对不起自己，对不起弟弟，更对不起父亲"。蘩漪愤恨不已："你最对不起的是我，是你曾经引诱过的后母！"周萍居然冷冰冰地宣称："我自己还承认我是我父亲的儿子。"蘩漪发出了心中的悲鸣："一个女子，你记着，不能受两代的欺负。"

鲁侍萍母女的倾心相谈是温情动人的场面，但很快悲剧气息就慢慢袭来，鲁侍萍发现周家竟然就是自己当年受屈辱的东家，惊愕不已，"天哪！"她预感到不妙，急切要摆脱不幸的母亲的心理奔突而出。

蘩漪约见鲁侍萍的场面具有顺理成章的味道，前者要根除四凤以解情感威胁，后者急于带走女儿以免自己的悲剧重演，两人从相反的角度一拍即合。走与离的矛盾似乎得以解决，实际上难以平息，因为更大、更深切的悲剧就要揭开！

全幕的高峰是周朴园和鲁侍萍的重逢。在周朴园精心保留三十多年前原貌的屋中，鲁侍萍的"死而复生"让周朴园惊讶，在双方哑谜似的对话中，周朴园出乎意料的心理疑虑和鲁侍萍试探之间的心底深怨清晰可感。不能说周朴园没有怀念，也不能否认鲁侍萍还有对旧日的丝丝牵挂，但这里的几句对话揭示了本质：

周朴园：(忽然严厉地)你来干什么？

鲁侍萍：不是我要来的。

周朴园：谁指使你来的？

鲁侍萍：(悲愤)命，不公平的命指使我来的！

周朴园：(冷冷地)三十年的工夫你还是找到这儿来了。

鲁侍萍：(怨愤)我没有找你……这是天要我在这儿又碰见你。

这里，鲁侍萍的悲愤屈辱，对命运不公的责问，对周朴园的指斥，明晰可辨。而从周朴园声色俱厉的言行中，揭示了他本能的猜忌和势利的本质。他的谦谦君子的悼念幻想却不过是自我慰藉的开脱,禁不起现实的一戳;他表面的温情面纱也遮盖不住他的严酷霸道的真实。这一切在他开除了亲生儿子鲁大海、辞退鲁贵和四凤以绝后患的行为中,更加得到了证明。

这一幕的最后,周萍为维护父亲的尊严凶狠地击打鲁大海,和他在四凤面前歉意的神情,突出了他确实是一个模子铸出来的"父亲的儿子"的本色,他对蘩漪的彻底态度,逼出她雷雨般的话——"小心,小心!你不要把一个失望的女人逼得太狠了,她是什么事都做得出来的"——"雷雨"的轰鸣隐隐可闻了!

《雷雨》剧作结构严密的特点从本幕可以看得十分清楚。作者对于戏剧矛盾的安排错综复杂而循序渐进,戏剧冲突张弛得体的优点也很明显。戏剧人物语言的动作性和富有内涵韵味在本幕的细枝末节都可以体察到。个性化的典型性格表现也都是本幕的突出之处。

▶▶ 视域拓展

[**拓展一**]在长篇小说和中篇小说里,作者所描写的人物借作者的助力而活动,作者总是和他们在一起,他暗示读者必须怎样了解他们,给读者解释所描写的人物的隐秘思想和隐藏的行为动机,借自然与环境的描绘来衬托他们的心情,总之,经常小心翼翼地把他们引向自己的目标,自由地、常常是巧妙地(这是读者不易察觉的)、然而任意地掌握他们的动作、语言、行动和相互关系,一心一意把小说的人物写成艺术上最鲜明和最有说服力的人物。

——高尔基

[**拓展二**]短篇中的人物一定要集中,集中力量写好一两个主要人物,以一当十,其他人物是围绕主人公的配角,适当描画几笔就行了。

——老舍《人物、语言及其他》

[**拓展三**]如果剧中人物彼此间尽管表现出了思想和感情,但是互不影响对话的一方,而双方的心情始终没有变化,那么即使对话的内容值得注意,也引不起观众对戏剧的兴趣。

——奥·威·史雷格尔《戏剧性与其他》

[**拓展四**]戏剧的力量就在于,它是把诗人、演员、导演、音乐家、舞蹈家、电工人员、服装管理人员,以及其他舞台工作者的工作构成一个协调的艺术整体……戏剧同时综合了一切其他艺术的创造:文学、舞蹈、绘画、建筑、音乐等等。它把这一切都集中到自己手中来。这一支强大的、严密的、武装齐全的军队以友谊的猛攻方式同时影响观众,它使得千百颗心同时跳动起来。

——斯坦尼斯拉夫斯基

技能训练

一、专项训练

1. 什么是戏剧冲突,戏剧为什么要讲究冲突的集中性与尖锐性?
2. 分析比较小说与剧本在反映生活方面的异同。
3. 阅读下面这篇微型小说,分析其艺术特点。

母亲的伙伴

灯光下,剧院门口的台阶上,坐着一个面容憔悴的妇人。她手里抱着一个孩子,身旁站着两个,膝上放着一叠报纸,紧挨脚边的一个雪茄烟盒就搁在人行道上,里面装满了火柴、鞋带和骨领扣。

一位绅士模样的人,从马路对面的"大理石酒吧间"走出来。他在人行道上站了片刻,看了看表,然后径自向剧院走去。他穿过大街,走近人行道的时候,把手伸进了口袋里。

"买报,先生?"一个报童叫道。"来呦,先生,有《新闻》,还有《星星》。"

但那位"先生"已经注意到了台阶上的妇人,并朝她走去。

"买报吧,先生!这里有《星星》"孩子嚷着,一下子闪到他跟前,目光很快地从"先生"脸上转向卖报的妇人,他说:"没关系,先生,都是一样的——她是我的母亲……谢谢!"

二、综合训练

1. 以"遗失的钥匙"为核心物品,创作一篇 1000 字以内的微型小说。要求构建一条紧凑的情节链,包含意外转折。例如,主人公遗失钥匙后,在寻找过程中发现了一个隐藏的秘密,而这个秘密又与他的生活产生了重大关联。

2. 请围绕以下情节写一篇 6000 字左右的小说,题目自拟。

主角是一位出身贫寒的少年,他从小就梦想成为一名优秀的画家,但周围的人都不看好他,认为他没有天赋,而且家庭也无法提供支持。然而,少年并没有放弃,他通过自己的努力,一边打工维持生计,一边利用业余时间学习绘画。在这个过程中,他结识了一些志同道合的朋友,他们互相鼓励、互相帮助。最终,少年在一次重要的绘画比赛中获得了大奖,实现了自己的梦想。

3. 设定一个跨文化交流的情境,比如一场国际艺术展览,来自不同国家的艺术家们汇聚一堂。创作一部三幕剧,描绘在这个情境中发生的故事。每一幕都要聚焦不同的冲突和主题,如文化误解、艺术理念的碰撞、友情的建立等。在剧中要塑造多个具有鲜明文化背景的角色,通过他们的语言、行为和价值观的差异来推动剧情发展。

第十四章 新媒体写作

任务导航

1. 新媒体的含义及其特征。
2. 新媒体的分类。
3. 新媒体写作的要求及技巧。

思政聚焦

1. 树立正确的世界观、人生观和价值观。
2. 培养创新意识,提升创新能力。
3. 培养爱国情怀和诚信品质。

案例导引

1亿+爆文的"独家秘诀"

2018年7月29日,河北枣强考入北京大学的农家姑娘王心仪的一篇文章《感谢贫穷》刷爆朋友圈。无独有偶,就在此文出现的2个多月前,几乎是"论贫穷"同一题材的散文——作家李三清的《爸爸,为什么我们这么辛苦却还是很穷》,也刷爆朋友圈,被人民日报、读者、意林、故事会、知音、洞见、思想聚焦等4000多家微信公众号转载,累计阅读量达1亿+。

为何一篇看似抱怨的散文,却有如此大的影响力?

其实秘诀就在"爆文三要素"。从读者角度而言,一篇爆文的三要素是:好的标题,好的内容,好的观点;从作者角度而言,一篇爆文的三要素是:好的立意,好的标题,好的内容。

严格来说,新媒体写作不是一种写作文体,而是现代写作文体的综合应用。新媒体写作强调写作平台和读者的重要性,其写作内容受到社会文化、社会热点、平台属性、写作目的和读者细分等多种因素的影响。在"读屏时代"的今天,新媒体写作的自传播属性进一步强化,其内容付费的运营趋势也形成了更为成熟的新媒体写作空间。

第一节　新媒体概述

一、新媒体的含义

所谓新媒体,是指随着卫星通信、数字化、多媒体计算机网络等技术发展而出现的新型传播媒介,又称数字化新媒体。除了网络媒体、移动端媒体、数字电视等,传统媒体经过数字化转型也成为新媒体的一员,因此,现代的新媒体更是一种信息生态环境。

我们正处在一个急剧变革的时代,互联网与移动手机的出现,大大改变了人们的思维观念、价值体系、生活方式,人们的写作方式也同时被改变了,形成了一个虚拟、互动的"新媒体写作时代"。电子新媒体的出现催生了一种新的写作方式的诞生,从而也形成了一种新型的写作理念。新媒体的出现与发展,为设计、制作、储存、传播等信息加工,提供了广阔的平台,提高了传播的精确度,降低了制作生产成本。写作现象在近几年发生了深刻变化,写作理论的边界也将随着写作边界的变动而变动。以互联网、移动手机为代表的新媒体正在改变着受众参与媒介的方式,新媒体写作如今已经成为一个专有名词、一个流行术语,从短信等手机写作,到各种电子文本的融合展示;从互联网各种专栏的写作,到自媒体公众号、社群、网络推广文案的写作;以及楼宇、车载、荧光屏等户外媒体的文案写作……事实上,互联网、移动手机、户外媒体已经成为新媒体写作的"三大金刚"。至于未来新媒体是否会取代传统媒体,彻底改变人们的阅读习惯,现在还不能一概而论。不过,如今谁也无法忽视一个较小的网站和一部微小手机的传播力量,随着技术的革新发展,更多的新媒体产品会走入市场,影响我们的生活。

"新媒体"是相对传统媒体(包括报纸、杂志、广播、电视等媒体)而言的,是指利用数字技术、网络技术,通过互联网、宽带局域网、无线通信网和卫星等渠道,以电视、电脑和手机为终端,向用户(即受众)提供视频、音频、语音数据服务及远程教育等交互式信息和娱乐服务,以此获取经济利益的一种传播形式。从内容上来讲,新媒体既可以传播文字,也可以传播声音和图像;从过程上来讲,新媒体既可以通过媒体方式线性传播,也可以通过存储、读取方式非线性传播。这样,原有的以材质、样式、符号系统等物理形态,对媒介所进行的分类和定义,已经不再适用,"媒介"这个概念的外延已经大大扩展。

二、新媒体的特点

新媒体打破了媒介之间的壁垒,消融了媒体介质之间,地域、行政之间,人与人之间的边界。新媒体表现出以下几个特征。

(一)交互式传播改变信息传播格局

由于技术的原因,以往所有的媒体几乎都是大众化的,而新媒体却可以做到网络化的交互式分众传播。每个新媒体受众手中最终接收到的信息内容组合可以是一样的,也可以是完全不同的,而且每个受众都可以成为信息的制造者和推广者,并且用户之间的互动性更强。与传统媒体的"主导受众型"不同,新媒体是"受众主导型"。受众有更大的选择,可以自由阅读,可以传递信息,也可以自己生成信息。这与传统媒体中受众只能被动地阅读或者观看毫无差别的内容有很大不同。也就是说,新媒体的交互式特性打破了大众媒体时代信息单向传播的格局,形成了一个联系更为紧密的网络式传播系统。

(二)渠道优势利于细分受众

网络时代信息超载问题严重,而大数据和云计算技术的发展则能够更好地服务于细分受众,受众数据(audience data)成为一种极为重要的商品,并广泛应用于新媒体市场。有效的受众细分方法能让广告主灵活地组合数据来源,并且利用不同的标签去建立用户群组。而这些标签的精准信息投放会影响到访问者线上及线下的行为。通过大数据,后台可以轻松细分受众,包括年龄、性别、地域、生活方式、兴趣、行为特征以及消费心态等,自媒体运营和社群经济的狂热恰恰说明新媒体在信息传播和聚众方面的渠道优势。

(三)检索便捷提供丰富的信息

新媒体文本的表现形式丰富多样,可融文字、音频、画面为一体,做到即时、跨地域扩展内容,并且能够检索到历时层面的信息,从而使内容变成超越时空的"活物",这也是学界所认为的"媒介零和"理论。基于互联网的数据存储特性,通过检索引擎,受众便可以随时查找想要获知的内容,并且不仅仅局限于文字文本。

(四)即时性提高信息传播效率

与广播、电视相比,只有新媒体才真正具备无时间限制,随时可以加工发布的特征。新媒体用强大的软件和网页呈现内容,可以轻松地实现24小时在线。

新媒体交互性极强,独特的网络介质使得信息传播者与接受者的关系走向平等,受众不再轻易受媒体摆布,而是可以通过新媒体的互动,发出更多的声音,影响信息传播者。由此可见,新媒体与传统电视媒体最大的本质区别在于:

(1)传播状态的区别:由传统媒体的一点对多点型,变为新媒体的多点对多点型。

（2）主导状态的区别：由传统媒体的主导受众型，变为新媒体的受众主导型。

（3）受众状态的区别：由传统媒体的普通大众型，变为新媒体的细分受众型。

（五）碎片化思维

在现代社会，新媒体的出现改变了人们的阅读习惯，人们对社会的认知更多地来自网站、微信、微博、移动阅读软件等网络平台，网络信息的传播方式更加符合快节奏的现代生活，也打破了传统媒体时代信息在空间和时间上的传播限制，因此，人们用于阅读的时间更加"碎片化"。"碎片化"概念存在于信息流在信源、媒介、信宿三个维度当中，阅读"碎片化"直接带来思维的"碎片化"，社会个体思维也随之分化。相较于传统社会对于个体思维的整体性影响，新媒体作为信息传播的便捷渠道也愈发影响到个体的思维，因此，在网络世界中，不同的社群思维正逐渐凸显。

三、新媒体的分类

新媒体的范畴是在数字技术发展过程当中逐渐拓展、优化的。当下，我国较为普遍的新媒体有PC互联网媒体（网站、电子邮件报刊、电子公告板、网上即时通信、虚拟社区、博客、微博、播客、搜索引擎等）、手机媒体（手机短信、彩铃、手机APP应用等）、数字电视、直播卫星电视、网络电视、户外数字大屏等。

（一）从信息的传播方向分类

从信息传播方向来看，新媒体包含了大众传播模式的辐射式传播和人际传播模式的网状传播两种形态，基于此种属性，新媒体可以分为公共媒体和公民媒体两大类。

1. 公共媒体

公共媒体实则是传统媒体的当代数字化演变。北京大学视听传播研究中心主任陆地教授在《从公共媒体到公民媒体——北京大学视听传播研究中心年度对话系列》中提出："所谓的公共媒体，就是我们熟知的传统媒体。简单来说，公共媒体有三个特征：一是由政府或者大型社会组织创办，即财源由政府或者公共法人或者特殊利益集团来补偿；二是向全社会提供无差别的公共信息服务；三是以某种程度的盈利为目的。"在中国媒体运营机制下，公共媒体有大众传播属性，更倾向于社会性、政治性和责任性。我们从以下几个方面来看新媒体范畴中的公共媒体属性：

（1）传统媒体的转型形态。数字化新媒体技术的应用大大暴露了传统媒体在时间和空间维度的信息传播弊端，为了适应媒介的生态的进化，传统媒体纷纷进行数字化转型，数字报纸、数字杂志、数字期刊、网络电视、网络广播等形态成为传统媒体求生、转变的新媒体形态。如人民日报电子版、CCTV央视网等，其原始媒体形态所发布的信息被完全复制在互联网上。除此之外，传统媒体还开设有基于移动互联网的新媒体客户端，用于发布其传统形态下由于版面和时长限制无法登载、播放的内容，或者及时推送突发性消息等。同时，传统媒体还利用新媒体的交互性增加受众的信息反馈和互动。如新华社官方微信在 2022 年 3 月 24 日推送的一篇新闻快讯《"冰墩墩"在太空被做了这个实验……快来围观!》:假如在空间站里,航天员王亚平向你抛出一个"冰墩墩",无论抛的力气有多大,"冰墩墩"都会连翻几个跟头,稳稳落在你的手中,地面上能做到吗?迅速引起了众多网友的跟帖、评论和转发。

(2)门户网站。门户网站指的是通向某类综合性互联网信息资源并提供有关信息服务的应用系统。门户网站可以分为营利性门户网站,如搜狐、新浪、雅虎、网易等,以及非营利性门户网站,如政务门户网站、公益门户网站。门户网站最初提供搜索引擎、目录服务,因此,门户网站尤其是商业性质的门户网站是没有新闻采编权的,所有出现在这些网站的新闻只能以"转载"的形式呈现。因此,具有这类信息公开功能的门户网站都属于公共媒体范畴。

(3)搜索引擎和信息聚合。搜索引擎是指在互联网环境中的信息检索系统,如百度、搜狗等。搜索引擎通过关键词匹配、标签分类等信息检索机制为用户在瞬间搜索出需要的信息。搜索引擎的工具性和渠道性功能更为明显,更像是一个拥有庞大信息的发布端口。信息聚合(RSS)是一个站点用来和其他站点之间共享内容的信息聚合方式。在某个基于 RSS 的聚合工具的客户端,网络用户可以在不打开网站内容页面的情况下阅读最近更新的网站内容。如订阅新闻、订阅 BLOG 等。搜索引擎和信息聚合(RSS)都具有信息供给功能,因此也可以归类于公共媒体范畴。

(4)广告媒体。广告媒体不是一种单一的媒体形式,而是适用于广告推广的所有媒体,这是从媒体内容呈现层面上划分出的一种公共媒体类型。新媒体更加丰富了广告的呈现形式,无论是网站软文、硬广、网络视频广告,还是户外图文或视频广告、移动端交互式信息流广告等,所有广告中的文字、图片、视频、音频等信息都受到国家法律法规对广告的审核和规制。即便广告利用新媒体渠道玩出了成千上万种花样,但是广告文案的策划、写作都脱离不了信息传播中原生的单向、主动传播属性。在广告策划案的推广当中,受众个体所接收、交互的信息内容也都是按照广告策划的原定路线进行。对于广告受众而言,平等地享有广告媒体所传播的广告信息。因此,广告媒体也属于公共媒体。

2. 公民媒体

公民媒体是新媒体交互式传播的产物,广大受众借助新媒体技术在制作、存储和传播功能的赋权下迅速地占有话语权,并且得益于移动媒体的大量普及,每个公民都享有了信息的发布和传播权。因此,公民媒体的核心特征可以说是"三民主义"——民有、民享、民传,凡是能够为受众个体提供话语权(个体向广大受众发声,而不局限于即时通信软件)并赋予受众传播主体角色的平台就属于公民媒体。

(1)用户内容生成模式(UGC)网站。从早期的社交网站,如天涯社区、猫扑,到后来的文学类写作网站,如红袖读书、榕树下、起点、晋江文学城等;从原创视频上传的六间房、56 网,到用户视频直播网站,如斗鱼等;还有知乎、果壳等致力于问答、知识分享的网站,越来越多的基于用户内容生成模式的网站成为被广泛使用的公民媒体。但是这里不能单纯地说哪一类网站属于公民媒体,因为有些网站兼具公共媒体和公民媒体功能。如网易、搜狐、新浪等网站,它们在新闻财经等版块属于公共媒体范畴,但却在博客、微博、专栏等版块或移动客户端具备受众个体生成内容的功能,属于公民媒体范畴。除此之外,以提供某些特定领域或特定需求的全部深度信息和相关服务的垂直网站也兼具双重功能。如视频类的爱奇艺、优酷、腾讯等网站兼具网站发布大众传播媒体的信息和支持用户上传原创视频。

(2)自媒体。自媒体又称"公民媒体"或"个人媒体",是指私人化、平民化、普泛化、自主化的传播者,以现代化、电子化的手段,向不特定的大多数或者特定的单个人传递规范性及非规范性信息的新媒体的总称。自媒体平台包括:博客、微博、微信、论坛、BBS、今日头条、网易、搜狐等网络平台,而基于这些平台上传发布的用户称为自媒体公众号。在新媒体生态中,自媒体之所以广受追捧很大程度上受到信息传播碎片化的影响。如同传统媒体的意见领袖角色,自媒体公众号在新媒体的泛话语时代重新扮演了"意见领袖"的角色。如微信公众号等,这些自媒体平台的运营借助了交互式信息传播平台的聚众优势,将内容创作视为竞争力,往往以迎合热点、风格鲜明、定义亚义化甚至流量变现的方式,成为特色鲜明的公民媒体之一。由于自媒体通过内容吸引粉丝,因此,自媒体的运营对内容原创能力要求非常高,自媒体人与读者是写和看的关系。

(3)社群媒体。社群媒体就是社群化媒体,是针对社群生产内容和由社群产生内容的媒体组织,它的内容既面向社群,又来自社群。在传统的现实社会中,社群也被称为族群,指的是一群人基于共同的使命和愿景,如内容、兴趣、目标等而形成的组织,并通过共同的仪式来强化群成员间的认同感。但是在新媒体生态中,共同的使命和愿景更多地体现在群体间传播的内容当中,因此,这种相互的、多对多信息传播本身就已经具备了媒体属性,被称为社群媒体。社群媒体与自媒体公众号最大的不同是它的去中心化模式,社群媒体的高效互动使得群体成员内容创作贡献加大。社群媒体通过内容吸引并筛选用户,筛选下来的用户形成高质量社群,社群通过一套规则体系促成用户源源不断地产出优质内容,社群内容的传播不仅仅在写和看,更在于交流、互动。如此循环,社群能够得到长足发展。

(二)从信息传播的载体分类

从信息传播的网络载体来划分,新媒体可以分为PC互联网新媒体、移动互联网新媒体和"智能+"新媒体三大类。

1. PC互联网新媒体

PC互联网新媒体指的是基于固定的网络互联形式形成覆盖全球的网络媒体形态。随着移动互联网应用的普及,传统的PC互联网网页正遭到边缘化,但由于移动设备在算力和终端交互展幅上存在局限,PC 互联网依然有着其存续的价值。PC 互联网媒体包括电子邮件、BBS、虚拟社区文化等,但在交互技术和大数据算法的互联网信息处理环境下,PC 互联网逐渐进阶成为具有新媒体特征的形态,扩大了用户评论、转发、内容分享等功能。如专注短视频制作与用户视频分享的一条、二更,专注时政与思想、支持新闻分享的澎湃新闻(澎湃新闻是由上海报业集团改革后创立的),这些 PC 互联网媒体同时具有网页、App 客户端等一系列新媒体平台。

2. 移动互联网新媒体

如果说 PC 互联网新媒体更加注重内容生产,那么移动互联网新媒体则更注重信息消费。移动互联网新媒体指的是基于智能移动终端的媒体形态,更多倾向于智能手机终端,更利于受众碎片化时间的阅读。据中国互联网络信息中心(CNNIC)发布的第 49 次《中国互联网络发展状况统计报告》显示,截至 2021 年 12 月,我国网民规模达 10.32 亿,其中手机网民规模达 10.29 亿,手机网民占比达 99.71%。资讯娱乐、智能商务、移动支付、社交媒体等功能形成了"万物互联"的移动新媒体格局。

3. "智能+"新媒体

近几年,技术革新催生了一批新的终端产品形态,如智能家居、VR 头显、智能腕带、AR 眼镜等。其实数字电视就已经具有"智能+"的功能了,如网络电视直播、点播,交互、APP 应用等功能。智能产品蕴含着巨大的互联网数据信息,对市场细分和受众洞察具有极强的综合优势,因此,这些基于"智能+"的媒介产品形态终将以媒体运营的模式加以利用变现,并且成为全民阅读和智慧城市发挥作用的潜在新媒体形式。就在当下,巨大的潜在用户市场和流量变现潜力已经引得 BAT、京东、小米等 IT 巨头纷纷布局智能家居领域,并尝试推出了一系列"智能+"产品。

第二节 新媒体写作的要求与技巧

文本语言是作者思维的直接体现,它在一定程度上折射出作者的思想性格、思维模式、生活方式等。文本写作需要掌握不同的语言体式,语言体式是构成文体的重要因素之一,一般分为文艺语体、科学语体、政论语体、事务语体、法律语体、新闻语体、网络语体。新媒体写作包含了以上语言语体。

一、新媒体写作的语言特征

新媒体写作的语言风格,是一个十分复杂的问题。新媒体写作不仅具有传统文本的语言风格,同时新媒体创造了全新文化环境,特别是互联网新媒体,它所表现出来的写作语言特征有新奇化、简洁化和符号化等。

(一)新奇化

传统写作中,作者往往喜欢用优美的文字、华丽的辞藻润色文章,其赏析价值较高,但是这类文章在新媒体中却没有太大市场,因为在现实生活中,人们的生活压力较大、生活节奏较快,读者很难花时间去把屏幕显示的文章读完,相反,新奇、态度鲜明、言语犀利的网络语言风格却更能引起网民读者的兴趣。新媒体是一个推崇个性、追求信息便捷传播的世界,特别是网络,它为网民们提供了充分发挥想象力和创造性的最自由的空间,这种空间因缺少了传统社会生活中无所不在的"监督"而显得更加自由,网民们能够在网络上最大限度地发挥自己的想象力和创造性。同传统的书面语言相比较,网络语言由于减少了外来的束缚,发挥了写作者的自由性,往往在构思上更为巧妙,常常语出惊人,从而最大限度地反映出每个人在语言上的创造力。如"老司机"原指经验丰富的司机,在网络中则意为行业老手,对各种规则、内容以及技术、玩法经验老到的人,带有褒义;"戏精",最早是比喻表演、演戏很厉害的人,而网络的传播的戏精则是说这个人很装,很会给自己加戏、超级作的人,也就是爱作秀的人;还有很多因为某个热点人物或热点事件而在网络中被另类解读的流行语,比如"吃鸡",该词最早来源于电影《决胜21点》,随后在游戏《绝地求生:大逃杀》而火遍网络,当你获得第一名的时候就会有一段台词出现:"大吉大利,晚上吃鸡",所以,"吃鸡"即指玩家在《绝地求生:大逃杀》中取得第一,也更加标签化了这类沉迷网络游戏追求游戏刺激的人群。

(二)简洁化

为了加快信息传达的时间,人们都在力求简化地用字,所以文字缩写也被广泛地使用。其中大部分是源于电报上惯用的简语,也有一些是网络上特有的简体缩写。简洁化就是文字上的简单明了,是电脑文本语言发展的趋势。复杂而有特色的口头和书面表达方式,将逐步被电报式的"平实说法"所取代。诸如手机短信、电子邮件、微信、QQ等媒介语言简洁,传递迅速,应用广泛,为人们带来了不少便利。还有很多缩略语也被大量地使用在网络语言当中。

(三)符号化

美籍语言学家罗曼·雅各布森说过:"每一个信息都是由符号构成。"符号学家皮尔斯更是将符号分为图像符号、指所符号和象征符号。在互联网社会中,由于信息的传播脱离了人本身的生理语言和肢体语言体系,网民们便会更加淋漓尽致地使用各类符号去丰富所要传达的信息,只要能引起对方的共鸣,使之产生一定的联想,理解写作者所传递的情感信息,就是好的、奏效的符号语言。网络文化既传承于现实的社会文化,又由于自由、原创、虚拟的互联网世界而更加繁杂。从网络符号发展来看,网络中呈现的语言符号主要分为以下几种情况:

1.文字符号

网络写作除了使用人类社会中约定俗成的文字表述外,文字符号还包括语言首拼、数字文字以及英语、拼音、数字谐音混用文字以及形象文字等。

2. 表情符号

随着图像处理技术的简易化，网络表情已经不仅仅停留在简单的字母和标点符号的组合上，网民们创制了许多极为生动形象且风趣幽默的颜文字、表情符号、表情包和GIF 动态图片等，用以表达自己的喜怒哀乐，丰富交际效果。表情符号作为网络语言，有着较高的情感化、高频使用和收藏再传播的特点。

（1）颜文字。在手机普及初期，短信文字成为跨地域人际交流的主要形式，为了增强情绪渲染，人们开始在短信文字中添加以简单的字母和标点符号的组合而成的表情符号，这就是颜文字。

（2）emoji 表情符号和表情包。在 Web2.0 时代，交互式即时通信工具和各类咨询 APP 受到追捧，而更加适合即时交流的口语文化逐渐侵入书面文化，emoji 表情符号、表情包等新的表达工具正是口语文化的典型代表。"emoji 表情符号"开始在即时通讯软件、社区、BBS 中使用。emoji 表情符号首先通过腾讯 QQ 的普及被引入到网络文字使用中。基于微信、QQ 等即时通信软件的高使用率，在 emoji 表情符号的基础上，逐渐出现了"表情包"。目前，表情包有静图和 GIF 动图两种形式，这种源自各种段子、新闻事件形象、热点人物、网络流行语等的表情包，内容包括卡通、漫画、真人 P 图、几帧影视画面等。

大量的 emoji 表情符号、表情包等被安插在图文页面中应景的出现，或强调引人注意，或表明作者态度，或调侃讽刺，或自黑自嘲，哪怕是一条分割线，也要冠以"华丽丽"的拟人形象，诸如此类的形象符号已经成为自媒体版面设计中的必备元素。如 2016 年 8 月 8 日，里约奥运女子 100 米仰泳半决赛，中国选手傅园慧接受采访时说"我已经用了洪荒之力"并配上搞怪的表情，快速走红网络，网民们更是制作了形象生动的表情包被广泛使用，用开心愉快的口吻来表现努力程度。

3. 图像符号化

网络时代是一个读图时代，图像的信息含量要大大超越文字，也更加符合受众利用碎片化时间高效阅读的信息处理趋势。目前，被广泛应用于网络文案的图像包括静态图片和 GIF 动态图片两种形态。

（1）静态图片。静图较为常见，尤其是新媒体文章的推文配图和自媒体文章中，常被匹配不同叙事风格的题目、内容，起到铺垫、渲染情绪的作用。当人们习惯于通过互联网信息去把握这个世界时，图片便成为最能引起文化配对、思想归属和生活联想的"景观社会"窗口。

如台湾几米图文诗《照相本子》之一：一个小男孩雨中为仙人掌撑伞，边上还有五个打伞的小青蛙，情趣盎然。配图文字："帮帮忙：多雨的午后，想起屋外的仙人掌，/也许我该帮帮忙，它需要的是阳光。/干旱的日子，想起屋外的桂花树，/也许我该帮帮忙，它需要的是雨水。/天晴天雨，我都得帮帮忙。/谁叫我让它们离开大地，住进小盆里。/谁叫我贪心地想拥有自然的美丽。"

（2）GIF 动态图片。目前，除了简单几帧串联而成的 GIF 动图表情多用于即时通信聊天之外，由大量独立于原视频的片段式 GIF 动态图片也常常出现在新闻报道和自媒体文章当中。2015 年出现了 NewsGIF（动图新闻），NewsGIF 中的 GIF 动图往往并非新闻图片，而是有趣且能表达与新闻相关的主观情绪的动图，读者点击动图才能进入原文阅读。这是一款用"GIF 动图+一句话"呈现科技新闻的产品，为读者推送每日科技资讯，其中"一句话"部分才是新闻的重点信息。后来，动图新闻中的 GIF 动图逐渐被视觉记者以多帧画面的新闻片段形式插入到新闻报道文字段落当中。可以说，GIF 动图是读图与视频流量考虑的折中产品。形象生动的第一视角的动图，搭配文字叙述，主观与客观信息的互补，为读者带来了信息量丰富的新闻。

在读屏和碎片化阅读盛行的移动互联网时代，网民们已经无法沉下心来去阅读一份报纸或杂志上的深度报道，但是如果隔离互联网信息就意味着与这个社会隔绝，因此，符号化的网络语言本身就是充当了替代读者优化选择和快速阅读的工具。

4. 文化嫁接符号

文化嫁接符号不是特指某种形态的符号，而是把一种文化或者亚文化用一个词去定义，使之成为一个社会符号或标签，以扩充这个词原本的字面意思。文化嫁接符号在互联网语言表述中非常普遍，其符号所指更加新颖、原创、贴切。

二、几种常见的新媒体文本写作

新媒体具有传统媒体无法比拟的渠道优势，也正因为其依托于大数据、云计算技术的渠道细分，新媒体文本的对象性极强，读者的群体属性更为明显。因此，针对不同的读者类别，可以将新媒体文本写作分为网络专栏写作、自媒体写作、新媒体广告文案写作三大类别。

（一）网络专栏写作

网络专栏写作包括主要依托于 PC 互联网端的博客、写作网站、BBS 等，以及主要依托于移动互联网端的分答、果壳、得到、知乎 LIVE 等问答社区。以下罗列几种：

1. 博客

博客，又译为网络日志、部落格或部落阁等，是一种通常由个人管理、不定期张贴新的文章的网站。博客，也称"网志"。博客上的文章通常根据张贴时间，以倒序方式由新到旧排列。内容从对其他网站的链接、评论、有关个人构想的新闻，到日记、照片、诗歌、散文等。博客既指一种媒体，也指撰写者。许多博客专注在特定的课题上提供评论或新闻，其他则被作为比较个人的日记。一个典型的博客结合了文字、图像、链接等。能够让读者以互动的方式留下意见，是许多博客的重要因素。大部分的博客内容以文字为主，仍有一些博客专注在艺术、摄影、视频、音乐、播客等主题。博客是社会媒体网络的一部分，是一种个人网页，以网上发布个人日志的形式与受众形成新的交流平台。博客作为发表个人观点和见解的专栏,其读者较为固定,往往与博主具有一致的价值观和思辨逻辑。

(1)博客的写作特征。第一,真实性和思想性。真实性反映写日记者的真实想法、状态。这里的真实,包含内容的真实性和感情的真实性。一个写作博客的网友,常常用一颗纯真的、透明的、无功利色彩的心来写博客。即使是笔名,他(她)也要维护自己的笔名声誉,所以人们根本不可能把自己的大名或笔名来戏弄。同时具有一定知名度的博主往往在某一领域具有较为深刻的见解。

第二,开放性和灵活性。选材具有开放性,不拘一格,林林总总,大至宇宙风云,小到家事私情。写作具有灵活性,各种写作手段、写作角度、写作心理、写作风格均可,网络上人们能进行相互的交流沟通形成互动。

第三,个人性和超文本性。作为一种私人性质的文档,可加以保存。博客是一种在线网络出版形式,版面通常由单栏文本帖子按照时间顺序不断更新排列构成,并能提供一些个人化的链接。博客写作,必须勤奋,因为每一天都要在日志上留下自己的痕迹,且常常要刷新,总之要锲而不舍,贵在坚持不懈。

(2)博客的写作技巧。第一,设置场景。写博客不是记流水账,而是引起体验联想,要有代入感,把读者带入叙述当中,让读者沉浸在叙事中。

第二,语句简练且多样。不要用过长或嵌套的句子,复杂的句子总会引起读者之间的混淆,所以一个句子尽量只表达一个主要观点。避免陈词滥调,少用专业词汇和高级词汇,必要时可以将长句子和短句子搭配使用,显示排版多样化。

第三,恰当地使用修辞。比喻、对比、隐喻等修辞手法往往更能够深化内容,引人入胜。

2. BBS

BBS 原是一种电子信息服务系统,它为网络用户提供了一块公共电子白板,每个用户都可以在上面发布信息,这样一来 BBS 就成为大众发表观点,进行自由讨论和交流信息的公共电子空间,也叫网络论坛。BBS 站点星罗棋布,不可胜数,国内的 BBS 大致可以按其内容分为以下五类:新闻类论坛(如:人民网强国论坛等)、社会生活类论坛、商业类论坛、专业类论坛、校园 BBS。

(1)写作特征

第一,身份的隐匿性。网民们完全打破了时空界线,隐去了年龄、相貌、表情、职业和身份等,可以进行任何问题的讨论。这样就为网民提供了黄金距离,既可直接交流,又可以保留自己的隐私。

第二,创作的随意性。创作者在创作过程中不受外在因素和语言的控制,呈写作自由状态,打破了创作规范、语言秩序。

第三,语言的网络化。语言的网络化指语言已经不再拘泥于传统的词语构成语法,各种汉字、数字、英语或简写混杂在一起,怎么方便怎么用,语序也不受限,倒装句时有出现。如:"……先""……都""……地说",千奇百怪。网络语言用于网上交流,在表达上更偏向口语化、通俗化等。

第四,参与的社会化。新媒体的优势毋庸置疑,新媒体的使用将会随着科技的发展与普及越来越广泛,最终实现新媒体普及化和参与的社会化,而公众最基本的权利——话语权,也将随着个人的新媒体写作得以体现。

(2)写作技巧

第一,独抒己见。在交流中写作者能大胆地说出自己的想法和意见。

第二,真实客观。写作要以真实存在的人或事为前提,表达观点要客观,不能主观臆想。

第三,有感而发。写作者根据自己的切身感受或感想而发表看法、观点。

第四,标题醒目。标题的艺术,贵在简短贴切、切旨新颖、独创醒目、耐人寻味。

第五,语言鲜活。如"滚开"表述为"圆润地消失";"路过"表述为"打酱油"等。

3.写作网站

对于"80 后""90 后"而言,晋江、榕树下、红袖添香、起点等写作网站是再熟悉不过了。众多阅读量庞大的网络文学,尤其是网络小说都出自这些网站。包括流潋紫的小说《甄嬛传》、唐七(原笔名:唐七公子)的《三生三世十里桃花》等。这些网络小说迎合了读者理想主义的生活愿景以及在现实生活中积压的对潜在机会的渴望,能够较大范围地提升读者数量,并借由读者的自传播提升影响力。最明显的表现是这些拥有高阅读量的 IP 小说被投资拍摄成电视剧搬上荧屏。

网络文学中以小说为例,与传统意义上的小说创作不同,网络小说最初往往是以连载的形式发布在某一写作网站,所以,如何快速吸引眼球、引起围观就成为网络小说生死存亡的关键。简而言之,要成为一个 IP 作品,势必要注意以下几点:

(1)人物形象鲜明,且符合读者心理预期。

与小说的人物形象鲜明这一要求一致,网络小说同样需要细心刻画人物形象。但不同的是,网络本身的虚拟性养成了网民超越现实的理想化遐想,所以这种情愫往往寄托于网络小说的人物身上,并且突显为小人物绝地反击、强大完胜的人物叙事套路,以弥补读者自身在现实生活中物质或精神上难以改变、突破的无奈伤痛。如《三生三世十里桃花》中白浅的一步步飞升,《女不强大天不容》中女主角郑雨晴从一名报社的小记者蜕变成引领一个地区媒体改革的女强人。

(2)戏剧冲突不断,引人入胜。

由于网络小说不是一下子整部发布,而是一点一点连载的,这就存在很大的埋没成本,一旦某期或几期内容缺乏矛盾冲突,或者无法引起读者兴奋点,则很容易流失读者。因此,紧凑且有创意的冲突设置往往能够引起读者的持续关注。

(3)情节构思巧妙,想象力丰富。

网络小说的情节设计在于抓住主角的渴望,构思情节给其设置障碍,促使主角产生行动,并巧妙地通关。如同网络游戏般,越是艰险,越是重重障碍,过关斩将的酣畅淋漓之情越能引发读者的好感。通过小说人物的攻坚克难,读者在阅读时的成就感与喜悦感也更加充分。

4.问答社区

区别于百度知道,基于移动客户端的问答社区平台更能够凸显新媒体写作的重要性。近几年,以知识需求和专业解答为供需链的知乎等问答社区成为阅读的"蓝海"。问答社区的用户有三种:提问者、解答者和浏览者,同一个用户在问答社区中可以兼具这三种角色。问答社区的存在价值在于知识分享,其目的性非常明确,因此,无论对提问者还是解答者而言,在这些平台中进行的文字写作都有一个共同点:简明。

(1)提问者角色

对于提问者而言,其提问内容的书写要清楚明了,直抒困难或问题,不需要太多的词句修饰。但是由于问答平台具有社交属性,所以有的用户则会把提问当作消遣、娱乐、引发吐槽的切入点。比如有网友提问"吃馒头还是吃米饭?——选择恐惧症""什么血型适合写诗?"等。

(2)解答者角色

解答者往往是在某个领域具有较丰富的知识或者对某一问题有切身经验的用户。对于解答者而言,出于兴趣表达、提高关注度、社交或者成就感等目的,往往比较积极地切题应答。尤其当解答者用简明的语言传达深刻的道理,或者用通俗的表述明晰深奥难懂的专业术语时,其受关注度、点赞、围观量则更高。

如,问题:怎么确定对方是能一辈子和我在一起的人?

回答:钱钟书先生对杨绛女士有这样一段评价,被社会学家视为立项婚姻的典范:

1.在遇到她以前,我从未想过结婚的事。

2.和她在一起这么多年,从未后悔过娶她做妻子。

3.也从未想过娶别的女人。

问题:业余和专业最大的区别是什么?

回答:高手都是跟自己玩,水货都是陪别人玩。

(二)自媒体写作

无论什么专业、什么领域,自媒体写作已经成为当今社会信息推广的必备技能。目前,使用较多的是基于微信平台的微信公众号,基于今日头条平台头条号、基于腾讯平台的企鹅号、基于百度平台的百家号,还有其他平台的搜狐号、网易号、一点号、大鱼号,等等。自媒体之所以爆发出如此大的能量和对传统媒体有如此大的威慑力,从根本上说取决于其传播主体的多样化、平民化和简易化。但是众多个体的"发声"增加了受众"聆听"的清晰度,因此,众多自媒体人开始采用一些技巧增加自己文章的关注度和阅读量。

1. 影响自媒体写作的因素

(1) 文化因素

中国文化历经五千年的传承与积淀,是符合中国特色和中国人生活的核心力量,虽然在传承中会变迁、发扬或是部分摒弃,但是就现阶段中国社会的发展状况来看,已经形成了一套约定俗成、默契认可的文化体系。

(2) 社会道德

2018年5月12日,一则"永久关停二更食堂公众号及其他所有平台的二更食堂账号"的消息在互联网上传得沸沸扬扬。事件起因是2018年5月6日,发生了一起震惊全国的"滴滴司机杀害空姐"的案件。当这起案件引起了公众对于网约车安全问题以及滴滴平台监管问题的讨论,并且提醒大家注意人身安全时,知名公众号"二更食堂"却在11日发表了一篇名为《托你们的福,那个杀害空姐的司机,正躺在家里数钱》文章,因其中含有对死者的侮辱性内容而引发众怒,并且引发媒体以及大众对自媒体行业职业操守和道德底线的大讨论。11日,网信办约谈该号主要负责人,12日,二更创始人丁伟道歉并宣布"二更食堂"永久封号。这一事件之所以产生如此严重的后果,就是因为自媒体写作的语言表述同样需要保护弱者、尊重人性,要坚守社会道德的底线。

(3) 细分受众

公众写作是面对特定人群的写作,针对什么样的人群就要了解这部分人群的年龄、地域、性别、价值观等信息,从而确定写作方向,其写作内容也要围绕这个方向进行,并且自成风格和调性。

(4) 审核机制

为了构建健康的互联网生态,保障用户的阅读环境,自媒体平台审核机制比较严格,需要经过机器和人工双重审核把关。对一些内容不规范、低俗、虚假、涉毒涉黄、标题党以及违反现行法律法规的文章不予通过。

2. 自媒体写作技巧

自媒体写作技巧性很强,带有天然的人际传播和群体传播的基因,因此借用眼球经济和社群媒体原理,是当下自媒体写作的普遍路线。自媒体写作技巧主要有善于选题、优化逻辑、重视运营三大方面。

(1) 善于选题

自媒体往往会专注某一方向或视角不断更新推文,而选题则是摆在自媒体面前最基础也是最难以超越的因素。一个好的选题,可以增加自媒体公众号的关注量,而一个选题失误可能就会断送某个自媒体公众号的未来,"二更食堂"就是个例子。纵观粉丝量百万的自媒体号,其文章在选题上往往直达读者痛点,并且引起读者跟进寻求观念的满足,抑或是在快节奏生活中的相伴或娱乐麻醉。

（2）优化逻辑

内容文字逻辑和页面排版逻辑。内容文字逻辑要求新媒体写作要有质量、有悬念、有鸡汤，无论是心灵鸡汤还是毒鸡汤，能够让读者通过阅读产生情绪变化，就目前来看，这些文字较为符合读者接受标准。

此外，读屏时代要求页面排版也要符合阅读逻辑，因此，以图文并茂、动图穿插渲染的编排模式更加符合读者的感性认知。

（3）重视运营

以阅读为手段的自媒体公众号的运营始终脱离不了流量，而衡量自媒体文章传播效果的唯一标准就是阅读量。10万+阅读量、100万+阅读量，网友们习惯了用这些数字评判一个自媒体人的实力，并选择是否决定加入再+1的阅读大军中。但是如同食物可以通过颜色增加人们的食欲一样，自媒体写作同样可以通过一些运营技巧增加阅读量，同时，互联网超文本和搜索引擎也为文章的传播提供了便利途径。从营销层面分析，提升阅读量可以从内容和社群媒体两个方面入手，具体为：

首先，内容为王。在信息爆炸的互联网社会，新媒体的渠道优势已经被透支，众多低质量的信息充斥在受众面前，而自媒体写作更是在众多同类公众号当中艰难前行。这里说的内容为王不仅仅是单篇文章的内容，更是一个自媒体公众号的气质和耐心。现在的自媒体有太多的功利性，目标赤裸裸地奔着流量收割、变现而去，真正静下心来做好读者所需内容的公众号越来越少。因此，自媒体文章的文字要真诚，述说要掷地有声，更要符合读者的利益诉求。

其次，借力群体意识。群体意识的协调统一是社群媒体良性发展的助推器。群体意识打破了空间的壁垒，是当今社会明显的群体式传播方式。社群经济将具有同等价值取向或生活观念的受众凝结起来，通过走心的信息分享一呼百应，形成蝴蝶效应。就目前而言，社群媒体发挥作用的有效机制是群体内传播和群体外传播，并在互动、转发、衍生讨论、线下行动上相互作用，提升自媒体内容的传播力。

（三）新媒体广告文案写作

传统媒体时代的广告是单向传播的，信息以宣传为主，用户只能被动接受。但在新媒体时代，广告文案充满了创意，写作方式就更加亲民。新媒体广告是渗透在我们生活中的一种观念的述说，更是一种消费主张的灌输。通过一个精致的广告文案，能够教你应该给自己搭建有一种什么样的生活方式；通过一个公众号故事可以让你掏钱买一个之前都没有意识到会买的东西。从创意到内容，从情绪到表达，新媒体广告标榜着从群众中来，到群众中去的信息模式。

1. 新媒体广告的特性

新媒体广告具有传播快速精准、更新及时、反馈快和超文本的特性。

（1）传播快速精准

新媒体广告大多依托即时通信平台和移动客户端 APP 进行传播，而且广告位置和达到人次都可以后台控制。大数据技术能够根据手机用户浏览痕迹和信息获取习惯，选择最精准的传播途径，因此，新媒体广告信息的传播既快速又精准。

（2）更新及时

新媒体广告为数字化呈现，在投放成本和更换成本上要远远小于传统媒体。尤其是一个推广周期中，当流量收集的一定程度时就可以直接进去下一阶段的广告文案投放和广告计划的执行，因此，新媒体广告的可操控性更强。

（3）反馈快和超文本

新媒体广告更加关注互动与分享，与消费者的文字互动是广告推广的一部分，更是下一步广告执行的基础，因此，基于新媒体的广告文案写作就更为走心。如果说反馈快是注重搭建广告信息回路的话，超文本则是铺设了广告文案更广泛的传播高铁。超文本技术支持跨媒体的跳转，这就意味着，广告文案的推广广度是没有边界的。

2. 如何写好新媒体广告文案

（1）在文案写作之前，要洞察产品和目标用户

文案写作的目的就是销售产品或服务，但是新媒体广告的文案不再适应宣导式的广告文案创作，这就意味着只有了解产品和用户之间的利益点，并加以形象化，才更加符合新媒体的传播特性。同时，还要了解目标用户深层次的心理需求，如追求心理、受尊重心理、恐惧心理、被理解心理、情绪宣泄心理等等，通过分析，了解哪些可以激励你的潜在客户最终成为你的顾客？谁是你的典型客户？而这些能够开阔你的视野，同时激发出很多创意。《创意之道》里一位文案人指出："你要为一个人，一个特定的消费者去写，把他的印象放进脑海里，钻进他的皮囊，只有这样，才能与他对话。"

（2）话题很重要，个性更重要

一个能够引发读者好奇心，促使读者开始阅读的新媒体广告文案往往都具有话题探讨性，这是新媒体交互特性的自带属性。因此，借题发挥、利用段子、谈感情玩情怀等文案创作手法屡见不鲜，而往往好的广告文案，其品牌个性更为突出。值得注意的是，开始撰写文案时，记录下你的每一个灵感，当思路运转，视角清晰之时，广告文案创意便呼之欲出。

（3）广告文案内涵求其形，更求其神

为了使广告文案更加精简、有趣，便于新媒体用户围观，现代广告文案蹭热点现象严重，一个热点事件就能够引发新媒体广告的全员出动，一个冰桶挑战能够被一千个官微玩出一千种形态。但是，被用户牵着鼻子走的所谓焦点能否真正展现产品本身的内涵，确实值得广告文案人反思。广告文案的内涵是什么？是新媒体平台聚焦之下的产品诉求，更是一个品牌长久坚持的品牌形象。

>> 佳作赏析

舍不得有再多，也不如离开的理由多

小时候过年，最盼着我舅舅回来。

他通常在年三十的前一天才带着全家坐火车从省城过来，那一天从早上开始我就坐立不安，不停看时间。还有一个多小时才到站，我便催促我妈一起去车站接舅舅。舅舅回来，意味着新衣服、烟花、高级糖果，还意味着热热闹闹的春节正式开始。

但舅舅在老家最多待三天便一定要走，即使之后实行了七天长假制，他也不多留。有一次家里人殷勤留他，他说：不能再待了，再呆回去大人上班、小孩上学都缓不过来了。

长大后，我深切地明白了舅舅当年说的这句话。

在刚参加工作那些年，过年回家，于我而言，是最重要的仪式。攒了一年的钱，换成大大小小的红包、形形色色的礼物，就等待到家那一刻，看到家里人对我的喜出望外——如同当年我期待舅舅回来那样。

其实其余360天，一个人在大城市挺苦的，每天换公交挤地铁两点一线，喝廉价的酒，吃无味的饭。买什么都要纠结一番，就等着年底拿上双薪与奖金，准备过年的同时，顺便犒劳自己一点。

回到家就舒坦了：爸妈伺候着，长辈惯着，天天喝大酒，喝醉了吹吹不负责任的大话，搓搓麻将，或者约上老同学唱歌、跳舞，通宵达旦，每天都是狂欢。

可临走的时候就难受了，想到又要上班、又要面对一切已知和未知的难，身后依然是父母关切的眼神和你曾经发誓要逃离现在却觉得温暖无比的家，怎么离得开？

这大概就是很多北、上、广漂们，在回乡过年之后，突然看破红尘一般，决定留在家乡或者找就近城市重新安顿的原因——人生苦短啊，白驹过隙啊，何必让自己活得那么累？

那是一种微妙的失控，是兴奋过劲的失落，是狂欢之后的无所适从。

更成熟一些，经济条件好转了，过年回家就能来去自如了吗？

也未必。稍微多待两天，旧习惯就会迅速从身体破土而出，又将你牢牢绑缚。

是，你在大城市已经过上了洋腔洋调的生活：吃有机蔬菜，健身，瑜伽，每晚找酒吧喝上一两杯，你经济独立，生活自洽。

你其实越来越懒得回家，过年么，有钱在哪里过都行。你想接父母出来，或者干脆出去旅行。但总有些牵挂和治不好的思乡症在春节前跳将出来，催促你回去。于是，你还是回去了。

第一天,你说:妈,我不想吃早餐,我想多睡一会儿。别给我盛那么多米饭,我吃不了。炒菜少放油,晚上可以不打麻将吗?

第二天,你说:妈,真的不想吃啊,你别做了。我今天就想在家里看电视,不想出门。

第三天,你什么也不说了。

第四天,你突然找回了从前上中学的节奏。早上起来,吃完你妈煮的一大碗面或炒菜配米饭,胡乱洗脸穿衣,等着你妈收拾完就一起出门串亲戚,你可以打麻将,也可以坐在电视机前发呆,总之,时间一到,你们又开始吃饭。你一个人在大城市生活养出的味觉迅速褪去,顽固的家乡味重新占领了口腔。你发现重辣重盐或者大糖大油,还是好吃啊!于是一碗接一碗。

第五天、第六天、第七天……你甚至渴望上牌桌、渴望再吃一碗扣肉。

其实你妈并没有强迫你,她只是坚持她的生活习惯——你在家,或不在家,她都要做早餐,每天出门打牌,做饭习惯多放油盐。

而你,始终是你妈的孩子。

而且,春节结束你要启程离开时,也是会舍不得。凡事到了最后,都有一种告别的悲伤,为此,难免要伤神几个钟头甚至更长的时间。

排山倒海地热闹之后,堕入或大或小的空虚——典型的节后抑郁症。

所以,我看我周围许多人都是大年初二、初三便早早离家回到自己生活的城市,大家都害怕过了初五初六再走,情绪会滋生更多。

林清玄说,二十岁之前过春节,想的是"去日苦短,来日方长";二十岁后过春节,愁的是"来日方短,去日苦多"。

二十岁是个虚指,很多人其实早在这个年纪之前,就已经在一年一度的春节中,一遍遍体味着眼看狂欢将尽的痛苦。

想起老舍写的一篇回忆过年的散文,字里行间没有一点开心的意味,反倒处处透着冷静与悲凉。他在文章最后写道:别人都回家去过年,我老是早早关上门,在床上听着爆竹响。平日我也好吃个嘴儿,到了新年反倒想不起弄点什么吃,连酒不喝。在爆竹稍静了些的时节,我老看见些过去的苦境。可是我既不落泪,也不狂歌,我只静静地躺着。躺着躺着,多处烛光在壁上幻出一个"抬头见喜",那就快睡去了。

我当然不赞同把春节过成冷冰冰的节日,我只是好像从这样清冷的描摹中,看出了对付节后抑郁症的法子——你可以享受年味,但同时坚定一些既然的生活方式。

比如,即使守了岁,也能在早上8:00醒来,出门买杯咖啡,顺便看看新闻。

比如,即使醉了酒,也记着在午后读两页书,保持连续不断的阅读状态。

…………

诸如此类。

当然,尤其不要把一年的辛苦都在春节这几天全部犒劳完毕。那得耗尽多大的期待啊?! 大喜易悲,小悲易喜,只要是情境到了,随时给自己一些放松和甜头,把对一年一次彻底放纵的观念消解到平常的生活里,让日子持续保持努力之后有所乐趣,那么,等到节日来临又结束,也就不会轻易地触景生情,在安逸之中不断对自己选择趋难人生的决定产生怀疑和懊悔。

人生是你自己的修行,再苦也要自己掌握一点点甜度。

最重要的是,你要牢记你为什么选择离开——

为了成长、为了独立、为了进步、为了不再一成不变。

为了不受影响地,以自己的欲望、诉求、面目去生活。父母亲人再爱你,他们大多数时候只是爱他们心目中塑造出来的你,而不是真实的你。

为了更好地回来。赶在我们所爱的家人老去之前,更好地回来,为自己、为家人创造更好的生活。不必自我牺牲,不必互相隐忍,不必违心成全。

想到这里,明天回公司上班是不是没那么痛苦了?

毕竟,这是你想要的,也是完全属于你的生活,你回来了,你可以再度拥抱它了。

祝好。

赏析:新媒体写作在选题、立意、用词等方面都符合读者的网络思维,其社群凝聚功能明显,迎合细分市场下读者的文字消费习惯,比较容易引起读者共鸣。另外,在句式使用、排版上也适用于"读屏"模式,便于阅读。虽然不同的自媒体公众号有不同的定位人群、不同的风格,但是根据读者的需求入手进行写作,是新媒体文章提高阅读量所必须考虑的因素。

视域拓展

经典的电子情书

诗意向生活回归,给人以美感和启迪。传统的网络邮件有一定字数的限制,所以写作就很在乎简洁、明快,而且可读性要强,从平常的、琐碎的、日常的生活中加以提炼与加工。如:

亲爱的MM:

我仍记得我们在聊天室里第一次相遇的情景,彼此之间的感情"传递系统"和"接收系统"都飞快发挥起来,从没出现过"死机"。从那时起,我们的爱情"程序"就"启动"了,别人都说我们很"兼容",是属于"超级链接"。特别是我们见面的那几天,感情很快"升级"了,根据你对我"发送"的那些"信息",表明你很愿意让我打开你的"文件"。MM,你知道我有多爱你吗? 我有一个永远为你"超频"为你"奔腾"的"芯"。我的"硬盘"里"下载"的"数据",我可为你更改我的程序……

你的父母很反对我们之间"联网"实现"资源共享",说我们的"配置"不当,特别是你妈这个"黑客",老嫌我"内存"(存款)太少,又没有"硬件"(房子)。哎,看来你家人真是个难以突破的"瓶颈"。不管怎么样,584(我发誓),51211314(我要爱你一生一世)!

技能训练

一、专项训练

1. 联系实际,谈一谈新媒体对写作活动的积极和消极影响。

2. 阅读几篇网络文本,谈一谈传统文本写作与网络文本写作有什么异同。

3. 针对"自媒体时代低俗内容泛滥"现象,以校文学社名义撰写一篇倡议书,主题为"如何在自媒体写作中传播真善美",要求结合案例提出具体行动准则。(分析自媒体的双面性,呼吁学生成为负责任的传播者。)

4. 下列分别是微信公众号《洞见》上四篇文章的标题,请结合新媒体写作的要求谈一下该标题的妙处。

(1)《清华硕士干纹眉师曝火:读书少的人,连别人怎么赚钱都看不懂》

(2)《真正想赚钱的人,从不抱怨环境》

(3)《河南女生高考288分全家欢呼庆祝,我看到了一种真正的人间清醒》

(4)《远离内耗最好的方式:一切从简》

5. 下列是BBS上的例文,请据此分析BBS语言的特点。

(1)楼主:最简单的长寿秘诀是什么?

回复:保持呼吸,不要断气。

(2)楼主:巫师为什么要骑扫把不骑板凳呢?

回复:因为骑扫把比骑板凳帅多了,而且遇到强大敌人时就可以装成扫地工。

(3)楼主:其实牛顿只是幸运地发现了万有引力定律,如果早生三百年,我也可以!

回复:牛顿确实是幸运儿,因为砸到他头上的是苹果,而砸到可怜楼主脑袋上的,不是榴莲就是椰子。

二、综合训练

1. 将以下文字新闻转化为融媒体H5作品框架。

"桃花节开幕:金东区万亩花海吸引游客,推动乡村振兴"。要素清单如下:

(1)首页:动态桃花飘落+主题标语。

(2)第二屏:航拍视频嵌入花海全景。

（3）第三屏：互动地图（标注赏花路线+农家乐）。

（4）尾页：生成"桃花签"趣味测试。

2.用"99%的人不知道"句式设计本地旅游攻略脚本，例如："北京这处免费古寺，连老胡同人都不知道！"技巧：结合地域关键词+免费福利，提升搜索流量和本地推荐权重。

3.为"乡村希望书屋"公益项目设计三套内容方案，分别适配：

（1）微信公众号（深度图文）

（2）抖音（短视频脚本）

（3）小红书（互动笔记）

要求：注明目标人群差异、内容形式、互动设计。

策划要点：微信公众号强调社会意义+志愿者故事；抖音用留守儿童对比视频（书屋前后变化）；小红书设计"晒书屋打卡"话题+手绘攻略。

参考文献

[1] 唐丹. 基础写作. 武汉:武汉理工大学出版社,2021.

[2] 段轩如. 写作学教程(第五版). 北京:中国人民大学出版社,2020.

[3] 苏新春. 大学写作基础教程. 北京:清华大学出版社,2019.

[4] 邓彤. 写作教学密码. 上海:华东师范大学出版社,2018.

[5] 叶圣陶. 怎样写作. 北京:中华书局,2018.

[6] 张伯存. 基础写作. 长春:吉林人民出版社,2017.

[7] 尉天骄. 基础写作教程. 3版. 北京:高等教育出版社,2017.

[8] 王锡渭. 新编大学写作教程. 4版. 北京:北京大学出版社,2017.

[9] 尹相如. 写作教程. 2版. 北京:高等教育出版社,2016.

[10] 陈亚丽. 基础写作教程. 北京:北京大学出版社,2016.

[11] 马正平. 高等基础写作训练教程. 2版. 北京:中国人民大学出版社,2016.

[12] 悉德·菲尔德. 电影剧本写作基础. 钟大丰,译. 北京:北京联合出版公司,2016.

[13] 林明进. 培养自然而然的写作力. 北京:中国文联出版社,2015.

[14] 彭小明. 写作教学模式论. 杭州:浙江大学出版社,2015.

[15] 王荣生. 写作教学教什么. 上海:华东师范大学出版社,2014.

[16] 聂巧平. 大学写作. 广州:暨南大学出版社,2014.

[17] 何纯. 大学基础写作教程. 北京:高等教育出版社,2014.

[18] 姚国建. 基础写作. 北京:高等教育出版社,2012.

[19] 胡欣. 写作学基础. 武汉:武汉大学出版社,2011.

[20] 陈果安. 现代写作学引论. 长沙:中南大学出版社,2008.

[21] 郭建勋. 大学基础写作. 长沙:湖南大学出版社,2007.

[22] 米兰·昆德拉. 小说的艺术. 董强,译. 上海:上海译文出版社,2004.

[23] 朱立元. 接受美学导论. 合肥:安徽教育出版社,2004.

[24] 王场彬. 20世纪中国写作理论史. 南京:南京大学出版社,2002.

[25] 余德予. 诗歌写作入门. 广州:花城出版社,2001.

[26] 刘海涛. 现代读写说. 广州:中山大学出版社,2000.

[27] 杨广敏. 文章文化学. 北京:海洋出版社,1998.

[28] 潘新和. 中国写作教育思想论纲. 北京：人民教育出版社，1998.

[29] 任遂虎. 文体价值论. 西宁：青海人民出版社，1996

[30] 童庆炳. 文体与文体的创造. 昆明：云南人民出版社，1995.

[31] 刘东符. 写作怎样成材. 银川：宁夏人民出版社，1993.

[32] 刘锡庆. 中国写作理论史. 西安：陕西人民教育出版社，1993.

[33] 张会恩. 文章学史论. 长沙：湖南师范大学出版社，1993.

[34] 庄涛，胡敦骅. 写作大辞典. 北京：汉语大辞典出版社，1992.

[35] 唐代兴. 人类书写论. 广州：新世纪出版社，1991.

[36] 钱谷融，鲁枢元. 文学心理学教程. 上海：华东师范大学出版社，1987.

[37] 余秋雨. 艺术创作工程. 上海：上海文艺出版社，1986.

[38] 吴思敬. 写作心理能力的培养. 北京：北京出版社，1985.

[39] 鲁枢元. 创作心理研究. 郑州：黄河文艺出版社，1985.

[40] 滕守尧. 审美心理描述. 北京：中国社会科学出版社，1985.

[41] 徐中玉. 写作与语言. 上海：上海教育出版社，1984.

[42] 陈望道. 修辞学发凡. 上海：上海教育出版社，1984.

[43] 谢文利. 诗的技巧. 北京：中国青年出版社，1984.